中国村庄公共物品配置模式研究

Study on the Allocation Pattern of Public Goods in Chinese Villages

徐琰超 著

社会科学文献出版社
SOCIAL SCIENCES ACADEMIC PRESS (CHINA)

目 录

第一章　导论 … 1
　一　研究背景 … 1
　二　研究意义 … 1
　三　创新点 … 2
　四　总体框架 … 3
　五　主要结论 … 4

第二章　新中国成立后中国村庄公共物品配置模式的演变历程 … 7
　一　农业合作化时期中国农村公共物品的配置模式
　　（1949~1957年） … 7
　二　从实行家庭联产承包责任制至分税制改革前的农村公共物品的
　　配置模式（1978~1994年） … 10
　三　从分税制改革到废除农业税时期农村公共物品的
　　配置模式（1994~2005年） … 13
　四　废除农业税后农村公共物品的配置模式（2006年至今） … 16
　五　总结与讨论 … 23

第三章　文献综述 … 25
　一　公共物品供给理论 … 25
　二　村庄公共物品供给研究现状 … 26
　三　农村税费改革与村庄公共物品供给 … 34
　四　"一事一议""一事一议、财政奖补"与村庄公共物品供给 … 37
　五　劳动力移动与村庄公共物品供给 … 38

六　公共物品供给制度设计 ……………………………………… 39
　　七　总结与讨论 …………………………………………………… 41

第四章　中国村庄公共物品供给的统计描述 ……………………… 43
　　一　农村税费改革 ………………………………………………… 43
　　二　农村税费改革与村庄公共物品供给 ………………………… 48
　　三　农业税的废除与村庄公共物品供给 ………………………… 58
　　四　"一事一议、筹资筹劳"与村庄公共物品供给 …………… 70
　　五　"一事一议、财政奖补"与村庄公共物品供给 …………… 73
　　六　总结与讨论 …………………………………………………… 78

第五章　中国村庄公共物品的理论分析框架 ……………………… 80
　　一　引言 …………………………………………………………… 80
　　二　回顾传统经济学公共物品供给理论的分析框架 …………… 82
　　三　中国村庄公共物品的特征 …………………………………… 102
　　四　中国村庄公共物品供给的分析框架 ………………………… 110
　　五　总结与讨论 …………………………………………………… 130

第六章　农村税费改革对村庄公共物品供给水平和结构的影响 … 132
　　一　引言 …………………………………………………………… 132
　　二　农村税费改革的背景和具体措施 …………………………… 133
　　三　经验研究方法 ………………………………………………… 134
　　四　经验研究 ……………………………………………………… 138
　　五　总结与讨论 …………………………………………………… 165

第七章　"一事一议"制度对村庄公共物品供给的影响 ………… 167
　　一　引言 …………………………………………………………… 167
　　二　一个简单的理论模型 ………………………………………… 169
　　三　数据来源和统计描述 ………………………………………… 177
　　四　经验研究 ……………………………………………………… 184
　　五　总结与讨论 …………………………………………………… 201

第八章 "一事一议、财政奖补"与村庄公共物品供给 203
- 一 引言 203
- 二 理论模型 204
- 三 数据、统计描述和经验研究方法 207
- 四 经验研究 216
- 五 总结与讨论 235

第九章 劳动力转移对村庄公共物品供给的影响 238
- 一 引言 238
- 二 劳动力转移对村庄公共物品供给的影响机制分析 239
- 三 数据及基本统计描述 246
- 四 经验研究 256
- 五 劳动力转移对村庄公共物品供给类型的影响 277
- 六 关于计量的结果稳健性的进一步讨论 281
- 七 总结与讨论 288

第十章 中国村庄公共物品最优配置模式探讨 289
- 一 引言 289
- 二 现阶段中国村庄公共物品配置的典型特征 290
- 三 中国村庄公共物品实现最优配置存在的主要困难 295
- 四 村庄公共物品配置模式的理论分析 299
- 五 进一步讨论 314
- 六 结论和政策建议 316

参考文献 321
后　记 332

第一章　导论

一　研究背景

党的十九大报告明确提出我国要实行"乡村振兴战略"，加快农业农村现代化。2017年12月中国农村工作会议明确指出，我国发展不平衡不充分的问题在农村比较突出。然而，要实现乡村振兴战略，提高农民生活水平，促进农村和谐稳定，让农民安居乐业离不开村庄公共物品的建设。充分供给村庄公共物品能够提高农业生产效率，加快农业现代化建设；农村公共物品供给的均等化能够有效解决不同地区农村发展不平衡的问题，实现村庄公共物品均等化，并缩小城乡公共物品供给差距。本研究重点讨论中国村庄公共物品配置模式，希望通过理论和经验分析，探寻符合中国现实的村庄公共物品配置模式。

村庄公共物品供给是关乎农民福祉，关系农村发展稳定，影响农业发展的重大问题。本书希望达成的目标是：①评估农村税费改革对村庄公共物品供给的影响；②解释单纯的"一事一议"制度为何不能成为村庄公共物品供给的有效制度；③分析"一事一议、财政奖补"政策的实施效果；④分析劳动力流动对村庄公共物品供给的影响；⑤探寻符合中国国情的村庄公共物品配置模式。

二　研究意义

（一）相对已有研究的独特学术价值

本书相对于以往关于中国村庄公共物品的研究，在三个方面做出了学术贡献。已有的关于中国村庄公共物品配置模式的研究存在的不足主要体现在下述三个方面：第一，缺乏符合中国村庄现实的公共物品供给理论；第二，在经验研究方面主要使用局部调查数据和案例分析为理论逻辑提供经验证据，所获得的实证结论具备一定的地域局限性，这些结论是否能够推广到全国层面，还有待进一步研究；第三，关于单纯"一事一议"和"一事一议、财政奖补"政策方面的理论研究相对较少。

本书针对上述三个方面做出了努力。第一，中国村庄特殊的社会、经济、人文环境和西方国家有很大的差异，完全套用西方经济学理论对中国村庄公共物品配置模式进行研究是不合理的，为此，我们构建了符合中国村庄特征的公共物品配置模型。第二，本书利用全国范围内的大样本层次性调查数据进行经验分析，样本覆盖面较广、统计指标全面，不仅可以将农户与村庄样本相匹配，而且还组成了两年的村庄面板数据，得到的经验证据更为可靠。第三，本文在理论上阐述了单纯"一事一议"制度无法成为中国村庄公共物品有效配置模式的原因，并且证明了"一事一议、财政奖补"能够弥补单纯"一事一议"制度的不足，可以有效提高村庄公共物品供给水平。除此之外，我们还分析了劳动力流动对村庄公共物品供给的影响机制。

（二）应用价值

本书利用高质量的大样本层次性数据对以往案例研究和局部调查数据所得到的经验结论进行再次验证，并揭示了现象背后的经济学原因，通过评估现行村庄公共物品配置模式的政策效果，进而构建符合中国特色的理论模型，探寻中国村庄公共物品的最优配置模式，为改革提供思路。

三　创新点

创新点1：精确评估了农村税费改革对村庄公共物品供给的影响。由于数据的可得性，以往针对农村公共物品供给的研究主要利用局部调查数据和案例进行分析，而本书则使用覆盖全国20多个省的CHIP数据，并结合双重差分方法（DID）和双重差分加匹配倾向得分方法（DID + PSM）评估了农村税费改革对村庄公共物品供给总量和结构的影响。DID + PSM方法结合了DID方法和PSM方法的优点，使控制组的选择更加合理，估计结果更加精确。

创新点2：解释了"一事一议"制度为何不能成为中国村庄公共物品配置

有效模式的原因。虽然"一事一议"制度看似和西方民主投票理论相似,但是中国村庄的现实情况和西方民主投票理论的前提假设不相符,熟人和半熟人的村庄社会环境加上村委会作为村民自治组织无权强制村民筹资筹劳,在很大程度上导致了"一事一议"仅仅是写在纸上的文件,无法在现实中"落地"。我们不仅在理论上进行了分析,而且为此提供了翔实的经验证据。

创新点 3：分析了"一事一议、财政奖补"政策对村庄公共物品供给的影响。我们发现财政奖补能够提高村民筹资筹劳的意愿,使一事一议项目建设的概率增加,进而增加村庄公共物品供给总量。计量结果稳健可靠,与理论模型得到的结论相一致。

创新点 4：分析了劳动力流动对村庄公共物品供给的影响。农村劳动力外流是近年来对村庄经济、社会等产生较大影响的重要因素之一。之前学界对劳动力外出务工与村庄公共物品供给之间的关系并没有形成相对统一的结论。我们的研究发现,随着举家迁出的农户占比的不断增加,村庄公共物品供给水平显著下降；劳动力外出务工比例越大,村庄公共物品供给水平越低。这说明,城市化进程对村庄公共物品供给产生了负面的影响。

创新点 5：探讨了中国村庄公共物品的最优配置模式,提出的改革思路是通过土地平整和再分配的方式,不断加强村集体性收入,最终形成"农户+村集体+政府"的公共物品供给模式,该模式具备"一事一议,村民筹资筹劳,村集体补贴,财政奖补"的特点。不仅可以减少信息不对称带来的效率损失,而且可以减轻上级财政负担,提高村庄公共物品供给水平。

四　总体框架

本书主要分为十章。第一章是导论,主要介绍本书研究的背景、目的、创新点、研究的总体构架和主要内容等；第二章介绍新中国成立后我国村庄公共物品配置模式的演变历程和特征；第三章是文献综述,主要回顾国内外对村庄公共物品配置模式的研究成果；第四章描述中国近年来村庄公共物品供给的情况；第五章给出了理论分析框架；第六章评估农村税费改革对村庄公共物品供给的影响；第七章研究"一事一议"制度对村庄公共物品供给的影响,解释了为何"一事一议"无法成为中国村庄公共物品供给的有效制度,并提供了经验证据；第八章研究"一事一议、财政奖补"制度与村庄公共物品供给,在理论上证明了"一事一议、财政奖补"制度能够增加一事一议筹资筹劳，促进公共物品供给水平提高，并为此提供了经验证据；第九章研究劳动力流动对村庄公共物品供给的影响，我们发现随着村庄举家外迁和外出务工人员比例的不断增加，村庄公共物品供给水平下降；第十章探讨了中国村庄公共物品的最优配置模式，并提出未来中国村庄公共物品的配置模式要按照"村民＋村集体＋政府"的模式，即"一事一议，村民筹资筹劳，村集体补贴，财政奖补"的方式供给村庄公共物品。

本书的主要研究内容呈现在第六至十章中，第六章、第七章和第八章是按照中国农村税费改革一直到现阶段村庄公共物品配置模式的改革主线来开展研究的，主要讨论了农村税费改革对村庄公共物品供给的影响，"一事一议"制度对村庄公共物品供给的影响和"一事一议、财政奖补"政策对村庄公共物品供给的影响。第九章是根据现阶段中国农村呈现出的新特点进行的专门研究。第十章是基于我们对中国农村税费改革以后村庄公共物品配置模式的研究，总结出现阶段我国村庄公共物品供给水平低下的原因，并提出行之有效的方案，为进一步深化改革提供政策建议。

五　主要结论

通过理论与经验研究，本书得到以下主要结论。

第一，在农村税费改革之后，村庄公共物品供给总量下降。从结构上来看，村庄集体性教育支出和行政成本在农村税费改革之后下降更为显著。这是因为农村税费改革之后，村集体没有收税或收费的权利，当村庄集体性收入下降时，一方面，教育类公共物品供给的责任上收到县级政府；另一方面，村委会不需要很多干部完成税费征收任务，再加上村务公开透明度越来越高，降低村庄行政开支成为理性选择。

第二，单纯的"一事一议"制度无法成为中国村庄公共物品配置的有效方式。中国的村委会是一个群众自治组织，没有执法权，即便"一事一议"筹资筹劳方案获得了村庄中绝大多数村民的支持，在实际执行时，对"一事一议"方案持反对意见的农户如果拒不按照方案筹资筹劳，村委会没有行之有效的措施让这些农户履行相应的义务，这导致了村庄公共物品供给水平的下降。然而，我们对单纯的"一事一议"制度无法成为中国村庄公共物品配置的有效模式的理论解释很难找到直接的经验证据。为此，我们根据理论模型推导了两个可验证的经验命题。第一个经验命题是，随着村庄收入差距的不断扩大，"一事一议"筹资筹劳会逐渐减少。第二个经验命题是，收入越高的农户，"一事一议"筹资筹劳越多。在经验研究部分，我们利用CHIP2002和CHIP2007数据对上述经验命题进行了检验。计量结果显示：村庄收入差距越大，农户"一事一议"筹资筹劳越少；收入越高的农户，"一事一议"筹资筹劳越多。我们对计量结果进行了进一步的敏感性分析，结论稳健。

第三，在"一事一议，财政奖补"模式下财政奖补能够促进村民开展一事一议项目，并且提高农户一事一议筹资筹劳水平。在经验研究中，我们利用CHIP2007和CHIP2008数据构成村庄面板数据，根据《关于开展农村公益事业建设一事一议财政奖补试点工作的通知》（国农改〔2008〕2号）所确定的试点地区（河北），使用双重差分（DID）方法对"一事一议、财政奖补"政策进行了评估，回归结果显示"一事一议、财政奖补"能够显著提高村民一事一议筹资筹劳水平；我们还使用CHIP2008数据，考察了财政奖补比例对村庄公共物品供给的影响，发现：①财政奖补比例的提高能够促进村庄公共物品供给水平的提升；②提高财政奖补比例能够提高农户一事一议筹资筹劳水平；③从结构来看，财政奖补比例的提高使道路工程、水利排灌工程和小学教育的供给水平显著提高。从本质上来说，"一事一议、财政奖补"是一种村民自筹和上级补贴相结合的公共物品配置模式。这种配置模式既符合中国现代村庄治理的要求，又能让农户享受到公共财政提供的福利。"一事一议、财政奖补"制度改良了单纯的"一事一议"制度，不仅保留了单纯"一事一议"制度中的优点——村民可以真实表达对村庄公共物品的偏好，而且部分地解决了村民在单纯实行一事一议项目时的"搭便车"行为，促进了村庄公共物品的供给。"一事一议、财政奖补"的关键在于"奖"而不是"补"，奖励能够为村民开展一事一议项目提供激励，随着村民筹资筹劳的增加，上级政府的奖补资金同步增加，这就能够激励村民主动筹资筹劳。

第四，农村劳动力转移对村庄公共物品供给的影响机制如下：①随着外出务工人员占比的不断增加，村庄人均集体性收入和支出显著下降；②随着村庄外出务工人员占比不断增加，为农户提供生产服务支出和灌溉排水管理事业支出显著减少；③教育事业支出和医疗卫生事业费随着村庄外出务工人员占比增加而不断减少；④其他行政管理支出同样也随着村庄外出务工人员占比增加而不断减少；⑤举家迁出对村庄公共物品供给的影响显著为负。

  第五，中国村庄公共物品供给的最优配置模式"村民+村集体+政府"具有可行性。虽然中国现行的"一事一议、财政奖补"政策改良了单纯的"一事一议"政策，并利用财政资金作为奖补激励村民筹资筹劳，促进了村庄公共物品供给，但是从实践来看，村庄公共物品的供给依然在很大程度上依赖上级的转移支付（包括财政奖补和其他财政资金），村民筹资筹劳占村庄公共物品供给的比例并不高。然而完全依靠上级政府提供村庄公共物品是不现实的，一方面这不仅要求上级有充裕的财政资金，另一方面存在的信息不对称问题会使村庄公共物品供给效率下降。因此我们认为增加村集体的收入并使其保持稳定是改善村庄公共物品配置模式的关键。我们提出的村庄公共物品配置模式可以简单概括为"村民+村集体+政府"，也就是"一事一议，村民筹资筹劳，村集体补贴，财政奖补"的模式：一事一议能够确保村民准确表达对公共物品的偏好；村民筹资筹劳能够让村民承担一定的责任，并分担公共物品供给的成本；村集体补贴能够承担公共物品的建设成本和维护费用；财政奖补不仅能让村民享受到公共财政资源，而且能够弥补公共物品的资金缺口。上述村庄公共物品配置模式要顺利落实，最重要的环节是提高村集体收入，我们设计的方案是通过土地平整和再分配实现土地生产效率的提高，并且增加村庄集体性资产，进一步提高村庄集体性收入的。当然土地平整和再分配可能需要其他政策的配合，例如对户口已转出村庄的村民所拥有的土地进行赎回和调整，或者和长期外出务工的村民进行谈判租用其土地，这些政策在一定程度上能够使得村庄农业用地连片，提高土地生产效率，增加村集体资产，为村庄招商引资，建立合作社等提供便利。这不仅能够促进村民增收，而且能够增加村集体收入，进而提高公共物品供给水平。

第二章　新中国成立后中国村庄公共物品配置模式的演变历程

本章主要介绍新中国成立后中国村庄公共物品配置模式的演变历程，根据重要的历史节点，我们将按时间顺序分四个部分进行介绍：第一个部分是农业合作化时期（1949~1957年），第二个部分是从实行家庭联产承包责任制到分税制改革前（1978~1994年），第三个部分是从分税制改革到废除农业税时期（1994~2005年）；第四个部分是农业税废除之后（2006年至今）。我们重点论述不同时期中国农村公共物品配置模式的历史背景和改革路径，明确改革的逻辑和演变的规律。

一　农业合作化时期中国农村公共物品的配置模式（1949~1957年）

（一）主要问题

新中国成立后，为恢复和发展农业生产力，我国于1950年6月30日颁布了《中华人民共和国土地改革法》，通过土地改革农村地区实施了个体农民土地所有制，以解放农村生产力，增强农村经济活力。直到1952年9月除部分少数民族地区外，解放区土地改革基本完成，全国3亿多农民无偿分得了约7亿亩土地和大批生产资料，而且不必每年再向地主缴纳约3000万吨以上的粮食地租。土地改革成效显著，极大地提升了广大农民的生产效率，加快了农业总产值的增速，促进了农村经济的恢复和发展。

然而，刚刚成立的新中国政府财政基础薄弱，无力为农民提供最基本的农业生产必需品以及农村公共物品。个体农户虽然拥有了土地，却无法负担一些基本的公共设施费用，甚至缺乏诸如耕畜、农具等必需的农业生产工具。所以，土地改革对个体农民的生产产生了极大的影响，一方面加强了农民对农村公共物品的依赖性；另一方面，由于财政能力有限，政府无法提供这些公共物品，同时土地改革后农业生产资料均等化导致供给农村公共物品的私人成本大于其收益。如此，农村公共物品的私人供给也就无法实现。

为了巩固土地改革的成果，改变土改后小农经济基础薄弱，个体农户分散，农具、耕畜以及资金严重匮乏的现状，发挥群体合作优势以实现农村经济的发展，我国农村开展了农业社会主义改造即"农业生产合作化运动"，引导农民走合作化道路，实现小农经济向社会主义农业合作经济的转变。随着我国向社会主义建设的过渡，1949～1957年与新中国成立前相比，农村公共物品供给水平迅速上升并对农业生产有较大的促进作用。

（二）改革路径

在农业生产合作化过程中产生了三种合作组织形式：农业生产互助组、初级农业生产合作社和高级农业生产合作社。随着合作社从初级形式到高级形式的演变，在完成对农业社会主义改造的同时，各合作组织形式具有不同的农村公共物品供给特点。互助组在中国具有较长的历史，它本来是农民解决生产过程中的困难的一种形式，最早出现在土地革命时期，后来又在解放区和抗日边区得到广泛发展，其含义为自愿互利，互换人工或畜力，共同劳动，有农忙临时互助组和常年互助组之分。其中农忙临时互助组由几户农民在农忙季节组织起来，进行换工互助，农忙过后，即行解散；常年互助组则是农业生产互助组的高级形式，其规模比临时互助组大一些，一般由七八户或十几户农户组成，组员之间除全年在主要农业活动上进行换工互助之外，还在工副业和小型水利方面进行互助合作，组内有简单的生产计划和初步的分工分业，有的常年互助组还积累了少量公共财产，包含比临时互助组更多的集体因素。

在1951年9月，我国首次召开了农业生产互助合作会议，会上通过了《关于农业生产互助合作的决议》，并对互助组体制在农村公共物品供给中存在一定优势的方面达成了共识，如临时互助组可以解决一时之需，提供一些应急性公共物品；而常年互助组内有简单的生产计划、分工分业和公共财产等更强的集体条件，因此其可以采用较先进的农耕技术、农具进行大规模的农业生产。这一时期主要由农民自愿负担农村公共物品的供给，且主要以互助组的形

第二章　新中国成立后中国村庄公共物品配置模式的演变历程

式实现。农民通过互助换工，修建了农业生产过程中所必需的公共物品，如公共水塘、公路等基础农田设施等。在自愿互利的条件下，互助组中每个成员承担较低的成本。

1953~1954年，互助组进一步发展成为初级社，也称土地合作社，即以主要生产资料私有制为基础的农民合作的经济组织。初级社是中国农村经济由个体经济转变为社会主义集体经济的过渡形式，其特点是土地入股、耕畜、农具作价入社，由社实行统一经营。初级社的农民具有土地和其他生产资料的所有权。初级社的年收入实行统一分配，劳动产品在扣除农业税、生产费外，还要提取一定比例的公积金和公益金，并按照社员的劳动数量和质量以及入社的土地生产资料的多少进行分配，产品分配部分地实现了按劳分配原则。此外农民在参与土地入股后，有一定的公共资产积累，并可统一利用土地和生产资料，这一时期生产力有所发展，同时政府干预度较低。

1955~1957年，初级社发展成为高级社，即以主要生产资料集体所有制为基础的农民合作的经济组织。高级社对农民私有化的土地实行无偿转为集体所有的政策。高级社内部建立适应生产需要的劳动组织，其基本单位是生产队，高级社将土地、耕畜、农具固定给生产队使用。高级社的年收入在扣除农业税、生产费以及分配给社员个人的消费基金外，集体留用一部分公积金和公益金。集体公积金用于扩大再生产，主要提供生产性农村公共物品，如兴修水利、修建生产性用房等；公益金为集体消费基金，主要提供文卫保障性农村公共物品，如投资合作社卫生保健及文化教育事业、救助经济困难的社员等。

1955年6月底，在土地改革和互助合作运动的基础上，初级社发展到约500个，参加农户4万户，只占全国农户总数的19%，到1956年底，在初级社的基础上高级社猛增到54万个，参加农户11945万户，占比96%以上。此时农村公共物品的供给数量增多，表明强行实施的集体化合作生产要比自愿支付条件下公共物品供给数量更高。农业合作化时期的公共物品供给情况如表2-1所示。

表2-1　农业合作化时期的公共物品供给情况

互助组形式表现	临时互助组、常年互助组	初级社	高级社
时间	1950~1953年	1953~1954年	1955~1957年
供给的主体	农民自愿承担	农民以土地和生产自愿入股，由初级社管理	农民的私有财产折价归公于高级社

续表

互助组形式表现	临时互助组、常年互助组	初级社	高级社
提供的公共物品	应急性的生产工具、简单的生产计划、公共财产	生产计划、生产资料	生产计划、生产资料
公共物品的使用者	自愿组成互助组的成员	自愿加入初级社的成员	加入高级社的农民
历史贡献	交易成本低，有效缓解了当时的公共物品短缺问题，有利于小生产的进行；可采用先进耕作技术和进行较大规模的农田基本建设	初级社比互助组的自治复杂，但有利于初级社生产力的提高和大规模的农田基本建设	强迫合作要比自愿合作支付更高的交易成本

资料来源：曲延春撰《路径依赖与农村公共产品供给制度的对策选择》，《贵州社会科学》2007年第4期；周峰撰《农村公共产品供给的一个理论性解释——基于集体行动和交易成本的分析》，《长春大学学报》2007年第1期。

在此，本书省略了1958～1978年的人民公社时期中国农村公共物品配置模式的论述，直接进入下一阶段研究。

二 从实行家庭联产承包责任制至分税制改革前的农村公共物品的配置模式（1978～1994年）

（一）历史背景

包产到户最初叫家庭联产承包责任制，最先于1978年11月24日，由安徽省凤阳县小岗村的18个农户开始实行，其通过签订包干保证书、分开承包村内土地的方式进行农业生产从而提高了粮食产量。随后该做法获得了党中央的肯定并于1982年在全国农村地区进行推广，自此我国进入家庭联产承包责任制时期。

家庭联产承包责任制其含义为，农村集体经济组织在坚持生产资料公有制，坚持统一计划、统一经营、统一核算、统一分配的条件下，把耕地农作物和某些畜牧业、养殖业和副业生产任务承包给农户负责，实行超产奖励、减产赔偿的一种生产制度。这一制度改变了中国的农业生产模式，同时在土地仍归集体所有的本质下，农户承包土地并自主管理土地及农产品的生产、经营和分配。在家庭联产承包责任制下农民实现了由生产者向生产经营者的转换，由于拥有了一定的收益分配权和劳动剩余所得权，承包户的个人付出与其收入挂钩，从而显著提高了农民从事农业生产的积极性，有效地激励了农业生产高速增长，促进了农村经济逐步向市场化和商品化方向推进。

（二）改革路径

1983年后，乡镇一级政府和村民委员会成为我国农村地区的基层组织，其中乡镇一级政府作为基层政权组织，承担本地区经济、文化等建设和教育、医疗卫生等工作，[①] 而村民委员会为基层群众性自治组织，因此几乎所有农村公共物品供给的领域都由乡镇政府负责。但是，实行家庭联产承包责任制后，乡镇政府的资源调动能力较以前大为减弱，因此在这种情况下，乡镇政府无法提供充足的农村公共物品，此时的"乡政村治"模式下的农村公共物品供给体制仍然只是上一时期供给体制的继承和延续。

在这种供给体制下，农村公共物品的供给仍实行"自上而下"的决策机制。由于中国广大农村长久以来存在着原有的农村公共物品配置模式的惯性，加之农民民主意识欠缺、文化素质较低等原因，这种"自上而下"的强加式供给模式依然忽视农民个体的需求偏好，使他们无权参与到公共物品供给的决策、监督过程当中。

由于乡镇一级政府是在废除"政社合一"的制度基础上建立起来的，基层政权并没有彻底改变对农业生产经营的行政干预。最突出的表现就是制度外农村公共物品的物质成本分摊由原来的直接由集体扣除公积金、公益金和管理费的形式变为农户家庭直接缴纳"三提五统"及各种行政事业性收费，人力成本的分摊则由之前的"工分"支付转变为由农村劳动力每年提供义务工和积累工的形式，由此导致农民由隐性的公共物品支付者变成了显性的成本支付者。该时期农村公共物品制度外筹资形式如表2-2所示。

表2-2　家庭联产承包责任制时期农村公共物品供给制度外成本分摊的形式

项目	具体内容	使用范围
村提留	公积金	建设农田水利设施、植树造林、购置生产性固定资产、兴办集体企业
	公益金	供养五保户、补助困难户、合作医疗保健等
	管理费	支付村干部工资和行政管理支出

[①] 《中华人民共和国宪法》（1982年）的规定：乡镇政府的主要职能是"领导本乡的经济、文化和各项社会建设，做好公安、民政、司法、文教卫生、计划生育等工作"。

续表

项目	具体内容	使用范围
乡统筹	农村教育事业附加费	农村义务教育
	计划生育费	计划生育
	民办训练费	民办训练、安全保卫
	社会抚恤费	社会抚恤
	民办交通费	乡村道路
义务工和积累工	每个劳动力固定承担	农田水利建设和修桥筑路等公益事业

资料来源：何建春著《中国农村公共产品供给制度变迁研究》，江西人民出版社，2011，第99页。

因此即使家庭联产承包责任制在很大程度上提高了农民的生产积极性和农业生产效率，但是它并没有从实质上触及上一时期农村公共物品的制度外供给体制，也未建立有效的农村公共物品供给制度，甚至反而使这一时期的农村公共物品供给水平下降。随着上一时期的集体经济解体，农村公共物品供给萎缩，广大农村尽管在形式上依然存在着类似以前的基层政权和集体组织，但实际上却出现了农村公共物品供给主体缺失的现象。家庭联产承包责任制的制度变迁缺乏系统的理论依据和制度设计，其实施也缺乏自上而下的组织性和计划性，造成这种制度本身存在不完善以及在长期的发展中存在缺陷。

虽然家庭联产承包责任制未触及上一时期农村公共物品的制度外供给体制，但其下的农村公共物品供给特点仍与以前有较大差异。首先，就筹资对象而言，家庭联产承包责任制下，公共筹资负担直接针对个体农户，农户将生产成果的一部分上缴国家，其数量是透明的、可知的。而在以前的工分制下，公共筹资针对的是集体组织，农户不清楚集体进行分配前的扣除部分，体现出其承担公共成本的间接性；相反家庭联产承包责任制下农民是直接承担公共成本的。其次，家庭联产承包责任制时期，政府以税费形式收取农民所需承担的公共成本，从而加重了农民的负担，导致依靠制度外筹资的公共物品供给水平下降，从而形成了该时期村庄公共物品供给不足的现象。最后，在上一阶段，农民必须承担公共物品的人力成本和物质成本，而家庭联产承包责任制下，农民可以用货币代替劳动，以减轻劳动负担。

三 从分税制改革到废除农业税时期农村公共物品的配置模式（1994～2005年）

（一）历史背景

我国农村税费改革是在1994年实施的"分税制"财政管理体制框架内进行的。1994年实行的分税制改革，是通过对形成财政收入主要来源的税种进行划分，从而有效处理中央政府与地方政府之间的事权和财权关系的一种制度安排，以达到改善中央财政状况的目的。分税制改革将税收按税种划分为中央税、地方税和中央与地方共享税三大税类进行管理。税款收入按照管理体制分别入库、支配和管理，中央税和共享税归中央政府管理和支配，地方税归地方政府管理和支配。

1994年实行分税制改革后，打破了原有的基层财政体制，中央的财政状况确实得到了改善。但是中央政府下放了事权，却没给予地方政府相应的财权，使主要承担农村公共物品供给的乡镇基层政府陷入财政困境。这一时期的农村公共物品配置模式与以前相比没有发生变化，日益庞大的乡镇基层政府依然过度依赖制度外筹资的方式，这使得农民承担过重的公共物品供给成本的问题日益突出，并成为影响整个社会发展的重要问题。加上在整个乡镇公共财政支出中，预算外资金所占的比重逐年提高，其筹资过程不透明、不规范，农民负担更加沉重，因此分税制改革进一步恶化了农村公共物品供给。

在这一背景下，从2001年开始，国家稳步推行农村税费改革，旨在减轻农民负担，以更好地解决"三农"问题，促进农村和谐社会的发展；此外规范农村公共物品的制度外供给方式，将其纳入制度内供给的范畴，从而使政府成为农村公共物品供给的主要承担者，降低对制度外筹资的依赖。例如在农村税费改革后中央政府通过工资性转移支付和农村税费改革转移支付增加在农村义务教育、合作医疗、农村社会养老保险方面的财政投入。

（二）改革路径

2000年3月，我国先在安徽省进行农村税费改革，其他地区可依据实际情况选择部分县市作为改革试点①，由此我国进入农村税费改革的试点阶段。

农村税费改革的主要内容可以概括为"三个取消、一个逐步取消，两个调整，一项改革"。"三个取消"是指：①取消依据上年农民人均纯收入征收的乡统筹费，并由各级财政预算支持原由乡统筹费安排的项目支出，如计划生育、优抚和民兵训练支出等；村民不再固定支付村级道路修建费用，而是通过村民大会协商表决道路修建所需资金的筹资方式；在农村医疗卫生方面，政府给予补助并逐渐形成有偿服务。②取消农民负担的政府性集资，如教育集资取消后由财政预算承担改造中小学危房的费用。③取消屠宰税以及与屠宰税相关的收费项目。

"一个逐步取消"是指，逐渐取消原有规定中的农村义务工和劳动积累工。取消"两工"后，在本村范围内进行如兴修水利工程、道路桥梁修建等集体生产项目和公益事业时，需由全体村民采取"一事一议"的办法对此类公共物品的供给商议表决，以防止基层政府向农民乱集资、乱摊派、乱收费，从而减轻农民负担，规范农村公益事业的决策机制，使农民在一定程度上不再被强制分摊农村公共物品的供给成本。

"两个调整"是指，①调整农业税政策：调整计税面积、计税年产量；实行差别税率，最高不超过7%；改实物征收为统一折成现金；改革结算方式，由村结算改为按户结算，个人申报。②调整农业特产税的征收办法：调整农业特产税税率、征收方式。将村提留改为农业税、农业税附加，与两税合并征收，分别入库。农业附加税为正税的20%，农业特产税附加原则为正税的10%。

"一项改革"是指，改革村提留的征收和使用办法。在保留集体经营收入支付村干部工资和办公经费以及供养五保户的基础上，村民上缴村提留的部分应根据所纳税种区别征收，其中缴纳农业税的改革后以农业税附加形式收取，且附加比例不高于改革后农业税的20%；上缴农业特产税的使用农业特产税附加的方法征收，该附加比例依以上三项支出而定且保持长期内无大幅度波动。

---

① 2000年3月国务院发布的《关于进行农村税费改革试点工作的通知》规定：把安徽全省作为实行农村税费改革的试点，其他省区市可以根据实际情况选择少数县市进行改革试点。

经过一年的试点，2001年中央在全国推进了江苏省作为依靠自身财力自主进行农村税费改革的试点。到了2002年，在安徽、江苏等地推行改革的基础上，中央扩大农村税费改革范围到吉林、湖北、江西、河北、内蒙古等16个省区，同时还批准了浙江、上海两个省市自主依靠其财力进行税费改革。之后历时三年，农村税费改革在全国20多个省份全面展开，其余11个省份仍然继续在部分县市进行局部试点。另外，2004年中央实行取消农业税并以黑龙江、吉林两省为试点，同时在全国范围内废除烟叶税以外的农业特产税；2005年我国继续扩大取消农业税试点范围并降低非试点地区的农业税税率，同时取消牧业税。此外，在2005年中央还实施了"三奖一补"政策，加大对财政困难县乡的财力转移支付和补助以减轻县乡的财政负担。

（三）该时期农村公共物品配置模式的特征

1. 供给主体改变

同家庭联产承包责任制时期相比，对农村地区进行税费改革后农村公共物品的筹资对象已由个体农户转变成为以国家财政为主体、个体农户为辅。家庭联产承包责任制时期，农民通过主动缴纳税收、村提留和乡统筹以及"两工"的方式来承担公共物品供给的成本，而农村税费改革后，农民通过缴纳公积金、公益金和管理费三项村提留，负担越来越轻，农民较之前也更加清楚自己负担了多少公共物品的供给成本，而且公共物品供给成本的征收基本已经实现了货币化形式；此外，该时期采取"一事一议"的方式对公共物品进行统筹集资，这使得农民关于公共物品的需求被重视，同时也加强了村庄民主建设，但该时期仍存在自上而下的行政命令式决策机制。

2. 农民有了自己对农村公共物品的需求意识

实施农村税费改革后，农民更加积极地投身农业生产，在这过程中农民也逐渐清晰地认识到农村需要何种公共物品以及自身所需承担的公共物品供给成本，因而农民有了更强的公共物品需求意识。例如在非生产性公共物品领域，农民迫切要求改善农村地区的教育条件、医疗卫生环境和社会保障等服务，从而实现平等教育、医疗保障和老有所养等。随着社会的发展，该时期的非生产性公共物品的需求增强，出现了较为明显的纯公共物品和准公共物品供给模式，其中政府是纯公共物品供给的主体，准公共物品的供给则表现出明显的市场化倾向。

3. 村民筹资筹劳分担公共物品供给成本

农村税费改革实施以后，乡镇范围内许多公共物品的供给须通过村民筹资筹劳以分担公共物品的供给成本，例如分摊乡镇范围内修建道路、兴修水利、建立电力设施、计划生育、优抚等各项公共事业所需的费用。另外，村民委员会向村民摊派其提供社区服务和公益事业等公共物品的费用，如向农户摊派特困户补助支出、干部报酬和管理费用等。

4. 农村公共物品的供给水平不断提高

为了解决农村公共物品供给和农民筹资筹劳负担过重的问题，我国不断加强各级政府在农村公共物品供给中承担的责任、投资范围和投资力度，在提高中央政府对农村公共物品供给的投入下，也不断加大省、市、县、乡各级政府对农村公共物品供给的投资，从而提高了农村公共物品供给水平，改善了农村公共物品供给状况，推动了农业、农村的发展。

四 废除农业税后农村公共物品的配置模式（2006年至今）

（一）农业税的废除

为进一步推动农村税费改革，2005年12月29日召开的第十届全国人大常委会第十九次会议通过了我国《农业税条例》从2006年1月1日起正式被废除的决议。农业税在我国起源很早，存续了近2600年之久，是一种在农村征收、由农民直接承担的税赋。古代的农业税被称为田赋，是封建社会国家财政的主要收入。历史上农业税的形式、名称变化多样，但总的体现了由繁到简的趋势。由于沿袭了我国古代对农民征收皇粮国税的传统，直到新中国成立后，农业税作为国家主要税种和财政收入的地位和作用也从未改变，因此在新中国成立后很长一段时间内，农业税是我国财政收入的主要来源。但随着2006年在全国范围内取消农业税，在我国存续了近2600年的农业税正式退出历史舞台，我国进入农村综合改革新阶段。全面取消农业税，充分体现了党中央和国务院加快解决"三农"问题的决心，是中央统揽全局、着眼长远、与时俱进做出的重大战略性举措。农业税的取消理顺了国家与农民的利益关系，一方面减轻了农民负担并调动了农民的生产积极性，促进了农村的发展和建设，从而有助于缩小城乡差距，统筹城乡发展，更好地促进城乡居民共同富裕，实现更大范围、更高水平的小康；另一方面，农业税的取消降低了农业生产和经营的成本，有利于提高农产品的市场竞争力，从而促进农民农业收入的增加，保护了农民的根本利益。

在土地改革、家庭联产承包责任制之后，农村税费改革被认为是新中国成立以来的第三次农村革命。从规范农民税费负担、减征农业税到废除农业税，农村税费改革使得农民的政策性负担不断下降甚至彻底被消除，农村税费改革进程如表2-3所示。由表2-3可知，农村税费改革旨在将农村公共物品供给转变为制度内供给模式，以降低农民负担，提高农业生产力，不断规范政府与农民间分配关系。

表2-3 农村税费制度改革进程

年份	农村税费制度改革内容
2000	全国首先在安徽全省推行农村税费制度试点改革，主要改革内容是："三个取消，一个逐步取消，两个调整和一项改革"
2001	合理确定农业税计税土地面积、常年产量和计税价格；完善农业特产税政策；妥善处理取消"两工"后出现的问题；加强对农村义务教育经费的投入等
2002	扩大试点改革到16个省份，同时中央向试点改革的16个省份补助165亿元，该年中央财政转移支付总额达245亿元
2003	在全国农村地区全面推行农村税费改革，农民减负效果显著：当年新增税费改革的10个省份中，农民减负总额为123亿元，平均减负幅度达63%，其中农民人均减负55元，土地亩均减负50元
2004	农村税费改革力度加大，当年主要分地区实行免征农业税和降低农业税税率的政策，以响应"取消农业特产税，五年内取消农业税"的会议要求
2005	农村税费制度改革进一步加快，，我国开始在全国大范围、大幅度地减免农业税，并同时全部免征牧业税。为降低减免农(牧)业税对地方财政的冲击，中央向地方安排专项转移支付900亿元予以补助
2006	在全国范围内彻底取消农业税，并由中央政府承担全部或部分改革成本，例如2006年中央拨付财政支农资金达3397亿元，比上年增长14.20%；此外中央、省及地方安排农村税费改革专项转移支付1030亿元
2007	建立"三农"投入稳定增长机制，提高对"三农"的投入力度，加速形成稳定的新农村建设资金来源；着重发展农村的信息社会事业和基础设施建设；清理化解乡村债务

资料来源：贾华芳撰《农村税费改革的成效、问题与相关政策选择》，《襄樊学院学报》2006年第4期；2004~2007年中央一号文件，百度文库，https://wenku.baidu.com/view/d10240d576eeaeaad0f33000.html?pn=50，最后访问日期：2021年10月7日。

虽然农业税的取消对我国政治和经济社会的发展具有极为重要的意义，但是其在减轻农民负担，带动农村经济发展的同时，也出现了各种新情况和新问题。

1. 对原本财政基础薄弱的乡镇基层政府带来了直接的政策性冲击

农业税取消以前，乡镇收入除了征收农业税、工商税等预算内资金和各项附加等预算外资金以外，还有财政自筹资金收入，如乡镇企业的利润上缴、乡统筹及土地使用费等，停征农业税后乡镇财政虽可以继续获得工商税等收入，但由于农村的工商业并不发达，乡镇财政可征的收入有限。因此在无农业税收入的情况下，绝大多数乡镇政府的财政收入急剧减少，乡镇财政出现巨大缺口，部分乡镇出现了财政资金不足、运转困难的状况，农村公共物品不能有效供给。

2. 与新农村建设相适应的投入机制没有完全建立

我国长期以来形成的城乡二元结构使得农村基础设施落后，公共投入欠账多，而新农村的建设需要大量的投入，取消农业税和农村的"两工"后，国家虽然加大了对"三农"的投入力度，但涉农资金管理分散，引导能力不强，表现出的效果并不明显。另外，农村的融资机制也不健全，农村信贷供给严重不足，大量资源流向城市，"一事一议"开展难，缺乏对公益事业建设的积极性。

3. 新的农村基层工作机制没有形成

农业税虽然取消了，但一些基层干部的观念跟不上形势，行政行为并不规范，不擅长运用"一事一议"等民主方式与农民打交道，群众思想做不通就采取行政命令等强制手段，缺乏依法行政的意识，民主办事能力不强。部分农民缺乏公共意识和责任意识，农民的组织化程度较低，村民自治机制不健全，导致新的农村工作机制运行不畅。

4. 没有从根本上杜绝农民负担反弹

虽然取消了"三乱"收费，但乱收费主体从基层政府向涉农部门和单位转移，收费名目开始由行政性事业收费向经营服务性收费转移，收费方式由显性向隐性转变。[①] 例如，化肥、农药等生产资料的价格上涨过快；一些村级组

[①] 黄维健：《农村综合改革利益主体和政策主体问题的研究》，中国财政经济出版社，2011，第21页。

织在"一事一议"中不履行民主议事程序,将其变成固定向农民收取费用的方式。这些都说明损害农民权益的行为在不同地方、不同环节依然不同程度地存在着,防止农民负担反弹的机制尚未完全形成。

"知史以明鉴",取消农业税后,很多人以为农村税费改革已经大功告成了,其实不然,农村税费改革后,地方政府财政收入来源减少,地方政府运转出现困难。由于政府入不敷出,农民负担就会出现反弹,周而复始。① 因此,为了巩固发展农村税费改革的成果以及从根本上解决税费改革后农民负担依旧重的问题,中央进一步推动了农村综合改革。

(二)废除农业税之后的农村综合改革

在2006年全国农村综合改革的工作会议上,时任国务院总理温家宝指出取消农业税后我国进入新的农村综合改革阶段。农村综合改革是我国农村的第四步改革②,其主要任务是要解决农民的权益保障问题,通过改革,完善农村的上层建筑,解决基层行政管理体制不适应农村生产力发展的问题。农村综合改革主要体现在以下三个方面。

1. 全面推进三项重点改革

在2006年中央提出农村综合改革后,我国全面推进了乡镇机构改革、农村义务教育管理体制改革、县乡财政管理体制改革三项重点改革,以实现转变政府职能、落实教育经费保障机制,增强基层政府保障能力的目标。其中,在农村教育方面,在农村义务教育经费保障机制改革下,到2009年底农村义务教育经费已被全面纳入了公共财政保障的范围,实现了以农民办学为主到以政府办学为主的转变;此外,农村教师、教育资源配置等相关制度的综合改革也在一定程度上促进了义务教育的均衡发展。

---

① 纵观我国历史上的几次农村税费改革(唐代的"两税法",明代的"一条鞭法",清代的"火耗归公"),实施之初都大大降低了农民负担,但一段时间之后,农民负担都涨到一个比改革前更高的水平。著名思想家黄宗羲指出:封建赋田制度有"三害",田土无等第之害,所税非所出之害,积重难返之害。要想跳出黄宗羲定律,就必须实施综合性制度创新与变迁。

② 从农村改革方面来看,截至2006年,我国的农村改革一共进行了三大步:第一步是土地改革,主要是解决耕者有其田的问题;第二步是家庭联产承包经营制度改革,主要是解决耕者有其权的问题;第三步即农村税费改革,主要解决耕者有其利的问题。

2. 加大惠农政策力度

中央逐步强化惠农政策，在农业生产发展方面，不断增加"三项补贴"（种粮农民直接补贴、农资综合补贴以及农作物良种补贴等三项补贴）的同时，还实施了农资综合补贴与粮食最低收购价政策以及建立能繁母猪、生猪良种补贴等制度以促进畜牧业的发展。此外中央继续增加对农村地区教育、卫生、文化、基础设施、社会保障等方面的资金投入以促进农村地区社会事业的发展。

3. 建立农民负担监管长效机制

为降低农民负担和防止负担反弹，2006年国办提出减负工作意见，为进一步落实该意见，2007年国办推出了新的"一事一议，筹资筹劳"管理办法，并于2008年试行"一事一议、财政奖补"制度并逐渐在全国推广。"一事一议、财政奖补"制度的实施规范了农民筹资筹劳问题，也增强了农民在村级公益事业建设中的积极性。

为解决实际执行"一事一议，筹资筹劳"制度时普遍存在的"事难议、议难决、决难行"问题，以及建设农村公益事业中农民积极性不高等难题，2008年中央在黑龙江、河北、云南三个地区进行了村级公益事业建设"一事一议、财政奖补"试点，其主要内容是可对村民依据"一事一议"开展的村级公益事业建设，如修建村内小型水利设施和道路、改善村居环境卫生以及植树造林等，给予适当的财政奖补。"一事一议"村级公益事业建设在试点地区取得显著成效，随后在2009年我国继续扩大试点范围，将试点省份扩大到17个，到2010年时已增加到27个。因此"一事一议、财政奖补"制度有效提高了农民建设村级公益事业的热情，促进了村级公共物品的供给。

除了建立"一事一议、财政奖补"制度外，2006年到2012年，我国连续出台了7个中央"一号文件"（见表2-4），其在服务于农业发展、促进农民增收的同时，也形成了良好的改善农村公共物品供给状况的政策氛围，促进了农村公共物品供给水平的提高。

表2-4 2006~2012年中央出台的7个"一号文件"的主题与要点

年份	主题	要点
2006	推进社会主义新农村建设	一方面稳定粮食生产并加大对粮食生产的财政补贴以及加强基础设施建设，从而做好农业和农村工作；另一方面建立以工促农、以城带乡的长效机制，以妥善处理工农城乡关系

第二章　新中国成立后中国村庄公共物品配置模式的演变历程

续表

年份	主题	要点
2007	发展现代农业	通过现代物质条件、现代科学技术、现代经营形式等方法改造传统农业以推进现代农业的发展。其中,文件中指出要提高农业水利化、机械化和信息化水平,这在一定程度上反映了须提高在农村地区公共物品的供给水平
2008	加强农业基础建设	在统筹城乡发展要求的基础上强化惠农政策、加大对"三农"的投入以及健全农业支持保护体系,从而强化农业基础设施建设,缩小城乡差距
2009	促进农业发展	通过加大对农业的支持保护力度、稳定发展农业生产以及稳定完善农村基本经营制度等,促进农业发展,实现农民增收
2010	夯实农业农村发展基础	通过健全强农惠农政策体系、提高现代农业装备水平以及缩小城乡公共事业发展差距等,以继续巩固和发展农业和农村。其中缩小城乡公共事业发展差距对农村公共物品供给的数量与质量提出了更高的要求
2011	加快水利改革发展	通过严格管理水资源和注重科学治水、依法治水以提高农业用水的有效利用率和改善水质,从而实现水利的可持续发展和农田水利建设
2012	坚持科教兴农战略,加大农业科技投入	加大在农业领域的科技投入,促进农业科技创新,以引领支撑现代农业建设

资料来源:2004～2007年中央一号文件,百度文库,https://wenku.baidu.com/view/d10240d576eeaeaad0f33000.html? pn=50,最后访问日期:2021年10月7日。

经过多年的努力,从农村税费改革到农村综合改革,取得了显著的成效。一是农业税取消后解放了农村生产力,提高了农民进行农业生产的积极性,促进了农民增收和农业发展;此外以工带农、以城带乡的机制有效缩小了城乡收入差距,有助于突破城乡二元结构体制。二是农民负担不断下降:一方面农村税费改革废除了专门向农民收取的各种税费;另一方面各级政府仍在不断加大对"三农"的财政投入力度。三是促进了农村社会的稳定。随着农民负担的大幅下降,以及农民在农业生产、医疗卫生、义务教育及社会保障等方面享受到越来越多的优惠,农民的福利水平不断提高,从而降低了农村地区因农民负担引发的违法犯罪事件,维护了农村社会的稳定发展。四是改善了农村干群关系。随着农村改革的不断深化,"四催"干部、"三要"领导①已逐渐向为农民提供服务、同群众共议事的基层干部转变,同时在农民切身体会到税费负担的减轻以及惠农政策后,将更加积极配合政府在农村地区开展的工作,因而矛盾减少,农村干群关系得到改善。

(三)废除农业税之后中国农村公共物品配置模式的特征

1. 政府的供给力度不断加大

中央政府不断推进税费改革,以减轻农民经济负担。同时在以工带农、以城带乡推动城乡统筹发展中,各级政府特别是中央政府不断加大对农村地区公共物品供给的投入,在这一过程中,各级政府尤其是中央政府逐渐成为农村公共物品供给的主要承担者。另外,农村公共物品供给内容与范围也不断被拓宽,例如中小学生的书本费、住宿费等也被当作准公共物品来提供。因此,各级政府不仅向农村地区供给纯公共物品,而且还承担了提供许多准公共物品供给的责任,政府的供给力度不断加大。

2. 农村公共物品供给的主要筹资渠道改变

在废除农业税之后,农村公共物品供给的筹资渠道已由依靠制度外筹资转变为制度内筹资,同时为应对取消农业税对地方政府造成的财政困境,中央政府提高了向地方政府的转移支付力度。因此在农村公共物品筹资中,农民筹资的力度在弱化,财政支出筹资尤其是中央财政投资成为主要渠道。

3. 改善农民生活的公共物品供给成为重点

在各级政府加大对农村公共物品供给力度的同时,在中央政府的动员下,越来越多的供给主体都对农村公共物品进行了投入,而且这些投入主要流向与农民增收的相关领域,因此提高农民收入和改善农民生活的公共物品成为该阶段公共物品投入的主要投资对象。

4. 农村公共物品供给决策机制改变

由于以往实行"自上而下"的决策机制,政府即使不是农村公共物品的主要供给者也是公共物品供给决策的主体,农民很少参与公共物品决策,因而农民的参与决策意识与公共物品需求意识并不强烈。在中央政府推行的"一

---

① 在农村税费改革前,基层干部主要做催粮、催款、催收、催种以及要钱、要粮、"要命"(计划生育)工作,因而被农民称为"四催"干部和"三要"领导。

事一议"制度的影响下,村民可按"一事一议"讨论本村范围内的公共物品供给,增强了村民在村庄公共物品供给决策中的参与度,提高了农民的参与决策意识和公共物品需求意识。此外在"一事一议"村庄公共物品供给的过程中,村民通过一起协商公共物品供给项目及其成本分摊问题后,可依据实际情况参与公共事业的建设,这既能实现公共物品的供给又不会使村民承受过重的经济负担。

5. 农村公共物品供给的绩效显著

一方面各级政府尤其是中央政府加大了对农村地区修建道路的资金支持,改善了县市到乡镇、乡镇到村、村与村以及村民小组之间的交通状况。另一方面,在教育事业上,税费改革之后,农村已实现全面的九年义务教育并建立起对困难学生的资助制度,保障学生不因经济困难而辍学,以便顺利完成九年义务教育的学习。此外,在农村地区全面建立了社会保障和医疗保障制度,以满足农民对"病有所医、老有所养"的渴求,解决了农民的后顾之忧。

五 总结与讨论

新中国成立后,我国农村地区公共物品配置模式在农业合作化时期、家庭联产承包责任制时期、分税制改革到农业税废除时期以及农业税废除后的阶段呈现出不同的特点。在农业合作化时期,主要由农民及其加入的初级社或高级社承担村庄公共物品的供给,政府干预程度较低,且农民主要对农业生产领域的公共物品表现出强烈的需求。家庭联产承包责任制时期,实现了农民对土地的自主经营权,但对农村公共物品的供给仍实行"自上而下"的决策机制,也未触及以前的制度外供给村庄公共物品的体制,甚至由于乡镇政府调动资源的能力较弱,出现了公共物品供给主体缺失的现象,以及在农民需要承担村提留、乡统筹和出"两工"的沉重负担下,制度外筹资供给公共物品的水平进一步下降。而在分税制改革削弱地方政府财权,使得更加依赖农民承担公共物品供给成本时,我国推进农村税费改革,促使村庄公物品供给由制度外筹资转向制度内供给,从而形成国家财政为主体、农户筹资为辅的局面,以降低农民税费负担,使政府积极承担起供给公共物品的责任,在分税制改革至取消农业税时期,我国农村地区的公共物品供给状况有所改善。在取消农业税后到现阶段,为防止农民税负反弹,我国推进农村综合改革,积极围绕"三农"问题在农村地区开展新农村建设、现代化农业发展、提高服务型公共物品供给水平等工作，已实现制度内筹资农村公共物品的供给成本，农民筹资力度不断减弱，在"一事一议"模式建立下，农民能有效表达对公共物品的需求，提高了农民参与村庄公共物品建设的积极性，在这时期，我国农村公共物品供给的绩效显著。

为实现乡村振兴目标和统筹城乡发展，以及满足农民群众不断增加的对农村公共物品的需求，还需进一步完善农村公共物品配置模式，除了政府作为供给主体外，应当增加市场上的公共物品供给主体，从而形成多元主体协同供给农村公共物品的局面，以不断提高农民的福利水平，促进农村稳定发展。

第三章 文献综述

本书的主要研究对象是中国村庄公共物品配置模式。一般而言,在经济和财政学界讨论比较多的问题是村庄公共物品供给模式。村庄公共物品配置模式和村庄公共物品供给模式有很大的相似度,但是也有区别。本书提出的"配置模式"主要是强调在中国村庄公共物品供给过程中,村民通过村民大会或村民代表大会表达对公共物品的偏好,并由村民、村集体和上级部门共同分担公共物品供给成本的模式。从以往研究来看,绝大多数文献都使用村庄公共物品供给一词,所以我们的文献综述也主要根据村庄公共物品供给的研究进行论述。

村庄公共物品供给的问题长期受到学界和社会各界的广泛关注,各国学者在理论和实践中都进行了大量的研究,主要探究的是影响农村公共物品供给的因素。对现有研究成果进行梳理和总结能够帮助我们厘清研究发展脉络,明确进一步的研究方向。本章主要总结和归纳了已有文献对村庄公共物品供给现状、农村税费改革、"一事一议"和"一事一议、财政奖补"制度、劳动力转移对农村公共物品供给的影响、公共物品供给制度以及涉及这几个方面的研究。

一 公共物品供给理论

标准的西方经济学公共物品供给理论主要以萨缪尔森的公共物品最优供给法则为基础,并在此基础上不断发展。[1] 其中最重要的问题在于,萨缪尔森公共物品最优供给法则仅仅在理论上存在,而如何在现实中通过有效的制度实现是存在较大困难的,无论是中位数投票模型,还是林达尔均衡等都无法使公共

---

[1] Samuelson, Paul A., "The Transfer Problem and Transport Costs, Ⅱ: Analysis of Effects of Trade Impediments", *Economic Journal*, vol. 64 (1954): 264–289.

物品达到最优配置。由此，公共物品最优供给理论的后续发展重点放在了如何实现萨缪尔森公共物品最优供给法则上。由于公共物品本身的非竞争性和非排他性，由私人来提供公共物品缺乏效率，会导致公共物品供给水平低于最优水平。故一般而言，公共物品由政府来提供相对合理。但国外学者也对私人提供公共物品的可能性进行了大量的讨论，Demsetz 指出如果能够排除"搭便车"者，私人企业就可以参与到公共物品的提供中，甚至完全由私人企业提供公共物品，依然可以确保公共物品供给规模处于最优水平。[1] Goldin 也证明了私人供给公共物品的可能性，认为公共物品和公共服务的供给方式取决于个人偏好差异和技术排他性，一种产品和服务是否具备公共物品属性并不是由其内在性质决定的，而是其供给方式的不同导致的。[2] Laury 和 Walker 等则利用实验经济学的方法研究了纯公共物品自愿供给的问题，研究结果显示，供给者是有可能合作的，并不一定会出现经济理论预测的"搭便车"行为，这说明公共物品是可能实现自愿供给的。[3]

二 村庄公共物品供给研究现状

（一）村庄公共物品供给存在的问题

针对不同地区村庄公共物品供给情况，学者们从不同角度进行了描述、分析其原因并给出相关政策建议。其中一些学者重在描述村庄公共物品的供给情况及其影响，Berkowitz 介绍了美国农村的公共卫生服务情况，指出美国农村早期存在资源不足、资金匮乏、教师和医疗专业人员缺乏、交通不便等问题。[4] Lopez 认为，政府公共支出不足会导致农村环境恶化、农业收入增长缓

---

[1] Demsetz Harold, "The Private Production of Public Goods." *The Journal of Law & Economics*, Vol. 13, No. 2 (1970): 293 – 306.
[2] Claudia Goldin, "Comment on Alston and Shlomowitz", *The Journal of Economic History*, Vol. 39, No. 1, The Tasks of Economic History (Mar., 1979): 336 – 338.
[3] Susan K. Laury, James M. Walker, Arlington W. Williams, "The voluntary provision of a pure public good with diminishing marginal returns", *Springer Nature Journal*, Vol. 99, No. 2 (1999): 139 – 160.
[4] Berkowitz, M. W, M. C. Bier, "Research-based character education", *The Annals of the American Academy of Political and Social Science* (2014).

慢以及扶贫工作效率低等问题。① 温胜芳等利用"百村千户"调查数据的研究结果显示，总体来看，农户居住环境在交通、住房和垃圾收集点方面得到了很大的改善和提升，但不同地区得到改善的方面是不同的。中西部地区在生产生活方面改善明显；东部地区在环境方面改善明显；至于基本公共服务方面，义务教育质量的改善普遍得到农户的认可；"新农合"基本全面覆盖，农户就医状况得到明显改善；参加"新农保"的农户数量迅速增加，农户的养老担忧明显降低。但是公共服务依然存在问题，主要体现在：学生上学路程较远、寄宿条件较差；针对农户的专业培训的内容需要完善且覆盖比例亟须提高；农户对"新农合"的了解过少，并不清楚政府的资助程度，因为缴费档次与年收益呈"倒挂"现象，投保档次越低，年投资收益率越高，大多数农户都选择投保"新农保"的最低档。②

另外一部分学者在描述现状的基础上更深入地分析了问题产生的原因，并提出了相关的政策建议。例如，楚永生就认为，城乡"二元供给体制"和政府职能缺位是造成村庄公共物品供给水平较低的重要原因。③ 李晶的研究同样表明，公共物品"重城市，轻农村"倾向、决策机制混乱、财政资金缺乏和政府职能角色错位四个因素是导致农村公共物品供给不足的重要原因。④ 雷晓康分析了农村公共物品供给机制的内在矛盾，认为农村公共物品供给短缺有如下几个原因：①自上而下的公共物品供给制度无法反映农户对公共物品的需求偏好，存在着"合约失灵"现象；②各级政府和村民组织间的权限不清、供给主体混乱以及政府的重工轻农思想（不注重农村经济的发展，认为农村公共物品规模效应过小），造成了由农民们自己分摊公共物品成本的现象；③权利与义务不对等，农民承担了纳税义务，却没有享受到政府提供的基本公共物品；④乡镇政府事责与财权不匹配，乡镇政府的事权远大于财权，导致基层政府没有足够的钱来提供公共物品；⑤农民税收负担过重，农业税是非累计制的，没有给农民留有盈余以维持其生活和生产的费用。为了解决以上问题，作

---

① Ramón López, "Under-investing in public goods: evidence, causes, and consequences for agricultural development, equity, and the environment", *Agricultural Economics*, Vol. 32, No. 1 (2004): 211–224.
② 温胜芳、王海侠、蔡秀云:《村庄基础设施与公共服务的转变及需求——基于"百村千户"调查》,《经济研究参考》2015年第28期。
③ 楚永生:《农村公共物品供给视角》,《求索》2004年第6期。
④ 李晶:《农村公共物品供给短缺的形成机理探析》,《农村经济》2009年第9期。

者提出了改进方案：首先就是要让农民参加决策，自己决定公共物品供给的种类和规模；其次是根据公共物品的供给层次划分不同级别政府的权限，乡镇政府的预算要严格规范，同时还要拓宽农村公共物品供给的筹资渠道，增加落后地区的转移支付，大力推行城市支农、以工补农；最后要鼓励农民自己投资建设公共物品，实行谁投资谁受益的原则，政府应该建立并完善公共物品供给的筹资制度，依据村民的需求来决定公共物品的供给。①

除上述有关村庄公共物品供给水平的研究外，还有学者从经济学的理论分析出发对农村公共物品的供给效率进行了研究。Gunatilaka 认为在现实中很难以福利最大化为依据来评估农村公共物品的供给效率，只能根据地区和地区的发展特点设定可实施的农村公共物品供给目标和政策，只有这样才能实现公共物品供给效率的改善。② Afonso 和 Fernandes 研究了葡萄牙地方政府公共服务投资效率，发现葡萄牙地方政府的公共服务投资效率并没有达到最优，这是由部分社会经济变量造成的。③ Deller 研究显示，如果能实现农村社区财产价值的最大化，则意味着当地公共物品以帕累托效率方式实现了有效供给。④ 季鸣和王林从基础设施建设、农村义务教育、农村医疗卫生三个方面考察农村公共物品供给效率，结果发现财政分权、城市化水平、农村机械化水平对农村公共物品供给效率起正向作用。⑤ 刘天军等人利用陕西省的数据，研究了农村公共物品的供给效率，并采用 EC-LS 的回归方法检验了影响农村公共物品供给效率的因素，发现陕西省农村公共物品供给效率有显著的地区差异，财政分权程度越高，地区人口密度越大，村庄公共物品的供给效率也越高。⑥ 乐为和钟意

---

① 雷晓康：《农村公共物品提供机制的内在矛盾及其解决思路》，《西北农林科技大学学报》（社会科学版）2003 年第 2 期。
② Tony Killick, Ramani Gunatilaka, Ana Marr, *Aid and the Political Economy of Policy Change*, 1999.
③ Antonio Afonso, Sonia Fernandes, "Assessing and explaining there lative efficiency of local government", *The Journal of Socio-Economics*, 2008.
④ Deller, S. C., tsAi, t. - h., mArCouiller, D. W. and English, D. B. K., "The Role of Amenities in Quality of Life in Rural Economic Growth," *American Journal of Agricultural Economics*, vol. 83, No. 2 (2001): 352 - 365
⑤ 季鸣、王林：《中国农村公共品供给效率的现状及影响因素研究》，《现代管理科学》2010 年第 5 期。
⑥ 刘天军、唐娟莉、霍学喜、朱玉春：《农村公共物品供给效率测度及影响因素研究——基于陕西省的面板数据》，《农业技术经济》2012 年第 2 期。

分析了中国农民负担率与农村公共物品投入效率的关系，发现公共物品供给与农民负担之间呈现此消彼长的关系，农民实际负担率与整体农村公共物品供给综合效率之间呈现十分显著的负相关关系，证明了政府提供的公共物品与村民上缴的税费之间严重不匹配。①

此外，除了投资支出不足和效率低下的问题，农村公共物品供给还存在着区域差距。张林秀等研究了中国农村公共物品投资情况及区域分布特征，发现地区间的地理环境和资源禀赋的不同，会导致农村基础设施投资的投资额和项目数在村与村之间以及地区之间都存在显著的差异。② 林振德和赵伟选用固定效应变截距模型，使用 1992～2011 年各省、区、市农村基础设施投资的面板数据，研究了农村公共基础设施投资的区域差异，结果显示我国农村人均公共基础设施投资量呈现逐年增加的趋势，且人均公共基础设施投资量的区域差异总体上呈缩小的趋势，但是差距依旧明显，可能的原因是政府开始逐渐重视区域间的转移支付、逐步缩小不同区域间农村公共基础设施之间的差异，另外，在投资偏向方面，政府更愿意将资金投向人口密度较大的地区。③

（二）村庄公共物品供给的影响因素

不同农村地区社会自然环境不同，经济发展水平有很大的差异，这使公共物品供给存在很大的差距。客观上，村庄人口规模、经济发展水平、资源禀赋、环境地理区位、治理机制等都可能影响农村公共物品的供给状况。例如，常敏基于对浙江省农村调研数据进行的实证研究就发现，农村公共物品自愿供给规模取决于农村人口规模、资源禀赋、村集体经济实力和上级转移支付。④

围绕本书的研究目的，我们重点关注村庄治理对农村公共物品供给的影响。首先，国家的治理模式和财政制度会对村庄公共投资产生很大的影响。Rosenzweig 和 Foster 的研究表明，印度村庄的治理模式和财政制度对村庄公共

---

① 乐为、钟意：《农民负担率与农村公共物品供给效率失衡研究》，《农业经济问题》2014 年第 35 期。
② 张林秀、罗仁福、刘承芳、Scott Rozelle：《中国农村社区公共物品投资的决定因素分析》，《经济研究》2005 年第 11 期；张林秀、李强等：《中国农村公共物品投资情况及区域分布》，《中国农村经济》2005 年第 11 期。
③ 林振德、赵伟：《农村公共基础设施投资区域差异影响因素研究》，《农村经济》2016 年第 1 期。
④ 常敏：《农村公共产品集体自愿供给的特性和影响因素分析——基于浙江省农村调研数据的实证研究》，《国家行政学院学报》2010 年第 3 期。

投资有显著影响。① Besley 和 Burgess 同样使用印度数据进行经验研究,研究表明,基层干部的任免方式对村庄公共服务和赈灾有显著影响。② Duflo 和 Chattopadhyay 的研究还发现,印度村干部的性别构成会影响农村公共投资。③ Baldwin 分析了赞比亚的民选议员和世袭酋长这两种类型的领导人在共同促进赞比亚生产公共物品方面的影响作用,研究发现议员为了选举有提供公共物品的动机,但可能无法很好地组织社区捐款;酋长虽缺乏选举激励,但通常具有长远眼光和当地的社会关系。研究通过一个自然实验,利用在任领导人去世后出现的领导失误来证明,首席执行官们对共同生产的公共物品有着重大影响,而议员们则不然。辅助分析表明,酋长对社区的影响取决于他们在位的时间长度。④ 姚升和张士云以安徽省为例,通过对村干部发放调查问卷,发现村干部的受教育程度和村庄经济发展水平对农村公共物品的供给有显著的正向影响,经济发展好的农村得到的公共物品投入较多,考虑村所处的地理环境及人口特征,处于平原地区、区域面积越大、少数民族人口越少的行政村,其公共物品供给越多。⑤ 王海员等分析了目前村庄民主化治理与公共物品供给数量之间的关系,发现村庄公共物品供给数量的多少取决于村集体经济的发展水平,另外,相较于村庄规范化选举,竞争性选举对村庄公共物品供给数量的影响呈现"倒 U 形",反而规范化选举并没有使得公共物品供给数量增加,这在一定程度上说明了农村规范、透明的选举对村庄公共品供给数量的影响随着村庄集体经济水平的提高而显著增强。⑥ 上述研究都表明,不同的国家治理模式和财政制度能够深刻影响村庄公共物品供给。

其次,在村庄治理过程中,还存在农村组织这类村集体基层自治组织,这

---

① Foster A., Rosenzweig M., "Democratization, decentralization and distribution of local public goods in a poor rural economy", Working. Paper., Brown Univisity, 2001.
② Besley Timothy, and Robin Burgess, "The Political Economy of Government Responsiveness: Theory and Evidence from India", *The Quarterly Journal of Economics*, Vol. 117, No. 4 (2002): 1415 – 51.
③ Duflo Esther, Raghabendra Chattopadhyay, "The Impact of Reservation in the Panchayati Raj, Evidence from a Nationwide Randomized Experiment", *Economic and Political Weekly*, 2004.
④ Kate Baldwin, Elected MPs., *Traditional Chiefs, and Local Public Goods: Evidence on the Role of Leaders in Co-Production From Rural Zambia*, SAGE Publications, 2019.
⑤ 姚升、张士云、蒋和平、江激宇、栾敬东:《粮食主产区农村公共产品供给影响因素分析——基于安徽省的调查数据》,《农业技术经济》2011 年第 2 期。
⑥ 王海员、陈东平:《村庄民主化治理与农村公共品供给》,《中国农村经济》2012 年第 6 期。

类组织对村庄公共物品供给也发挥着重要作用。比如同乡会，这种以地域的乡土观念和同乡关系为纽带而形成的社会组织，有利于帮助同籍移民在异地的生存和发展，同时许多研究也表明其对村庄公共物品供给具有正向的影响。Beauchemin 和 Schoumaker 利用布基纳法索的数据，研究了同乡会对当地农村公共服务供给、农业现代化、基础设施可获得性等的影响，发现同乡会对村庄公共物品供给的影响是正显著的。[1] Chauvet 等使用 DID 方法估计了移民对马里公共物品供给的影响，发现拥有移民同乡会的村庄，其公共服务水平有显著提升。[2]

类似的，农村社区自助小组对公共物品的供给也具有积极影响。Desai 和 Olofsgard 发现在许多低收入和中等收入国家，向穷人提供的公共物品质量不高，研究通过村庄随机对照试验和实地行为实验，包括在印度最贫穷的地区之一建立自助小组，发现通过自助小组可以提供更多相关信息、成员参与村庄治理的积极性更高、协调成本更低，从而能够改善贫困社区的政府绩效，并且这些团体的存在使得村民更有机会获得某些关键的地方公共物品，例如，这些组织的建立使得村民用水及用水安全更能得到保障。[3] 在中国农村，农民以及其所在村小组是农村公共物品供给不可或缺的力量，虽然有国家政策和政府支持，但他们仍负担着村级公共投资的部分资金。张林秀和李强等人利用抽样调查数据，研究了中国农村公共物品投资情况以及区域分布特征，结果显示村民和村集体承担了大部分公共物品的投资成本，上级政府更偏向于向贫困地区投入公共资金，富裕地区村庄的公共物品主要依靠农户自主供给。[4] Luo et 等对 2003 年的全国调查数据进行了分析，发现村庄公共物品的投资占全国总的公共物品投资的 47%，其中由村集体独立承担 18% 的村庄公共投资建设成本，海选能够有效促进农村公共投资，但农村税费改革对村庄公共投资产生了显著

---

[1] Beauchemin C., Schoumaker B., "Aremigrantas sociations actorsin local development? Anational event-history analysis in rural Burkina Faso", *World development*, 2009.

[2] Lisa Chauvet, Flore Gubert, Marion Mercier, Sandrine Mesplé-Somps? "Migrants' Home Town Associations and Local Development in Mali", *Journal of Economics*, No. 2 (2015).

[3] Desai and Olofsgard, "Can the poor organize? Public goods and self-help groups in rural India", *World Development*, Vol. 121 (2019): 33–52.

[4] 张林秀、李强、罗仁福、刘承芳、罗斯高：《中国农村公共物品投资情况及区域分布》，《中国农村经济》2005 年第 11 期。

的负面效果。① Shen 和 Shen 通过一系列国家主导的项目考察了中国农村公共物品商品化的过程，发现在公共物品供给方面，村内利益相关者目前享受着政府免费提供的高质量设施和服务，但未能促进互惠合作以补充农村公共物品的可减损性，并提出了社会迫切需要一种可持续提供公共物品的定价机制。国家主导的商品化会破坏以往农村治理的低水平均衡，从农村可持续发展的角度来看，只有农村社区的自组织才能解决这一困境。②

发展农村社群经济的效果类同于建立农村社区自助小组，Fan 等研究发现泰国中央政府在农村公共物品供给方面取得显著成效，这在很大程度上归功于泰国主要通过发展社群经济来供给和管理农村公共物品，其行政村主要基于居民之间的联合和社会关系形成，这有利于在自愿条件下实现公共物品的供给和管理。③ Shigetomi 同样发现泰国通过发展农村社群经济，缓解了农村公共物品的供求矛盾，而地方政府在农村公共物品供给中发挥的作用十分有限。④ 此外，当地非农企业的参与度也会对村庄公共物品的供给产生一定的影响，Gibson 和 Olivia 发现印度尼西亚政府鼓励非农企业参与农村基础设施建设，这不仅提高了村庄基础设施建设质量，而且增加了村庄公共服务基础设施建设资金。⑤

（三）关于村庄公共物品供给满意度的研究

Fornell 提出把受益者是否满足作为被解释变量，将购买后的感知和价格等因素作为解释变量，构建计量模型。⑥ 很多学者基于上述模型，研究了农户

---

① Renfu Luo, Linxiu Zhang, Jikun Huang, Scott Rozelle, "Elections, fiscal reform and public goods provision in rural China", *Journal of Comparative Economics*, No. 3 (2007).

② Shen M., and Shen J., "State-led commodification of rural China and the sustainable provision of public goods in question: A case study of Tangjiajia, Nanjing", *Journal of Rural Studies*, Vol. 108, No. 3 (2019): 22 – 34.

③ Fan, S., Jitsuchon, N., and Methakunnavut, "The importance of public investment for reducing rural poverty in middle-income countries: The case of Thailand", *DSGD Discussion Paper*, No. 7 (2004).

④ Shigetomi, "Organizational Capability of Local Societies in Rural Development: A Comparative Study of Microfinance Organizations in Thailand and the Philippines", *IDE Discussion Paper*, No. 47 (2006).

⑤ Gibson and Olivia, "The Effect of Infrastructure Access and Quality on Non-Farm Enterprises in Rural Indonesia", *World Development*, Vol. 38, No. 5 (2010): 717 – 726.

⑥ Fornell C., "The Blending of Theoretical and Empirical Knowledge in Structural Equations with unobservables". H. Wold (ed.) *Theoretical Empiricism*. New York: Paragon House (1989): 153 – 173.

对于村庄公共物品供给满意度。

朱玉春等利用 Fornell 1989 年的模型研究了农户对公共物品的满意程度，认为各类村庄公共物品对农民满意度的影响具有优先次序，影响程度排前的包括与农民生产、生活息息相关的农村公共物品，其次是生活垃圾处理和收入水平，而农业科技推广及培训、文化活动和清洁能源对农民满意度没有显著的影响。[①] 接着朱玉春等人对1571户农户进行考察，较为全面地研究了影响农户对农村公共物品供给评价的因素。调查表明大部分农户对农村公共物品供给的评价较高，评价为"很好"和"较好"的约占2/3，评价为"不好"和"一般"的约占1/3，随后他们利用有序 Probit 模型，分析了不同收入层次的农户对于农村公共物品供给的评价和影响因素，研究结果显示，低收入农户对村庄公共物品的供给情况满意度不高，这是因为扶贫、低保等政策不能照顾到他们，受教育程度仅对中高收入组的农户的评价有着正向影响。[②] 卫宝龙和张菲分析了 1509 个农户的调查数据，通过建立有序 Logistic 模型考察了农户对农村基层治理的满意程度和农村公共物品供给效率的影响，发现农户最关心的是与其生产生活密切相关的公共物品，户主个体特征并不影响农户的满意程度，不同收入层次的农户受到的影响程度不同，低收入农户较关心与农业生产有关的公共物品供给效率，高收入农户则更关心生活以及文化娱乐设施，且他们对于农村公共物品的需求层次也不一致，高收入的农户更加关注现有资源分配的公平性，内部分配的不公平使得他们对农村基层治理的满意度下降。[③]

有学者利用省级数据对农村公共物品的供给满意度进行了研究。李燕凌和曾福生认为影响农户对村庄公共物品供给满意度的因素包括受教育年限、医疗、收入水平、农业灌溉面积率、村庄地理位置等。[④] 肖亮指出，社会保障、交通状况、住房状况、教育投入、医疗投入五类因素会显著地影响农户对公共

[①] 朱玉春、乔文、王芳：《农民对农村公共品供给满意度实证分析——基于陕西省32个乡镇的调查数据》，《农业经济问题》2010年第1期。

[②] 朱玉春、唐娟莉、罗丹：《农村公共品供给效果评估：来自农户收入差距的响应》，《管理世界》2011年第9期。

[③] 卫宝龙、张菲：《农村基层治理满意程度及其影响因素分析——基于公共物品供给的微观视角》，《中国农村经济》2012年第6期。

[④] 李燕凌、曾福生：《农村公共品供给农民满意度及其影响因素分析》，《数量经济技术经济研究》2008年第8期。

物品的评价，其中教育投入不足成为制约农民满意度提升的主要因素。① 蒋月亮等调查了陕西省部分地区的农户对村庄公共物品的需求偏好和支付意愿，发现农户对公共物品的整体满意度较低，对福利性公共物品的满意度相对较高，对文化生活类公共物品的供给程度满意度最低。② 李超等使用了"百村千户"的调查数据进行分析，计量结果显示，经济收入类和生活类公共物品评价都较显著地影响了农户对基层治理的满意程度，生态环境供给评价则没有显著影响，接着他们将农户按照家庭收入分为贫困、一般、小康、富裕四类进行研究，研究发现这四类农户的关注点并不相同：贫困农户对村庄的文化娱乐、灌溉设施和公共设施等方面比较关注；一般和小康农户比较关心灌溉设施、公共设施、文化娱乐生活、农业信息服务和农业补贴政策；而富裕家庭对教育、交通、公共设施、农业信息服务和补贴政策更为关注。③

三 农村税费改革与村庄公共物品供给

为进一步减轻农民负担，规范农村税费征收，2001年中央开始对农村税费制度进行改革。农村税费改革打破了原有的农村公共物品供给模式。为此，很多学者都讨论了农村税费改革对村庄公共物品供给的影响。

一方面，农村税费改革在很大程度上减轻了农民负担，提高了农民收入。周黎安等、孟德才和吴海涛等人结合不同数据和模型分析后均认为农村税费改革对增加农民收入有着显著的作用。④ 刘明兴等人的研究也发现，在农村税费改革时期，各级政府增加了对农村的公共投资力度，有利于减轻农民负担并且在一定程度上缓和了村干部与农民群众间的矛盾关系。⑤

---

① 肖亮：《农村公共品供给农民满意度分析及评价》，《农业技术经济》2012年第7期。
② 李晶：《农村公共物品供给短缺的形成机理探析》，《农村经济》2009年第9期。
③ 李超、孟庆国、郗希：《农村公共物品供给评价与基层治理满意度——基于贫困、一般、小康、富裕四类农户的比较分析》，《农业经济管理学报》2016年第3期。
④ 周黎安、陈烨：《中国农村税费改革的政策效果：基于双重差分模型的估计》，《经济研究》2005年第8期；孟德才：《基于DID模型的农村税费改革对农民增收影响的实证研究》，《金融与经济》2012年第8期；吴海涛、丁士军、李韵：《农村税费改革的效果及影响机制——基于农户面板数据的研究》，《世界经济文汇》2013年第1期。
⑤ 刘明兴、徐志刚、刘永东、陶然：《农村税费改革、农民负担与基层干群关系改善之道》，《管理世界》2008年第9期。

但另一方面，农村税费改革不仅削弱了村一级集体收入，还减少了县乡基层政府财力，不利于村庄公共物品的供给。刘鸿渊就认为农村税费改革在减轻农民负担的同时会导致县乡政府财力下降，面临财政困难问题，这样不利于村庄公共物品供给，提出要对我国农村公共产品供给机制进行改革创新。① 熊冬洋认为农村税费改革减弱了农村地方政府供给公共物品的能力，提出要增强地方政府财力、建立多元的农村公共物品筹资体系、吸引更多的农村公共物品的投资主体，按照农民的意愿和需求来提供公共物品。② 罗仁福等利用全国代表性数据研究了我国村民直接选举和农村税费改革对村庄公共投资的影响，发现农村税费改革对村庄公共物品供给产生了显著的负面影响——农村税费改革之后农村自筹的集体性收入大幅度下降。③ 刘光岭构建理论模型，通过比较静态分析证明，当上下级政府都面临着财政资金短缺时，农村税费改革会导致基层政府财力缺口的扩大，这说明虽然税费改革能在短期内提高农民收入，但是长期来看，农村税费改革导致村庄公共物品供给水平下降会对村民福利产生负面影响，这不利于从根本上解决"三农"问题，未来应继续深化分税制改革，建立健全地方税体系，完善转移支付制度，理清楚中央与地方政府之间的关系，理顺税费关系，为彻底解决"三农"问题提供充分条件。④ 周黎安和陈祎研究了税费改革对县级财政负担以及公共物品供给影响，同样认为农村税费改革虽然带来了税负的降低，但是也加重了县级财政负担，并且长此以往将会降低县乡公共物品的供给水平。⑤ 徐琰超等使用双重差分（DID）和双重差分结合匹配倾向得分（DID＋PSM）方法，利用 CHIPS2002 的村庄面板数据的分析结果显示，农村税费改革使得村庄公共物品供给水平明显下降，教育以及行政成本支出的减少尤为明显。⑥ 孙杰则具体从农村公共体育服务这类公共物品

---

① 刘鸿渊：《农村税费改革与农村公共产品供给机制》，《求实》2004 年第 2 期。
② 熊冬洋：《对税费改革后的农村公共品供给对策的思考》，《教书育人（学术理论）》2006 年第 1 期。
③ 罗仁福、张林秀、黄季焜、罗斯高、刘承芳：《村民自治、农村税费改革与农村公共投资》，《经济学（季刊）》2006 年第 3 期。
④ 刘光岭：《农村税费改革的困境：基于政府的视角》，《经济评论》2007 年第 6 期。
⑤ 周黎安、陈祎：《县级财政负担与地方公共服务：农村税费改革的影响》，《经济学（季刊）》2015 年第 2 期。
⑥ 徐琰超、杨龙见、尹恒：《农村税费改革与村庄公共物品供给》，《中国农村经济》2015 年第 1 期。

的供给进行研究，指出农村税费改革为农村公共体育设施建设提供了一定的资金支持，但仍存在农村公共体育指导服务体系缺失的问题。① 郑冕发现在农村税费改革影响下，农村公共物品供给对上级的依赖性过强、供给主体以及政府职能的转变、地方黑恶势力出现这一系列现象造成了公共物品的供给困境。②

除上述分类之外，还有部分学者进行了与农村税费改革相关的其他一些研究。尤琳和陈世伟利用了五个指标（资源汲取能力、发展经济能力、社会管理能力、公共服务能力以及制度规划能力）来度量国家治理乡村社会的能力，分析表明农村税费改革使乡镇治理资源短缺，财政收入下降，乡镇政府治理陷入困境。③ 邓蒙芝重在研究农村税费改革前后的村庄公共物品供给及不同供给模式导致的差异，发现农村税费改革实行以来，因为政府供给模式偏向于投资经济发展较为落后地区，所以从总体上来说地区间的差距在逐渐缩小，但是村庄的自我供给模式则会拉大地区间的差距。④ 楚娜和王艳研究了陕西省农村税费改革后村庄公共产品供给与经济增长之间的关系，发现农业、电力支出等这类生产性的农村公共产品与农村经济增长和农民收入的提高有着直接关系，提出政府应该从供给的主体、类别和时效性这三个方面来提升农村公共产品的供给水平。⑤

结合现有研究分析得知，虽然农村税费改革在一定程度上增加了农民的收入，减轻了农民的税费负担，但是农村税费改革加重了乡镇地方政府财政压力，并且导致村庄集体性收入下降，如果上级政府的转移支付无法及时弥补村庄集体性收入的缺口，村庄公共物品供给水平将显著下降。由此可见，税费改革既有积极作用又有负面影响，需要进一步完善。政府随后出台了"一事一议"政策，主要通过村庄民主和村民筹资自主提供公共物品。

---

① 孙杰：《税费改革对农村公共体育服务建设的影响研究》，《当代体育科技》2015年第27期。
② 郑冕：《税费改革背景下我国农村公共物品供给困境探析》，《辽宁工业大学学报》（社会科学版）2018年第1期。
③ 尤琳、陈世伟：《后税费时期乡镇政府治理能力研究》，《社会主义研究》2013年第6期。
④ 邓蒙芝：《农村公共物品供给模式与地区间供给差距研究——对税费改革前后相关调查数据的统计分析》，《沈阳农业大学学报》（社会科学版）2013年第6期。
⑤ 楚娜、王艳：《税费改革后农村公共产品供给与经济增长的实证分析——以陕西省为例》，《未来与发展》2014年第4期。

四 "一事一议""一事一议、财政奖补"与村庄公共物品供给

虽然农村税费改革之后,我国实行了"一事一议"制度来提供村庄公共物品,但是"一事一议"制度的实施效果并不理想,村庄公共物品供给水平依然较低。杨卫军和王永莲认为国家对村庄公共物品的供给意愿较低,村集体供给能力不足,且农民所缴的税费很难被用来提供公共物品,由此,绝大多数农村地区只能依靠"一事一议"方式供给公共物品,但由于存在交易成本过高等问题,最终"一事一议"无法成为中国村庄公共物品供给的有效制度。[①] 余丽燕利用福建省98个村庄的调研数据,建立多元线性回归模型,分析了影响村庄公共物品供给的主要因素,计量结果显示,村集体投入和上级财政奖补对"一事一议"农村公共物品供给具有显著的正向作用,但是单纯的村民"一事一议"筹资筹劳对村庄公共物品供给的影响不显著。[②]

由于单纯的"一事一议"无法成为中国村庄公共物品供给的有效制度,中央政府随后推行了"一事一议、财政奖补"制度,这是现行中国村庄公共物品供给的主要制度,自2008年开始试点,至今已运行10多年,但是相关研究成果并不多见。周密和张广胜运用计数模型分析了"一事一议、财政奖补"制度对村庄生活性公共物品与生产性公共物品的影响,发现"一事一议、财政奖补"制度对村庄生活性公共物品的影响更显著。[③] 徐琰超和尹恒研究了村民自愿与财政补助模式对村庄公共物品配置的影响,他们利用2002年和2007年CHIPS大样本村庄的调查数据进行研究,发现随着村庄收入差距的逐步增大,户均"一事一议"筹资规模逐渐下降;同时他们利用2008年CHIPS村庄数据分析得到的结果表明,随着"一事一议、财政奖补"资金比例的上升,村庄公共物品供给的范围增大。[④] 周密等运用贯序博弈和嵌套博弈理论,并通

[①] 杨卫军、王永莲:《农村公共产品提供的"一事一议"制度》,《财经科学》2005年第1期。
[②] 余丽燕:《"一事一议"农村公共产品供给分析——基于福建省的调查》,《农业经济问题》2015年第3期。
[③] 周密、张广胜:《"一事一议"制度的运行机制与适用性研究》,《农业经济问题》2010年第2期。
[④] 徐琰超、尹恒:《村民自愿与财政补助:中国村庄公共物品配置的新模式》,《经济学动态》2017年第11期。

过对辽宁省 125 个村的问卷调查，分析了"一事一议、财政奖补"制度对村庄公共物品供给项目的影响，回归结果显示获得"一事一议、财政奖补"项目的村庄比未获得的村庄平均多建设约 1.3 项公共物品（设施）。① 周密等利用 2017 年辽宁省 271 个行政村的调查数据验证了"一事一议、财政奖补"制度实施的收入效应，发现获得"一事一议、财政奖补"资金的村庄的村民人均纯收入得到了提高，村内道路硬化程度在此起到了重要的中介作用。②

五 劳动力转移与村庄公共物品供给

农村劳动力尤其是青壮年劳动力长期大规模的外流对我国农业和农村发展产生了消极影响，同时也对农村公共投资产生了冲击。如张林秀等利用具有全国代表性的调查数据进行回归分析，发现外出务工劳动力比例与村庄公共投资项目显著负相关，其原因在于，外出务工人员从村庄公共物品中获得的收益较小，所以外出务工人员并不愿意分担村庄公共物品的供给成本。③ 王子成和邓江年认为在我国农村公共物品供给体系中，农民筹资筹劳为主的制度外的供给方式起到了很重要的作用，他们利用我国城乡劳动力流动调查数据，运用工具变量法解决内生性问题后，发现劳动力外出务工对村庄公共物品供给有显著的负效应，因此强化财政支持力度和鼓励公共物品的制度外供给将是未来政策创新的重要方向。④

虽然大量研究集中讨论劳动力转移对村庄公共物品供给的影响，但是村庄公共物品的供给也会影响村庄劳动力的迁移与就业。周文龙认为农村劳动力输出呈现出规模化趋势，农村劳动力输出的组织和管理属于一种农村公共物品，其供给主体应该是政府。⑤ 类似的，李海洋等人也提出农村劳动力转移培训是

---

① 周密、刘华、屈小博、黄利：《一事一议、财政奖补制度对村级公共投资项目的影响》，《西北农林科技大学学报》（社会科学版）2017 年第 5 期。
② 周密、赵晓琳、黄利：《村内公共产品筹补结合供给模式的收入及空间效应——基于一事一议财政奖补制度的分析》，《农村经济》2019 年第 12 期。
③ 张林秀、罗仁福、刘承芳、Scott Rozelle：《中国农村社区公共物品投资的决定因素分析》，《经济研究》2005 年第 11 期。
④ 王子成、邓江年：《劳动力外出是否弱化了村级自筹公共投资》，《统计研究》2016 年第 10 期。
⑤ 周文龙：《浅析农村劳动力输出的组织和管理——基于农村公共产品供给的视角》，《学理论》2011 年第 23 期。

一种准公共物品和区域性公共物品,在合理分配农村公共物品供给中政府财权与事权的条件下,应促进市场与第三部门对该类公共物品的供给。① 张巍认为通过农村劳动力转移可以达到扶贫目的,但在此之前需要政府提供信息,培训、就业渠道等有帮助的公共服务与公共物品。② 此外,阿布都外力·依米提以新疆农村地区为例,分析得出要实现农村劳动力就业与转移,就要解决农民面临的农村公共基础建设供给不足,农村教育落后,村公共卫生事业发展缓慢,农村社会保障体系不健全,农业科技推广、信息系统、农村文化事业等"软"公共物品供给不足的问题。③

目前探讨村庄公共物品供给与劳动力流动关系的经验分析还不多,仅有少量的文献从村庄公共物品供给的某个方面或小的问题出发从侧面提供了研究结论。

六 公共物品供给制度设计

部分学者重视公共物品供给制度的设计问题,旨在提高公共物品的供给效率,使人们能够享受到更多公共物品带来的福利。许远旺和周娴调查了湖北省乡镇事业单位改革。他们对湖北省推行的改革进行了绩效评估,提出要建立"多中心体制",不仅仅依靠政府提供公共物品,同时也要鼓励非政府组织参与其中,通过国家与社会共同合作,解决公共物品"集体行动困境"的问题。具体来看,政府部门要做好统筹协调,鼓励非政府组织积极参与,并将公共物品的供给市场化,由多个主体共同来保障村庄公共物品的有效供给,促进农村公益事业建设的进一步发展。④ 张应良等的研究与许远旺和周娴的研究有异曲同工之妙,他们都认为村庄公共物品的供给应遵循将公共物品供给市场化,鼓励多方积极参与的基本原则,⑤ 而张应良等还在此基础上进一步研究了政府诱

---

① 李海洋、俞建雄、林振东、潘伟彬、黄汝群:《农村劳动力转移培训与农村公共产品供给关系探讨》,《闽西职业技术学院学报》2008 年第 3 期。
② 张巍:《由劳动力转移扶贫析农村公共产品与服务》,《中国行政管理》2006 年第 2 期。
③ 阿布都外力·依米提:《民族地区农村公共产品供给与农村劳动力转移研究——以新疆为例》,《西北人口》2009 年第 2 期。
④ 许远旺、周娴:《农村公共物品供给模式:政府组织与社会协作——湖北乡镇事业单位改革的调查与思考》,《农村经济》2006 年第 2 期。
⑤ 张应良、丁惠忠、官永彬:《政府诱导型农村公共物品供给制度研究》,《农村经济》2007 年第 5 期;许远旺、周娴:《农村公共物品供给模式:政府组织与社会协作——湖北乡镇事业单位改革的调查与思考》,《农村经济》2006 年第 2 期。

导性农村公共物品供给制度。① 他们先对中国目前的农村公共物品供给制度进行考察,并指出现行制度中主要存在的几个问题:第一,供给主体没有足够的资金来支撑村庄公共物品的有效供给,农民最迫切需求的公共物品很难得到满足;第二,供给体制的不完善导致公共物品的配置效率低下,农民很难充分享受到公共物品带来的好处;第三,在现行农村公共物品供给体制中,公共物品供给的方式较为单一,农村公共物品供给严重短缺。为了解决这些问题,作者提出了政府诱导性农村公共物品供给制度。刘晓光等构建了一个引入基础设施与劳动力转移成本的一般模型,研究了基础设施与劳动力转移和城乡收入差距之间的关系。他们利用我国1992~2010年的省区面板数据,检验了理论推导出来的结论,发现基础设施水平的提高(如交通和通信),可以显著缩小城乡收入差距,不仅能够提高农村居民收入,城镇居民收入也能得到提高,这是一种帕累托改进,接着他们对基础设施缩小城乡收入差距的影响机制进行了进一步的分析,研究发现基础设施水平的提高促使农村劳动力向工业和服务业等非农业部门流动,农村从事农业生产的人口减少,在市场经济的大环境下,农作物的供给与需求决定了其价格变化,农业生产比例的降低使得农民的收入提高,进而缩小了城乡收入差距。② 杨剑和程勇分析了我国农村公共物品供给的现状,发现在我国农村公共物品供给不足与过剩的现象同时存在,其主要原因在于,地方官员为了自己的政绩,更加偏向于投资"硬"公共项目,如兴修水利、铺路架桥等,而不愿意投资有利于农村经济发展的"软"公共项目,如科技推广、信息服务等。上文同时指出政府部门职能残缺以及供给低效率,为此,他们提出针对目前农村公共物品的困境应该构建多元协作供给机制,出发点是充分发挥各个主体的相对优势,在资源限定的条件下,达到资源的最佳配置,实现帕累托最优。进一步地,考虑到各部门都存在不能克服的理性经济人思维,所以他们对多元主体协作的内在驱动力进行了分析,研究发现政府部门和非政府部门都能够从多元主体协作中获得收益,这在很大程度上保障了多元协作供给机制的可行性。最后,他们提出了农村公共物品多元协作供给的基

---

① 张应良、丁惠忠、官永彬:《政府诱导型农村公共物品供给制度研究》,《农村经济》2007年第5期。
② 刘晓光、张勋、方文全:《基础设施的城乡收入分配效应:基于劳动力转移的视角》,《世界经济》2015年第3期。

本框架，包括农民需求表达机制、利益共享机制、问责机制和竞争机制。① 通过梳理相关文献，我们发现几乎所有的文献中都提到了农村公共物品的供给不能只靠政府，还需要非政府组织参与其中，曲延春首先分析了非政府组织参与农村公共物品供给的理论逻辑，认为非政府组织参与村庄公共物品供给并不是"政府失灵"和"市场失灵"的结果，而是治道变革的必然要求。② 钱文荣和应一迤从微观的角度研究了村民参与农村公共基础设施建设的意愿及其影响因素，通过构建农户参与农村公共基础设施供给意愿的分析框架，从个体特征因素、家庭特征因素、村级民主因素和基础设施现状因素四个方面考察了这些因素对农户参与农村公共基础设施供给意愿的影响。他们采用的数据来源于自身调研收集的全国东部、中部、西部14个省（市）共431户农户的数据。调查发现，绝大部分农户都是愿意参与公共基础设施的建设的，西部地区农户无条件参与供给的比例最大。他们还利用有序Logistic模型拟合得到的截面数据，分析得出农户家庭特征、村民对村级民主的态度以及政府在农村公共基础设施供给中发挥的作用是否使得农户满意都会影响到农户参与农村公共基础设施供给的意愿。③ 张增国和贺暾从公共经济学的视角出发，利用公私合作系统的运行机制分析方法，建立模型，分析了公私合作在村级公共物品供给中是如何运行的，他们认为利用公私合作模式，合理分配公共物品的供给任务，能够实现资金来源的多样化，使得社会各界能够较好地共同承担公共物品的供给成本，还能提高公共部门的社会治理水平。④

上述研究都为如何设计村庄公共物品最优供给制度提供了一个重要思路——多样化供给。

七 总结与讨论

目前绝大多数针对中国村庄公共物品的经验研究主要使用特定地区的村庄

---

① 杨剑、程勇：《农村公共物品多元协作供给的机制构建》，《农村经济》2014年第12期。
② 曲延春：《农村公共产品的非政府组织供给：逻辑理论、现实困境与路径选择》，《农村经济》2015年第12期。
③ 钱文荣、应一迤：《农户参与农村公共基础设施供给的意愿及其影响因素分析》，《中国农村经济》2014年第11期。
④ 张增国、贺暾：《村级公共物品的供给机制研究——公私合作模式的运行机制分析》，《农村经济》2007年第8期。

调查数据，这类数据覆盖面较为狭窄、样本量较小，加上各地区社会文化、自然条件以及政治经济发展状况存在差异，村庄公共物品供给情况也各具特点，也正因为不同地区公共物品供给的情况有所不同，得到的结果可能不具有一般性。总体来说，现有的研究普遍认为目前关于村庄公共物品的供给仍然存在许多有待解决的问题，讨论的角度较为多元化，所以未来的研究可以从扩大样本量以及增加样本的覆盖面来进行更加细致的研究。

除此之外，在理论研究方面，虽然西方关于农村公共物品供给理论的研究很丰富，但是很少有研究集中讨论近些年来中国村庄公共物品供给制度。西方经济理论的分析框架无法解释中国村庄公共物品供给的问题，因为其理论模型的前提假设和中国现实相去甚远。然而，特殊的中国农村实践和中国村庄公共物品制度不断变迁的过程，为我们进一步的分析提供了良好的机会。首先在理论上，应该构建符合中国村庄公共物品供给的理论分析框架，将中国农村特殊的人文环境、政治决策机制等因素纳入理论分析框架，使其更加符合中国现实。其次，在实证研究方面，要利用中国村庄公共物品供给改革的政策措施，评估改革政策的优劣，总结经验，不断推进研究。最后，虽然大多数的研究都提出村庄公共物品供给要实现多元化，但是并没有明确说明在村庄公共物品的供给过程中，如何协调好政府、村集体和村民这三者之间的关系。本书的最后一个部分将通过构建理论模型，设计一个符合国情的中国村庄公共物品的多元供给模式。

第四章　中国村庄公共物品供给的统计描述

一　农村税费改革

学术界的主流观点认为，在税费改革前，我国农民的负担主要包括向农民征收的各类税收以及收取的一系列款项，例如行政事业性收费、公益事业建设等的集资、对违法行为罚款或没收财物等，此外还包括村提留、乡统筹以及"两工"（农村义务工和劳动积累工）等。根据农业部的统计，在农村税费改革前的1999年，中国农民所承受的政策允许的税费负担共有13项，包括4项国家税、乡政府收取的"五项统筹"、村级组织收取的"三项提留"和"两工"折款，① 总额大约为1250亿元，再加上政策不允许的"乱收费、乱摊派、乱罚款"，农民负担总额达1700多亿元。② 由于受统计资料的限制，对于某些农民负担的内容无法获得准确、详尽的数据，因而也就不能从数量上准确、完整地计量出农民的全部负担水平，下面通过对农民负担的两个主要组成部分进行描述，来说明改革前农民负担的大体情况。

（一）农民负担沉重

1. 农业税收负担重

农业税收主要包括农（牧）业税、农业特产税和牲畜屠宰税。为了稳定基础脆弱的农业生产，国家一直对农业实行轻税、稳税的政策。改革开放后农

---

① 其中四项国家税包括：农业税、农业特产税、屠宰税和牧业税；"五项统筹"包括：农村义务教育、计划生育、民兵训练、优抚和乡村道路建设；"三项提留"包括：公积金、公益金和管理费。
② 冯海波：《农民负担问题与农村公共物品供给》，经济科学出版社，2012，第131页。

业税的实际税率一直处于下降趋势中,到1999年农业税的实际税率约为3.6%。尽管农业税的实际税率不高,但自20世纪80年代中期以后,农民直接承担的税收负担又增加了农业特产税和牲畜屠宰税两项,而且新增加的税收增长迅速,具体情况见表4-1和图4-1。

表4-1 1986~2000年全国农民的农业税收负担

单位:亿元

年份	农(牧)业税	农业特产税	屠宰税	总计
1986	44.22			44.22
1987	48.96			48.96
1988	46.90	4.95		51.85
1989	56.81	10.25		67.06
1990	59.62	12.49		72.11
1991	56.65	14.25		70.9
1992	70.10	16.24		86.34
1993	72.65	17.53	2.73	92.91
1994	119.51	63.69	7.47	190.67
1995	128.12	97.17	16.08	241.37
1996	182.06	131	20.62	333.68
1997	182.38	150.27	23.95	356.6
1998	178.67	127.79	26.68	333.14
1999	163.08	131.43	28.55	323.06
2000	168.17	130.74	31.77	330.68

资料来源:《中国财政年鉴(2001)》,中国财政杂志社,2001,第351页。

从表4-1和图4-1可以看出,农(牧)业税从1986年的44.22亿元,增加到2000年的168.17亿元,而同期农民实际承担的农业税收负担总量则是从44.22亿元增加到330.68亿元。由图4-1还可以看出,农民承担的农业税收总负担在1993、1994年之后急剧上升,我们猜想这可能是由于1994年的分税制改革造成的。分税制改革并不充分,对省以下的财权和各级政府应该承担的事权未做明确的划分,由于层层分税,基层政权处于悬浮状态,基层财政困难,尤其是乡镇财政。一方面乡镇支出增加,财力削弱,拉大了其开支缺口;另一方面,当预算内资金没有力量供给时,乡镇政府只好向农民伸手,而农业税又完全属于地方政府的地方税,自然成为基层政府的主要收入来源之一。

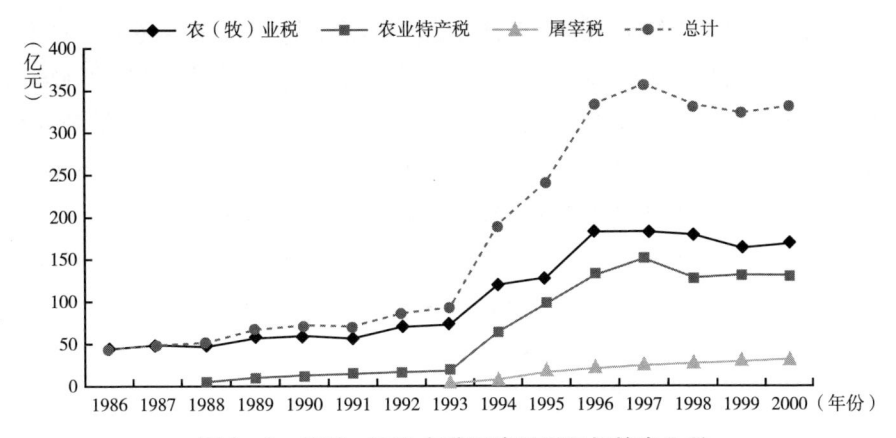

图 4-1　1986~2000 年我国农民所承担的农业税

资料来源：《中国财政年鉴（2001）》，中国财政杂志社，2001，第 351 页。

2. 乡村提留统筹数额大

乡统筹源于新中国成立初期的"乡自筹费"，是当时为了解决县财政不予解决的问题的一些支出。自 1996 年以来，乡镇统筹资金纳入预算外资金管理，所以我们能够获得税费改革前五年乡镇统筹较为准确的数据。一般来说，村提留和乡统筹各占提留统筹总量的 50%，所以，根据已知的乡镇统筹数据就可以大体推算出提留统筹的总量，具体数据见表 4-2。

表 4-2　乡村提留统筹数据

单位：亿元

年份	乡镇统筹资金	乡村提留统筹总量
1996	271.90	545.80
1997	297.78	591.56
1998	337.31	674.62
1999	358.86	717.72
2000	403.34	806.68

注：乡村提留统筹总量 = 乡镇统筹资金 × 2。
资料来源：乡镇统筹资料来自《中国统计年鉴（2003）》，中国统计出版社，2003。

与表 4-1 进行简单对比可以发现，近年来，乡村提留统筹的规模实际上已经远远超过农业正税收入，且总量处于不断上升趋势。

劳动积累工和义务工即所谓的强制性劳动，包括为防洪、修建维护灌溉系统、学校道路建设、修建水库、造林等活动提供无偿劳动，多以农村地区人均贡献工作日来衡量。相较农业税收、乡村提留统筹和"两工"，各种行政事业收费、摊派、集资和罚没属于非正规的农民负担，由于政出多门和管理混乱，非正规的农民负担在总额上难以确定。此外，不同于前面提到的农民负担，工农产品价格的剪刀差具有隐蔽性的特点，因而属于隐性负担。

这里我们单纯考虑可以用较为准确的资金数据衡量的正规的、显性的农民负担，即上面重点描述的农业税收和乡村提留统筹，亦可看出，20世纪90年代以来，农民负担问题日益凸显，由此带来诸多不利影响，例如：农民实际收入增长较慢，农民从事农业生产积极性降低，进而限制农村经济发展速度等。

（二）税费改革前农民负担沉重的原因分析

1. 城乡分治的二元结构体制

造成农民负担沉重的根源在于城乡分治的二元体制。虽然改革开放以来我国在加强农业基础地位、改善城乡关系上做了大量努力，但农业和农村经济在资源配置和国民收入分配中仍处于不利地位。一方面政府向农民征缴各类税收以及收取一系列款项，使得农民负担过重，农村社会的整体目标还仅停留在追求温饱，没有足够的盈余支撑农村社会的进一步发展；另一方面政府提供给农村的最基本的公共物品和服务相对较少，并且政府的"多取"和"少予"使得基层政府机构人员膨胀，最终使得农民负担越来越沉重。

2. 公共财政在农村缺位

严格意义上来说，在农村税费改革之前，政府并没有对农村的公共产品建设提供财政资金支持，农村公共物品主要是靠村民自己筹钱修办起来的。可以说，在教育、卫生、电力、公路等公共产品的供给上，农村与城市之间存在巨大的差距，财政投入的城市倾向非常明显。据测算，1998年全国初中生人均预算内经费城镇为813元，而农村只有486元；小学生人均预算内经费城镇为520元，农村为311元。①

在医疗卫生方面，从表4-3可以看出，在1998、1999和2000年三年中，我国每千人口医院和卫生院床位数与每千农业人口乡镇卫生院床位数虽

---

① 袁连生：《我国义务教育财政不公平探讨》，《教育与经济》2001年第4期。

然都基本上没有任何增长，但市与县、市与乡、县与乡之间的差距都很大，卫生资源的匮乏最终导致了农村居民享受到的公共卫生服务和保障水平都远低于城镇居民。另外，从表4-4的城乡妇幼保健指标的对比中也可以看出，所有的指标全是农村高于城市，对比1998年和1999年的各项统计指标，我们发现1999年城市的新生儿死亡率、婴儿死亡率、5岁以下儿童死亡率和孕产妇死亡率都比1998年低，农村的新生儿死亡率同1998年持平，但婴儿死亡率、孕产妇死亡率两项指标却更高，这在一定程度上说明农村医疗卫生情况更加恶化。

表4-3 城乡医院和卫生院床位数对比

单位：张

年份	每千人口医院和卫生院床位			每千农业人口乡镇卫生院床位
	平均	市	县	乡
1998	2.40	3.52	1.53	0.81
1999	2.39	3.49	1.52	0.80
2000	2.38	3.49	1.50	0.80

资料来源：EPS数据库中国卫生数据库。

表4-4 1998~2000年城乡妇幼保健指标对比

指标	1998年		1999年		2000年	
	城市	农村	城市	农村	城市	农村
新生儿死亡率(‰)	10.00	25.10	9.50	25.10	9.50	25.80
婴儿死亡率(‰)	13.50	37.70	11.90	38.20	11.80	37.00
5岁以下儿童死亡率(‰)	16.20	47.90	14.30	47.70	13.80	45.70
孕产妇死亡率(1/10万)	28.60	74.10	26.20	79.70	29.30	69.60

资料来源：EPS数据库中国卫生数据库。

3. 县乡机构膨胀，基层财政负担日益加重

县乡基层政府财政资金短缺、"三乱"现象严重的主要原因是政府机构过于庞大，人员过多以及行政开支较大。据调查，农村税费改革之前，我国乡镇政府内部平均设有16个机构，且平均每个乡镇政府录用158名干部，然而规定的编制人数范围实际在40~60人之间，可见这一数字远远超过标准。此外，在全国的45000个乡镇中，行政机关和事业单位人员（包括离退休人员）共计1280万人，另外还有380万名村干部，这些人的收入来源均为财政收入，县乡机构的人员庞杂，在很大程度上加重了基层财政负担。

4. 乡村债务负担沉重

分税制改革后，县乡财政的财权大大缩小、事权不断下移，加之转移支付制度不够完善，致使县乡财政困难。财权与事权的不匹配，使基层政府的财政资金缺口不断加大，而上级政府的转移支付力度较小，且存在配套资金等问题，导致乡镇基层政府的财政负担日益加重，不得已采取举债的方式维持日常财政开支，日积月累，乡村债务负担愈加严重，为了弥补债务缺口，乡镇政府难免借助种种名义向农民伸手，将其中一部分债务责任转嫁给农民，故沉重的乡村债务负担间接地加重了农民负担。

综上所述，为减轻农民负担，自2000年开始中央政府进行了农村税费改革试点，在2001年观察、完善，2002年进一步扩大，并于2003年全面推进。农村税费改革切实地减轻了农民负担，但也削弱了农村基层政府提供公共物品的财政能力。

二 农村税费改革与村庄公共物品供给

（一）农村税费改革的主要内容

农村税费改革的主要内容包括：取消向农民按照其前一年人均纯收入的一定比例征收的乡镇统筹费用，取消收取的行政事业性收费、政府性基金和公益事业建设集资等，取消屠宰税；并逐步取消"两工"。此外，对农业税政策和农业特产税的征收办法进行调整。最后还包括对村提留的征收和使用办法进行改革。这一系列改革可以概括为"三个取消、一个逐步取消，两个调整，一项改革"。

（二）数据来源及说明

本部分我们主要使用CHIP2002村庄调查数据，该调查涵盖了农村税费改革前（1998年）直至税费改革中间年份（2002年）样本村庄的经济、社会等情况，其样本包括22个省份的近1000个行政村。① 我们主要关心的是农村税费改革对村庄公共物品供给总量和供给结构的影响。1998年，所有样本均未实施税费改革，虽然2000和2001年已经开始实施税费改革，但所涉及的样本量较少，且相对集中于某几个省份，而2002年不仅恰好为税费改革的中间年份，且实施税费改革的样本村庄相对充分、覆盖面较广，且统计指标全面。所以，该部分重点使用1998和2002年的数据进行比较分析。

在样本中，2000、2001和2002年实行农村税费改革的村庄数分别为50、86和529个，2002年实行农村税费改革的村庄占样本总量的69.2%。该部分重点考察的是农村税费改革对村庄公共物品供给的影响，故仅考虑在2000、2001和2002年实行农村税费改革的这部分村庄。通过筛查后，删除部分样本量过少的省份，仅对其中16个省份进行比较分析，② 根据国家发改委的解释，综合地理位置和经济发展水平因素，将该16个省份划分到东部地区、中部地区和西部地区方便之后描述。③ 另外将村庄数据平均到省级层面或全国层面来考察。

（三）农村税费改革对农民收入和农民负担的影响

从图4-2可以看出，一方面，我国不同地区之间的差异较大，地理位置、要素禀赋、国家扶持政策等多方面因素决定了我国各地区经济发展水平存在一定差距，这也导致不同地区农村的生产生活方式以及社会经济发展水平不同。东部地区市场经济较为发达，农民人均年纯收入相对较高；中西部地区经济发展相对落后，农民人均年纯收入也普遍较低。

另一方面，税费改革后，16个省份的农民人均年纯收入都有所增加，东部地区表现尤为明显，这在一定程度上也说明，税费改革确实在减轻农民负担方面起到了一定的作用，提高了农民收入。

---

① 22个样本省份包括：北京、河北、山西、辽宁、吉林、江苏、浙江、安徽、江西、山东、河南、湖北、湖南、广东、广西、重庆、四川、贵州、云南、陕西、甘肃和新疆。
② 通过筛查后保留下来的16个样本省份为：河北、吉林、江苏、浙江、安徽、江西、山东、河南、湖北、湖南、广东、重庆、四川、贵州、陕西和甘肃。
③ 根据国家发改委的解释，综合地理位置和经济发展水平因素，我们这里划分的东部地区包括河北、江苏、浙江、山东、广东五个省份；中部地区包括吉林、安徽、江西、河南、湖北、湖南六个省份；西部地区包括四川、重庆、贵州、陕西、甘肃五个省份。

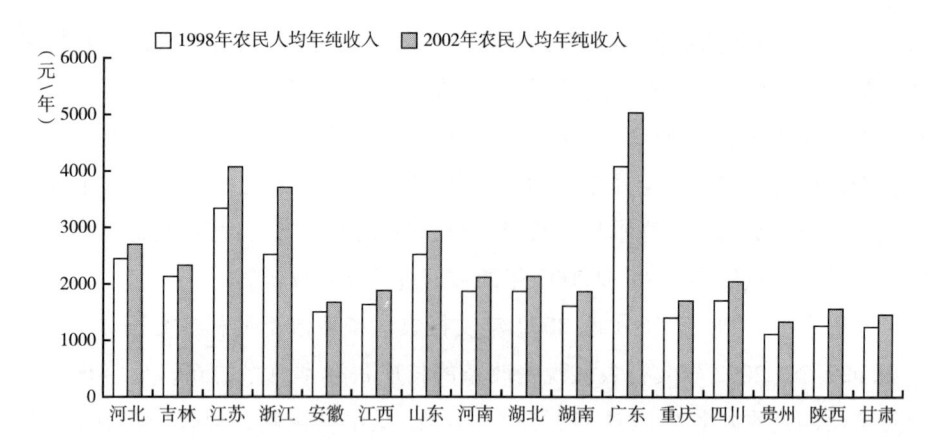

图 4-2 不同省份在税费改革前后农民人均年纯收入的变化

资料来源：CHIP2002 村庄调查数据。

（四）农村税费改革对村集体财务收入的影响

1. 人均村集体财务收入的变化

从图 4-3 可以看出，一方面，由于我国农村各地区间的社会经济发展水平不平衡，东部地区乡村工业较为发达，财力较为雄厚，相对的人均村集体财务收入也较多；中西部地区经济发展相对落后，农村工业不发达，税源基础薄弱，人均村集体收入普遍较少。

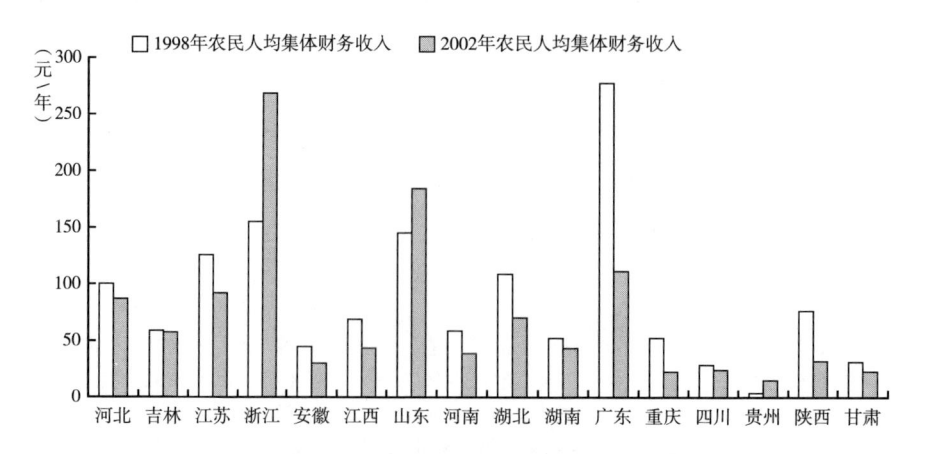

图 4-3 不同省份在税费改革前后人均村集体财务收入的变化

资料来源：CHIP2002 村庄调查数据。

另一方面，税费改革后，除浙江、山东、贵州几个省比较特殊外，其余省份的村集体财务收入均有所下降。平均到全国来看，1998年的村一级人均集体财务收入为82.19元，相对应的，2002年为70.46元，也就是说，税费改革削弱了村一级的集体收入。此外，1998年人均村集体征收后上缴乡镇等的收入为59.81元，其中乡镇统筹费占比59%，上缴的各种集资占比23%，其他上缴费用占比18%；农村税费改革后，2002年人均村集体征收后上缴乡镇等的收入为49.18元，乡镇统筹费用被取消，上缴的各种集资和其他上缴费用（罚款等）分别占比61%和39%，这说明农村税费改革在减少了村一级集体收入的同时也削弱了县乡财力。综上，税费改革在减轻农民负担的同时确实会对基层政府的财力造成一定的不利影响。

2. 村集体财务收入结构的变化

对比图4-4和图4-5，从结构上来看，在村一级人均集体财务收入中，税改后取消了占比较大的村提留和村一级的各种集资两块收入，新增了村"一事一议"筹资，但"一事一议"筹资额度较低，这普遍加大了农村公益事业建设的缺口；同时，村一级的其他收入以及上级拨入的各种收入有所增加，以弥补农村公共物品供给缺乏的资金。

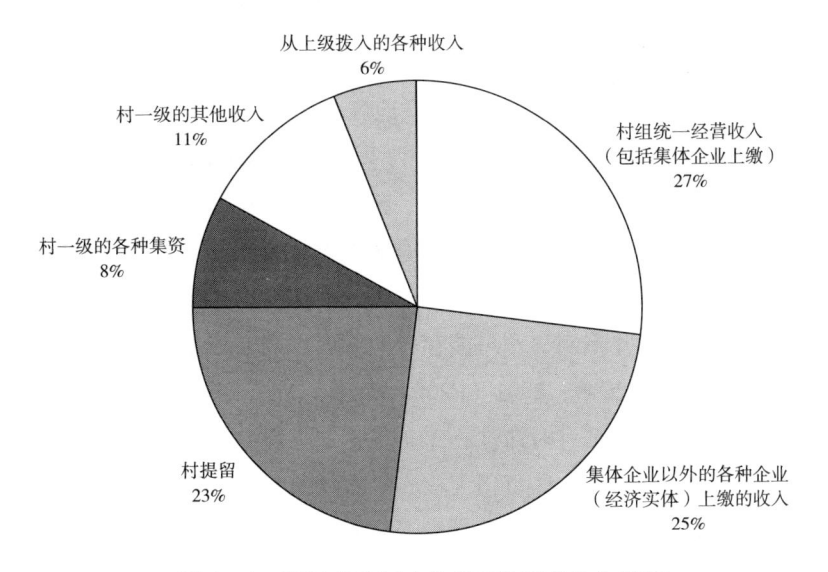

图4-4　1998年全国人均村集体财务收入结构

资料来源：CHIP2002村庄调查数据。

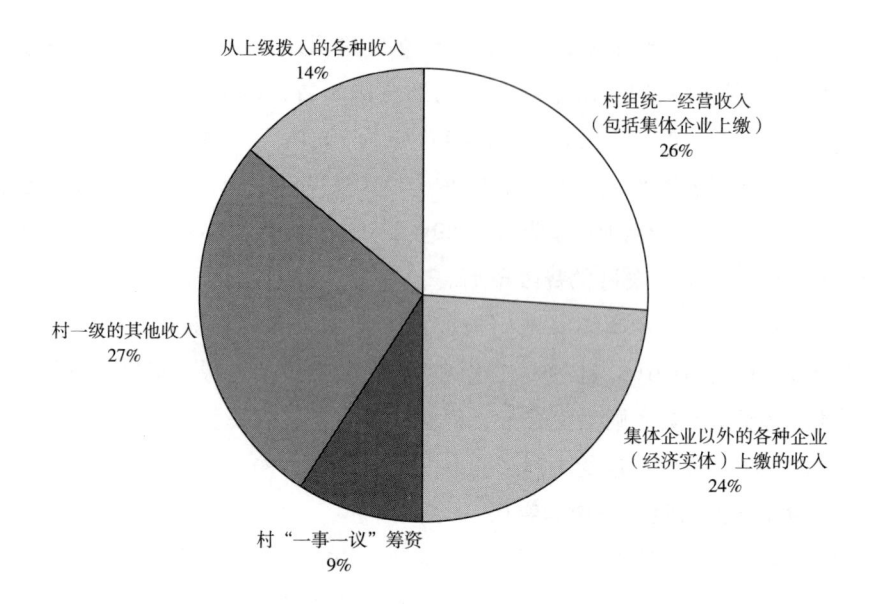

图 4-5 2002 年全国人均村集体财务收入结构

资料来源：CHIP2002 村庄调查数据

（五）农村税费改革对村集体财务支出的影响

1. 人均村集体财务支出的变化

从图 4-6 可以看出，一方面，不同地区农村的生产生活方式以及社会经济发展水平不同，导致不同地区村庄对公共物品的需求以及供给能力大不相同，东部地区的经济社会发展程度较高，因而其农村对公共物品的需求和供给也较多，而经济发展相对落后的中西部地区农村的公共物品的供给就偏少。另一方面，不同省份在税费改革前后人均村集体财务支出的变化趋势不同，大部分省份改革前后变化并不明显。可能存在两方面原因，一是我们选取的样本村庄的改革年份分布在 2000、2001 和 2002 年，以 2002 年居多，所以改革时长较短，政策的实施可能具有时滞性；二是尽管中央财政向各地区提供了相当一部分转移支付，但以减轻农民负担为核心的农村税费改革也大大削弱了基层政府的财力，二者作用相互抵消，致使对公共物品供给的影响效果不显著。平均到全国层面来看，1998 年的村一级人均集体财务支出为 62.34 元，相对应的，2002 年为 71.78 元。可见从全国范围来看，农村税费改革后中央和地方财政承担起了部分农村公共物品建设成本，中央向农村地区进行了相当一部分转移支付后，农村公共物品供给情况有所好转，但仍处于严重短缺的状态。

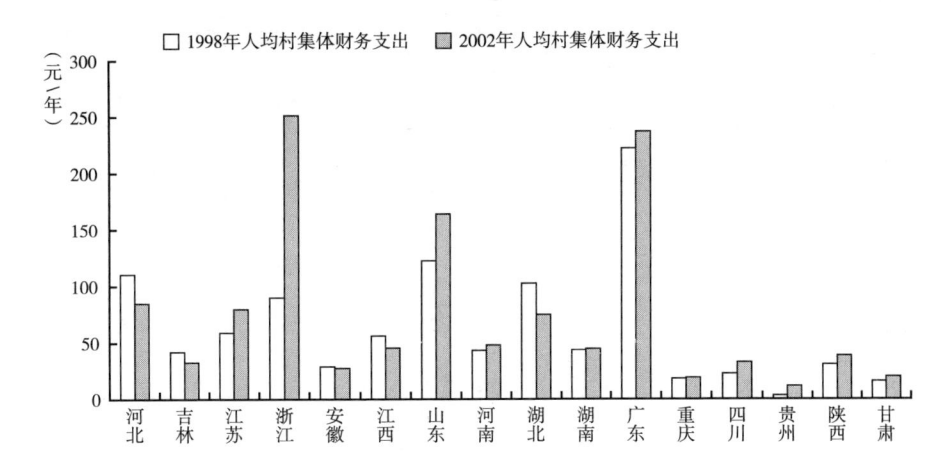

图 4-6　不同省份在税费改革前后人均村集体财务支出的变化

资料来源：CHIP42002 村庄调查数据。

2. 村集体财务支出结构的变化

CHIP 调查问卷将村级支出分为：用于集体经营扩大再生产服务支出、为农户提供生产服务支出、教育事业支出、医疗卫生事业支出、基础设施建设（修路、打井等）支出、其他公益事业支出、村组干部工资和补贴支出、其他行政管理支出、其他支出。为了方便研究，该部分将"用于集体经营扩大再生产服务支出"和"为农户提供生产服务支出"合并为"生产性支出"；将"村组干部工资和补贴支出"和"其他行政管理支出"合并为"行政成本"；其余各项不变。表 4-5 列出了不同省份在税费改革前后人均村集体分项支出的变化。

表 4-5　不同省份在税费改革前后人均村集体分项支出的变化

单位：元

省份	人均生产性支出		人均教育事业支出		人均医疗卫生事业支出		人均基础设施建设支出		人均其他公益事业支出		人均行政成本	
	1998	2002	1998	2002	1998	2002	1998	2002	1998	2002	1998	2002
河北	21.5	19.5	9.8	7.8	1.1	1.4	47.2	10.7	13.7	10.2	27.1	30.3
吉林	13.9	4.9	5.8	3.3	0.1	0.1	5.5	6.6	3.4	4.8	24.6	20.3

续表

省份	人均生产性支出 1998	人均生产性支出 2002	人均教育事业支出 1998	人均教育事业支出 2002	人均医疗卫生事业支出 1998	人均医疗卫生事业支出 2002	人均基础设施建设支出 1998	人均基础设施建设支出 2002	人均其他公益事业支出 1998	人均其他公益事业支出 2002	人均行政成本 1998	人均行政成本 2002
江苏	12.9	15.5	4.0	1.5	2.5	3.2	7.9	14.4	4.9	6.7	27.6	33.6
浙江	7.3	65.7	5.0	6.6	3.1	7.6	21.0	96.3	14.5	32.5	31.2	75.7
安徽	4.20	4.49	2.32	4.01	0.23	0.16	3.28	3.47	2.91	2.20	13.41	12.17
江西	9.6	4.0	5.2	3.3	1.3	1.4	3.6	5.0	3.9	2.3	19.5	18.4
山东	22.7	26.2	9.6	10.4	2.1	2.5	30.4	56.3	11.7	30.2	35.4	36.4
河南	12.1	11.4	6.4	2.6	0.6	0.1	5.7	20.6	3.1	2.5	18.9	16.5
湖北	13.1	11.2	14.3	3.9	2.1	1.0	10.1	6.2	10.2	12.8	44.3	32.9
湖南	8.9	7.7	7.0	15.4	0.8	1.0	13.3	11.7	2.4	2.8	13.7	12.9
广东	34.1	33.3	3.6	5.6	1.3	2.7	25.3	13.3	26.3	28.7	78.8	90.7
重庆	1.4	1.9	1.9	1.2	0.5	0.1	5.0	10.2	2.3	3.7	10.5	7.7
四川	7.3	3.8	5.5	1.7	2.0	0.6	7.7	30.6	3.2	3.7	7.0	6.9
贵州	0.1	0.1	0.04	0.14	0.01	0.13	0.13	9.6	0.3	0.5	2.8	4.2
陕西	4.9	4.7	6.2	14.4	0.12	0.14	10.4	16.2	1.7	2.0	12.7	11.9
甘肃	1.2	1.8	2.3	8.3	1.6	0.2	6.5	8.0	0.7	1.1	8.7	7.9
全国	11.0	13.5	5.6	5.6	1.2	1.4	12.7	19.9	6.6	9.2	23.5	26.2

资料来源：CHIP2002 村庄调查数据。

从表4–5可以看出，除东部乡村工业发达的地区有较雄厚的财力来支撑税费改革后的各项农村公共物品供给外，在广大的中西部地区，尽管中央财政向地方提供了相当一部分转移支付，但是这笔转移支付层层分配下去，远远不能满足农村庞大的公共物品需求。另外，税费改革前通过制度外财政筹集的公共资源也提供了一部分公共物品，税改后这部分资金被取消，大大削弱了基层政府的财力，故农村公共物品的供给状况并没有得到太大改善，这在广大的中西部地区表现尤为明显。

接下来我们又从全国层面上考虑了农村税费改革对人均村集体分项支出的影响。

从图4–7可以看出，一方面，在农村公共物品供给总量不足的同时，还存在农村公共物品供给结构失衡的问题。首先，人均生产性支出较少，即有关农业生产的公共物品供给不足；其次，诸如教育事业、医疗卫生事业等和农民生活息息相关必不可少的消费性公共物品供给不足；最后，村庄行政开支过高，居于村集体财务支出之首，大大加重了农民的额外负担。

另一方面，直观上看来，农村税费改革导致除基础设施外的各项村庄公共

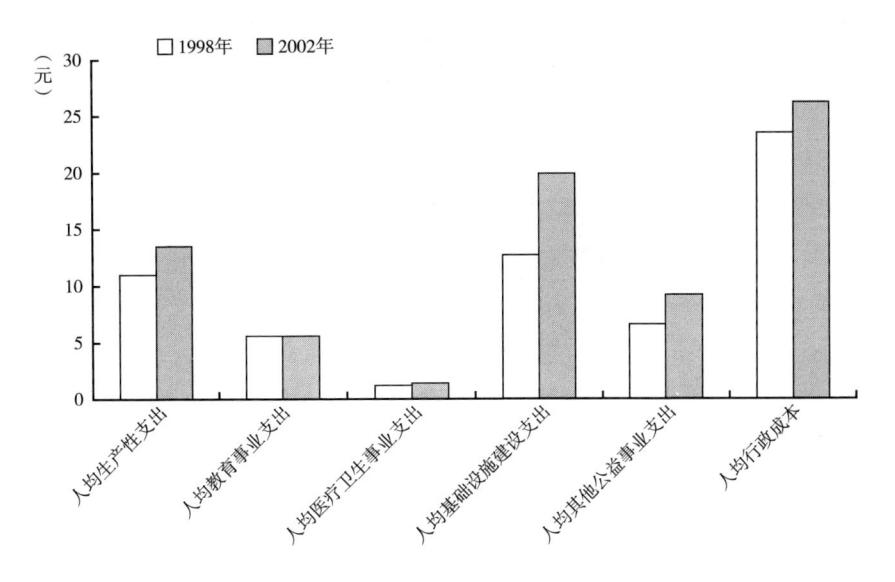

图 4-7 税费改革前后全国人均村集体分项支出的变化

资料来源：CHIP2002 村庄调查数据。

物品供给水平小幅上升。我们认为，基础设施建设增长较快是因为农村税费改革后中央与省级政府加大了对农村地区基础设施建设的投入力度；另外，税费改革取消了向农民征收的教育集资附加费，虽然能够大大减轻农民负担，但也使农村基础教育事业建设资金更为短缺；同时，税改后在农村医疗卫生事业方面的支出依然相当少，农村公共卫生事业的发展得不到有效保障，看病难问题依旧突出。

（1）农村基础教育

直至 2002 年，在已实行税费改革的 638 个样本村庄中的农村基础教育现状如下。

从图 4-8 和 4-9 可以看出，2002 年，在已实行农村税费改革的样本村庄中，仅有 61% 的村庄设有完小，① 仍有 23% 的村庄未能设立任何小学教育机构，相较小学教育，中学教育的情况则更为糟糕，仅有 10% 的村庄能够开办初中。

该调查问卷对教育支出项目进行了进一步的调查访问，经统计计算得，税费改革后，实际投入本村的教育事业经费（包括村一级支付的经费和上级的转移支付）与改革前相比，在选取的 638 个样本村庄里，除去缺失值 10 个，

---

① 完小指有 1~6 年级的完整小学。

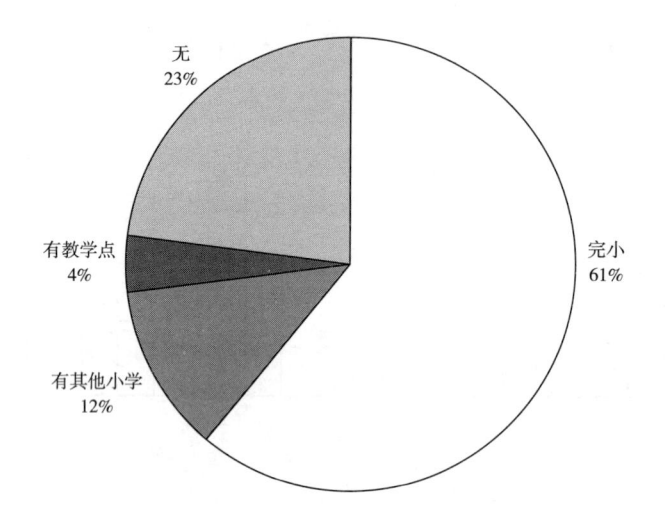

图 4-8　2002 年村庄设立小学情况

资料来源：CHIP2002 村庄调查数据。

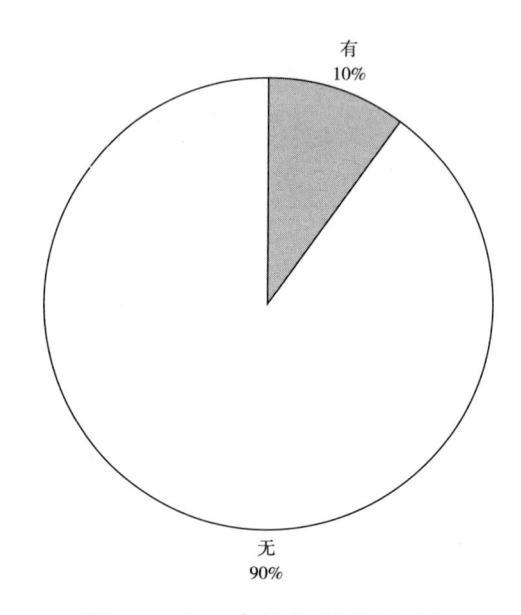

图 4-9　2002 年村庄设立初中情况

资料来源：CHIP2002 村庄调查数据。

有 267 个村庄的实际投入教育经费没变化，315 个村庄教育经费有所减少，平均减少幅度为 62.5%，仅有 46 个村庄教育经费有所增加，平均增加幅度为 6.95%。农村税费改革对教育事业投入经费的负向影响最为明显。

第四章　中国村庄公共物品供给的统计描述

从20世纪80年代开始,农村义务教育供给机制不断进行调整。在税费改革前,我国农村地区的义务教育学校主要由乡镇基层政府设立,乡镇政府主要通过向农民征收教育集资附加费来保障农村基础教育事业建设投入,而上级政府基本没有相应的转移支付补贴,相当于是由农民自己负担了绝大部分的义务教育经费。税改后,取消了乡统筹费和农村教育集资,国家出台各项政策规范了教育收费,与此同时上级政府加大了对农村地区基础教育事业建设的投入,代替农民成为主要的义务教育投入主体,但由于财政拨款有限,这就在很大程度上解释了为什么农村税费改革会导致教育事业经费锐减,农村义务教育陷入供给困境。

（2）农村基础医疗

直至2002年,在已实行农村税费改革的638个村庄中,除去1个缺失值,有588个村庄有医疗点,其余49个村庄暂未设立任何医疗点。

但是,图4-10表明,在这588个有医疗点的村庄中,绝大部分是个体办医疗点,集体办和乡镇卫生院设点仅占比32%。

此外,直至2002年,在已实行农村税费改革的这638个村庄中,除去4

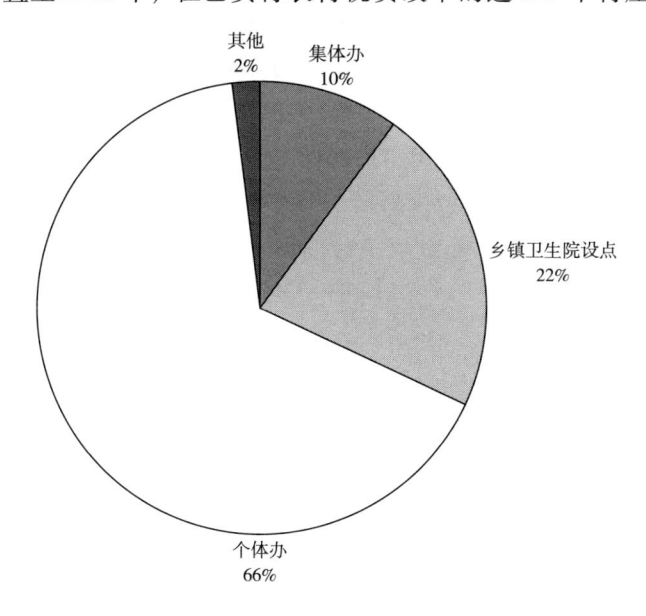

图4-10　2002年村庄设立医疗点所属性质的情况

资料来源：CHIP2002村庄调查数据。

个缺失值,仅有59个村庄有集体办的医疗保障制度,其余575个村庄均未设立。而在设立合作医疗制度的村庄里,平均下来,保险费为每人每月2.6元,最多可报销医疗费占总额的26.98%,最多为每人每年报销5609.47元。农村医疗保障覆盖面小,且保障水平低,远远不能满足农民看病需要。农民很少有医疗保险,大部分是自费,加之农民收入水平低,大部分农民不能承受高昂的医疗费用。

综上,农村税费改革以减轻农民负担为出发点,在税费改革后,农民人均年纯收入普遍增加,在东部地区表现尤为明显,确实在一定程度上减轻了农民负担。税改后取消了向农民征收的乡统筹费、行政事业性收费、政府性基金以及公益事业集资等,改革了村提留的征收和使用办法。一些省份开始采取"一事一议、筹资筹劳"的方式对农村公共物品进行统筹集资,同时各级政府也扩大了在农村公共物品供给中的投资范围以及加大了投资力度。

一方面,这一系列政策举措使农村公共物品的供给主体发生转变,由个体农户筹资集资转变为以国家财政为主个体农户为辅的供给方式,对规范政府行为、有效化解农村矛盾与促进农村社会和谐稳定发挥了重要作用。

另一方面,税费改革大大削弱了基层政府财力,农村公共物品供给资金缺口加大,与此同时,上级政府向基层政府的各项转移支付逐渐增多,这在一定程度上又弥补了公共物品供给短缺资金。一正一负两个效应相互作用,农村公共物品供给状况得到一定的改善,但整体仍处于严重短缺的状态。此外,在供给总量不足的同时,还存在着供给结构失衡等诸多问题,生产性农村公共物品以及基础教育、医疗卫生事业等方面的消费性公共物品供给仍处于严重短缺中。

三 农业税的废除与村庄公共物品供给

(一)农业税废除的主要历程

中央政府于2000年开始逐步在全国推行农业税改革,旨在减轻农民的负担。农业税改革的第一阶段是农村税费改革,2001~2003年,农村税费改革政策逐步在全国范围内推行。

2004年,在农村税费改革的基础上,为了进一步降低农民负担,中央政府宣布在 2006 年之前全面取消农业税，取消农业税的政策也是逐步推行开来的。农业税的变化主要经历了两个阶段：第一个阶段是 2000~2005 年，该时期属于"清费立税"时期，农业税的正税税率从原来的 5% 提到 7%，各种收费项目被取消，加征了农业税附加税（农业税正税的 20%），故合并税率为 8.4%；第二个阶段是从 2006 年开始，正式取消了除对烟叶征收的农业特产税以外的农业税，其他的涉农税费负担也全部取消。单从各个省份来看，2004 年，黑龙江等 8 个省份以及其他省的一些县率先取消了农业税。[1] 2005 年，全国范围内只有河北、山东和云南的少数县仍然征收税率较低的农业税。2006 年，全国均取消了农业税。

（二）数据来源及说明

我国存续了 2600 年之久的农业税于 2006 年 1 月 1 日正式废止，这一举措大大减轻了农民负担，具体来看，共取消了向农民征收的 300 多亿元的农业税收，以及收取的 700 多亿元的各项农村统一规定的收费，还取消了大约 250 亿元的各种不合理收费，一共减轻农民负担约 1250 亿元，每个农民减负 140 元左右。[2] 本部分我们主要使用 CHIP2002 和 CHIP2007 的村庄调查数据，研究在完成第一阶段农村税费改革后的村庄，再进一步取消农业税，会对村庄公共物品供给总量和供给结构产生什么样的影响。2002 年，所有调查样本均未取消农业税，2007 年，所有样本均取消了农业税，所以，该部分重点使用 2002 年和 2007 年的数据进行取消农业税前后的比较分析。

在样本中，2003、2004、2005 和 2006 年取消农业税的村庄数分别为 115、226、384 和 26 个，占样本总量的 93.9%，剩下 6.1% 的样本为在 2000、2001 和 2002 年取消农业税的村庄。该部分重点考察的是农业税的废除对村庄公共物品供给的影响，故仅考虑在 2003、2004、2005 和 2006 年废除农业税的这部分村庄。通过筛查后，发现符合条件的村庄分别位于 9 个省份，[3] 我们根据国家发改委的

---

[1] 2004 年，取消农业税的 8 个省份主要包括：黑龙江、吉林、北京、天津、上海、浙江、福建和新疆。此外，河北、内蒙古、辽宁、山东、江苏、江西、安徽、河南、湖北、湖南和四川的农业税税率降低 3 个百分点；山西、广西、广东、云南、贵州、海南、重庆、新疆、陕西、甘肃、青海和宁夏的农业税税率降低了 1 个百分点。

[2] 黄维健：《农村综合改革利益主体和政策主体问题研究》，中国财政经济出版社，2011，第 19 页。

[3] 这 9 个省份是河北、江苏、浙江、安徽、河南、湖北、广东、重庆、四川。

解释，综合地理位置和经济发展水平因素，将该9个省份划分为东部地区以及中西部地区两类方便之后描述。① 另外，为了观察农业税的废除对各省的异质性影响，除了考虑全国整体层面外，我们也将村庄数据平均到省级层面来考察。

（三）农业税的废除对农民收入和农民负担的影响

使用问卷调查的数据我们计算得到2002年各省农民人均负担的农业税、农特税以及两税附加总额，结果如图4-11所示。可以看到，各个省份征收的税额不同，诸如浙江、广东等东部地区征收的农业税较低，而安徽、河南以及湖北等中西部地区征收较高的农业税。平均到全国来看，2002年农民人均负担的农业税、农特税以及两税附加总额为70.23元，2006年往后，全国均取消了农业税，这一举措切实减轻了农民负担，提高了农民收入，但是另一方面，也造成巨大的地方财政缺口，部分地方政府财政资金不足、运转困难，无法保障农村公共物品的有效供给，公共物品短缺的局面难以改变。

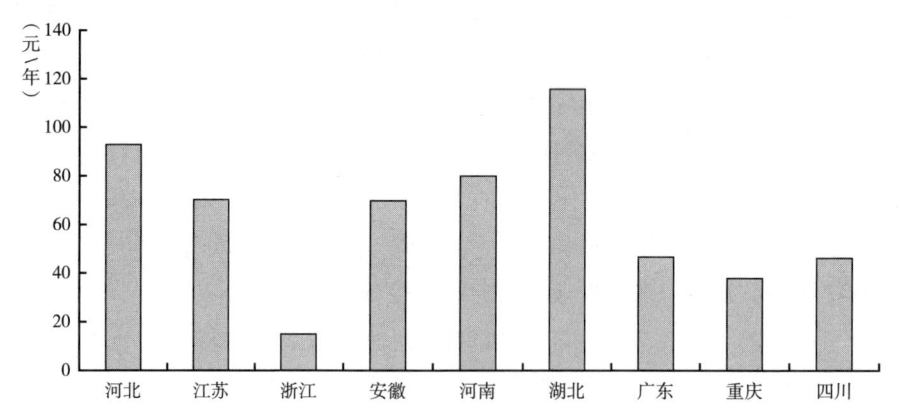

图4-11 不同省市2002年农民人均负担的农业税、农特税以及两税附加

资料来源：CHIP2002村庄调查数据。

（四）农业税的废除对村集体财务收入的影响

1. 村集体财务收入总量的变化

从图4-12可以看出，一方面，农业税废除后东中西部地区的人均村集体

---

① 同前述的划分方式，这里的东部地区包括河北、江苏、浙江、广东4个省；中西部地区包括安徽、河南、湖北、四川、重庆5个省市。

第四章　中国村庄公共物品供给的统计描述

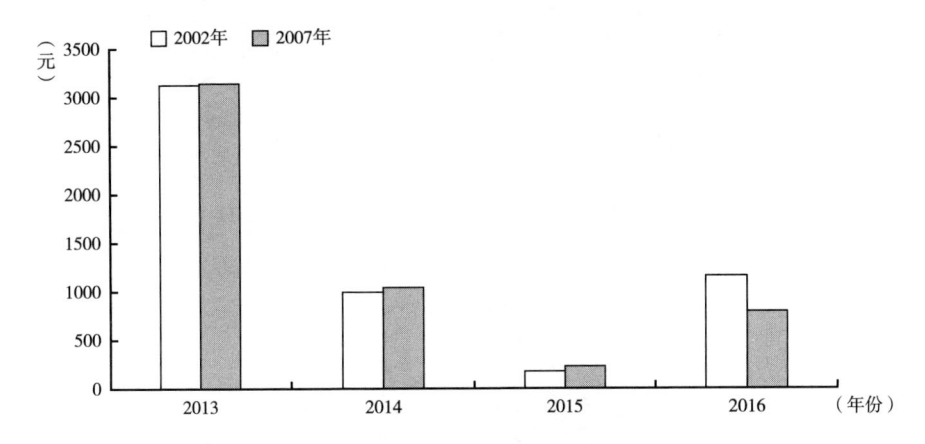

图4-12　农业税废除前后人均村集体财务收入的变化

资料来源：CHIP2002和CHIP2007村庄调查数据。

财务收入差距依旧存在，东部地区的人均村集体财务收入仍然较多，中西部地区的人均村集体财务收入普遍较少。

另一方面，农业税废除后，所调查的9个省份的村集体财务收入均有所上升。从全国范围来看，2002年的村一级人均集体财务收入为71.86元，相对应的，2007年为168.82元，农业税的废除不仅没有削弱村一级的集体收入，反倒在先前的基础上增长了两倍多。农业税的停征，本应造成巨大的乡镇财政缺口、地方政府运转出现困难，然而数据却呈现出不一样的趋势，我们认为可能存在两方面原因：首先，虽然农业税和农村"两工"被取消了，但国家也相应地加大了对"三农"的投入力度，中央、省以及一部分地市级财政增加了对农村基层的转移支付；其次是为了巩固发展农业税改革的成果，中央及时部署推进农村综合改革，加大了惠农政策力度，保障了地方政府的正常运行。

2. 村集体财务收入结构的变化

对比图4-13和图4-14，从结构上来看，在村一级人均集体财务收入中，农业税废除后，新增了村民上缴的其他各种费用（承包任务、收费、集资等），这一部分占比是人均村集体财务收入的9%，说明虽然取消了农业税，但并未从根本上杜绝农民负担的反弹，收费名目由行政事业性收费向经营服务性收费转移。2002年村一级的其他收入（人均）和从上级拨入的各种收入

61

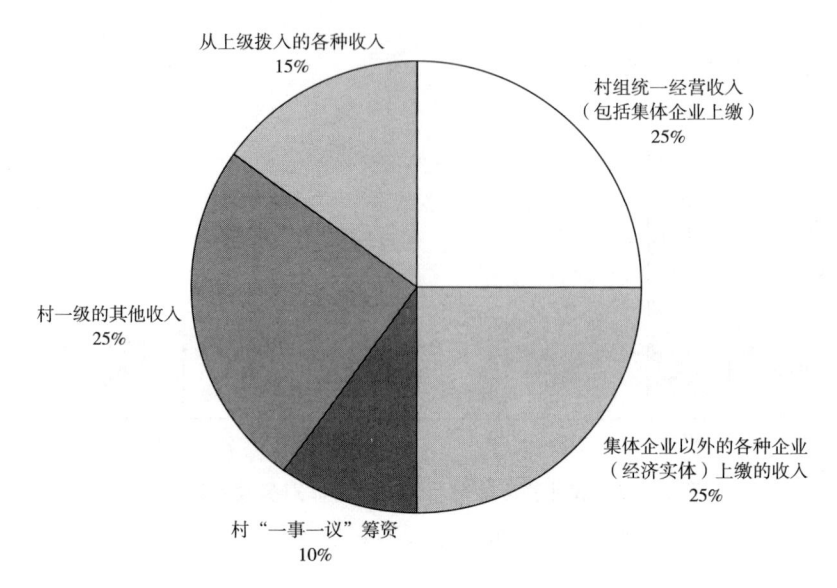

图 4-13 2002 年全国人均村集体财务收入结构

资料来源：CHIP2002 村庄调查数据。

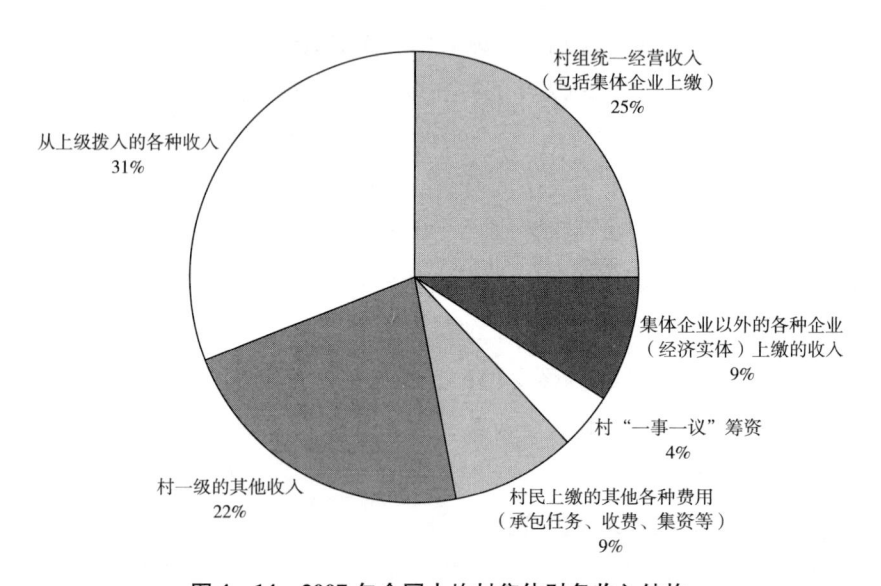

图 4-14 2007 年全国人均村集体财务收入结构

资料来源：CHIP2007 村庄调查数据。

（人均）分别为 29.59 和 16.86 元，2007 年的村一级的其他收入（人均）、从上级拨入的各种收入（人均）以及村民上缴的其他各种费用（人均）分别为

37.67、54.7和15.01元，这三块收入占村一级集体财务收入的绝大比重，弥补了停征农业税后农村公共物品供给不足的资金。

（五）农业税的废除对村集体财务支出的影响

1. 人均村集体财务支出总量的变化

从图4-15可以看出，一方面，我国东部地区与中西部地区在公共物品供给上仍存在较大差异，东部地区的村集体财务支出相对较多，中西部地区的村集体支出普遍较少。

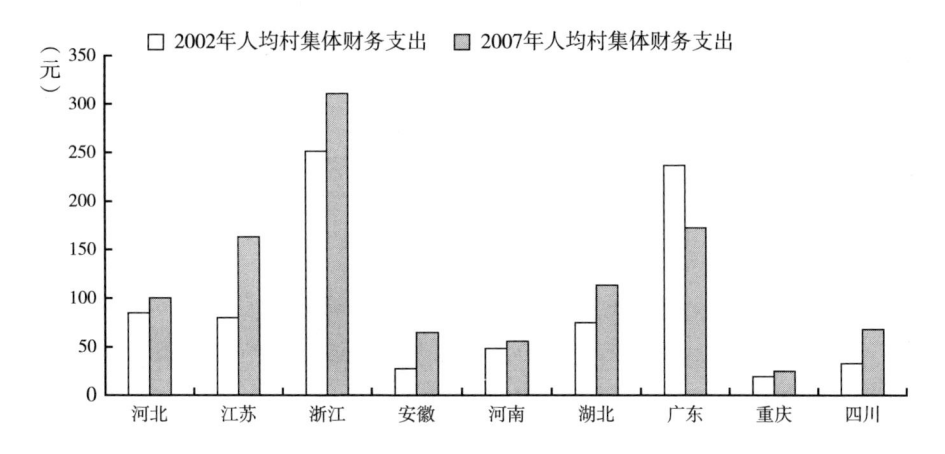

图4-15 不同省市在农业税废除前后人均村集体财务支出的变化

资料来源：CHIP2002和CHIP2007村庄调查数据。

另一方面，除广东省比较特殊外，其余8个省份2007年的人均村集体财务支出较2002年都有所增长。平均到全国来看，2002年的村一级人均集体财务支出为81.42元，相对应的，2007年为123.55元，免征农业税后人均村集体财务支出和人均村集体财务收入均有所增长，但人均村集体财务支出增长的幅度相对较小，这在一定程度上说明了，农业税的废除使地方财政收入来源减少、地方政府运转出现困难，虽然上级政府不断加大对基层政府的转移支付投入，农村公共物品的供给得到了一定保障，情况逐渐好转，但农村公共物品的供给仍处于短缺状态。

2. 村集体财务支出结构的变化

表4-6列出了不同省份在农业税废除前后人均村集体分项支出的变化。

表4-6 不同省市在农业税废除前后人均村集体分项支出的变化

单位：元

省市	人均生产性支出 2002	人均生产性支出 2007	人均教育事业支出 2002	人均教育事业支出 2007	人均医疗卫生事业支出 2002	人均医疗卫生事业支出 2007	人均基础设施建设支出 2002	人均基础设施建设支出 2007	人均其他公益事业支出 2002	人均其他公益事业支出 2007	人均行政成本 2002	人均行政成本 2007
河北	19.5	14.1	7.8	2.3	1.4	2.5	10.7	24.1	10.2	9.4	30.3	26.4
江苏	15.5	36.8	1.5	2.8	3.2	7.4	14.4	38.8	6.7	26.2	33.6	69.5
浙江	65.7	36.1	6.6	5.1	7.6	70.7	96.3	66.0	32.5	57.7	75.7	82.9
安徽	4.49	7.6	4.01	1.6	0.16	1.0	3.47	20.6	2.20	5.4	12.17	15.7
河南	11.4	4	2.6	2.4	0.1	1.3	20.6	22.5	2.5	5.9	16.5	15.0
湖北	11.2	5.3	3.9	0.4	1.0	0.7	6.2	48.9	12.8	2.7	32.9	21.3
广东	33.3	30.7	5.6	14.5	2.7	12.9	13.3	33.1	28.7	12.2	90.7	38.7
重庆	1.9	1.7	1.2	0.3	0.1	1.0	10.2	14.9	3.7	0.9	7.7	3.4
四川	3.8	2.8	1.7	0.6	0.6	1.8	30.6	32.5	3.7	2.5	6.9	13.6
全国	18.5	15.5	3.9	3.3	1.9	11.0	22.9	33.5	11.4	13.7	34.1	31.8

资料来源：CHIP2002和CHIP2007村庄调查数据。

从表4-6可以看出，取消农业税后，大部分省份的人均生产性支出、人均教育事业支出、人均其他公益事业支出都有所下降，而几乎所有调查省份的人均基础设施建设支出和人均医疗卫生事业支出都增加了。我们认为人均基础设施建设支出增加可能是因为在"GDP锦标赛"体制下，基础设施建设最能反映地方官员的努力程度，从而地方官员会更加注重地区基础设施的建设。虽然大部分省份的人均医疗卫生事业建设支出也有所增加，但增加的幅度远远小于用于基础设施建设的支出的增加，我们认为出现增长趋势的原因可能是从2002年开始我国实施了新型农村合作医疗制度，该制度是农民自愿参保，由个人、集体和政府来多方筹资共同解决"看病难"的问题，因而随着时间的推移，参保的农民越来越多，集体出资也越来越大，出现了2007年人均医疗卫生事业建设支出相较于2002年有所增加的现象。另外，东中西部地区在村集体各分项支出上存在一定差距，东部地区各项村集体财务支出均较多，而中西部地区的农村公共物品供给不足问题则更为严重。

再考虑全国范围内，农业税的废除对人均村集体分项支出的影响。

从图4-16可以看出，随着农村税费改革的推进，一方面，农村公共物品供给结构失衡现象依然存在，"重基建、轻民生"的问题依然突出。农业税废

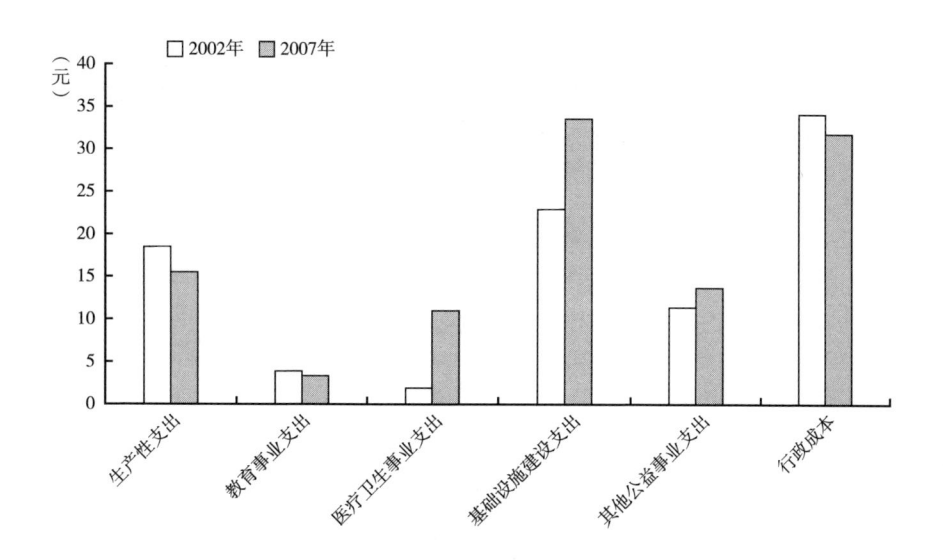

图4-16 全国范围内在农业税废除前后村集体分项人均支出

资料来源：CHIP2002和CHIP2007村庄调查数据。

除后，人均生产性支出、人均教育事业支出以及人均行政成本均有所下降；中央与省级政府进一步加大了对农村地区基础设施建设的投入力度，图中表现为基础设施建设支出增长较多；此外，人均医疗卫生事业支出增幅较大，在一定程度上说明农村医疗保障制度有所改善。另一方面，虽然农村医疗卫生有了很大改善，但医疗卫生和教育事业的支出占比仍然很小，尤其是教育，这从侧面反映了教育支出仍然是农民最沉重的负担，大部分教育经费需要由农民自己来承担。从全国平均层面来看，人均行政成本虽然有所下降，但下降幅度较小，而且村集体用于行政方面的支出占比很大，基本和基础建设支出持平，这从侧面反映了村一级机构臃肿，支出膨胀的现象仍然存在。

（1）农村生产性支出

2002年，有36%的村集体已实行统一灌溉排水，到2007年该比例仍保持不变；2002年，有45%的村庄拥有村集体所有的灌溉设备，到2007年该比例下降到44%；2002年，有11%的村庄提供机耕服务，到2007年，该比例保持不变；2002年，有12%的村庄实行统一防治病虫害，到2007年，该比例上升至14%；2002年，有6%的村庄提供统一购买生产资料的服务，到2007年，该比例保持不变。整体看来，农业税废除后，农村生产性支出基本保持不变，生产性公共物品供给短缺的现象依旧存在。

(2) 农村基础教育

直至 2007 年，在已废除农业税的 751 个样本村庄中的农村基础教育现状如图 4-17、4-18、4-19 所示。

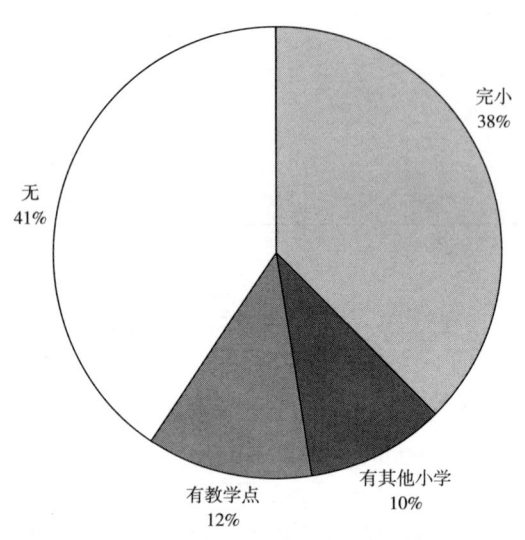

图 4-17　2007 年村庄设立小学情况

资料来源：CHIP2007 村庄调查数据。

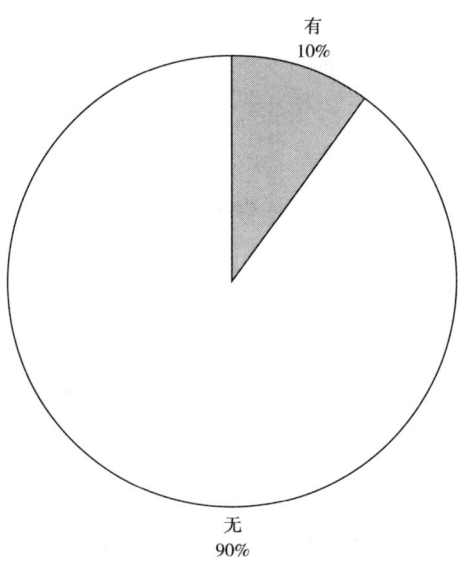

图 4-18　2007 年村庄设立初中情况

资料来源：CHIP2007 村庄调查数据。

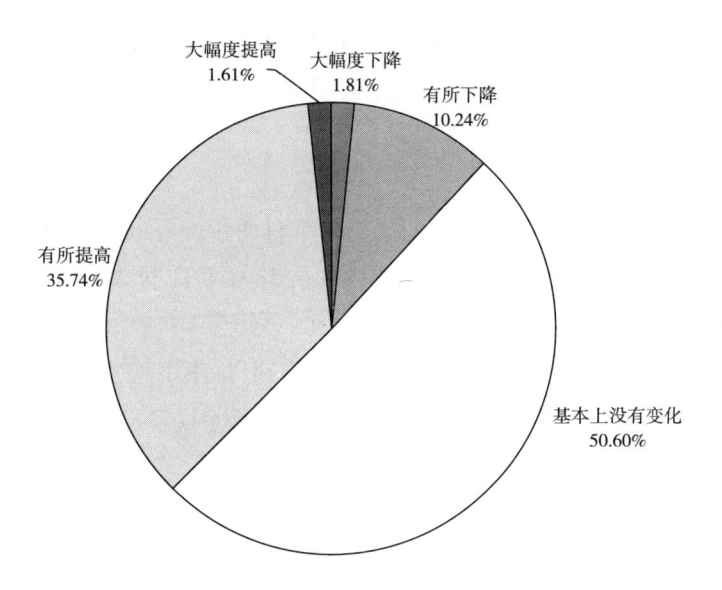

图 4-19 取消农业税以后本村小学教学质量的变化

资料来源：CHIP2007 村庄调查数据。

从图 4-17 可以看出，2007 年，在已废除农业税的样本村庄中，仅有 38% 的村庄设有完小，仍有 41% 的村庄未能设立任何小学教育机构。平均来看，村庄小学/教学点中共有教师（包括编外民办、代课教师）16 人，其中有编外、民办、代课教师 2 人，在校学生总数为 332 人，教师每月平均工资为 1295 元，村级财务补助教师工资总金额为 323 万元。仍有 16% 的村庄小学/教学点存在危房问题；此外，有 18% 的村庄小学公用经费非常困难，54% 的公用经费比较困难，仅 28% 的小学公用经费没有困难。从图 4-18 可以看出，相较小学教育，中学教育的情况则更为糟糕，仅有 10% 的村庄能够开办中学。综上，直至 2007 年，村庄基础教育的规模仍相对较小，且供给仍处于严重短缺的状态。

该调查问卷对教育支出项目进行了进一步的访问，经统计计算得，取消农业税以后，县乡财政和村实际投入本村小学的经费与先前相比，在选取的 751 个样本村庄里，除去缺失值 2 个和没有小学的 275 个村庄，有 232 个村庄的实际投入教育经费没变化，110 个村庄教育经费有所减少，132 个村庄教育经费有所增加，平均变化幅度为 21%。相较农村税费改革，农业税的废除对教育事业的投入经费的影响并不明显。

再考虑教学质量的变化，从图4-19可以看出，取消农业税后，有一半多的村庄小学教学质量基本上没有变化，在其余的村庄里，绝大部分村庄的小学教学质量有所提高。

（3）农村基础医疗

至2007年，在已废除农业税的这751个村庄中，有693个村庄有医疗点（包括卫生站、私人诊所）或个体医生，其余58个村庄暂未设立任何医疗点。2007年村级财务给医疗点的补助是472万元。

此外，2007年，在已废除农业税的这751个村庄中均实行了新型农村合作医疗保险，其中，有92%的村庄集中于2003、2004、2005、2006和2007年这几个废除农业税的主要年份开始实行这一保险制度，新型农村合作医疗保险的参保率为90%。在免征农业税后，农村医疗保障得到了较大的改善。

"新型农村合作医疗制度"的兴起与推广过程如下：从2003年起，各省区市自主选择2到3个县（市）开展试点工作，在试点地区获得一定经验后再在全省、自治区、直辖市范围内逐步推行开来；2006年起，增加中央和地方财政投入，进一步提高补助标准；2008年，实现在全国范围内的农村基本普及新农合。由此可见，农村税费改革的逐步推进伴随着我国农村医疗保障体系的逐步建立和完善。从试点到全面展开，再到各级政府大幅度提高补助标准，政府对农村基础医疗的高度重视和大力支持，在极大程度上保障了农民的看病医疗。2007年，我国大部分地区已实现了基本普及新型农村合作医疗制度的目标，这也就解释了相较2002年，到2007年农业税全面废除时，农村医疗卫生事业方面的改善较为明显。

（4）农村基础设施

从图4-20和图4-21可以看出，取消农业税后，绝大部分乡镇及村的公路和水利管理情况有不同程度的恶化。

综上，从正税清费，到减免农业税直至全面取消农业税，我国农民负担大幅度减轻，农民的生产活动得以顺利开展、生活质量得到了有效保障。全面取消农业税，也会造成地方财政缺口急剧加大，危害农村公共物品的有效供给，但各级政府尤其是中央政府不断加大对"三农"的投入力度，各级政府对财政支农资金的投入不断增加，上级政府对基层政府的财政转移支付力度也不断加大，致使农业税的废除并没有对村一级的集体收入产生负面影响。

第四章 中国村庄公共物品供给的统计描述

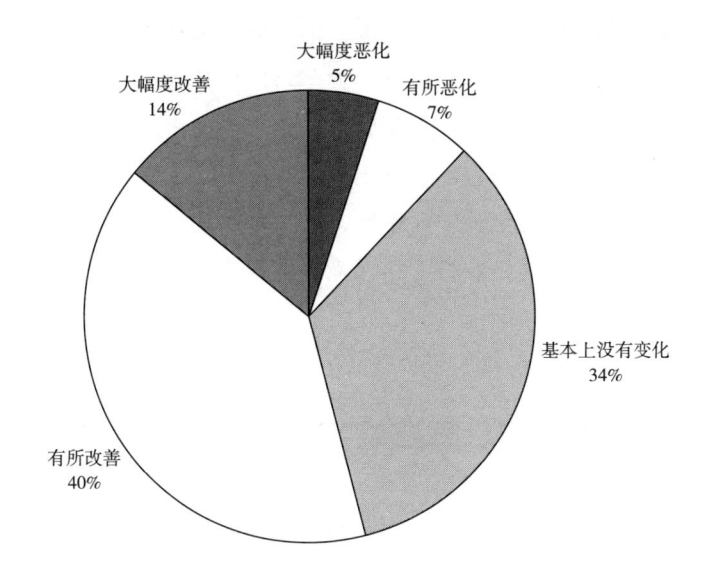

图 4-20 取消农业税以后本乡镇及村的公路管理情况的变化

资料来源：CHIP2007 村庄调查数据。

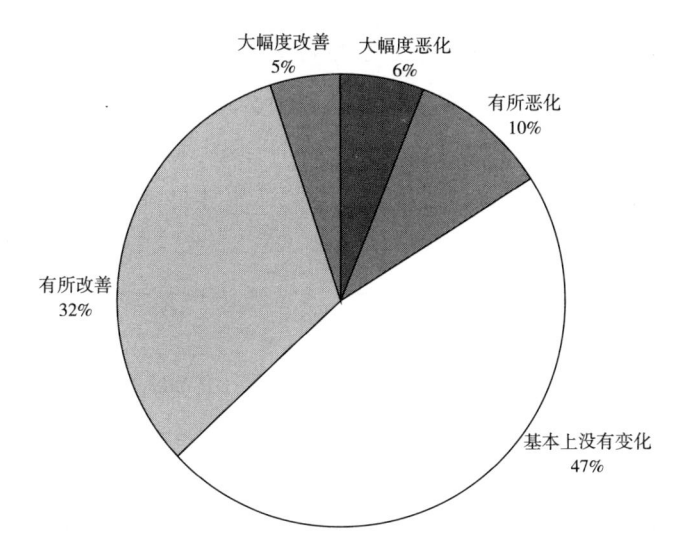

图 4-21 取消农业税以后本乡镇及村的水利管理情况的变化

资料来源：CHIP2007 村庄调查数据。

一方面，政府的供给力度不断加大，政府财政投资尤其是中央财政投资逐渐成为农村公共物品供给的最重要和最主要的主体。另一方面，农业税废除

69

后，农村公共物品供给的状况日益改善，但仍处于短缺状态，且公共物品供给结构失衡的问题仍然存在。尽管政府加大了对以提高农民经济收入和生活水平为目的的公共物品的投入，例如人均医疗卫生事业支出增幅较大，但其占总支出的比重仍然很小，人均教育事业支出甚至有所下降，供给仍处于严重短缺的状态。值得注意的是，在免征农业税后，农村基础教育、基础设施建设的质量和管理情况均有明显改善，农村医疗保障制度也全面启动开来，农村公共物品供给的绩效提高明显。

四 "一事一议、筹资筹劳"与村庄公共物品供给

（一）"一事一议、筹资筹劳"制度的提出

所谓"一事一议、筹资筹劳"，是指农村在开展集体公益事业建设时，[①]需要通过召集村民或村民代表开会商议，表决通过公共物品供给方案后，按照方案规定的数额筹资筹劳开展建设。

为了减轻农民负担，2000年，安徽省率先开展了农村税费改革试点工作，[②]在试点期间，取消了向农民征收的各类费用以及"两工"，为了弥补由此带来的公共物品供给资金缺口，安徽省农村开始采取"一事一议、筹资筹劳"的形式向村民筹集资金和劳动力兴办村庄集体公益事业。至此，我国农村公共产品的新供给模式——"一事一议、筹资筹劳"出现了。

（二）数据来源及说明

本部分主要使用CHIP2002、CHIP2007和CHIP2009的村庄调查数据，我们主要关心的是在农村税费改革历程中，采取"一事一议"的办法来筹集村庄公益事业建设资金会对农村公共物品供给产生什么样的影响。"一事一议、筹资筹劳"制度是农村税费改革中提出的一项新筹资筹劳办法，但由于缺乏

---

① 集体公益事业主要包括兴办农田水利基本建设、植树造林、修建和维护村级道路、治理与农业综合开发有关的土地等。
② 根据《中共中央、国务院关于进行农村税费改革试点工作的通知》（中发〔2000〕7号文件）精神，制定了《安徽省农村税费改革试点方案》，其中明确规定了有关改革的各项事宜。

相关数据，该部分我们仅从收入角度来对村"一事一议"筹资金额与村庄公共物品供给进行统计描述。数据处理同前两部分，通过筛查后，我们对其中9个省份进行比较分析（包括河北、江苏、浙江、安徽、河南、湖北、广东、重庆、四川），数据处理上我们将村庄数据平均到省份或全国层面来考察。

（三）农村"一事一议"筹资金额与农村公共物品供给

"一事一议、筹资筹劳"的提出，旨在形成村级集体公益事业筹资筹劳的新制度形式。但是，从制度实施以来，在很多村庄由于种种困难并未有效实施"一事一议、筹资筹劳"制度。按相关规定，"一事一议、筹资筹劳"实行"上限控制"，即年人均"筹资"不得超过15元，"筹劳"不超过10个标准日，这样的上限标准导致通过"一事一议"能够向村民筹集到的资金和劳动力非常少，远远不能满足大型公益事业建设所需资金投入。并且，从已有的调查数据可以看出，除浙江省在2002、2005年的村人均"一事一议"筹资金额远大于上限标准外，其余均处于这一标准内，且大多数情况远远小于这一上限标准。平均到全国来看，2002年村人均"一事一议"筹资金额为11.5元，2005、2007、2008年三年仅维持在7元左右。另外，从表4-7还可以看出，大部分省份的"一事一议"人均筹资金额呈现下降的趋势，这从侧面说明"一事一议、筹资筹劳"制度真正实施起来具有一定的困难，且制度的设计缺乏对农民的激励，农民的出资意愿不高。

表4-7 不同省份不同年份人均农村"一事一议"筹资金额

单位：元

省份	2002年	2005年	2007年	2008年
河北	5.6	1.9	0.5	6.2
江苏	15.6	14.2	14	13.4
浙江	40.1	20.6	1.5	1.3
安徽	6.4	7.0	8.5	5.1
河南	11.6	0.0	1.9	0.5
湖北	11.0	8.3	11.0	12.9
广东	4.1	0.0	0.3	0.4
重庆	5.1	0.7	12.0	6.1
四川	13.7	3.2	11.8	14.9
全国	11.5	6.8	7.4	7.2

资料来源：CHIP2002、CHIP2007和CHIP2009村庄调查数据。

即使制度的出发点是建设村集体公益事业，且从已有数据来看，每人每年的出资金额并不高，村民"一事一议、筹资筹劳"筹资参与率仍然低得可怜。在选取的751个样本村庄里，2005、2007、2008年中真正开展"一事一议、筹资筹劳"的行政村的比例分别仅为31.7%、32%和26.4%，比例逐渐减小，说明该制度的普及率并不高，并没有得到大范围的推广。

从数据中可以看出，虽然"一事一议、筹资筹劳"制度所发挥的作用并不理想，实施效果未达到制度设计的初衷，但"一事一议、筹资筹劳"制度的提出是具有一定进步性的。首先，采取"一事一议、筹资筹劳"制度能够使村民表达自己对公共物品的偏好，并通过民主决策，由农民自主安排供给与需求，避免了因开展公益事业建设给村民带来过重的经济负担；其次，通过"一事一议、筹资筹劳"开展的公益事业建设，是由村委会召集村民或村民代表开会商议确定筹资筹劳数额，且这一数额在不同地区设有不同的上限标准，除此之外村集体无权向村民收取其他不合理费用，这在很大程度上减轻了农民负担；最后，一事一议制度的实行，使基层政府以及村委会没有机会额外收取不在方案内的其他费用，乡镇基层机构财政资金的短缺使其不得不精编人员，节约行政开支，并提高办公效率，进而促使机构进一步改革。

然而，尽管该制度设计的出发点非常好，具有明显的进步性，但在实际的推广中却存在诸多困难。"一事一议、筹资筹劳"制度在实践方面存在的问题归结起来可能源于以下几个方面：①议事难，村民大会或村民代表大会的召开比较困难，存在村民对村庄公共物品供给不关心，或由于文化程度低，无法参与村级事务商议决策的问题；②决议难，村民从个人利益出发，会议很难形成统一的意见；③存在"谁同意谁掏腰包"的现象和"搭便车"心理，没有通过决议的一部分人不愿意出钱，甚至通过的一部分人也不愿意交款，再加上村委会没有执法权，资金往往不能按照"一事一议"方案所规定数额的按时筹足；④在现实实施过程中难以保证操作规范且符合流程，比如筹资程序不规范，筹资使用不规范；⑤"一事一议、筹资筹劳"对所筹资金监管乏力，信息披露机制不健全；⑥村级干部组织、动员能力不强，干部群众对"一事一议"的认识有偏差。

综上，随着农村税费改革进程的推进，取消了"三提五统"以及各种集资摊派，然而作为替代的"一事一议、筹资筹劳"机制落实难度较大，基层财政困难进一步加剧。尽管中央向地方下拨了部分财政资金，但农村公益事业的发展仍存在很大的问题。在农村税费改革的历程中,"一事一议、筹资筹劳"这项新制度很难在农村公共物品供给中发挥重大积极作用。

五 "一事一议、财政奖补"与村庄公共物品供给

(一)"一事一议、财政奖补"制度的提出与发展

现实情况表明,尽管"一事一议、筹资筹劳"制度的出发点和理论设想是好的,但由于存在村民参与度不高、"搭便车"心理严重等实际实施过程中的诸多问题,导致这项制度在很多农村内都无法真正落地实现,村庄公共物品的供给得不到有效保障,仍处于严重短缺状态中。为了激发村民开展公益事业建设的积极性,进一步改善"一事一议、筹资筹劳"制度,使其能够在村庄中得到有效实施,在2008年中央又出台了《中共中央国务院关于切实加强农业基础建设进一步促进农业发展农民增收的若干意见》(中发〔2008〕1号)。根据上述文件,经国务院领导批准,国务院农村综合改革工作小组、财政部、农业部三部门于同年联合发布了《关于开展村级公益事业建设一事一议、财政奖补试点工作的通知》(国农改〔2008〕2号)。自此,"一事一议、财政奖补"政策逐渐替代了单纯的"一事一议"制度,成为中国村庄公共物品供给的主要制度。

"一事一议、财政奖补"以村民自主决策、自愿筹资筹劳为前提,政府财政按比例给予一定的补助,这一制度仍然能够在一定程度上保障村民对村庄事务的自由裁量权,此外还能激发村民参与公益事业建设的积极性,提高了村庄公共物品的供给水平。2008年,中央将黑龙江、云南、河北三省作为首批"一事一议、财政奖补"试点省份;2009年试点范围进一步扩大到包括陕西省在内的17个省份;2010年试点扩大到27个省份;从2011年起,"一事一议、财政奖补"政策在全国范围内施行。

(二)数据来源及说明

本部分主要使用由EPSDATA整理的中国城乡建设数据库中的村镇年度数据,我们主要关心的是继"一事一议、筹资筹劳"制度后,采取"一事一议、财政奖补"制度来筹集公益事业建设资金会对农村公共物品供给产生什么样

的影响。由于可得到的数据有限，数据库中主要的统计数据集中于2013~2016年，而自2011年起，"一事一议、财政奖补"工作已在全国范围内推行开来，故我们主要关注"一事一议、财政奖补"制度全面实施后的农村公共物品供给情况，辅以少量的政策前后对比分析。该部分我们将村庄数据平均到全国层面来考察。

（三）"一事一议、财政奖补"政策对村庄建设财政性资金的影响

从图4-22可以看出，自"一事一议、财政奖补"制度实施以来，人均村庄建设财政性资金投资基本呈上升趋势，2014年往后的上升幅度较大。再看村庄建设资金各个组成部分的变动趋势，人均镇（乡）本级预算资金始终处于一个相对较高的水平，没有明显的上升或下降趋势，而人均中央、省级、地市级预算资金均呈现出一定的上升趋势，中央和省级的上升幅度相对较大，中央拨付的村庄建设财政性资金从2013年的500（元/人）上下涨至2016年的1000（元/人）上下，人均县级预算资金在2014年有所下降，随后回升至较初始水平稍高的状态。有迹象表明，"一事一议、财政奖补"制度实施后，各级政府尤其是中央和省级政府对基层政府转移支付力度逐渐加大，对农村公益事业建设的投入不断增加。在这个过程中，各级政府尤其是中央政府日益成为农村公共物品供给的最重要和最主要的主体。

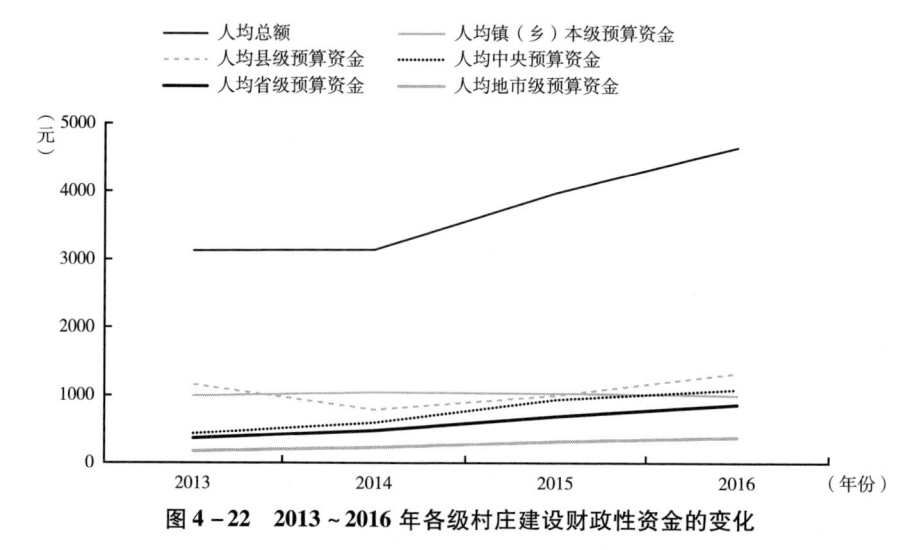

图4-22 2013~2016年各级村庄建设财政性资金的变化

资料来源：EPS数据库中国城乡建设数据库中的村镇年度数据。

（四）"一事一议、财政奖补"政策对主要公益事业项目的影响

从图 4-23 可以看出，伴随"一事一议、财政奖补"政策的逐步推行，包括道路桥梁建设、排水建设、园林绿化建设、环境卫生建设在内的主要村级公益事业建设投入均呈上升趋势，道路桥梁建设投入在 2008 年往后总体呈急剧上升趋势，从 2008 年的 1290 元/人涨至 2016 年的 3600 元/人，其他几项公益事业的投入资金较少，且增长较为平稳。相较"一事一议、筹资筹劳"机制，"一事一议、财政奖补"制度以村民自主决策、自愿筹资筹劳为前提，政府财政按比例给予一定的补助，这在很大程度上解决了资金投入不足的问题。故其实施对农村公共物品的供给影响更为明显，在一定程度上解决了农村公共物品供给不足的问题，提升了资源配置效率，促进了我国农村经济社会的快速发展。

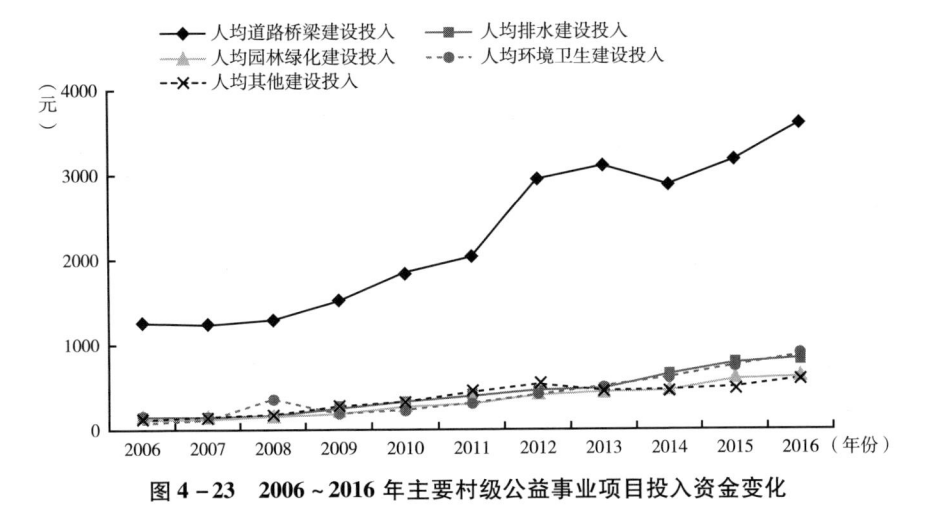

图 4-23　2006~2016 年主要村级公益事业项目投入资金变化

资料来源：EPS 数据库中国城乡建设数据库中的村镇年度数据。

下面再进一步描述该项政策在全国范围内推行开来后农村公益事业发展情况。

1. 道路修建

从图 4-24 可以看出，近年来，道路建设资金重点投向道路硬化方面，2013 年农村硬化道路长达 70.8 万公里，且在之后年份以较为缓慢的速度上升。尽管新增道路和更新改造道路投入资金较少，但每年都保持一定数量的固定投入，村庄内道路情况正逐步改善。

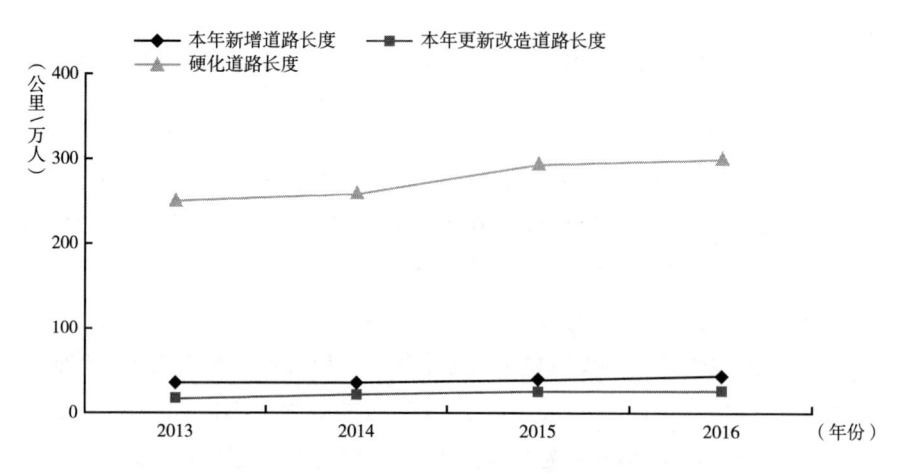

图 4-24 2013~2016 年村庄内道路的修缮情况

资料来源：EPS 数据库中国城乡建设数据库中的村镇年度数据。

2. 排水建设

从图 4-25 可以看出，村庄内排水管道沟渠长度持续加长，尽管每年的新增投入较少，但也始终保持一个相对稳定的增长水平，村庄内排水建设情况也在逐步改善中。

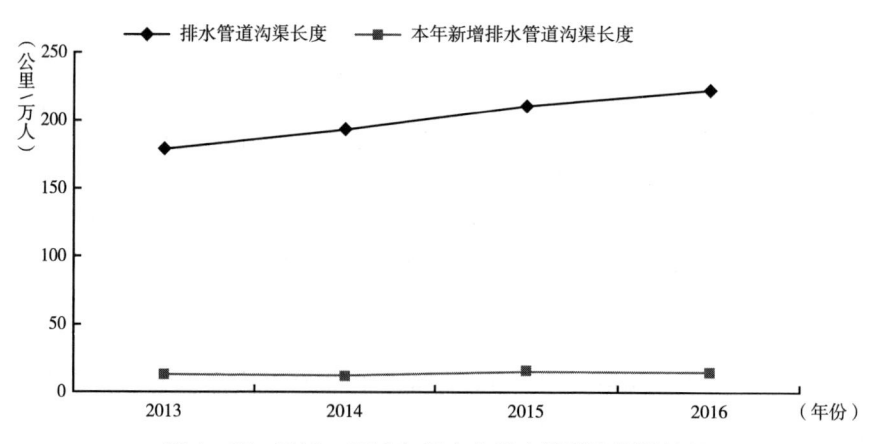

图 4-25 2013~2016 年村庄内排水管道沟渠的情况

资料来源：EPS 数据库中国城乡建设数据库中的村镇年度数据。

3. 环境卫生建设

图 4-26 从对生活污水进行处理的情况、生活垃圾收集点的配置情况以及对生活垃圾进行处理的情况三个方面来说明村内环境卫生的改善情况，三个占

第四章 中国村庄公共物品供给的统计描述

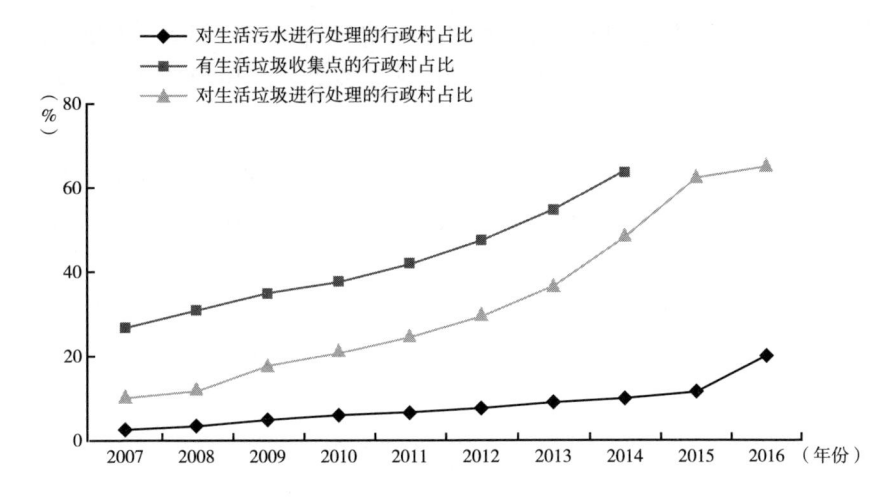

图 4-26 2007~2016 年村庄内环境卫生改善的情况

资料来源：EPS 数据库中国城乡建设数据库中的村镇年度数据。

比均有不同幅度的上升，对生活污水进行处理的行政村占行政村总数的比例以及对生活垃圾进行处理的行政村占行政村总数的比例上升幅度较大，进行污水处理和垃圾处理的行政村越来越多，这从侧面说明"一事一议、财政奖补"制度的推行使农民生产生活环境得到大幅改善，促进了新农村建设。

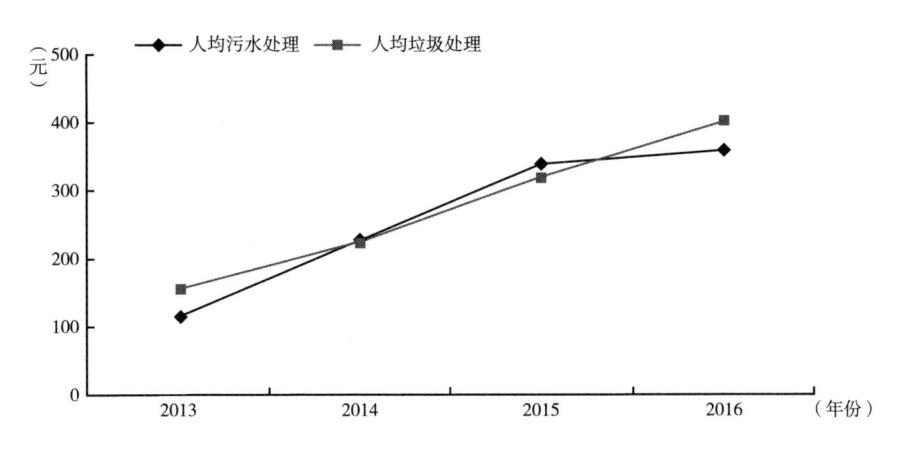

图 4-27 2013~2016 年环境卫生建设投入资金的变化

资料来源：EPS 数据库中国城乡建设数据库中的村镇年度数据。

从图 4-27 可以看出，从 2013 年到 2016 年，人均污水处理投入和人均垃圾处理投入大幅提高，人均污水处理投入资金从 2013 年的 115 元涨至 2016 年

77

的359元，人均垃圾处理投入资金从2013年的155元上升至2016年的401元。各级政府不断加大对村级环境卫生建设投入的资金，村民生活环境得到大幅改善。

综上，"一事一议、财政奖补"制度的建立，一方面加大了政府对村庄公益事业建设的投入力度，在很大程度上提升了公共物品的供给水平，大大改善了农民的生产条件和生活环境；另一方面也使农民在村级公益事业建设中当家做主，充分调动了农民的积极性。由此可见，"一事一议、财政奖补"制度的实施有利于加快改变农村的落后面貌，为农村经济社会发展奠定坚实的基础。

六 总结与讨论

本章主要对农村税费改革后我国农村公共物品供给状况进行了统计描述，首先在第一部分我们使用CHIPS数据描述了农村税费改革前我国农民的负担状况，发现税费改革前我国农民承担的农业税收负担越来越大，乡村提留统筹的数额也呈现逐年上升的趋势，我们还使用现有的数据对税费改革前农民负担沉重的原因进行了分析。之后，以农村税费改革为起点，使用CHIPS和EPS数据分别描述了我国农村税费改革以及之后三个阶段（农业税的废除、"一事一议、筹资筹劳"、"一事一议、财政奖补"）的村庄公共物品供给情况。

在本章的第二部分和第三部分，通过统计描述我们发现，农村税费改革的推行以及农业税的废止在一定程度上减轻了农民的负担，使农村公共物品的供给主体发生了改变，但也削弱了基层政府的财力，村庄的集体性收入与支出也减少了，进而农村公共物品的供给状况并没有得到较大改善，仍然存在供给总量不足以及供给结构失衡的问题，尤其是基础教育、医疗等民生性公共物品的供给仍处于严重短缺当中。

"一事一议、筹资筹劳"制度从2000年开始逐渐在我国农村施行，由于数据的缺乏，在本章的第四部分我们主要从收入角度对河北、浙江、江苏等9个省份的农村"一事一议"筹资金额进行了统计描述，发现大多数村庄的人均一事一议筹资额都远远小于筹资上限，另外，大部分省份的人均筹资额还呈现逐年下降的趋势。制度设计的初衷是好的，但真正实施起来存在诸如"事难议""议难决""搭便车"等许多困难，对农民而言缺乏激励性，农民的出资意愿并不高，政策的实施效果并不理想。因此，激发农民参与公共事业建设积极性的"一事一议、财政奖补"制度应运而生。

在本章的第五部分，我们主要使用 EPS 数据中中国城乡建设数据库中的村镇数据对农村公共物品的供给状况进行了统计描述，现有相关数据的统计描述结果显示，"一事一议、财政奖补"政策对我国农村公共物品的供给具有正向激励作用，大大增加了村级公益事业建设投入，村级道路建设、排水建设、环境卫生建设都得到了很大改善。

党的十八大以来，我国积极推进"美丽中国""乡村振兴"等战略部署，"一事一议、财政奖补"作为实现乡村振兴战略的重要手段，在推进美丽乡村建设、改善乡村精神风貌、完善乡村基础设施等方面发挥着越来越重要的作用。

第五章　中国村庄公共物品的理论分析框架

一　引言

在公共经济学理论上，纯公共物品被定义为满足"非竞争性"和"非排他性"的物品。所谓非竞争性，是指任何一个消费者对公共物品的消费不会导致其他人对公共物品消费的减少，即多消费一单位公共物品不会带来边际成本的上升。非排他性是指任何一个消费者都不能阻止其他人对该公共物品的消费。除了纯公共物品之外，在理论上还存在另外两种介于私人物品和公共物品之间的物品：满足非竞争性和排他性的产品定义为"俱乐部公共物品"，满足非排他性和竞争性的产品定义为"公共资源"。

无论是纯公共物品、俱乐部公共物品还是公共资源的定义都是理想状态的，现实中的公共物品或多或少都不完全满足非竞争性和非排他性。但是，我们依然可以根据物品的现实情况和研究的需要，将公共物品进行粗略的分类。本研究所定义的中国村庄公共物品主要是指在行政村内部的公共物品，严格来说，村庄之间，以及超过村庄范围的公共物品均不属于我们的研究对象。在中国村庄中，"公共资源"的问题并不严重，因为中国的公共资源都属于国有资产和国有资源。当然，也存在部分村集体利用公共资源兴办企业或者直接将公共资源承包给农户开展经营活动的现象，但在产权明晰的情况下，类似于"公共地悲剧"的现象在中国村庄内部并不常见，因此公共资源并不是我们研究讨论的主要内容。[①] 从中国村庄公共物品的性质来看，有些物品接近纯公

[①] 当然，我们并不否认可能存在公共地悲剧的问题，但是从全国范围来看，村庄公共资源发生公共地悲剧的情况并不多见，因而公共资源并非我们研究讨论的主要目标。

物品，例如：村庄内主干道；另外一些物品则属于俱乐部公共物品，例如：连接某几个农户家和主干道的道路。本书提及的村庄公共物品主要是村庄内的纯公共物品和俱乐部公共物品。

为了便于后面的分析，本章主要对中国村庄公共物品供给的基本分析框架进行细致的阐释。萨缪尔森1954年提出的公共物品最优供给法则表明，经济体中所有参与人的公共物品和私人物品的边际替代率之和等于公共物品和私人物品的边际转换率。因此，要在理论上找到最优公共物品供给规模的条件并不困难，困难的是设计出实现公共物品最优供给规模的制度。现实中公共物品的供给机制不健全，一方面可能存在偏离均衡的情况①，另一方面当参与人过多的时候，交易成本可能会急速增加②。然而，中国村庄公共物品配置模式可能更加复杂。第一，中国村庄是熟人和半熟人社会，村民之间相互了解，而且村子内部通婚的情况很多，这就使得村庄中不同家庭之间的相互了解进一步加深，平时交往也更多。这不仅可能会影响村长（村主任）的决定，而且还会在很大程度上影响村庄公共物品供给的决策过程。第二，中国村庄公共物品筹资模式多样化，包括村集体企业出资、村民"一事一议"筹资、上级转移支付等。第三，尽管中国村庄召开的村民大会在名义上对很多村级事务有决定权，但村民大会的决定最终不一定能够得到落实。例如：由村民大会决定"一事一议"筹资的金额、方案和规模等，虽然绝大多数人赞成方案，但是若不赞成方案的农户拒不缴纳筹资金额，村委会和其他村民无法诉诸法律手段强制该农户遵守村民大会的决定。③ 基于上述的几点原因，我们在本章会构建一个符合中国村庄现实，适用于分析中国村庄公共物品的理论框架。

本章其余部分内容安排如下：第二部分回顾传统经济学公共物品供给理论

---

① 偏离均衡的典型例子就是中位数投票理论。一般而言，一个社会或者一个经济体存在收入差距，即收入的中位数和收入的均值之间存在差异，且均值往往大于中位数，这就可能导致在投票条件下，公共物品的规模要么过大，要么过小。
② 林达尔均衡配置就是典型的例子，在参与人较少的情况下，大家通过协商来分担公共物品的成本是可行的，但是当参与人增加的时候，就可能存在协商时间过长、多次商议无果的情况。
③ 当然，很多村庄都有村规民约，但是村规民约无法替代法律。一方面，村规民约的执行在很大程度上受到村庄人际关系的影响；另一方面，村规民约本身也需要村民内心认可并自主执行，如果村民本身不认可村规民约，村干部或其他村民除了做该村民的思想工作感化他之外，并无其他途径促使该村民严格执行村规民约。

的分析框架,第三部分是中国村庄公共物品的特征,第四部分是适合中国村庄公共物品供给的分析框架,第五部分是总结与讨论。

二 回顾传统经济学公共物品供给理论的分析框架

在回顾传统经济学公共物品供给的理论时,我们主要根据公共物品的性质,讨论三套主流的公共物品供给理论:①纯公共物品(满足非竞争性和非排他性的物品);②俱乐部公共物品(满足部分非竞争性和非排他性的物品);③地方性公共物品与财政分权。本质上地方性公共物品并不完全属于公共物品的理论范畴,但是我们所讨论的核心问题是中国村庄内部的公共物品供给,且中国村庄公共物品供给的主体虽然很多,但是无论是哪个层级的政府所提供的村庄公共物品,都需要村两委配合,村两委在村庄公共物品供给中起到了至关重要的作用。因此,从这些特征来看,中国村庄公共物品在很大程度上归属于地方性公共物品,故我们将地方性公共物品的供给理论也纳入研究范畴,单独进行分析。

(一)纯公共物品的供给

1. 经济环境的假定

为了使数理模型表达一致,我们在本章所使用变量的符号除了特殊强调之外,均一致。给定消费者的效用函数为:

$$U_i = u(x_i, G) \qquad (5-1)$$

其中 U_i 表示消费者 i 的效用水平,我们假设每个消费者的效用函数形式都一样,x_i 表示消费者对私人消费品的消费量,G 表示公共物品的供给量。假设消费者 i 的收入为 m_i。为了计算和表示方便,我们将消费者私人消费品的价格标准化为1,公共物品的价格为 p。给定公共物品的生产函数为:

$$G = f(z) \qquad (5-2)$$

假设函数 f 满足规模报酬不变,且公共物品供给的固定成本为0,边际成本为 c,公共物品的投入为 z,则上面的式子可以写为:

$$G = c \cdot z \qquad (5-3)$$

公共物品供给的厂商追求利润最大化：

$$\max p \cdot c \cdot z - z$$

一阶条件为：

$$p = \frac{1}{c} \tag{5-4}$$

通过观察（5-4）式，我们发现，公共物品和私人物品的边际转换率（$MRT_{G,x}$）等于公共物品和私人物品的价格比，满足生产性帕累托的最优条件。

随后我们将讨论消费者效用最大化的情况。由于公共物品配置模式对消费者效用最大化的结果有比较重要的影响，因此我们分以下五种情况进行讨论。这五种情况也是传统经济学公共物品供给的主要分析框架。

2. 私人提供公共物品

消费者自愿供给公共物品是指所有消费者同时通过效用最大化对私人消费量和公共物品供给规模做出决策。在此，我们需要强调消费者需同时决策，如果消费者的决策存在先后顺序，那么公共物品的供给规模将发生较大变化。消费者效用最大化的问题可以表述为：

$$\max_{x_i, g_i} u(x_i, G)$$
$$s.t. \quad x_i + p \cdot g_i = m_i$$
$$G = \sum_i g_i$$

其中 g_i 表示消费者 i 的公共物品供给量。将上述问题第二个约束条件代入目标函数，再构建拉格朗日函数为：

$$\ell = u\left(x_i, \sum_i g_i\right) + \lambda(m_i - x_i - p \cdot g_i)$$

一阶条件满足：

$$\frac{\partial \ell}{\partial x_i} = \frac{\partial u}{\partial x_i} - \lambda = 0$$
$$\frac{\partial \ell}{\partial g_i} = \frac{\partial u}{\partial G} - p\lambda = 0$$

通过上述两个条件，可以得到：

$$\frac{\partial u}{\partial G} = p \frac{\partial u}{\partial x_i} \qquad (5-5)$$

（5-5）式表明消费者 i 的公共物品与私人物品的边际替代率（$MRS_{G,x}$）等于公共物品与私人物品价格比。综合（5-4）和（5-5）式，我们可以得到：

$$\underbrace{\frac{\partial u/\partial G}{\partial u/\partial x_i}}_{MRS_{G,x}} = p = \underbrace{\frac{1}{c}}_{MRT_{G,x}} \qquad (5-6)$$

（5-6）式表明，在私人提供公共物品的条件下，公共物品和私人物品的边际替代率和边际转换率是相同的，这是在完美市场经济条件下消费和生产达到帕累托最优时的均衡条件。并且如果整个社会有 N 个消费者，必然有：

$$MRS_{G,x}^1 = MRS_{G,x}^2 = \cdots = MRS_{G,x}^N = p = \underbrace{\frac{1}{c}}_{MRT_{G,x}} \qquad (5-7)$$

3. 萨缪尔森公共物品最优供给法则

萨缪尔森的问题是在整个社会资源约束条件下，最大化消费者的福利水平，计算出公共物品供给的最优条件。我们可以将问题归结如下：

$$\max_{x_i, z_i} \sum_i u(x_i, G)$$
$$s.t. \quad \sum_i x_i + \sum_i z_i = \sum_i m_i$$
$$G = c \cdot \sum_i z_i$$

生产公共物品的总投入为 $z = \sum_i z_i$，其中 z_i 是消费者 i 投入公共物品生产中的财富量①，将上面问题的第二个约束条件代入目标函数中，并构建拉格朗日函数，可以得到：

$$\ell = \sum_i u\left(x_i, c \cdot \sum_i z_i\right) + \lambda\left(\sum_i m_i - \sum_i x_i - \sum_i z_i\right)$$

一阶条件为：

$$\frac{\partial \ell}{\partial x_i} = \frac{\partial u}{\partial x_i} - \lambda = 0$$

---

① 此处的财富量也可以称为要素禀赋的数量，即将 m_i 看成消费者所拥有的初始禀赋。

$$\frac{\partial \ell}{\partial z_i} = \sum_i \frac{\partial u(x_i, G)}{\partial G} \cdot c - \lambda = 0$$

整理上面的两个条件,可以得到:

$$\underbrace{\sum_j \frac{\partial u(x_j, G)/\partial G}{\partial u/\partial x_i}}_{\sum_j MRS_{G,x}} = \underbrace{\frac{1}{c}}_{MRT_{G,x}} \quad (5-8)$$

由（5-8）式,我们可以看出,当所有人公共物品对私人消费品的边际替代率之和等于边际转换率的时候,公共物品的供给达到最优水平。通过对比（5-7）式和（5-8）式,我们可以发现私人提供公共物品水平明显小于萨缪尔森条件下的公共物品供给水平。给定任意的消费者 k,根据（5-7）式,我们可以知道:

$$MRS_{G,x}^k = \frac{\partial u(x_k, G)/\partial G}{\partial u/\partial x_k} = \frac{1}{c} \quad (5-9)$$

再根据（5-8）式,我们得到:

$$\frac{\partial u(x_k, G)/\partial G}{\partial u/\partial x_k} + \sum_{j \neq k} \frac{\partial u(x_j, G)/\partial G}{\partial u/\partial x_i} = \frac{1}{c} \quad (5-10)$$

为了表述方便,我们将私人供给公共物品条件下的边际替代率定义为 MRS^P,萨缪尔森条件下的边际替代率定义为 MRS^{FB},通过对比（5-9）和（5-10）式,我们可以得到:

$$MRS^P > MRS^{FB} \quad (5-11)$$

通过上面的分析可知,私人供给公共物品条件下,公共物品带给消费者的边际效用相对于私人消费品而言更高,由此可以得到下面的定理1。

定理1：私人供给公共物品的均衡水平低于萨缪尔森公共物品最优供给水平。

4. 中位数投票与公共物品供给

虽然我们能够通过理论推导并计算出整个经济体或社会的公共物品最优供给量,但是现实中缺乏实现公共物品最优供给的机制。在很多西方国家,公共物品的供给是通过民主投票来实现的。民主投票能够决定公共物品的均衡水平需要满足如下三个条件：①公开日程；②消费者的间接效用函数满足单峰偏好或者单交点偏好；③投票的问题是单一的，并且两两比较结果。如果不满足上面的三个假定就可能出现"投票悖论"。为了使讨论更加细致，我们假设存在两种消费者筹资模式，第一种是平均分摊公共物品的成本；第二种是根据消费者的收入征税。下面根据这两种筹资模式分情况讨论。

（1）情况一：均摊公共物品的供给成本

假设消费者 i 认为公共物品的供给规模为 G_i，那么公共物品的供给总成本就为 G_i/c，每个消费者均摊的公共物品成本为 $G_i/(N \cdot c)$。消费者 i 的预算约束变为：

$$x_i + \frac{G_i}{N \cdot c} = m_i$$

消费者面临的问题就可以写成如下形式：

$$\max_{x_i, G_i} u(x_i, G_i)$$
$$s.t. \quad x_i + \frac{G_i}{N \cdot c} = m_i$$

构建拉格朗日函数，可以得到：

$$\ell = u(x_i, G_i) + \lambda \left[m_i - x_i - \frac{G_i}{N \cdot c} \right]$$

一阶条件为：

$$\frac{\partial \ell}{\partial x_i} = \frac{\partial u}{\partial x_i} - \lambda = 0$$

$$\frac{\partial \ell}{\partial G_i} = \frac{\partial u}{\partial G_i} - \lambda \frac{1}{N \cdot c} = 0$$

综合上面两个条件，可以得到：

$$N \cdot \frac{\partial u / \partial G_i}{\partial u / \partial x_i} = \frac{1}{c}$$

根据中位数投票定理，给定中位数投票人并用 m 来表示，那么上面的式子可以重新写为：

$$N \cdot \frac{\partial u / \partial G_m}{\partial u / \partial x_m} = \frac{1}{c} \qquad (5-12)$$

对比（5-8）式和（5-12）式，我们可以知道，除非满足（5-13）式，否则中位数投票的结果和萨缪尔森公共物品最优供给法则的结果将不一致。

$$\frac{1}{N}\sum_j \frac{\partial u(x_j,G^{FB})/\partial G^{FB}}{\partial u(x_j,G^{FB})/\partial x_i} = \frac{\partial u/\partial G_m}{\partial u/\partial x_m} \quad (5-13)$$

（5-13）式的含义是，中位数投票人公共物品和私人消费品的边际替代率等于全社会消费者公共物品和私人消费品边际替代率的平均值。只有满足下面式子的时候，中位数投票条件下均摊公共物品供给成本的模式能够实现公共物品最优配置均衡：

$$\frac{1}{N}\sum_j \frac{\partial u(x_i,G_m)/\partial G_m}{\partial u(x_i,G_m)/\partial x_i} = \frac{\partial u/\partial G_m}{\partial u/\partial x_m}$$

上面式子的含义是在由中位数投票人决定均摊公共物品成本的配置模式下，全社会消费者公共物品和私人消费品的边际替代率的均值等于中位数投票人的边际替代率。上述条件只有在较为特殊的条件下才可能成立。如果我们按照收入进行从高到低排序，在公共物品供给确定为 G_m 时，对于收入大于中位数的消费者 i 而言（$m_i > m_m$，m_m 表示中位数投票人的收入水平），其公共物品和私人物品的边际替代率要小于中位数投票人对应的边际替代率：

$$\frac{\partial u(x_i,G_m)/\partial G_m}{\partial u(x_i,G_m)/\partial x_i} < \frac{\partial u_m/\partial G_m}{\partial u_m/\partial x_m}$$

反之，对于收入小于中位数的消费者 j 而言（$m_j < m_m$），其公共物品和私人物品的边际替代率要大于中位数投票人对应的边际替代率：

$$\frac{\partial u(x_j,G_m)/\partial G_m}{\partial u(x_j,G_m)/\partial x_j} > \frac{\partial u_m/\partial G_m}{\partial u_m/\partial x_m}$$

除非满足：

$$\sum_{i>m} \frac{\partial u(x_i,G_m)/\partial G_m}{\partial u(x_i,G_m)/\partial x_i} = \sum_{j<m} \frac{\partial u(x_j,G_m)/\partial G_m}{\partial u(x_j,G_m)/\partial x_j}$$

即收入超过中位数投票人的消费者的公共物品和私人消费品的边际替代率之和等于收入小于中位数投票人的消费者的公共物品和私人消费品的边际替代率之和，否则，$G_m \neq G^{FB}$。由于该问题涉及收入分布，为了表述方便，我们给定一个经济体存在收入差距，高收入的人占有整个社会较大的收入份额，中位数投票人在整个社会中相对而言是穷人，中位数要低于整个社会的收入平均值，中位数投票人所偏好的公共物品规模要小于收入为平均值的消费者所偏好的公共物品规模。这意味着在存在收入差距的情况下，下面的式子成立：

$$\sum_{i>m} \frac{\partial u(x_i, G_m)/\partial G_m}{\partial u(x_i, G_m)/\partial x_i} > \sum_{j<m} \frac{\partial u(x_j, G_m)/\partial G_m}{\partial u(x_j, G_m)/\partial x_j}$$

富人（收入超过中位数的消费者）的公共物品与私人消费品的边际替代率之和大于穷人（收入低于中位数的消费者）的公共物品与私人消费品的边际替代率之和。此时，公共物品供给水平 G_m 小于萨缪尔森公共物品最优供给法则条件下的 G^{FB}。

为了更加清晰地表述上面的思想，同时也为了计算方便，我们给定如下特殊的效用函数形式：

$$u = \alpha \ln x_i + (1-\alpha) \ln G \tag{5-14}$$

（5-14）式表明：

$$MRS_{G,x} = \frac{\partial u/\partial G}{\partial u/\partial x} = \frac{(1-\alpha)x_i}{\alpha G}$$

在（5-14）式条件下，萨缪尔森公共物品最优供给法则可以重新表述为：

$$\sum_j \frac{x_i(1-\alpha)}{\alpha G^{FB}} = \frac{(1-\alpha)}{\alpha G^{FB}} \sum_j x_i = \frac{(1-\alpha)}{\alpha G^{FB}} \left(\sum_j m_i - \sum_j z_i \right)$$

$$= \frac{(1-\alpha)}{\alpha G^{FB}} \left(\sum_j m_i - \frac{G^{FB}}{c} \right) = \frac{1}{c}$$

通过整理上面的式子，我们可以得到：

$$(1-\alpha) c \sum_j m_i = G^{FB} \tag{5-15}$$

在均摊公共物品供给成本，并且实行中位数投票定理的条件下，我们可以得到：

$$G_m = Nc \cdot \frac{x_m(1-\alpha)}{\alpha} = Nc \cdot \frac{(m_m - z_m)(1-\alpha)}{\alpha} = \frac{(Nc \cdot m_m - G)(1-\alpha)}{\alpha}$$

整理上面的式子，可以得到：

$$G_m = Nc(1-\alpha) \cdot m_m \tag{5-16}$$

第五章　中国村庄公共物品的理论分析框架

通过对比（5-15）式和（5-16）式，我们可以知道，当存在收入差距的时候（即满足 $\bar{m} > m_m$，其中 $\bar{m}$ 表示整个社会的平均收入）：

$$G^{FB} = (1-\alpha)cN\bar{m} > Nc(1-\alpha) \cdot m_m = G_m$$

由此，我们可以得到定理2。

定理2：当整个社会存在收入差距时，利用中位数投票机制并均摊公共物品成本条件下所决定的均衡公共物品供给量偏离萨缪尔森公共物品最优供给水平。具体的，当效用函数满足（5-14）式的时候，利用中位数投票机制并均摊公共物品成本条件下所决定的均衡公共物品供给量要低于萨缪尔森公共物品最优供给水平。

（2）情况二：根据消费者的收入征税

情况一分析了在中位数投票机制条件下，均摊公共物品成本的情况，下面我们分析根据消费者收入征收税率为 τ 的收入税时的公共物品供给的均衡状态。在给定收入税率为 τ 时的消费者预算约束线满足：

$$x_i + z_i = x_i + \tau m_i = m_i$$

此时消费者面临的问题可以写为：[①]

$$\max_{x_i, G_i} u(x_i, G_i)$$
$$s.t. \quad x_i = (1-\tau_i)m_i$$
$$G_i = c\tau_i \sum_i m_i$$

将两个约束条件代入目标函数，可以得到：

$$U = u\left[(1-\tau_i)m_i, c\tau_i \sum_i m_i\right]$$

上面的式子对税率求偏导数，可以得到：

$$-m_i \frac{\partial u}{\partial x_i} + c\sum_i m_i \frac{\partial u}{\partial G} = 0$$

整理上面的方程，并根据中位数投票定理，可以得到：

---

① 此处的税率带下角标 i 的原因是，我们需要讨论中位数投票人的决策，由于每一个消费者对公共物品规模的最优偏好是不同的，对税率的偏好也是不同的。

$$\frac{m_m}{c \cdot \sum_j m_j} = \underbrace{\frac{\partial u_m/\partial G_m}{\partial u_m/\partial x_m}}_{MRS} \tag{5-17}$$

(5-17) 式给出了在采用中位数投票机制且征税条件下，公共物品供给的均衡水平。式子右边是中位数消费者公共物品和私人物品的边际替代率。对比 (5-17) 式和 (5-8) 式，我们可以发现，除非下面的条件被满足，否则公共物品的供给规模不可能达到萨缪尔森最优水平：

$$\sum_j \frac{\partial u(x_j, G_m)/\partial G_m}{\partial u/\partial x_i} = \frac{1}{c} = \frac{\sum_j m_j}{m_m} \cdot \frac{\partial u_m/\partial G_m}{\partial u_m/\partial x_m}$$

整理上面的式子，可以得到：

$$\sum_j \left[\frac{\partial u(x_j, G_m)/\partial G_m}{\partial u/\partial x_i} - \frac{m_j}{m_m} \cdot \frac{\partial u_m/\partial G_m}{\partial u_m/\partial x_m} \right] = 0$$

上面的条件看起来较为复杂，但是我们可以通过经济学直觉进行初步判定。对穷人来说，税率越高越好，因为高税率意味着富人要承担公共物品的成本较大，穷人所需承担公共物品成本较小；反之，富人则希望税率越低越好。当中位数投票人的收入低于整个社会的平均收入时，公共物品的规模将会超过萨缪尔森公共物品供给最优水平。为了更加清楚地表达上述逻辑，我们给定消费者的效用函数满足 (5-18) 式。

$$u = x_i + \gamma \ln G \tag{5-18}$$

根据上面的效用函数和 (5-8) 式，我们可以得到萨缪尔森公共物品供给最优水平满足：

$$G^{FB} = c\gamma N \tag{5-19}$$

下面我们计算中位数投票条件下的均衡税率。根据上面的效用函数，我们可以得到：

$$u = (1 - \tau_i) m_i + \gamma \ln \tau_i + \gamma \ln \sum_i m_i + \gamma \ln c$$

上面式子的一阶条件为：

$$\tau_i = \frac{\gamma}{m_i}$$

第五章　中国村庄公共物品的理论分析框架

根据中位数投票定理，可以得到均衡税率满足：

$$\tau^* = \frac{\gamma}{m_m}$$

公共物品的均衡供给量为：

$$G_m = c\tau^* \sum_j m_j = c\frac{\gamma}{m_m}\sum_j m_j \quad (5-20)$$

在给定整个社会存在收入差距的条件下（$\overline{m} > m_m$），通过对比（5-19）式和（5-20）式，可以得到：

$$G_m = c\frac{\gamma}{m_m}\sum_j m_j > c\gamma N\frac{\overline{m}}{m_m} > c\gamma N = G^{FB} \quad (5-21)$$

通过观察（5-21）式，我们可以清楚地了解到，在中位数投票条件下，对收入按固定税率征税时的公共物品供给量将超过萨缪尔森公共物品最优供给水平。由此，我们可以得到定理 3。

定理 3：当整个社会存在收入差距时，利用中位数投票机制并对消费者征收固定税率的收入税条件下所决定的均衡公共物品供给量将偏离萨缪尔森公共物品最优供给水平，具体的，在给定消费者效用函数满足（5-18）式的条件下，利用中位数投票机制并对消费者征收固定税率的收入税条件下所决定的均衡公共物品供给量将高于萨缪尔森公共物品最优供给水平。

5. 林达尔法则与公共物品供给

除了私人提供公共物品和通过中位数投票机制决定公共物品之外，还存在公共物品供给的林达尔法则（Lindahl Equilibrium），这种公共物品的供给机制类似于"个性化定价"。我们可以把这个过程描述如下：政府首先给定每个消费者必须承担的公共物品成本，在此基础上，每个消费者如实地报告他们愿意消费的公共物品数量。如果政府设定的每个消费者承担公共物品的成本和其公共物品消费的数量是对应的，那么就按照这个方案供给公共物品；但是如果消费者所报告的愿意消费的公共物品数量和政府给定的成本不一致，那么就重新调整不同消费者承担的份额。

为了表述方便，我们假设消费者 i 承担的公共物品成本份额为 τ_i，消费者的预算约束变为：

$$m_i(1-\tau_i) = x_i$$

消费者所面临的问题为：

$$\max_{x_i, G} u(x_i, G)$$
$$s.t. \ m_i = x_i + \frac{\tau_i G}{c}$$

其中 $\tau_i G/c$ 表示消费者承担的公共物品成本。将约束条件代入目标函数：

$$\max_G u\left(m_i - \frac{\tau_i G}{c}, G\right)$$

上式的一阶条件为：

$$\frac{\partial u}{\partial x_i} \frac{\tau_i}{c} = \frac{\partial u}{\partial G} \quad (5-22)$$

当实现均衡时，意味着：

$$\sum_i \tau_i = 1 \quad (5-23)$$

将（5-22）式代入（5-23）式，可以得到：

$$\sum_i \frac{\partial u/\partial G}{\partial u/\partial x_i} = \frac{1}{c}$$

观察上面的式子，我们可以发现这和萨缪尔森公共物品最优供给水平的决定方程是一致的，这说明实现林达尔均衡时可以达到萨缪尔森公共物品最优供给水平。从经济逻辑上来说，林达尔法则能够成为一种有效的公共物品供给方式的主要原因是：在林达尔均衡中，公共物品的总成本在所有消费者之间分摊，每个消费者只需支付公共物品的部分成本，且消费者并非面临一个公共的价格，该机制使每个消费者支付的价格尽量符合其对公共物品的真实偏好，这会使消费者主观感受到的公共物品价格下降，对于每个人来说价格都下降了，这将导致公共物品的供给数量增加；另外，由于每个消费者所承担的公共物品供给成本可以不断调整，最终能够使所有人的评价都达成一致，有助于促进公共物品的供给。

虽然林达尔均衡配置模式能够有效供给公共物品，但是这需要依赖两个较为严格的前提假设：第一，每个消费者所承担的公共物品供给成本的不断调整是无成本的，如果公共物品供给成本分担计划的不断调整是存在成本的，那么随着经济体中消费者数量的不断增加，达成更多人对公共物品的一致评价可能

第五章　中国村庄公共物品的理论分析框架

需要多轮调整，调整的次数不断增加，调整的成本也就逐渐增加；第二，消费者会诚实报告自己对公共物品的评价。在现实中，很可能存在这样的情况，消费者之间能够相互商讨各自对公共物品的评价，从而某消费者可能会获知其他群体或个体对公共物品的评价，并且在表达对公共物品的评价时采取博弈的方式使自己获益。

我们在前面模型的基础上重点讨论消费者之间存在博弈的情况。为了简单起见，我们假设整个社会只有两个消费者①，即 $i = 1,2$。消费者的效用函数满足 (5-14) 式。假设消费者 1 提前获知了消费者 2 对公共物品的评价。那么，消费者 2 面临的问题为：

$$\max [\alpha \ln x_2 + (1-\alpha) \ln G]$$
$$s.t. \quad m_2 = x_2 + \frac{\tau_2 G}{c}$$

上述的解为：

$$G = \frac{(1-\alpha) c m_2}{\tau_2}$$

如果消费者 1 提前知道了消费者 2 对公共物品的评价，消费者 1 的问题可以归纳为下：

$$\max [\alpha \ln x_1 + (1-\alpha) \ln G]$$
$$s.t. \quad m_1 = x_1 + \frac{\tau_1 G}{c}$$
$$G = \frac{(1-\alpha) c m_2}{\tau_2}$$

将上面的问题化简为：

$$\max_{\tau_2} \left\{ \alpha \ln \left[m_1 - \frac{(1-\alpha)(1-\tau_2) m_2}{\tau_2} \right] + (1-\alpha) \ln \frac{(1-\alpha) c m_2}{\tau_2} \right\}$$

一阶条件为：

$$\frac{\alpha (1-\alpha) m_2}{m_1 \tau_2 - (1-\alpha)(1-\tau_2) m_2} \frac{1}{(\tau_2)} = \frac{(1-\alpha)}{\tau_2}$$

---

① 当然，我们可以将这个假设看成是整个社会存在两群不同的消费者。

整理上面的式子，可以得到：

$$\frac{\alpha m_2 + (1-\alpha)m_2}{m_1 + (1-\alpha)m_2} = \tau_2$$

由于 $\tau_1 + \tau_2 = 1$，那么：

$$\tau_1 = \frac{m_1 - \alpha m_2}{m_1 + (1-\alpha)m_2}$$

此时均衡的公共物品供给数量为：

$$G = [m_1 + (1-\alpha)m_2](1-\alpha)c$$

在标准的林达尔均衡条件下，我们所得到的均衡公共物品供给数量为：

$$G^{FB} = (1-\alpha)c(m_1 + m_2)$$

我们用符号 G^{FB} 表示林达尔均衡配置条件下的公共物品供给量。[①] 对比上面两个式子，可以得到：

$$G = [m_1 + (1-\alpha)m_2](1-\alpha)c < (1-\alpha)c(m_1 + m_2) = G^{FB}$$

即此时公共物品供给数量小于萨缪尔森公共物品最优供给水平。这是由于消费者1提前知道了消费者2对公共物品的评价，因而采取一定的策略性行为造成的。

（二）俱乐部公共物品的供给

俱乐部公共物品相对于纯公共物品来说更具现实性。在现实中，只有很少的公共物品是完全具备非竞争性和非排他性的，例如国防。绝大多数的公共物品都在一定程度上不满足非竞争性和非排他性，例如公共道路和公共体育设施。我们在此定义的俱乐部公共物品主要是指具备排他性和非竞争性的公共物品。如果集群消费者能够成立一个类似俱乐部的组织，俱乐部内部成员能够享受到公共物品提供的福利，而俱乐部外的人员无法消费公共物品；同时俱乐部内部的人员对公共物品的消费不具备竞争性，或者具备不完全的竞争性，即允许公共物品的消费存在拥挤效应。

[①] 因为林达尔均衡条件下的公共物品供给量等于萨缪尔森公共物品最优供给水平。

第五章　中国村庄公共物品的理论分析框架

对于俱乐部公共物品供给的最优规模的讨论不仅涉及公共物品的最优供给规模，而且涉及另外一个重要变量——俱乐部的规模。一方面，俱乐部每增加一个成员可以减少其他成员分摊的公共物品成本；但另一方面，由于新增消费者所带来的拥挤效应，可能导致其他俱乐部成员消费公共物品带来的收益下降。这两个相反的"力量"最终决定了俱乐部的规模。

1. 固定使用次数

假设俱乐部中的消费者们所面临的效用函数相同，为：

$$u(x,G,n) \tag{5-24}$$

其中 x 表示私人消费品，G 表示俱乐部公共物品，n 表示俱乐部的规模。并且假设：

$$\frac{\partial u(x,G,n)}{\partial x} > 0; \frac{\partial u(x,G,n)}{\partial G} > 0; \frac{\partial u(x,G,n)}{\partial n} < 0 \tag{5-25}$$

（5-25）式表明，随着私人消费品和公共物品的增加，消费者的效用水平是递增的；相反，随着俱乐部人数的增加，消费者的效用水平是递减的，这就体现了拥挤效应。假设公共物品的成本函数为 $C(G)$，每个消费者的收入水平均为 M，公共物品的成本在俱乐部消费者中均摊。由此可以知道，消费者的预算为：

$$M = \frac{C(G)}{n} + x \tag{5-26}$$

根据上述模型假设，消费者面临的问题可以归纳为：

$$\max_{G,n} u\left[M - \frac{C(G)}{n}, G, n\right]$$

上述问题的一阶条件为：

$$-u_x \frac{C'(G)}{n} + u_G = 0$$

$$\frac{C(G)}{n^2} u_x + u_n = 0$$

其中 u_x、u_G 和 u_n 分别表示效用函数对私人消费品、公共物品和俱乐部人数求偏导数。对上述两个一阶条件进行变化，我们可以得到：

95

$$\underbrace{C'(G)}_{MRT} = n\frac{u_G}{\underbrace{u_x}_{\sum MRS_{G,x}}} \qquad (5-27a)$$

$$-\frac{C(G)}{n^2} = \frac{u_n}{\underbrace{u_x}_{MRS_{n,x}}} \qquad (5-27b)$$

通过观察关于公共物品的一阶条件（5-27a），我们发现，这个一阶条件本质上等价于萨缪尔森条件，方程的左边是公共物品和私人物品的边际转换率MRT，右边是所有消费者公共物品和私人物品的边际替代率的加总$\sum MRS_{G,x}$。这个条件的重要意义在于俱乐部内部决策必须满足效率条件，俱乐部能够排除非会员消费俱乐部的公共物品，进而保证对内部成员的公共物品达到最优供给水平。观察（5-27b），我们可以发现等式的右边是俱乐部人数和私人消费品之间的边际替代率，且当n趋于无穷大的时候，等式左边趋近于0，此时表明，俱乐部人数和私人消费品之间的边际替代率趋近于0，即增加一个俱乐部成员所带来的消费者效用的变化几乎为零，此时的俱乐部规模无穷大，公共物品就变成一般性公共物品而非俱乐部公共物品。

综上可知，在固定使用次数的条件下，俱乐部对公共物品的供给可以实现最优配置，满足萨缪尔森条件。下面我们进一步放松假定，讨论使用次数可变的情况。

2. 可变使用次数

同样假设俱乐部成员的效用函数和收入水平是相同的：

$$U(x,G,v,V) \qquad (5-28)$$

同样的，x、G、v和V分别表示私人消费品、公共物品、每个俱乐部成员消费公共物品的次数和公共物品消费的总次数，即$V = nv$。（5-28）式满足：

$$\frac{\partial U}{\partial x} > 0; \frac{\partial U}{\partial G} > 0; \frac{\partial U}{\partial v} > 0; \frac{\partial U}{\partial V} < 0$$

消费者的约束条件可以写为：

$$M = \frac{C(G,V)}{n} + x \qquad (5-29)$$

其中$C(G,V)$是公共物品的成本函数，也就是说，公共物品的成本取决于

第五章　中国村庄公共物品的理论分析框架

两个变量，一个是公共物品的规模 G，另一个是使用公共物品的总次数 V。消费者面临的问题可以归纳为，在（5-29）式条件下最大化（5-28）式：

$$\max_{G,v,n} U\left[M - \frac{C(G,nv)}{n}, G, v, nv\right]$$

上述问题的一阶条件为：

$$-\frac{C_G}{n}U_x + U_G = 0$$

$$-C_V U_x + U_v + nU_V = 0$$

$$-\frac{nvC_V - C}{n^2}U_x + vU_V = 0$$

整理上面的条件，可以得到：

$$C_G = n\frac{U_G}{U_x} \qquad (5-30a)$$

$$v\frac{U_V}{U_x} = \frac{vC_V}{n} - \frac{C}{n^2} \qquad (5-30b)$$

$$\frac{U_v}{U_x} = C_V - n\frac{U_V}{U_x} \qquad (5-30c)$$

（5-30a）式的右边同样表示俱乐部中所有人的公共物品和私人消费品的边际替代率的加总等于公共物品和私人消费品的边际转换率，这和标准的萨缪尔森条件相对应；（5-30b）式对应的是俱乐部人数的一阶最优条件，方程的左边表示增加一个俱乐部成员带来的公共物品总消费次数和私人消费品的边际替代率，右边表示增加一个俱乐部成员带来的公共物品边际成本；（5-30c）式表示增加一次消费的边际收益等于公共物品的边际维护成本 C_V 再减去多增加一次使用对其他俱乐部成员所带来的拥挤成本 $n \cdot U_V/U_x$。

上面的模型有三个需要决定的变量，分别是公共物品的供给规模 G，俱乐部的规模 n 和每一个人的使用次数 v。在最优决策条件下，俱乐部内部可以实现公共物品最优供给，即满足萨缪尔森条件。然而，上述模型对公共物品的筹资是一次性的、均摊的，而不是对俱乐部成员的每一次公共物品消费进行收费。这可能会引发下面的问题：当俱乐部根据（5-30a）至（5-30c）式确定了公共物品的最优规模、俱乐部的最优规模和每个成员的使用次数，然而当俱乐部开始正式运营时，可能存在消费者过度使用公共物品的情况。

给定公共物品最优规模为 G^*，俱乐部的最优成员数为 n^*，其余俱乐部成员的行为满足（5-30a）-（5-30c）条件，即每个成员的使用次数为 v^*。此时，我们考虑其中一个俱乐部成员 i 的最优选择：

$$\max_{v_i} U\left(M - \frac{C(G^*, n^*v^*)}{n^*}, G^*, v_i, (G^*, (n^*-1)v^* + v_i)\right)$$

上面问题的一阶条件为：

$$U_v + U_V = 0$$

整理上面的条件，可以得到：

$$U_v = -U_V \tag{5-31}$$

为了对比（5-31）式和（5-30c）式，我们将（5-30c）式变形，可以得到：

$$U_v = U_x C_V - nU_V \tag{5-32}$$

通过对比，我们可以知道，（5-32）式的右边大于（5-31）式的右边，这说明消费者 i 不会严格按照俱乐部设计之初的公共物品消费计划来消费，消费者的实际消费次数会超过 v^*。

这就会带来新的问题，即俱乐部的最优决策在上述条件下不成立，因为私人会在实际消费中过度消费公共物品。为了解决这个问题，我们可以考虑对俱乐部成员的每次消费征收一定的费用。

3. 两部类收费

假设消费者的效用函数依然满足（5-28）式，预算约束变为：

$$M = x + F + pv \tag{5-33}$$

上面式子中的 F 表示公共物品的固定投入，p 表示每次使用公共物品所需要支付的费用。公共物品预算约束可以表示为：

$$nF + npv = C(G, nv) \tag{5-34}$$

消费者面临的问题，可以归纳为：

$$\max_{x, G, v, n, p, F} U(x, G, v, V)$$
$$s.t. \quad M = x + F + pv$$

第五章　中国村庄公共物品的理论分析框架

$$nF + npv = C(G, nv)$$

将第一个约束条件代入目标函数，并构建拉格朗日函数，可以得到：

$$L = U(M - F - pv, G, v, nv) + \lambda[nF + npv - C(G, nv)]$$

由一阶条件可以得到：

$$F: \frac{\partial L}{\partial F} = -U_x + \lambda n = 0$$

$$G: \frac{\partial L}{\partial G} = U_G - \lambda C_G = 0$$

$$v: \frac{\partial L}{\partial v} = -pU_x + U_v + nU_V + n\lambda(p - C_V) = 0$$

$$n: \frac{\partial L}{\partial n} = vU_V + \lambda(F + pv - vC_V) = 0$$

整理上面的一阶条件，可以得到：

$$F: C_G = nU_G/U_x \tag{5-35a}$$

$$v: U_v = pU_x - nU_V - n\frac{U_G}{C_G}(p - C_V) = -nU_V + C_V U_x \tag{5-35b}$$

$$n: -vU_V = \frac{U_G}{C_G}(F + pv - vC_V) \tag{5-35c}$$

观察（5-35）式，（5-35a）式同样对应萨缪尔森条件，方程左边是公共物品和私人消费品的边际转换率，方程右边表示所有俱乐部成员公共物品和私人物品的边际替代率的加总；（5-35b）表示私人使用次数的最优条件，方程的左边表示每个消费者对增加一次公共物品的使用的边际效用，方程的右边表示多增加一次公共物品的使用所带来的成本，$-nU_V$ 表示拥挤效应，$C_V U_x$ 表示因多增加一次公共物品的消费所需要支付的费用而减少的私人消费所带来的边际效用；（5-35c）式是俱乐部规模 n 的决定方程，方程的左边代表了增加一个俱乐部成员所带来的成本的损失，方程的右边表示增加一个俱乐部成员所带来的边际收益，观察式子 $F + pv - vC_V$，表示多增加一个俱乐部成员，公共物品融资和可变维修成本的差异，$F + pv$ 表示多增加一个俱乐部成员时公共物品的融资金额的增加幅度，vC_V 表示由于多增加一个俱乐部成员对公共物品的消费量增加带来的公共物品维修成本的增加。$\dfrac{F + pv - vC_V}{C_G}$ 表示多增加一个俱乐部成员带来的公共物品增加的边际量。

通过上面的模型，我们了解到，为了避免消费者对公共物品的过度消费，俱乐部公共物品可以使用两部类收费方式来供给。

（三）地区性公共物品和财政分权——Tiebout 模型

Tiebout 所提出的模型[①]和之前萨缪尔森、林达尔等所提出的模型在思路上有很大的差异，在学界 Tiebout 模型又被称为"用脚投票"模型。Tiebout 模型有严格的前提假定：①消费者能够充分流动，并且流动成本为零；②消费者能够清晰地了解到每个地区的税收政策，支出结构等信息；③一个国家中有很多个地区可以供消费者选择；④不考虑就业问题，所有人都可以依靠固定的租金收入来维持生活；⑤每一个地区所提供的公共物品不存在外部性，即其他地区无法"搭便车"[②]；⑥每一个地区由一个管理者根据该地区住户的偏好设定，且对每个地区的公共物品来说，都存在一个最优的地区规模，这个规模被定义为能够以最小平均成本提供公共物品的居民数量。Tiebout 模型基于上述严格的假定，可以得到较为明确的结论，即：在上述假设条件下，公共物品将得到最优配置，而且每一个消费者还能够实现自己效用的最大化。

在此，我们需要强调 Tiebout 模型和财政分权理论之间的关联，本质上 Tiebout 模型是关于地方公共物品供给的理论，但是地方性公共物品的供给往往和财政分权的概念息息相关。财政分权理论可以根据其理论发展分为两个阶段，第一阶段的财政分权理论基于 Hayek[③] 和 Oates[④]，上述两篇文献认为正是由于地方政府更加贴近地区居民的生活生产，从而能够更加准确地了解地区居民对公共物品的偏好，因而实行财政分权能够提高公共物品的供给效率，有利

---

① Tiebout C. M., "A Pure Theory of Loval Expenditures", *Journal of Political Economy*, Vol. 64, No. 5 (1965): 416-424; "The Political Economy of Government Responsiveness: Theory and Evidence from India", *The Quarterly Journal of Economics*, Vol. 117, No. 4 (2002): 1415-51.

② 这个里的"外部性"主要是指某地区的公共物品不存在外溢效果，即其他周边地区无法无偿地消费该地区政府所提供的公共物品。

③ Heyek, Friedrich A., "The Use of Knowledge in Society", *The American Economic Review*, 1945 (4).

④ Oates, Wallace E., "The Effects of Property Taxes and Local Public Spending on Property Values: A Reply and Yet Further Results," *Journal of Political Economy* (University of Chicago Press) Vol. 81, No. 4 (1973): 1004-1008.

于实现公共物品的最优供给,这被称为"第一代财政分权理论"。第二阶段的财政分权理论认为第一代财政分权理论的前提假设与现实存在明显的差异,第一代财政分权理论假设地方政府是一个仁慈且高效的政府,而第二代财政分权理论认为政府与政府官员是自私的经济人,由此第二代财政分权理论是从激励的角度来分析财政分权的合理性,该理论从政府治理视角出发,认为财政分权在一定的条件下能够使地方政府具有市场经济的激励和约束机制。在很大程度上,第二代财政分权理论的现实基础是中国市场化改革中发生的财政分权体制变迁。很多学者将 Tiebout 模型归为第一代财政分权理论,在此我们不讨论这样的划分是否合适,以及划分的标准是什么。我们仅强调 Tiebout 模型的前提假设与其结论之间存在着非常强烈的关联,且主要有两个条件难以满足,第一个是消费者可以自由流动,并且流动成本为零;第二个是消费者能够清晰地知道地方政府的税收政策和支出结构等。在上述两个条件都无法满足的前提下,Tiebout 模型的结论是不成立的。尤其针对我们研究的主题——中国村庄公共物品供给。众所周知,中国实行严格的户籍制度,虽然在近些年该制度有所松动,但是长期以来,城镇户口和农村户口在方方面面都对消费者具有重要的影响。中国的农民想轻松获得城市户口是不容易的,拥有城市户口的人想返回农村重新获得农业户口并且获得农业用地和宅基地也是很困难的,这就使得 Tiebout 模型并不适用于中国村庄公共物品供给的研究。

(四)小结

上文主要总结了公共经济学中关于公共物品供给的一般性理论。通过总结,我们可以知道:①经典的公共物品最优供给理论主要是萨缪尔森最优公共物品供给法则——经济体中消费者的公共物品和私人消费品的边际替代率的加总等于公共物品和私人消费品的边际转换率;②虽然在理论中我们能够明确萨缪尔森条件,但是现实中缺乏相应的制度设计来实现公共物品的最优供给;③俱乐部公共物品的供给和纯公共物品的供给没有本质上的差别,只是多增加了有关俱乐部规模、消费次数等的一些限定性条件;④虽然 Tiebout 模型对地区性公共物品供给的制度设计有一些启示,但是现实中 Tiebout 模型的前提条件很难满足。

中国村庄公共物品的供给很难用经典的公共物品供给理论来解释,依据经典理论设计出来的公共物品供给模式要么难以在现实中实现,例如:林达尔均衡、民主投票等；要么就是经典理论的前提假设主要根据西方国家的经济社会特点来设定，而中国的经济社会情况和西方国家有显著的区别，且中国农村的经济社会背景更为特殊。

三 中国村庄公共物品的特征

（一）中国村庄公共物品和经典教科书中的公共物品的差别

经典教科书中的公共物品就像前文定义的那样，包括具备非竞争性和非排他性的纯公共物品以及具备非竞争性和排他性的俱乐部公共物品等。中国村庄公共物品是指在村庄内部的具备非竞争性和非排他性的物品。从定义上来看，除了使用公共物品的范围存在一定的限制之外，其他的内容和普通教科书定义的公共物品几乎没有差异。但是从公共物品的供给模式上来看，两者存在显著的差别。

1.经典教科书中所讨论的公共物品筹资主要来自税收，而中国村庄公共物品筹资主要取决于村民自主筹资筹劳

经典教科书中所定义的公共物品的筹资来源主要是税收，而中国村庄公共物品的筹资来源很大程度上不是税收。在中国农村税费改革之前，中国农村的公共物品筹资来源主要是"费"和"两工"[①]。在农村税费改革之后，除了农业税之外，村集体无权对农民征收其他税费。在农业税废除之后，从事传统农业生产活动的农民几乎不用承担税费。在农村税费改革之前，农民的税负较重，但在一定程度上保障了村庄公共物品供给的筹资，在农村税费改革之后，村庄公共物品的筹资渠道消失了，村集体也没有法律和政策依据向农民收钱，村庄公共物品的供给难以有效保障。为了解决这个问题，首先在中国部分农村中试行了"一事一议"筹资筹劳模式，随后中央将该项制度推广到全国，但

---

① 其中"费"主要是指村提留中的"三提五统"中的部分资金，"三提五统"是指农户交给村集体的三种提留资金和五种统筹资金，提留费用包括公益金、公积金和行政费，五统包括教育附加费、计划生育费、民兵训练费、乡村道路建设费和优抚费。农民除了缴纳农业税以及上面所提及的村级收费和乡统筹等，还需要"出工"。所谓的"两工"主要是指农村义务工和劳动积累工，农村义务工是指乡镇人民政府组织在农村进行植树造林、防汛、修公路等公益事业时，要求农民无偿提供的劳动力；劳动积累工是指乡镇政府在组织农村农田水利基本建设等时，要求农民无偿承担的劳务，是村集体经济的一种主要积累形式。

第五章 中国村庄公共物品的理论分析框架

是该项制度的实际运行效果并不好,很多村庄几乎没有实行过"一事一议"制度,为此中央政府进一步出台"一事一议、财政奖补"的政策以提高中国村庄公共物品的供给。从上述简短的介绍可以知道,在农村税费改革之后,中国村庄公共物品供给的筹资模式发生了很大的改变,主要以一事一议为主,这就和经典的公共物品供给理论在筹资模式上产生了很大的差异。本质上,税收具备无偿性、固定性和强制性。而在农村税费改革之后,中国村庄的公共物品的筹资来源并非税收,其主要来源于两个渠道:一个渠道是上级拨的转移支付,另外一个渠道是村民自主筹资筹劳,但是上级的转移支付在很大程度上依赖于村民自主筹资筹劳完成情况。[①] 因此农村税费改革之后,中国村庄的公共物品的筹资来源并不像税收那样具备无偿性、固定性和强制性。

2. 经典教科书中所讨论的公共物品供给主体主要是政府,而中国村庄公共物品供给主体是村集体

经典教科书中讨论的公共物品供给主体主要是政府(包括中央政府和地方政府),但是中国村庄公共物品供给的主体却是村集体。村集体在经济学体系中,很难找到一个准确的定义。村集体在权利主体上主要是指"村两委"——村民自治委员会和村中国共产党支部委员会,前者简称为"村委会",后者简称为"村支部"。从功能上来分,村支部主要是宣传中国共产党的政策、帮助党的路线方针在基层的落实、带领村民致富。而村委会是村民民主选举的自治组织,目的也是带领广大村民致富,以及协助乡镇政府的工作。从上面关于村委会的定义可以看出,村委会并不是政府职能部门或下设的分支部门,也就意味着没有政府部门所拥有和赋予的执法权。虽然中央政府关于村委会的选举有明确的法律条文,但是村委会的选举在实际运行中也表现出自己的特点。首先,村委会的选举必须在上级党委和政府的指导下进行;其次,村委会和村支部的职能看似有区分,实际在运行中却存在一定的重叠。这就导致村委会的任务目标会随着外部的形式变化而变化。

从功能上看,我们可以将村委会看作上级政府和基层民意之间的"润滑

[①] 从实践运行来看,转移支付和村民自主筹资是并存的,但是在很大程度上,上级转移支付依赖于村民自主筹资,从"一事一议,财政奖补"政策的具体条文来看,上级政府首先要求村庄召开村民大会或村民代表大会,商讨公共物品供给事项,并且确定筹资筹劳额度和方案,只有村民大会和村民代表大会表决通过,村民筹资金额缴纳到财政的指定账户之后,上级划拨的转移支付才会到位,并开始实行。

剂"。这项制度是为了弥补改革开放之后，政府权力逐渐退出村庄治理，导致村庄层面的治理出现的空缺。随着改革开放，农村逐步实行了"海选"之后，村委会在一定程度上考虑村民的意见，但并非任何事情都会根据村民的意见办理。这是因为尽管村委会在形式上是按照选举的办法产生的，但是乡镇政府可以在很大程度上影响村委会，尤其是主要村干部的选举。这在逻辑上是容易理解的。改革开放到农村税费改革期间，乡镇政府不仅需要承担农业税、农业特产税征收的任务，还需要完成计划生育等治理目标。除此之外，在1994年分税制改革之后，基层财力缺口不断扩大，地方政府为了能够筹集到更多的财政资金，不得不给乡镇政府下达更多的财政资金征收任务。如果乡镇政府完全不干预村委会的选举和村干部的产生，当上级政府的目标和村民的意见产生冲突的时候，乡镇政府就无法通过村委会完成上级政府下达的任务目标。中国的村庄是典型的熟人和半熟人社会，很多村庄内部的家庭相互之间有联姻关系。村干部如果执行了和村民意见相左的政策，该名干部的家人必然会受到村庄舆论的压力，干部自身也会面临较大的压力。除此之外，一般具备一定能力并拥有一定文化基础的人才能担任村干部，在劳动力流动的条件下，担任村干部就意味着放弃了外出务工的很多机会，这可能造成其自身收入损失。为此，作为理性人的村干部也会通过工作为自己"捞好处"，例如肆意增加农民税费负担来增加自己的收入，在农业土地划分中"占便宜"等①。这进一步加深了村民的不满意程度。中国实行农村税费改革在很大程度上源于上述原因。

在农村税费改革之前，村集体对农民进行摊派和征费不仅有政策依据而且有上级乡镇政府的支持。在农村税费改革之后，村集体没有了向农民摊派的权利，此时村庄公共物品的供给就没有了稳定的资金来源。为此，中央出台了"一事一议"政策，为村庄公共物品的供给提供了政策依据。虽然"一事一议"在具体执行过程中有严格的政策规定，必须召开村民大会或村民代表大会进行投票表决，"一事一议"的议案获得了超过一定比例②农户的支持即可施行，但实际上政策依然很难落地。这是因为村集体没有执法权，赞成

---

① 在现实中，村干部所拥有的农业用地往往会比普通村民好一些，宅基地也可能会超过村庄的平均值。
② 很多地方对"一事一议"的赞成票占比有不同的规定，绝大多数地区要求赞成票超过50%，而有的地区则要求赞成票超过70%。

第五章　中国村庄公共物品的理论分析框架

"一事一议"的村民愿意筹资筹劳，但是投反对票的农户却不愿意筹资筹劳，而村干部没有行之有效的手段约束不愿筹资筹劳的农户。除了利用乡规民约约束村民的行为之外，很大程度上村干部没有切实可行的办法让反对"一事一议"议案的村民筹资筹劳，也就无法开展后续的公共物品建设工作，进而导致村庄公共物品供给水平下降。[①] 单纯的"一事一议"制度无法成为村庄公共物品供给的有效制度，中央不得不进一步出台"一事一议、财政奖补"政策，促进村庄公共物品的供给。然而，"一事一议、财政奖补"制度虽然在一定程度上提高了村庄公共物品的供给水平，但从实际调研的情况来看，该项制度也存在一定的弊端。问题的根源还是在村委会选举上，甚至可以说集中在村委会主任身上。我们在云南大理地区的调研中有村组干部反映，新上任的村委会主任家庭富裕，之前长期不在村庄中生活，自己有公司，生意做得不错，家庭的总资产超过千万元。虽然我们调研的大理地区接近旅游景点，村民收入普遍较高，但是村委会主任的收入远远超过了普通村民收入的平均值。通过进一步的询问，有部分村民反映，该村委会主任在选举过程中存在贿选的情况，而且村民担心村委会主任在上任之后可能动用集体性资产和集体土地为自己谋取利益。除了这个典型案例之外，我们也发现在云南丽江地区的村庄中，很多村主任在没有任职之前都是在外打工或自己做生意，其收入远远高于村委会主任的补贴，甚至有的村主任在没有任职之前打工的收入是村委会主任补贴的10倍以上。从经济学的角度来看，这很难解释。我们不否认有部分村委会主任的确是本着想为村民谋福利，努力建设家乡的目的而参加竞选的。但是在我们的调研中，也有部分村民反映了村组干部通过实施"一事一议、财政奖补"项目获得上级政府财政资金补贴，然后让熟人承担工程项目，自己从中吃回扣的情况。[②] 这同样可能导致公共物品供给低效率，而且这样的行为隐蔽性很高，很难发现。在我们的访谈中，有部分乡镇干部也反映对很多村委会主任的贪污行为有所耳闻，但是苦于很多此

---

① 我们在云南大理地区的实际调研中，很多村干部反映不仅存在反对"一事一议"的村民不愿意筹资筹劳的情况，甚至有村民连村民大会都不愿意参加的现象，最终村集体不得不以发钱的方式让村民准时参加村民代表大会。

② 云南省规定，项目超过50万元必须通过政府招标平台来招投标，但村庄中很多"一事一议、财政奖补"项目的金额都没有超过50万元，此外很多项目是可以拆分的，因此很容易将项目的总金额调整至50万元以下。

类信息都是在村民闲谈时透露出来的，当要求村民正式反映村委会主任的问题时，村民都表示拒绝，并且很多从村民闲谈中透露出来的问题，很难查实。

（二）与公共物品供给相关的中国村庄特点

1. 中国村庄是熟人和半熟人社会

众所周知，中国村庄属于熟人和半熟人的社会。很多村庄都是由一个大家族或某几个大家族构成的，这意味着村庄中的绝大部分村民是相互了解的。这对公共物品供给有有益的一方面，却也可能导致公共物品供给偏离最优水平。从有益的方面来说，村庄中的村民相互较为熟悉，可以构成有效的舆论环境，村规民约的执行度较高，"一事一议"议案通过之后，对议案投反对票的村民可能迫于村庄内的舆论压力不得不按照议案执行，这可以有效地促进公共物品的供给。除此之外，由于村民之间相互了解，在筹资筹劳的过程中能够相对充分地了解到各农户的收入和家庭情况，更有利于"一事一议"方案的实施。从有害的方面来说，村庄中如果存在不止一个的大姓家族，不同家族对公共物品的偏好可能存在差异，大家族之间的相互冲突可能导致公共物品无法有效供给。而且同一个村庄的农户相互了解，更有可能在内部形成不同的小团体，以抵制"一事一议"筹资筹劳方案的实施。所以中国村庄的熟人和半熟人社会性质对公共物品的影响并不是纯粹的正向或反向影响，而是需要根据具体问题做具体的分析。

2. 城市化背景下村民对村庄的认同在逐渐弱化

中国具备典型的二元经济形态。城市化的过程必然伴随着大量劳动力从农村转移到城市中，很多农业人口由于各种各样的原因获得城市户口，并脱离农村和农业生产，居住在城市中。除此之外，大量的农民进城打工，往往只有过年过节才返回农村，大部分时间居住在城市中。在城市化背景下，村民对村庄的认同在逐步地弱化，这会导致村民对村庄公共物品供给的关心程度不断下降，进而导致村庄公共物品供给水平的下降。

在我们调研的过程中，一个突出的现象是，如果长期在外打工的人都有未来返乡的坚定信念，村民对村庄认同度越高，公共物品供给的水平也越高，村民的满意度也越高。若这些外出的打工人群对村庄公共物品是关心的，会有意愿积极参与村民代表大会和村民大会，即便自己无法及时返乡参加，也会通知家人积极参与。一个典型的例子出现在课题组对西双版纳 MH 县 MH 镇傣族村寨的调研中，我们向村委会和村民询问外出务工的村民返乡的比例高不高？绝大多数的答案是村寨中外出务工的村民绝大多数会回来，这个比例超过 95%，甚至有的村委会主任直接告诉我们，他们一定会回来的。随后，村委会主任解释道，傣族村寨子里面的年轻男性主要是参军入伍或者一般在高中毕业或初中毕业之后就进城打工，20 多岁的时候，学到了一定的技术，就会回到村庄中务农，结婚生子组建家庭。然而，我们在云南丽江 YS 县 PJ 镇部分村庄的调研中发现，外出务工的村民如果没有返乡的预期，那他们对村庄中公共物品的供给也不会过多关心，并且还存在恶性循环，即外出务工的年轻人没有返乡的打算，导致村庄公共物品供给水平下降，进一步造成农村收入和城市工资之间的差距加大，外出务工的年轻人不返乡的信念更加强烈。

城市化进程在很大程度上影响了村民对村庄的认同度，城市工业部门和服务业部门的工资水平和农村收入之间的差距越大，村民越有可能离开村庄到城市中去生活，并逐渐失去对村庄的认同感。与此同时，村民渐渐地不再关注村庄中的各项事务，村庄公共物品供给水平也逐渐下降，村民在村庄中居住所获得的福利和在城市打工相比差距也越来越大，引发"恶性循环"。这也是现在很多农村出现"空巢村"现象的一个重要原因。

3. 中国村庄的治理存在较大的差异

中国人口众多，土地广袤，各地的地理和人文环境有很大的差异，不同地区的村庄治理情况也各有不同。有部分地区的村民对村干部的信任程度较高，而也有部分地区的村民对村干部的信任程度非常低。① 有部分地区的村干部为了整个村庄的利益牺牲了个人的财产和土地，而有的村干部却为了自己的利益

---

① 我们在西双版纳 MH 县 MH 镇调研时发现，MH 镇中一个村庄的前任村干部深得广大村民的信任，为了发展经济，该村干部提议将村民的农业用地全部划归集体，进行统一化的平整处理，并统一新修灌溉设施，等上述土地平整和灌溉设施建设完毕之后，再重新划分土地，分给村民。这可能导致村民之前所占有的土地和重新分配的土地肥沃程度、面积等发生变化，但是在我们对村民的访谈中发现，村民对这位前任的村委会干部非常信任，几乎没有村民反映对重新分配所获得的土地不满意，即便土地面积发生了部分的变动，村民也表示理解。这在河南的农村是难以想象的，我们在河南漯河市临颍县的农村调研发现，村民为了抢占土地经常发生冲突，很多公共用地，例如田埂等，随着时间的推移被村民强行占有，最终导致行人无法通过。

得罪了大部分村民。①

4. 村庄公共物品和村庄集体性资产有较大的关系

我们在调研中发现，村庄公共物品和村庄集体性资产有很强的关联性。在改革开放之后，我国农村普遍实行了家庭联产承包责任制，有些地方实行得很彻底，村庄集体性土地全部承包给了农户，不过也有些地方的村集体还保留了部分土地，这部分保留的土地主要用于调剂未来婚丧嫁娶所带来的村庄务农人口的变动。然而，随着市场经济的不断发展，城市扩张对土地的需求越来越大，此外农作物的品种也逐渐增加，土地的价值逐渐上涨。这就导致曾经保留了部分集体所有制用地的村庄拥有相对较多的集体性收入，而农村家庭联产承包责任制实行比较彻底的村集体则丧失了通过土地换取集体性收入的机会。我们在云南大理地区调研 DM 村时，发现在农村联产承包责任制改革的时候，考虑到未来人口增加，宅基地和农地需要调整，该村委会便保留了一部分集体土地，后来有一部分集体性土地被承包给了农户，剩余的那部分便作为村集体的集体性资产保留了下来。而后随着当地旅游业的发展，该村庄的一部分被划入大理古城并在其保留的集体性土地上建设了一个市场和一个停车场。近年来，这两项资产的租金收入接近 3000 万元，村庄中的公共物品几乎不需要村民筹资筹劳，村集体几乎可以完全负担公共物品的供给。一个典型的例子就是，村子中的完小就是由村集体完全出资修建的。然而，大理地区的另外一个 SS 村的情况就不容乐观，SS 村位于半山区，大理的旅游开发地区离该村庄较远，村委会主任反映，正常的村组干部补贴都需要完全依赖上级拨款，村集体几乎没有收入，这样的村庄也被称为"空壳村"。该村庄在改革开放之初的家庭联产承包责任制做得比较彻底，所有的土地都承包给了农户。为了解决村集体收

---

① 我们在西双版纳 MH 县 MH 镇 MH 村委会调研时，村民反映了村委会主任玉坎 MH 镇水渠重修时，为了整个镇和其他村庄的利益，自动放弃了自家 18 亩水田的事情。MH 镇离边境接近 60 公里，镇中心是一块平整的"坝田"，傣文"西双版纳"的含义是"十二个平整的坝子"，MH 坝子就属于这十二个平整坝子中的一个。在 MH 坝子中有一条水渠穿过整个坝子，但由于农民常年耕作，不断扩大耕种面积，将土填入水渠，导致水渠宽度变窄，因而在雨季时水渠中的水会漫出来，淹没部分农田和镇中心的农贸市场。为了妥善地解决这个问题，镇党委和镇政府找附近的村组干部谈话，希望村民退让土地，改造拓宽水渠，这必定要占用农户的农业用地。为了贯彻镇党委和镇政府的政策，同时做好整个村庄内村民的思想工作，村委会主任自动放弃了自家 18 亩水田，重新调整了村庄内部的土地，确保其他农户的农地面积不减少，这在当地传为一段佳话。

入欠缺的问题，上级政府不得不主动出资给当地的融资平台和企业，每年的投资收益由村庄获得并用于补充集体收入缺口，当地政府要求该村庄要努力发展集体经济，在未来一段时间中赎回政府的投资款。

除此之外，还有一个因素决定了村庄集体性收入——社队企业，在中国市场化改革初期，除了有很多曾经的社会企业保留了下来，村庄也兴办了一些集体性企业，虽然绝大部分集体性企业最终要么倒闭，要么实行了产权改革，但是依然有部分村庄保留了集体性企业。这些集体性企业依然在创造市场价值，并且每年向村集体缴纳一定的资金，当村集体需要提供公共物品的时候，集体性企业就会主动出资赞助村集体。我们在河南漯河地区的农村调研时，访谈过XYP村委会主任，该村庄有一个粉条厂，曾经属于集体性企业，后来由于经营情况不善，便承包给了村里的一个农户，但每年该农户还会将企业的一部分收入缴纳给村集体。

5. 中国村庄公共物品供给的来源多样化

我们在实际调研中发现中国村庄公共物品供给的资金来源呈现多元化的特点。一般认为，村庄公共物品供给的资金主要来自上级政府的转移支付、农户筹资筹劳、集体性收入等。但是在实践中，情况并非如此，有时候上级政府并不一定提供资金，而是提供原材料，村民筹劳。我们在对云南省临沧市凤庆县凤山镇清水河村调研时，村主任向我们反映，村庄利用"一事一议"政策修进村公路时，上级乡镇政府无法提供足额的财政资金支持，于是就划拨了修路需要使用的砂子、水泥等材料，由村民筹资请外面的施工队修建了进村道路。除此之外，村庄在提供公共物品的时候，不仅可以派人去"游说"上级乡镇政府，争取资金支持，甚至还会游说村庄在外经商的农户捐款捐物。

6. 作为村庄公共物品供给主体的村集体没有执法权

在"一事一议"和"一事一议、财政奖补"政策的实行过程中，村集体没有执法权在很大程度上影响了村庄公共物品的有效供给。很多时候，正是由于村委会是村民自治组织，没有执法权，很多农户并不"买账"。在我们的实际调研过程中，村委会干部反映最多的困难就是很多村民不参加会议导致村民代表大会很难召开，但是在公共物品供给的流程中，明确规定村委会实行一事一议时需召开村民代表大会，并要提前向上级乡镇政府报备，此外参会的村民必须满足一定的比例，否则召开大会的投票结果就无效。即便不需要村民筹资筹劳，但只要是和自己无关或者关系不大的事情，村民也没有动力参加村民代

109

表大会。为此,很多村庄不得不对来参加村民代表大会的村民给予货币奖励,一般来说参加一次大会需要向每位村民支付20~50元不等。除此之外,在访谈中,很多村干部都反映,即便村庄中有超过半数甚至2/3的农户表决通过了某个"一事一议"项目,依然有部分村民拒不按照项目要求筹资筹劳。这主要是由于村委会不是政府部门,也无执法权,只能通过做思想工作,利用村庄内的舆论压力等方式催促农户按照一事一议项目方案缴纳筹资筹劳,可想而知,收效甚微,因此最后有的项目只能放弃,还有一些项目就只能增加村庄相对富裕农户的出资额。在整理访谈资料时,我们发现几乎所有成功的"一事一议"和"一事一议、财政奖补"项目的村民代表大会会议记录显示,参会的村民几乎100%同意方案,其中没有任何一个项目投赞成票的比例低于95%。这很可能意味着,无法获得绝大多数村民的同意,"一事一议"和"一事一议、财政奖补"项目方案根本就没有机会提交村民代表大会,在酝酿时就"流产"了。这就意味着,在现实中,很多"一事一议"和"一事一议、财政奖补"的方案几乎需要达到"一致同意"才会落地执行,这很可能导致村庄公共物品供给不足。而"一致同意"的潜在要求在很大程度上是村委会没有执法权,没有办法约束不同意方案的农户导致的。

四　中国村庄公共物品供给的分析框架

我们讨论的中国村庄公共物品供给的分析框架主要限定在"一事一议"和"一事一议、财政奖补"政策的背景下。我们认为理解农村税费改革之前村庄公共物品供给模式和机制是容易的。在农村税费改革之前,村庄公共物品的供给主要由村集体负责,而村集体不仅负责公共物品的供给,同时负责征收各项税费,公共物品的供给资金是有保障的。然而在农村税费改革之后,村庄公共物品的供给制度演变为"一事一议"和"一事一议、财政奖补",此时的村庄公共物品供给模式就需要进行细致的讨论。

(一)"一事一议"制度条件下公共物品配置模式

1. 模型的前提假设

给定消费者的效用函数满足(5-36a)式:

$$U(x,G) \tag{5-36a}$$

第五章　中国村庄公共物品的理论分析框架

和前面的模型一致，x 表示私人消费品，G 表示村庄公共物品。与此同时，我们还假设：

$$\frac{\partial U}{\partial x} > 0; \frac{\partial U}{\partial G} > 0; \frac{\partial^2 U}{\partial x^2} < 0; \frac{\partial^2 U}{\partial G^2} < 0; \frac{\partial^2 U}{\partial x \partial G} > 0 \qquad (5-36b)$$

在我们讨论的一般模型中，我们仅仅假设村庄公共物品是福利性的，即村庄公共物品只影响村民的福利水平，在随后的扩展模型中，我们再讨论村庄公共物品进入生产函数，内生化消费者的收入水平的情形。

为了刻画单纯"一事一议"制度，我们先介绍在现实中单纯"一事一议"制度的运行过程。在本质上，单纯"一事一议"制度看似和西方民主投票的理论类似，但是在实际运行过程中却有天壤之别。单纯"一事一议"制度要求部分村民或者村干部向村委会提交"一事一议"项目的申请，并且说明进行"一事一议"的必要性，随后村委会召开会议讨论并制定"一事一议"的项目预算。① 随后，村干部在村庄中广泛征求村民的意见，如果绝大多数村民觉得方案可行，也愿意筹资筹劳，最后才召开村民大会或村民代表大会。从上述过程来看，"一事一议"制度并不是一般模型刻画的一次性决定过程，而是多次磋商的过程，很多时候村委会设定的初步方案在征求意见过程中，会经历多次修改，而且村委会干部也需要多次向上级乡镇政府汇报寻求意见。在这个过程中，村民通过相互聊天走访并和村干部交流，逐渐能够了解到其他农户对"一事一议"方案的态度。本质上，这个过程和"中位数"投票理论所描述的过程是不同的，以博弈论的视角来看待决策过程可能更加适合。这也体现了中国村庄是熟人和半熟人的社会，村民之间相互了解，能够在召开村民代表大会之前统一部分村民的想法和意见。如果将模型设定为完全信息静态条件下的，那么模型的结果就回到了"中位数"投票的均衡结果。但是如果将模型设定为完全信息条件下的动态博弈，博弈的顺序就异常重要，不同的博弈顺序可能产生不同的结果。为此，我们在随后的过程中定义不同的博弈顺序，并且讨论不同的均衡状态。

2. 基本模型

假设消费者的预算约束满足：

---

① 在不同的地区，对村民"一事一议"筹资筹劳金额有明确的上限，金额不能超过一定的限制，否则上级乡镇政府不会批准。很多地区确定的金额是15元或20元。

$$M_i = x_i + g_i \qquad (5-37)$$

其中 M_i 同样表示农户 i 的收入水平，g_i 表示农户"一事一议"筹资筹劳金额①。为了分析方便，我们假设公共物品和私人消费品之间的边际转换率为1，公共物品的供给总量就为：

$$G = \sum_{i=1}^{n} g_i \qquad (5-38)$$

我们定义博弈的顺序：第一步，村委会收到村民提交的公共物品"一事一议"项目申请书之后就开始走访农户，初步确定公共物品供给规模之后，村委会开始起草"一事一议"项目筹资筹劳金额方案，并召开村民代表大会，对"一事一议"筹资筹劳方案进行表决；第二步，村民缴纳筹资金额，并筹劳以实施方案。

根据上面定义的博弈顺序，我们首先分析第一步，村委会收到村民提交的公共物品"一事一议"项目申请之后，开始走访农户，确定公共物品供给的规模。这个过程是村委会干部走访村民，主动询问村民理想的公共物品供给规模，农户根据自己的情况做出决策。我们将农户决策的问题概括为：

$$\max_{x_i, G} U(x_i, G)$$
$$s.t. \quad M_i = x_i + g_i$$
$$G = n \cdot g_i$$

上面问题的第二个约束条件的理论依据是：①"一事一议"制度不是根据家庭收入的比例来筹资筹劳的，而是实行均摊；②每个村民在决定公共物品规模的时候，并不会考虑其他人的决策，而只是按照"一事一议"均摊的原则判断公共物品的规模。

上述问题可以变为：

$$\max_{g_i} U(M_i - g_i, ng_i)$$

一阶条件为：

$$U_x = nU_G \qquad (5-39)$$

---

① 我们将筹劳转换为货币收入，这在现实中是合理的，关于"一事一议"的相关政策文件也要求将村民筹劳换算为货币。

其中 U_x 和 U_G 分别表示农户的效用水平对私人消费品 x 和公共物品 G 的偏导数。通过（5-39）式，我们能够清楚地了解到农户公共物品和私人消费品的边际替代率乘以村庄的总人数将等于公共物品和私人消费品之间的边际转换率。我们假设村委会在征求意见之后，是根据"中位数"投票原则确定"一事一议"筹资筹劳方案的。[①] 如果"中位数"农户的收入水平低于整个村庄的平均值，那么公共物品的供给规模势必低于最优供给水平（即满足萨缪尔森条件的公共物品供给水平）。如果村委会照顾绝大多数人的意见，这意味着决策的依据将不是"中位数"农户，而可能是30%或者20%分位数收入的农户，此时公共物品的供给水平将更低。我们对（5-39）式进行比较静态分析后是容易得到上述结论的。（5-39）式两边同时对消费者的收入 M_i 求偏导数，可以得到：

$$U_{xx}\left(1-\frac{\partial g_i}{\partial M_i}\right)+U_{xG}\cdot n\cdot\frac{\partial g_i}{\partial M_i}=nU_{Gx}\left(1-\frac{\partial g_i}{\partial M_i}\right)+U_{GG}\cdot n^2\cdot\frac{\partial g_i}{\partial M_i}$$

整理上面的方程，可以得到：

$$\frac{\partial g_i}{\partial M_i}=\frac{U_{xx}-nU_{Gx}}{U_{xx}-nU_{Gx}+U_{GG}\cdot n^2-U_{xG}\cdot n}$$

根据假设（5-36b）式，我们可以知道：

$$\frac{\partial g_i}{\partial M_i}>0$$

上式表明，收入水平越高的农户，对公共物品的需求越大。如果村委会不是根据中位数来确定"一事一议"筹资筹劳方案的，而是根据绝大多数农户的意见确定公共物品供给规模的，那么村庄公共物品的供给水平将更小。为了下一步分析方便，我们还是假设村委会根据"中位数"农户所确定的公共物品的规模来起草"一事一议"筹资筹劳方案。假设"中位数"农户确定的公共物品规模为 $g^m=g(M^m)$。由于村庄公共物品的供给规模获得了村庄绝大部分农户的同意，村民代表大会的结果是可以预料的——方案通过。

[①] 虽然这个假设看似和现实不相符，可能在现实中，村委会是根据绝大多数村民的意见来确定"一事一议"筹资筹劳方案的，所谓的绝大多数可能没有严格的标准，既不是50%，也不是60%或70%，但是始终有一个标准存在，即便这个标准不是50%，也不会影响我们的结论。

现在我们分析博弈的第二步，即村民大会或村民代表大会已经通过了"一事一议"筹资筹劳方案，现在到了村民实际出资出劳的时候。由于村委会不是政府行政部门，没有执法权，对于不同意"一事一议"筹资筹劳方案的农户而言，村委会没有权利强制收费和强制让农户出工。我们首先讨论不同意方案的农户不筹资筹劳的情况。当不同意方案的农户不筹资筹劳的时候，村庄公共物品的供给水平满足：

$$G^1 = \frac{n+1}{2} \cdot g^m \tag{5-40}$$

（5-40）式是给定所有收入大于等于中位数的农户都按照"一事一议"方案筹资筹劳时，公共物品的供给水平。显然：

$$G^1 < n \cdot g^m < n \cdot g^{mean}$$

由此可以得到下面的命题。

命题1：在村委会对农户筹资筹劳行为没有约束力的条件下，福利性公共物品的供给规模将低于"中位数"投票定理所确定的水平。

3. 基本扩展1——村集体对村民的违约行为具备一定约束力的情况

我们在基本模型的基础上放松村集体对村民的违约行为完全无约束力的前提假设，考虑村集体对村民的违约行为具备一定的约束力，这也相对较为符合中国现实。虽然村委会不能强制要求那些反对"一事一议"筹资筹劳方案的农户按照通过的方案筹资筹劳，但是村委会能够通过村庄的舆论和村规民约等对拒不执行"一事一议"筹资筹劳的农户进行一定的约束，增加农户的违约成本。假设农户违约的成本函数满足：

$$\Phi = \begin{cases} \Phi(g^m - g_i, a), & \text{如果 } g^m > g_i \\ 0, & \text{如果 } g^m \leq g_i \end{cases} \tag{5-41}$$

$\Phi_1 > 0$，$\Phi_{11} > 0$，$\Phi_2 > 0$，$\Phi_{22} > 0$，$\Phi_{12} > 0$①

上面（5-41）式的成本取决于两个因素，一个因素是"一事一议"方案确定的筹资筹劳金额 g^m 和农户实际筹资筹劳金额 g_i 的差距，该差距越大，农

---

① Φ_1、Φ_2、Φ_{11}、Φ_{22} 和 Φ_{12} 分别表示违约成本函数 Φ 对 $g^m - g_i$ 求一阶偏导数、对 a 求一阶偏导数、对 $g^m - g_i$ 求二阶偏导数、对 a 求二阶偏导数以及对 $g^m - g_i$ 和 a 求二阶连续偏导数。

户付出的违约成本越高;第二个因素是农户违约的惩罚力度 a,惩罚力度越大,违约成本越高。当农户筹资筹劳大于或等于"一事一议"方案所规定的筹资筹劳时,就不存在违约行为,此时的 $\Phi = 0$。为了方便分析,我们假设违约成本函数 Φ 在 $g^m = g_i$ 处连续,即满足:$\lim_{g_i \to g^m}\Phi(g^m - g_i) = 0$。

现在我们考虑收入低于中位数的农户的决策行为:

$$\max_{x_i,g_i} U(x_i, G) - \Phi(g^m - g_i, a)$$
$$s.t. \quad M_i = x_i + g_i$$
$$G = (n-1) \cdot g^m + g_i$$

上面的问题可以转化为:

$$\max_{g_i} U[M_i - g_i, (n-1) \cdot g^m + g_i] - \Phi(g^m - g_i, a)$$

上面问题的一阶条件为:

$$-U_x + U_G + \Phi' = 0 \qquad (5-42)$$

(5-42)式两边分别对收入 M_i 求偏导数,可以得到:

$$-U_{xx} \cdot \left(1 - \frac{\partial g_i}{\partial M_i}\right) - U_{xG} \cdot \frac{\partial g_i}{\partial M_i} + U_{Gx} \cdot \left(1 - \frac{\partial g_i}{\partial M_i}\right) + U_{GG} \cdot \frac{\partial g_i}{\partial M_i} - \Phi_{11} \cdot \frac{\partial g_i}{\partial M_i} = 0$$

整理上面的方程,可以得到:

$$\frac{\partial g_i}{\partial M_i} = \frac{U_{Gx} - U_{xx}}{\Phi_{11} - U_{GG} + 2U_{Gx} - U_{xx}} > 0 \qquad (5-43)$$

(5-43)式表明,即便是在有惩罚的条件下,收入越高的农户,对公共物品的需求也相对较高。

(5-42)式两边分别对 a 求偏导数,可以得到:

$$U_{xx}\frac{\partial g_i}{\partial a} - U_{xG}\frac{\partial g_i}{\partial a} - U_{Gx}\frac{\partial g_i}{\partial a} + U_{GG}\frac{\partial g_i}{\partial a} - \Phi_{11}\frac{\partial g_i}{\partial a} + \Phi_2 = 0$$

整理上面的式子,可以得到:

$$\frac{\partial g_i}{\partial a} = \frac{\Phi_2}{2U_{xG} - U_{xx} - U_{GG} + \Phi_{11}} > 0 \qquad (5-44)$$

(5-44)式子表明,惩罚的力度越大,公共物品供给水平将越高。根据(5-43)和(5-44)式,我们可以得到下面的命题。

命题2：在有违约惩罚的条件下，收入越高的农户，"一事一议"筹资筹劳的额度也越高；惩罚力度越大，农户"一事一议"筹资筹劳的额度越高，公共物品供给水平越高。

4. 基本扩展2——考虑捐赠的可能性

在基本模型中我们没有考虑到村民主动捐赠的行为，但是现实中，村庄公共物品的供给有很多时候存在捐赠的行为。在一个收入差距较大的村庄中，富裕人群很可能有捐赠的行为。这取决于捐赠对富人带来的边际效用是否能够超过根据"一事一议"筹资筹劳方案提供的公共物品供给水平。当然，还有可能存在"声望"的效果。我们在前文总结了中国村庄的特征，其中非常重要的一点就是，中国村庄是熟人和半熟人的社会。这意味着，在村庄中积累"声望"是有好处的，将提高农户的福利水平。在下面的模型中，我们首先考虑不存在"声望"时，农户是否可能存在捐赠的行为；其次我们再考虑存在"声望"条件下，农户的捐赠行为。

在不存在"声望"效果时，给定村民大会或村民代表大会确定的"一事一议"筹资筹劳方案要求每个农户缴纳 g^m。富裕人群所面临的问题归结为：

$$\max_{x_i, g_i} U(x_i, G)$$
$$s.t. \quad M_i = x_i + g_i$$
$$G = (n-1) \cdot g^m + g_i$$

上面的问题可以化简为：

$$\max_{g_i} U[M_i - g_i, (n-1) \cdot g^m + g_i]$$

上面问题的一阶条件为：

$$U_x[M_i - g_i, (n-1) \cdot g^m + g_i] = U_G[M_i - g_i, (n-1) \cdot g^m + g_i]$$

上面的等式决定了收入为 M_i 的农户"一事一议"筹资筹劳额度，并且该额度必须超过 g^m，即：

$$g_i = g_i(M_i) \geqslant g^m$$

然而，是否一定存在一个收入的临界值 M^r，当农户的收入超过该临界值时，必然存在捐赠行为？回答是肯定的。为了说明必然存在临界值 M^r，我们首先利用一阶条件两边同时对收入 M_i 求偏导数，可以得到：

$$U_{xx}\left(1-\frac{\partial g_i}{\partial M_i}\right)+U_{xG}\frac{\partial g_i}{\partial M_i}=U_{Gx}\left(1-\frac{\partial g_i}{\partial M_i}\right)+U_{GG}\frac{\partial g_i}{\partial M_i}$$

整理上面的方程,可以得到:

$$\frac{\partial g_i}{\partial M_i}=\frac{U_{xx}-U_{Gx}}{U_{xx}-2U_{Gx}+U_{GG}}>0$$

由此可见,g_i 是随着收入单调递增的,由此,必然存在一个临界值 M^r,收入水平超过该临界水平的农户,都会实行自主捐赠。

现在我们假设农户的捐赠行为能够提高其在村庄中的"声望",并提高自身福利水平。此时要进行捐赠的农户所面临的问题就变为:

$$\max_{x_i,g_i} U(x_i,G)+\Psi(g_i-g^m)$$
$$s.t.\quad M_i=x_i+g_i$$
$$G=(n-1)\cdot g^m+g_i$$

农户效用函数中的 Ψ 表示由于实现了捐赠行为,农户在村庄中的声望提高所带给农户的福利。并且我们假定:

$$\Psi'>0 \tag{5-45}$$

(5-45)式的含义表明,随着捐赠的增加,农户所获得的"声望"也越来越高。① 农户所面临的问题同样转换为:

$$\max_{g_i} U[M_i-g_i,(n-1)\cdot g^m+g_i]+\Psi(g_i-g^m)$$

一阶条件为:

$$-U_x+U_G+\Psi'=0 \tag{5-46}$$

二阶条件满足:

$$\frac{\partial U}{\partial g_i}=U_{xx}+U_{xG}-U_{Gx}+U_{GG}+\Psi''<0$$

那么必然有:

$$\Psi''+U_{xx}+U_{GG}<0 \tag{5-47}$$

---

① 在此,我们并没有对函数 Ψ 的二阶偏导数做任何的假定,原因在于无论 Ψ 的二阶偏导数是否大于 0,都不会影响我们的分析结论。

进而我们可以得到：

$$g_i^\Psi = g_i^\Psi(M_i) \geqslant g^m$$

为了和没有声望提高条件下的均衡 g_i 作区分，我们在式子上加上上标 Ψ 表示存在声望提高条件下的均衡值。同样的，我们可以利用（5-46）式两边对 M_i 求偏导数，得到：

$$-U_{xx}\left(1-\frac{\partial g_i}{\partial M_i}\right)-U_{xG}\frac{\partial g_i}{\partial M_i}+U_{Gx}\left(1-\frac{\partial g_i}{\partial M_i}\right)+U_{GG}\frac{\partial g_i}{\partial M_i}+\Psi''\frac{\partial g_i}{\partial M_i}=0$$

整理上面的式子，可以得到：

$$\frac{\partial g_i}{\partial M_i}=\frac{U_{xx}-U_{Gx}}{U_{xx}-2U_{xG}+U_{GG}+\Psi''}>0 \qquad (5-48)$$

（5-48）式同样意味着，在有声望提高的条件下，随着收入的不断增加，对公共物品的需求同样逐渐增加。① 根据中值定理，我们同样可以知道，必然存在一个收入的临界值，当农户的收入超过这个临界值的时候，必然出现捐赠，反之，则不会出现捐赠。

命题3：当收入超过一定的临界点的时候，农户就可能实行捐赠，即主动捐资供给公共物品，收入越高的农户，越有可能实行捐赠，且捐赠金额越大。无论捐赠行为是否存在声望提高，高收入的农户依然有捐赠的动机。

5. 基本扩展3——考虑生产性公共物品

前面的所有模型都只假设了公共物品是福利性的，没有考虑过生产性公共物品的情况。为此，我们重点考虑生产性公共物品的情况，观察前面的结论是否依然成立。

首先我们简单考虑公共物品只具备生产性的情况。假设消费者的效用函数为：

$$U(x) \qquad (5-49)$$

农户的效用水平只取决于私人消费水平。假设农户所拥有的生产要素禀赋为 A_i，所谓的生产要素既包括劳动力也包括土地耕种面积，农户的生产函数假设为：

---

① 判断（5-48）式的符号需要用到（5-47）式。

第五章　中国村庄公共物品的理论分析框架

$$M_i = F(A_i, P) \tag{5-50}$$

（5-50）式中的 P 表示生产性公共物品，农户的预算约束变为：

$$M_i - p_i = x_i \tag{5-51}$$

其中 p_i 表示农户对公共物品筹资筹劳的金额。村庄所有农户对公共物品筹资筹劳金额的总和为 P。首先我们考虑公共物品最优供给水平，给定计划者的问题为：

$$\max \sum_{i=1}^{n} U(x_i)$$
$$s.t.$$
$$\sum_{i=1}^{n} F(A_i, P) - P = \sum_{i=1}^{n} x_i$$

构建拉格朗日函数：

$$L = \sum_{i=1}^{n} U(x_i) + \lambda \left[\sum_{i=1}^{n} F(A_i, P) - P - \sum_{i=1}^{n} x_i \right]$$

一阶条件满足：

$$\frac{\partial L}{\partial x_i} = \frac{\partial U(x_i)}{\partial x_i} - \lambda = 0$$

$$\frac{\partial L}{\partial P} = \lambda \left[\sum_{i=1}^{n} \frac{\partial F(A_i, P)}{\partial P} - 1 \right] = 0$$

通过上面两个一阶条件，我们可以知道在最优条件下有：

$$\frac{\partial U(x_i)}{\partial x_i} = \frac{\partial U(x_j)}{\partial x_j} = \lambda \tag{5-52a}$$

$$\sum_{i=1}^{n} \frac{\partial F(A_i, P)}{\partial P} = 1 \tag{5-52b}$$

观察（5-52b）式我们可以知道，满足最优生产性公共物品供给的条件要求，公共物品对所有农户的边际产量等于公共物品生产的边际成本。[①] 在"一事一议"筹资筹劳条件下，公共物品的成本依然实行均摊的模式。根据

---

① 在我们设定的模型中，公共物品和私人消费品的交换价格为1，即一单位私人消费品可以生产一单位公共物品，所以公共物品的边际成本就是1。

(5-49)-(5-51)式，我们可以得到农户的目标函数为：

$$\max_{P} U\left[F(A_i, P) - \frac{P}{n}\right]$$

上面问题的一阶条件为：

$$\frac{\partial F(A_i, P)}{\partial P} = \frac{1}{n} \qquad (5-53)$$

需要满足的二阶条件为：

$$\frac{\partial^2 F(A_i, P)}{\partial P^2} < 0$$

根据中位数投票定理，我们根据农户生产要素的禀赋 A_i 进行排序，最终公共物品的规模由中位数投票人决定：

$$P^m = P(A^m)$$

根据上面的式子进行比较静态分析，我们可以得到：

$$\frac{\partial P}{\partial A_i} = -\frac{F_A(A_i, P)}{F_{PP}(A_i, P)} > 0 \qquad (5-54)$$

(5-54) 式中的 F_A 表示生产函数对 A_i 求偏导数，F_{PP} 表示对 P 求二阶偏导数。上面的比较静态分析表明，农户拥有的生产要素越多，对生产性公共物品的需求也就越大。如果村庄农户所拥有的生产要素差异越大，中位数投票人的要素禀赋和平均值之间的距离也就越大，根据"中位数"投票定理确定的公共物品供给规模偏离最优供给规模的程度也就越大。

我们同样考虑村委会根据"中位数"投票决策结果制定村庄"一事一议"筹资筹劳的方案，随后开始进行实际筹资筹劳时，对"一事一议"筹资筹劳方案投反对票的农户拒不执行该方案，而村委会也没有别的办法约束违约村民的行为。此时，反对"一事一议"筹资筹劳方案的农户所面临的问题可以归纳为：

$$\max_{p_i} U\{F[A_i, (n-1)p^m + p_i] - p_i\}$$

上面问题的一阶条件为：

$$F_p[A_i, (n-1)p^m + p_i] = 1 \qquad (5-55)$$

第五章 中国村庄公共物品的理论分析框架

根据（5-55）式进行比较静态分析，我们同样可以得到：

$$\frac{\partial p_i}{\partial A_i} = -\frac{F_A}{F_{PP}} > 0$$

上面的式子表明，资源禀赋越接近中位数水平的农户，筹资筹劳越多。但是我们通过对比（5-53）式和（5-54）式能够知道，收入低于中位数的农户在没有约束力的条件下，按照"一事一议"筹资筹劳方案来执行是不理性的，因而他们会减少"一事一议"筹资筹劳金额。最终公共物品的供给规模会低于中位数投票人决定的规模。

命题1：在村委会对村民筹资筹劳没有约束力的条件下，通过"一事一议"筹资筹劳供给生产性公共物品水平会低于"中位数"投票所决定的水平。

现在我们进一步考虑，村委会可以通过村庄舆论和村规民约部分约束违约村民的行为，让违约村民付出一定成本时，公共物品供给的情况。同样的，我们假设农户的生产函数满足：

$$\max_{p_i} U\left\{F[A_i,(n-1)p^m + p_i] - p_i\right\} - \Phi(p^m - p_i, a)$$

Φ同样表示违约成本，满足：

$$\Phi = \begin{cases} \Phi(p^m - p_i, a), & \text{如果 } p^m > p_i \\ 0, & \text{如果 } p^m \leq p_i \end{cases}$$

$\Phi_1 > 0$，$\Phi_{11} > 0$，$\Phi_2 > 0$，$\Phi_{22} > 0$，$\Phi_{12} > 0$ ①

上面式子的一阶条件为：

$$U' \cdot (F_P - 1) + \Phi_1 = 0 \quad (5-56)$$

通过对比（5-55）式和（5-56）式，我们可以知道，在有惩罚的条件下，生产性公共物品的边际产出小于1，而在没有惩罚的条件下，生产性公共物品的边际产出等于1，这说明在有惩罚的条件下，生产性公共物品的供给水平要超过没有惩罚条件下公共物品的供给水平。为了进行相对严格的证明。我们利用（5-56）式两边同时对 A_i 求偏导数：

---

① Φ_1、Φ_2、Φ_{11}、Φ_{22} 和 Φ_{12} 分别表示违约成本函数 Φ 对 $g^m - g_i$ 求一阶偏导数、对 a 求一阶偏导数、对 $g^m - g_i$ 求二阶偏导数、对 a 求二阶偏导数以及对 $g^m - g_i$ 和 a 求二阶连续偏导数。

$$U'' \cdot \left(F_A + F_P \frac{\partial p_i}{\partial A_i} - \frac{\partial p_i}{\partial A_i} \right) \cdot (F_P - 1) + U' \cdot \left(F_{PA} + F_{PP} \frac{\partial p_i}{\partial A_i} \right) - \Phi_{11} \frac{\partial p_i}{\partial A_i} = 0$$

整理上面的式子，可以得到：

$$\frac{\partial p_i}{\partial A_i} = \frac{- U'' \cdot (F_P - 1) \cdot F_A - U' \cdot F_{PA}}{U'' \cdot (F_P - 1)^2 + U' \cdot F_{PP} - \Phi_{11}} > 0 \qquad (5-57)$$

利用（5-56）式两边同时对 a 求偏导数，可以得到：

$$U'' \cdot \left(F_P \frac{\partial p_i}{\partial a} - \frac{\partial p_i}{\partial a} \right) \cdot (F_P - 1) + U' \cdot F_{PP} \frac{\partial p_i}{\partial a} - \Phi_{11} \frac{\partial p_i}{\partial a} + \Phi_2 = 0$$

整理上面的式子，可以得到：

$$\frac{\partial p_i}{\partial a} = - \frac{\Phi_2}{U'' \cdot (F_P - 1)^2 + U' \cdot F_{PP} - \Phi_{11}} > 0 \qquad (5-58)$$

通过（5-57）和（5-58）式，我们可以知道，收入越高的农户对生产性公共物品"一事一议"筹资筹劳意愿越强烈，对违约农户的惩罚力度越大，村庄公共物品供给水平越高。由此我们可以得到命题2。

命题2：在有违约惩罚的条件下，收入越高的农户，"一事一议"筹资筹劳的额度越高；惩罚力度越强，农户"一事一议"筹资筹劳额度越高，生产性公共物品供给水平越高。

进一步，我们同样考虑富裕人群的捐赠行为。在没有声望提高条件下，富裕农户面临的问题为：

$$\max_{p_i} U \left\{ F[A_i, (n-1)p^m + p_i] - p_i \right\}$$

一阶条件为：

$$F_p[A_i, (n-1)p^m + p_i] = 1$$

上面式子对 A_i 求偏导数，可以得到：

$$\frac{\partial p_i}{\partial A_i} = - \frac{F_A}{F_{PP}} > 0$$

可以看出 p_i 是资源禀赋 A_i 的单调递增函数，当富裕农户的资源禀赋超过临界值 A' 的时候，存在捐赠行为。关于 A' 的定义请参见下面的式子：

$$F_p(A^r, np^m) = 1$$

进一步，我们考虑存在声望提高时，富裕农户的决策行为。同样的，我们定义存在声望提高时，富裕农户的效用函数满足：

$$U\left\{F[A_i,(n-1)p^m+p_i]-p_i\right\}+\Psi(p_i-p^m)$$

函数 Ψ 表示声望提高带给农户的效用，$\Psi' > 0$。最大化农户的效用水平，其一阶条件为：

$$U' \cdot \left\{F_P[A_i,(n-1)p^m+p_i]-1\right\}+\Psi'(p_i-p^m)=0 \quad (5-59)$$

整理上面的条件，可以得到：

$$F_P = 1 - \frac{\Psi'}{U'} < 1$$

上面的条件表明，在存在声望提高的条件下，富裕农户对公共物品的供给水平相对较高。(5-59) 式两边同时对 A_i 求一阶偏导数，可以得到：

$$U'' \cdot \left(F_A + F_P \frac{\partial p_i}{\partial A_i} - \frac{\partial p_i}{\partial A_i}\right) \cdot (F_P - 1) + U' \cdot \left(F_{PA} + F_{PP}\frac{\partial p_i}{\partial A_i}\right) + \Psi'' \frac{\partial p_i}{\partial A_i} = 0$$

整理上面的式子，可以得到：

$$\frac{\partial p_i}{\partial A_i} = -\frac{U' \cdot F_{PA} + U'' \cdot F_A \cdot (F_P - 1)}{U'' \cdot (F_P - 1)^2 + U' \cdot F_{PP} + \Psi''} > 0$$

通过上面的式子，我们依然能够看出，资源禀赋越高的农户对生产性公共物品的需求越强烈，捐赠的意愿越强。由此我们可以得到命题3。

命题3：对生产性公共物品而言，当收入超过一定的临界点的时候，农户可能实行捐赠，收入越高的农户，越有可能实行捐赠，且捐赠金额越大。存在声望提高的条件下，高收入农户的捐赠动机越强烈。

（二）"一事一议、财政奖补"制度下村庄公共物品配置模式

1. "一事一议、财政奖补"制度的具体含义

在中国村庄公共物品配置模式演变历程的回顾中，我们了解到，正是由于单纯的"一事一议"制度无法成为有效的中国村庄公共物品配置模式，为了

提高村民参与"一事一议"的积极性，中央政府出台了关于"一事一议、财政奖补"的文件，明确财政要支持中国村庄公共物品的供给，具体的办法就是采取奖励的措施。随后很多地方政府也出台相应的政策文件，明确了"一事一议、财政奖补"的比例，例如云南省昆明市对村庄公共物品的奖补比例就为70%。我们认为单纯的补贴和奖补是不一样的，在随后的理论模型中，我们将对不同财政奖补的模式进行分析。"一事一议、财政奖补"避免了由于信息不对称造成公共物品供给效率低下的问题，在一定程度上提高了公共物品的供给水平。在后续的模型中，第一，我们将分析单纯财政补贴公共物品供给所产生的效果；第二，我们将讨论根据村民筹资按比例实行财政奖励的政策效果；最后，我们讨论根据公共物品供给规模按比例进行奖补的效果。

2. 单纯的财政补贴

为了分析方便，我们依然假设公共物品为福利性的，村庄公共物品的供给按照"一事一议、财政补贴"的方式进行，这里的财政补贴意味着，政府给予村庄"一事一议"公共物品一次性补贴。村民的效用函数依然满足（5-36）式，预算约束满足（5-37）式。村庄公共物品供给的均衡方程为：

$$G = \sum_{i=1}^{n} g_i + Tr \qquad (5-60)$$

其中 Tr 表示上级政府的补贴资金。此时，公共物品依然采用均摊的方式，农户所面临的问题为：

$$\max_{g_i} U(M_i - g_i, ng_i + Tr)$$

上面问题的一阶条件为：

$$U_x(M_i - g_i, ng_i + Tr) = nU_G(M_i - g_i, ng_i + Tr)$$

同样，根据"中位数"投票定理，收入为中位数的农户决定了"一事一议"筹资筹劳方案：

$$U_x(M^m - g^m, ng^m + Tr) = nU_G(M^m - g^m, ng^m + Tr) \qquad (5-61)$$

式子（5-61）两边同时对政府补贴求偏导，可以得到：

$$-U_{xx} \cdot \frac{\partial g^m}{\partial Tr} + U_{xG} \cdot \left(n\frac{\partial g^m}{\partial Tr} + 1 \right) = -nU_{Gx} \cdot \frac{\partial g^m}{\partial Tr} + U_{GG}\left(n\frac{\partial g^m}{\partial Tr} + 1 \right)$$

第五章 中国村庄公共物品的理论分析框架

整理上面的方程,可以得到:

$$\frac{\partial g^m}{\partial Tr} = \frac{U_{GG} - U_{xG}}{-U_{xx} + 2nU_{xG} - U_{GG} \cdot n} < 0$$

上面方程的含义是清晰的。随着政府补贴的增加,村民筹资金额不断下降。下面,我们进一步讨论"一事一议"筹资筹劳方案中所确定的公共物品的整体规模是否发生变化。在政府补贴的条件下,根据"中位数"投票定理确定的公共物品供给水平满足下面式子:

$$G^m = n \cdot g^m + Tr \tag{5-62}$$

式子(5-62)两边同时对政府补贴 Tr 求偏导数,可以得到:

$$\frac{\partial G^m}{\partial Tr} = \frac{-U_{xx} + nU_{xG}}{-U_{xx} + 2nU_{xG} - U_{GG} \cdot n} < 0 \tag{5-63}$$

从(5-63)式可以看出,随着政府补贴额度的提高,村庄公共物品供给规模逐步下降。进一步地我们再考虑农户实际的筹资筹劳行为。首先我们讨论村委会对"一事一议"筹资筹劳方案持反对意见的农户没有约束力的情况。对于收入小于中位数的农户而言,可以自由选择缴纳"一事一议"筹资筹劳金额:

$$\max_{g_i} U(M_i - g_i, (n-1)g^m + g_i + Tr)$$

一阶条件满足:

$$-U_x[M_i - g_i, (n-1)g^m + g_i + Tr] + U_G[M_i - g_i, (n-1)g^m + g_i + Tr] = 0$$

用上面的等式对政府补贴 Tr 求偏导数,可以得到:

$$U_{xx}\frac{\partial g_i}{\partial Tr} - U_{xG}\left(\frac{\partial g_i}{\partial Tr} + 1\right) - U_{Gx}\frac{\partial g_i}{\partial Tr} + U_{GG}\left(\frac{\partial g_i}{\partial Tr} + 1\right) = 0 \tag{5-64}$$

整理上面的方程,可以得到:

$$\frac{\partial g_i}{\partial Tr} = \frac{U_{xG} - U_{GG}}{U_{xx} - 2U_{xG} + U_{GG}} < 0 \tag{5-65}$$

由(5-65)式可以看出,当村委会缺乏约束力的时候,随着上级补贴的不断增加,对"一事一议"筹资筹劳方案持反对意见的农户会降低筹资筹劳水平。

进一步，我们考虑村委会对违约农户有约束力时的情况。由于村委会对拒不执行"一事一议"筹资筹劳方案的农户有一定的约束力，这些农户所面临的问题可以归纳为：

$$\max_{p_i} U[M_i - g_i, (n-1)g^m + g_i + Tr] - \Phi(g^m - g_i, a)$$

惩罚函数 Φ 满足（5-41）式。一阶条件满足：

$$-U_x + U_G + \Phi_1 = 0 \quad (5-66)$$

一阶条件两边同时对 Tr 求偏导数，可以得到：

$$U_{xx}\frac{\partial g_i}{\partial Tr} - U_{xG}\left(\frac{\partial g_i}{\partial Tr} + 1\right) - U_{Gx}\frac{\partial g_i}{\partial Tr} + U_{GG}\left(\frac{\partial g_i}{\partial Tr} + 1\right) - \Phi_{11}\frac{\partial g_i}{\partial Tr} = 0$$

整理上面的方程，可以得到：

$$\frac{\partial g_i}{\partial Tr} = \frac{U_{xG} - U_{GG}}{U_{xx} - U_{xG} - U_{Gx} + U_{GG} - \Phi_{11}} < 0 \quad (5-67)$$

上面的不等式依旧说明，即便是村委会能够约束违约村民，随着政府补贴 Tr 的不断增加，违约村民对公共物品的筹资筹劳依然会逐步下降。

最后，我们考虑可能实行捐赠的富裕农户，在没有声望提高的假设前提下，富裕农户所面临的问题依旧为：

$$\max_{g_i} U[M_i - g_i, (n-1)g^m + g_i + Tr]$$

一阶条件满足：

$$-U_x + U_G = 0$$

一阶条件对 Tr 求导数，可以得到：

$$\frac{\partial g_i}{\partial Tr} = \frac{U_{xG} - U_{GG}}{U_{xx} - 2U_{xG} + U_{GG}} < 0$$

上面式子表明，随着政府补贴的不断增加，富裕农户捐赠的额度也在不断地降低，村庄公共物品供给水平下降。我们考虑捐赠可能带来"声望"以提高捐赠农户的效用水平的情况：

$$\max_{g_i} U[M_i - g_i, (n-1)g^m + g_i + Tr] + \Psi(g_i - g^m)$$

"声望"所带来的效用 Ψ 满足（5-45）式，上面问题的一阶条件为：

$$-U_x + U_G + \Psi' = 0 \qquad (5-68)$$

二阶条件为：

$$U_{xx} - U_{xG} - U_{Gx} + U_{GG} + \Psi'' < 0$$

对上面的式子进行比较静态分析，可以得到：

$$U_{xx}\frac{\partial g_i}{\partial Tr} - U_{xG}\left(\frac{\partial g_i}{\partial Tr} + 1\right) - U_{Gx}\frac{\partial g_i}{\partial Tr} + U_{GG}\left(\frac{\partial g_i}{\partial Tr} + 1\right) + \Psi''\frac{\partial g_i}{\partial Tr} = 0$$

整理上面的方程，可以得到：

$$\frac{\partial g_i}{\partial Tr} = \frac{U_{xG} - U_{GG}}{U_{xx} - U_{xG} - U_{Gx} + U_{GG} + \Psi''} < 0 \qquad (5-69)$$

上面的不等式可以根据二阶条件得到。观察上面的不等式，我们同样发现，即便在村民捐赠可以提高"声望"的条件下，随着政府补贴 Tr 的增加，捐赠额依旧会下降，公共物品供给总量也相应下降。根据上面的分析，我们可以得到命题4。

命题4：在单纯财政补贴的条件下，村庄实行"一事一议"会导致公共物品供给水平下降，并且随着政府补贴额度的不断提高，公共物品供给总量逐渐下降。

3. 根据村民筹资进行奖补

我们假设财政奖补是根据村民筹资筹劳总额进行奖补。村民的效用函数依然满足（5-36）式，预算约束满足（5-37）式。假设政府会在村民筹资筹劳的基础上补贴 η 比例作为财政奖补资金。此时，公共物品依然采用均摊的方式，农户所面临的问题为：

$$\max_{g_i} U[M_i - (1-\eta)g_i, ng_i]$$

上面问题的一阶条件为：

$$(1-\eta) \cdot U_x[M_i - (1-\eta)g_i, ng_i] = nU_G[M_i - (1-\eta)g_i, ng_i]$$

同样，根据"中位数"投票定理，收入为中位数的农户决定了"一事一议"筹资筹劳方案：

$$(1-\eta) \cdot U_x[M^m - (1-\eta)g^m, ng^m] = nU_G[M^m - (1-\eta)g^m, ng^m]$$

上面的一阶条件对 η 求偏导数,可以得到:

$$\frac{\partial g^m}{\partial \eta} = \frac{-U_x + g^m(1-\eta) \cdot U_{xx} - g^m n \cdot U_{Gx}}{U_{GG} \cdot n^2 + (1-\eta)^2 \cdot U_{xx}} > 0$$

上面式子是大于零的,这说明,随着政府财政奖补的力度越来越大,"一事一议、财政奖补"能够有效地提高公共物品供给水平。

下面,我们考虑"一事一议"筹资筹劳方案确定之后,村民实际的缴纳行为。在村委会没有强制约束的条件下,对一事一议筹资筹劳持反对意见的村民面临如下问题:

$$\max_{g_i} U[M_i - (1-\eta)g_i, (n-1)g^m + g_i]$$

一阶条件为:

$$(1-\eta) \cdot U_x[M_i - (1-\eta)g_i, (n-1)g^m + g_i] = U_G[M_i - (1-\eta)g_i, (n-1)g^m + g_i]$$

对上面的式子进行比较静分析,可以得到:

$$\frac{\partial g_i}{\partial \eta} = \frac{U_{Gx}g_i + U_x - (1-\eta) \cdot U_{xx}g_i}{-(1-\eta)^2 \cdot U_{xx} + 2(1-\eta) \cdot U_{xG} - U_{GG}} > 0$$

上面式子表明,即便村委会无法严格督促对"一事一议"筹资筹劳方案持反对意见的农户按照规定足额筹资筹劳,但是随着政府奖补力度的不断加大,对"一事一议"筹资筹劳方案持反对意见的农户筹资筹劳额度也会逐渐提高。进一步,我们考虑村委会对违约农户有一定的约束力的时候,对"一事一议"筹资筹劳方案持反对意见的农户所面临的问题为:

$$\max_{g_i} U[M_i - (1-\eta)g_i, (n-1)g^m + g_i] - \Phi(g^m - g_i, a)$$

惩罚函数 Φ 满足(5-41)式。上面问题的一阶条件为:

$$-(1-\eta)U_x + U_G + \Phi_1 = 0$$

上面式子对财政奖补比例 η 求偏导数,可以得到:

$$U_x - (1-\eta)\left\{U_{xx}\left[g_i - (1-\eta)\frac{\partial g_i}{\partial \eta}\right] + U_{xG}\frac{\partial g_i}{\partial \eta}\right\}$$

第五章 中国村庄公共物品的理论分析框架

$$+ \left\{ U_{Gx}\left[g_i - (1-\eta)\frac{\partial g_i}{\partial \eta} \right] + U_{GG}\frac{\partial g_i}{\partial \eta} \right\} - \Phi_{11}\frac{\partial g_i}{\partial \eta} = 0$$

整理上面的式子，可以得到：

$$\frac{\partial g_i}{\partial \eta} = \frac{U_x - (1-\eta)U_{xx}g_i + U_{Gx}g_i}{2(1-\eta)U_{xG} - (1-\eta)^2 U_{xx} + \Phi_{11} - U_{GG}} > 0$$

上面式子同样表明，随着政府财政奖补比例的不断增加，对"一事一议"筹资筹劳方案持反对意见的农户的筹资筹劳额度会逐渐提高。

现在我们考虑富裕农户的捐赠行为，在没有声望提高的条件下，富裕农户所面临的问题依然为：

$$\max_{g_i} U[M_i - (1-\eta)g_i, (n-1)g^m + g_i]$$

一阶条件为：

$$(1-\eta) \cdot U_x = U_G$$

对上面的式子进行比较静分析，可以得到：

$$\frac{\partial g_i}{\partial \eta} = \frac{U_{Gx}g_i + U_x - (1-\eta) \cdot U_{xx}g_i}{-(1-\eta)^2 \cdot U_{xx} + 2(1-\eta) \cdot U_{xG} - U_{GG}} > 0$$

同样的，对于有意愿捐赠的富裕人群而言，随着政府财政奖补比例的不断增加，捐赠的额度也会越来越大。进一步，我们考虑在捐赠行为能够提高声望的情况下，富裕人群的捐赠行为：

$$\max_{g_i} U[M_i - (1-\eta)g_i, (n-1)g^m + g_i] + \Psi(g_i - g^m)$$

一阶条件为：

$$-(1-\eta)U_x + U_G + \Psi' = 0$$

二阶条件为：

$$(1-\eta)^2 U_{xx} - (1-\eta)U_{xG} - (1-\eta)U_{Gx} + U_{GG} + \Psi'' = 0$$

对一阶条件进行比较静态分析，并且根据二阶条件，可以得到：

$$\frac{\partial g_i}{\partial \eta} = \frac{U_x + U_{Gx}g_i - U_{xx}(1-\eta)g_i}{2U_{Gx}(1-\eta) - U_{xx}(1-\eta)^2 - \Psi'' - U_{GG}} > 0$$

上面式子表明，在捐赠可以提高声望的条件下，随着政府财政奖补比例的不断增加，富裕人群的捐赠额度也会越来越大。

综合上面的分析，我们得到命题5。

命题5：在固定比例财政奖补政策条件下，随着政府财政奖补比例的不断提高，村庄公共物品供给的水平逐渐提高。

五　总结与讨论

本章我们首先回顾了传统经济学中公共物品的理论分析框架，主要包含纯公共物品供给理论、俱乐部公共物品供给理论和地区性公共物品供给理论。在论述中我们并没有完全涵盖所有关于上述方面的理论，但是我们梳理了核心分析框架。在分析核心框架的过程中，得到的萨缪尔森条件是非常重要的。所谓公共物品最优供给水平就是由该法则确定，要求整个经济体所有消费者公共物品和私人消费品的边际替代率的加总等于公共物品和私人消费品的边际转换率。当然，上述萨缪尔森条件主要是指公共物品是福利性的时候。当公共物品是生产性的时候，对应的萨缪尔森条件就要变为，所有公共物品的边际产出加总等于公共物品供给的边际成本。俱乐部公共物品和纯公共物品在最优供给法则上并没有实质性的差异，其主要的差别在于俱乐部公共物品不仅需要确定公共物品的供给规模，还需要决定俱乐部的规模和每个消费者的使用次数。关于地区性公共物品，我们主要从财政分权角度论述了 Tiebout 模型，并且对 Tiebout 模型为何无法解决中国村庄公共物品供给问题进行了解释。

本章第三部分，我们基于中国现实，对中国村庄公共物品的特征进行了总结，为第四部分构建中国村庄公共物品供给的分析框架打下基础。在中国村庄公共物品供给的分析框架中，我们主要讨论了在农村税费改革之后村庄公共物品供给的主要机制，即以"一事一议"为基础的村庄公共物品配置模式。中国的"一事一议"制度不同于西方政治经济学所说的民主投票，故其并不适于用西方政治经济学中的民主投票理论来解释。按照西方政治经济学民主投票的理论，随着整个村庄收入水平的不断提高，村庄公共物品的供给水平会逐渐提高。然而，中国实行农村税费改革之后，农民收入有了大幅度的提高，但是村庄的公共物品供给水平却大幅度下降，很少有村庄能够真正实行"一事一议"制度。西方政治经济学民主投票理论无法对这一现象进行合理解释。其

第五章　中国村庄公共物品的理论分析框架

实,主要的原因在于,中国村庄是熟人和半熟人社会,而且村委会是村民自治组织,没有执法权,面对对"一事一议"筹资筹劳方案持反对意见且不按照规定筹资筹劳的村民拿不出有效的办法,这便是单纯"一事一议"制度无法成为中国村庄公共物品有效供给制度的主要原因。在理论分析中,我们进一步考虑了村委会能够使用村庄舆论和村规民约给违约村民造成一定的压力,部分地约束违约村民的行为条件下的情况。除此之外,我们还分析了捐赠的可能性。

本章的第四部分主要分析了"一事一议、财政奖补"政策是否能够提高村庄公共物品的供给水平。分析主要讨论了两种情况,一种情况是单纯地给予财政补贴,即政府补贴和村民筹资无关,"补"的成分大,而"奖"的成分小。在这种情况下,村庄公共物品供给水平会随着政府补贴力度的不断增加而逐步下降。第二种情况是政府根据村民对公共物品筹资筹劳额度进行补贴,即村民筹资筹劳额度越大,补贴额度越高,结论很明确,财政奖补的确能够有效地提高公共物品的供给水平,并且能够带动村民筹资筹劳。

第六章 农村税费改革对村庄公共物品供给水平和结构的影响

一 引言

农民税负较重的情况在中国实行农村税费改革并进一步废除农业税之后才得到改善。从现有研究成果来看，农村税费改革的确降低了农民负担，并且没有出现所谓的"黄宗羲定理"。[①] 所谓"黄宗羲定理"，是指中国封建社会每一次减免农民的赋税，随着时间的推移，农民的赋税必然会恢复到没有减免之前的水平。可以说农村税费改革对提高农民收入，缓解干群矛盾起到了重要作用。然而，这却不是故事的全部。虽然农民的负担减轻了[②]，但是曾经的村庄公共物品供给制度却失效了，导致了村庄公共物品供给水平下降，从而使公共物品带给农民的福利水平下降了[③]。

在前面"中国村庄公共物品配置模式演变历程"中我们大致了解了中国村庄公共物品配置模式的变迁历程。在此，为了本章的完整性，我们仍对农村

[①] 秦晖：《"黄宗羲定律"与税费改革的体制化基础：历史的经验与现实的选择》，《税务研究》2003年第7期。

[②] 参见周黎安、陈烨《中国农村税费改革的政策效果：基于双重差分模型的估计》，《经济研究》2005年第8期；徐翠萍、史清华、Holly Wang《税费改革对农户收入增长的影响：实证与解释——以长三角15村跟踪观察农户为例》，《中国农村经济》2009年第2期；田秀娟、周飞舟《税费负担与农民负担：效果、分布和征收方式》，《中国农村经济》2003年第9期；朱守银、张照新、张海阳、汪承先《中国农村金融市场供给和需求——以传统农区为例》，《管理世界》2003年第3期。

[③] 参见周飞舟、赵阳《剖析农村公共财政：乡镇财政的困境和成因——对中西部地区乡镇财政的案例研究》，《中国农村观察》2003年第7期；周飞舟《财政资金的专项化及其问题——兼论"项目治国"》，《社会》2012年第1期；冼国明、张岸元、白文波《"三提五统"与农村新税费体系——以安徽农村税费改革试点为例》，《经济研究》2001年第11期；田秀娟、周飞舟《税费负担与农民负担：效果、分布和征收方式》，《中国农村经济》2003年第9期；罗仁福、张林秀、黄季焜、罗斯高、刘承芳《村民自治、农村税费改革与农村公共投资》，《经济学》2006年第3期。

第六章　农村税费改革对村庄公共物品供给水平和结构的影响

税费改革之前中国村庄公共物品的配置模式做一个大致说明。在农村税费改革之前，中国村庄公共物品的供给主要由村集体负责。上级政府对村庄发展并没有投入更多的转移支付，反而让农民承担了大量的赋税（缴纳粮食），以支持城市工业体系建设。在公共物品供给的问题上，主要依靠基层干部组织村民自主供给。这就相当于，村民不仅需要向上级政府缴纳税收，而且需要自己提供公共物品。在集体化生产的条件下，农民几乎没有自由决定权，需要按照基层干部的指挥完成既定的劳动力。在这个阶段，有很多村庄公共物品建立起来了，例如水坝、水井、水库等水利设施以及村庄道路等。然而，随着改革开放的到来，农村实行了家庭联产承包责任制，村集体的绝大部分土地都承包给了农户。农业生产的问题交给了农户，村集体不再负责，之前政府的权力也逐渐从农村退出。政府最基层的单位被确定为乡政府，而村委会不再是政府组织。在家庭联产承包责任制之后，农村税费改革之前，村集体不仅向农民征收农业税和农业特产税之类的正税，而且负责乡提留、村提留以及各项费用的征收，除此之外，当上级财力不足或者政府有其他支出需求的时候，还会向村民摊派。当时社会上流传着"一税轻，二费重，三摊四派无底洞"的说法。在农村税费改革之前，村民不仅需要缴纳赋税和各种费，完成摊派任务，还需要"出工"——农村积累工和义务工，免费提供劳动力。在这一时期，村集体很容易找到各种名目用工收钱以提供村庄公共物品，所以当时村庄公共物品供给不足的问题并没有凸显出来。

虽然农村税费改革取消了向农民征收的费、摊派、农村积累工和义务工，提高了农民的收入水平，但这直接导致了村庄公共物品供给水平的降低。本章主要评估农村税费改革对村庄公共物品供给总量和结构的影响；第二部分简要论述农村税费改革的背景和具体措施；第三部分是经验研究方法，我们主要采用双重差分方法（DID）和双重差分结合 PSM 的方法（DID-PSM）对农村税费改革的政策效果进行评估；第四部分是经验研究；第五部分是总结与讨论。

二　农村税费改革的背景和具体措施

农村税费改革始于 2000 年的安徽省，2000 年 3 月党中央和国务院正式出台了"农村税费改革"实施方案——《关于进行农村税费改革试点工作的通知》，首先在安徽全省进行试点改革。随后，江苏省在 2001 年实行农村税费改革。从这两个省份的改革效果来看，农村税费改革有效地降低了农民负担，因而中央进一步扩大了改革的范围。2002年3月7日,中央决定将农村税费改革试点推广到河北、内蒙古等16个省区市。同年,上海和浙江在没有中央农村税费改革专项转移支付的条件下,自主实行了农村税费改革。基于前面三年的改革实践,2003年中央发布了《关于全面推进农村税费改革试点工作的意见》,农村税费改革在全国范围内推行开来。

从农村税费改革的政策文件来看,改革主要可以概括为"三个取消、一个逐步取消、两个调整、一项改革"。所谓的"三个取消"是取消乡统筹、农村教育集资等行政事业性收费和政府基金、集资以及屠宰税;"一个逐步取消"是指逐步取消"两工"制度,即农村劳动积累工和义务工制度;"两个调整"是指调整现行农业税政策和调整农业特产税政策;"一项改革"是指用农业附加税代替现行村提留。在税收方面的调整主要是:①取消屠宰税;②重新划分了农业税和农业特产税,避免重复征税,根据国家相关规定,农业特产税的税率8%~20%不等①;③调整后的农业税囊括了原先农业附加税的征管范围,各地区新的农业税税率最高上限不得超过7%,农业附加税比例最高不得超过农业税正税的20%②。在征收费用和劳务方面的改革主要表现为:①五保户供养采用新的农业税附加方式统一征收;②废除"村提留",公共物品的供给实行"一事一议"制度,加强村庄民主,公开村务;③村干部补贴和办公经费采用新的农业税附加方式征收;④取消农村劳动积累工和义务工,村庄公益性公共物品(农田水利基本建设、道理维修等)采用"一事一议"制度筹集劳动力,劳动力根据相应的标准折算进"一事一议"筹资筹劳总额中;⑤取消乡统筹(乡村学校、计划生育、抚民、民兵训练和修建乡村道路),原乡统筹的支出项目由各级政府预算内财政支付。

三 经验研究方法

在此我们主要使用双重差分(DID)和双重差分PSM(DID+PSM)方法来验证农村税费改革对村庄公共物品供给水平和结构的影响。标准的面板数据DID模型为:

---

① 《财政部、国家税务总局关于调整农村税费改革试点农业特产税若干政策的通知》(财税〔2001〕93号)。

② 虽然中央政府的规定具有一定的弹性,但是几乎所有地区都选择了最高水平8.4%。

第六章 农村税费改革对村庄公共物品供给水平和结构的影响

$$y_{it} = \delta \cdot Inter_{it} + X_{it}\beta + \alpha_i + \eta_t + \varepsilon_{it} \qquad (6-1)$$

(6-1) 式中的 $Inter_{it}$ 表示当年该村庄是否属于农村税费改革试点,$Inter_{it} = 1$ 表示当年该村庄属于农村税费改革试点地区;反之,$Inter_{it} = 0$ 则表示该村庄并未实行农村税费改革。X_{it} 表示其余影响因变量的因素,α_i 表示村庄个体异质性,η_t 表示时间固定效应,ε_{it} 表示随机误差项。(6-1) 式的双重差分模型和标准的差分模型有些不同,一般的双重差分模型包含了试点的虚拟变量、改革前后的时间虚拟变量以及两者的交互项。然而,农村税费改革并不是"一刀切"的改革,而是逐步推行的,试点样本在整个研究时期存在变化。双重差分模型有两个优点,第一个优点是可以剔除样本个体异质性对回归结果的影响,第二个优点是可以剔除时间的固定效应。我们使用 CHIP2002 调查统计获得的数据,因为 CHIP2002 调查项目虽然是在 2002 年进行的,询问的也主要是 2002 年的情况,但在问卷中也请被调查对象回忆了 1998 年的相关指标。而农村税费改革恰好始于 2000 年,2003 年全面推行,因此 1998 年没有样本实行了农村税费改革,2002 年有部分村庄实行了改革,而剩余村庄没有实行改革。因而我们主要使用 CHIP2002 数据库中 1998 年和 2002 年的数据来进行分析。我们设定如下模型:

$$y_{it} = \delta \cdot Treatment \cdot Post + X_{it}\beta + \alpha_i + \eta_t + \varepsilon_{it} \qquad (6-2)$$

(6-2) 方程中 $Treatment$ 是是否实行农村税费改革的虚拟变量;$Post$ 表示样本是不是 2002 年,如果样本为 2002 年,则 $Post$ 取值为 1,否则 $Post$ 为 0;其他控制变量和 (6-1) 式一样。我们进行一阶差分,即同一个样本 2002 年的指标减去 1998 年的指标,可以得到:

$$y_{i,2002} - y_{i,1998} = \delta \cdot Treatment + (X_{i,2000} - X_{i,1998}) \cdot \beta + \eta_{2002} - \eta_{1998} + \Delta\varepsilon_{it} \qquad (6-3)$$

在实际的回归中,我们主要使用 (6-3) 式。进一步,根据 (6-3) 式,用政策组的样本减去对照组的样本,可以得到:

$$(\Delta y_i \mid Treatment = 1) - (\Delta y_i \mid Treatment = 0)$$
$$= \delta + [(\Delta X_i \mid Treatment = 1) - (\Delta X_i \mid Treatment = 0)] \cdot \beta + \Delta\xi_{it} \qquad (6-4)$$

为了表示简便,我们令:

$$\Delta y_i = y_{i,2002} - y_{i,1998}, \Delta\xi_{it} = (\Delta\varepsilon_i \mid Treatment = 1) - (\Delta\varepsilon_i \mid Treatment = 0)$$

根据条件独立假定(CIA),通过回归我们可以准确地识别出政策效果 δ。

所谓的 CIA 假定是指在给定协变量之后,潜在结果和是不是政策样本是相互独立的。这意味着,在给定协变量之后,是不是政策样本可以被看成是一个随机试验。在现实中,我们没有办法直接检验 CIA 假定,但是我们能够通过其他一些检验,观察回归是否有可能违背 CIA 假定。其中,一个重要的检验是"安慰剂"试验,即我们改变政策发生的时间点,观察政策是否有效果,如果政策没有效果,说明我们的回归可能是对的,但是如果在错误的时间点,改革的虚拟变量是显著的,则说明我们对政策效果的评估存在问题。除此之外,我们也可以利用其他的一些方法进行检验。在此不再赘述,经验研究中有详细的说明。

虽然 DID 方法在政策评估中有非常多的好处,但是政策组和对照组之间匹配的精确度不如 PSM 方法。PSM 方法源于 Matching 方法,最初 Matching 方法是纯统计学的方法,主要的思路是从控制组样本中找到政策发生之前各方面特征和对照组尽量类似的样本,然后对比找出来的控制组样本和对照组样本之间的差异。经过匹配,回归结果将更加精确。传统的 Matching 方法存在缺陷,即随着控制变量 X 的增加,能够匹配上的控制组样本将变得越来越少,而且如果我们根据控制变量 X 进行匹配,划分越细致,即匹配的标注越严格,最终我们很可能在控制组中无法找到能够匹配政策组的样本。例如:当我们需要评估一项政策是否会对工人的工资产生影响的时候,我们控制的协变量包括受教育年限和工作经验,如果我们在协变量中加入父母的收入水平、种族、婚姻状况等,随着协变量不断增加,给定某一个政策组的样本,想找到理想的控制组样本是不容易的。因为协变量越多意味着匹配需要更加精确,标准更加严格,寻找理想的对照组样本越困难。此外,在匹配工作经验变量时,如果我们要求政策组和对照组样本的工作经验相同并精确到年份,此时如果对照组样本足够多,找到匹配对象是不难的;但是如果我们进一步将时间精确到年月,可能合适的匹配对象就会减少很多;如果我们再将工作精确到年、月、日,那么很可能我们无法为一部分政策组的变量寻找到合适的控制组。为了避免上述问题,学者们进一步发明了 PSM 方法,在标准文献中,被称为"匹配倾向得分方法"。PSM 方法相较单纯 Matching 方法的优势在于,PSM 将协变量表达为 [0, 1] 区间的一维变量,并且根据这个一维变量进行匹配。具体而言,PSM 的回归分为两个部分。第一步是一个 Probit 或者 Logit 回归;第二步是非参数或半参数的估计。第一步的回归方程设定为:

第六章 农村税费改革对村庄公共物品供给水平和结构的影响

$$Treatment_i = X_i \cdot \theta + \varepsilon_i \tag{6-5}$$

（6-5）方程的被解释变量为是不是政策改革试点的虚拟变量，一般可以采用 Probit 或者 Logit 回归。PSM 是一种针对横截面数据的方法，所以回归一般采用横截面数据。当我们要将 DID 方法和 PSM 方法合并使用时，通常情况下，我们选择政策发生前的样本进行（6-5）式的回归，主要的原因在于，如果我们使用政策发生之后的样本进行回归，很可能会导致估计偏误，因为改革很可能造成随后时间段协变量的变化。在具体回归中，我们用1998年的数据进行（6-5）式的回归得到 Treatment 的预测值，然后再根据 Treatment 的预测值进行第二步的计算。第二步具体的计算公式为：

$$\hat{\delta}_M = \frac{1}{n_1} \sum_{i \in I_1 \cap S_P} [Y_{1i} - \hat{E}(Y_{0i} \mid Treatment = 1, P_i)]$$

$$\hat{E}(Y_{0i} \mid Treatment = 1, P_i) = \sum_{j \in I_0} W(i,j) Y_{0j}$$

通过上面的方程我们就能够估计出政策效果 δ，其中 I_1 表示政策组的样本集合，S_p 表示通过匹配过程，最终能够匹配得上的处于控制组的样本集合，在很多中文文献和教材中，将其称为"共同支撑域"，英文是"Common Support"。式子中的 n_1 表示集合 I_1 和 S_p 的交集中的元素的数量。I_0 表示控制组集合。我们再观察中括号中的式子，Y_{1i} 表示政策组中样本 i 的潜在结果，由于样本 i 受到了政策的影响，所以潜在结果就是我们真实观测到的结果。式子 $\hat{E}$ 表示我们利用控制组中的样本对政策组样本 i 在没有受到政策影响时的拟合值。该拟合值是一群控制组样本真实观测结果的加权平均数 $\sum_{j \in I_0} W(i,j) Y_{0j}$，权重的确定尤为重要，权重的确定体现了"匹配"方法的核心，权重 $W(i,j)$ 取决于政策组样本 i 成为政策组的概率 $\Pr_i$ 与控制组样本 j 成为政策组的概率 $\Pr_j$ 之差的函数。在此我们需要强调，所谓的政策组中的样本 i 所对应的控制组样本 j 不一定唯一，当我们在匹配过程中对权重函数做不同的选择时，样本 j 可能只有一个，也可能有多个，例如一对一匹配时，控制组样本 j 就只有一个，而一对多匹配时，控制组样本 j 就有多个。在实际估计过程中对权重 $W(i,j)$ 可能会有多种选择，我们把选择不同权重函数可能出现的结果放在敏感性分析中加以讨论。

上面是标准匹配方法的计算公式。我们面临的问题和标准的匹配方法略有不同，标准匹配方法主要适用于横截面数据（Cross-section Data），而我们使用的是两期面板数据。根据 Heckman 等[①]的建议，我们第一阶段利用 1998 年村庄的横截面数据进行 Logit 回归，并且预测出村庄成为农村税费改革试点的概率。具体的回归方程见（6-5）。第二步，我们通过下面的方程对政策效果进行计算：

$$ATT = \frac{1}{n_1} \sum_{i \in I_1 \cap S_P} \left[(Y_{1ti} - Y_{0t'i}) - \sum_{j \in I_0 \cap S_P} W(i,j)(Y_{0tj} - Y_{0t'j}) \right] \qquad (6-6)$$

本质上，DID + PSM 方法的第一步和普通 PSM 方法的第一步并没有差别，主要的差别来自第二步，即 DID + PSM 方法的被解释变量经过了一阶差分。一阶差分可以剔除村庄个体异质性对估计结果的影响，PSM 可以使得控制组样本在村庄特征方面和政策组更加一致，因此两种方法的结合更能提高估计的精确性。

四　经验研究

（一）数据来源

本文使用 2002 年的 CHIP 村庄调查数据。CHIP 数据被称为"中国家庭收入调查数据"，该数据有五期，分别在 1989、1996、2003、2008 和 2014 年进行调查。本章所使用的数据是在 2003 年进行调查的数据，编号为 CHIP2002。CHIP 数据分为城镇住户调查和农村住户调查数据，2002 年的 CHIP 数据不仅包含了住户调查数据，而且包含了住户所在社区和村庄的调查数据。我们主要使用 CHIP2002 的村庄调查数据，该数据一共包含了 961 个村庄的数据，涵盖全国 22 个省区市，其中北京 16 个样本，河北 37 个样本，山西 40 个样本，辽宁 45 个样本，吉林 48 个样本，江苏 44 个样本，浙江 53 个样本，安徽 44 个样本，江西 43 个样本，山东 63 个样本，河南 53 个样本，湖北 52 个样本，湖南 45 个样本，广东 53 个样本，广西 40 个样本，重庆 20 个样本，四川 50 个样本，贵州 40 个样本，云南 26 个样本，陕西 37 个样本，甘肃 32 个样本，新疆 80 个样本。虽然 CHIP2002 村庄样本数量不够大，但是这几乎是全中国公开数据库中能够找到的涵盖全国绝大多数地区的大样本村庄调查数据了。

---

① Heckman. J., Ichimura, H., Todd. P., "Matching As An Econometric Evaluation", *Estimator Review of Economic Studies*, Vol. 65, 1998.

（二）回归变量的选取

1. 回归的被解释变量和关键政策变量

回归的被解释变量主要包括两类，第一类被解释变量表示村庄公共物品供给总量，我们用村庄集体性总收入和总支出度量；第二类被解释变量是村庄分项支出，包括：①用于集体经营扩大再生产服务支出；②为农户提供生产服务支出；③教育事业支出；④医疗卫生事业支出；⑤基础设施建设（修路，打井等）支出；⑥其他公益事业支出；⑦村组干部工资和补贴支出；⑧其他行政管理支出；⑨其他支出。由于问卷对村庄分项支出的划分相对比较细致，有很多村庄存在在当年没有某一类支出的情况，我们根据支出属性，把"用于集体经营扩大再生产服务支出"和"为农户提供生产服务支出"加总为"生产性支出"，将"村组干部工资和补贴支出"和"其他行政管理支出"加总为"行政成本"，其余各项支出不变。在后文的回归中，我们主要采用村庄支出（分项支出）的对数作为被解释变量。我们不考虑分项收入的原因在于，农村税费改革前后的收入结构是不同的，没有进行农村税费改革的分项收入包括：村组统一经营收入（包括集体企业上缴）、集体企业以外的各种企业（经济实体）上缴的收入、村提留、村一级的各种集资、村一级的其他收入、从上级拨入的各种收入。已经完成农村税费改革的分项收入包括：村组统一经营收入（包括集体企业上缴）、集体企业以外的各种企业（经济实体）上缴的收入、村"一事一议"筹资、村一级的其他收入、从上级拨入的各种收入。

我们的回归在本质上是评估农村税费改革的政策效果，所以农村税费改革变量成为我们关心的政策变量。2002年的CHIP村庄问卷中，明确询问了"到2002年末为止，本村是否已进行过税费改革？"和"进行税费改革的年份"。我们根据问卷中的这两个问题就能够确定村庄是否实行农村税费改革以及改革的时间。

2. 回归的控制变量

回归的控制变量主要包括两类，第一类指标是随时间变动的指标，第二类是不随时间变动的指标。

第一类指标主要包括10个。①村庄人均纯收入（对数），控制人均纯收入的原因在于，收入越高的村庄，农户对公共物品的需求程度越大，此外村庄个人年均纯收入可能和村庄集体性收入或支出存在关系；②村庄人均农业灌溉面积，不同的农业灌溉面积对灌溉等水利设施的要求程度不同，可能会影响到农村水利设施支出；③劳动力人口比重，村庄中劳动力人口比重不同对村庄的公共物品需求也会不同，劳动力相对富裕的村庄对生产性公共物品的需求就相对更高；而劳动力相对匮乏的村庄意味着老年人和未成年人较多，抚养比较高，这样的村庄在医疗卫生和教育支出方面会有更大的需求。④劳动力转移比例，我们所定义的劳动力转移比例主要指村庄中劳动力外出务工半年或半年以上的人口占总劳动力的比重。在随后章节中，我们将重点讨论劳动力转移对村庄公共物品供给的影响。随着经济不断发展，中国的城市化进程在不断推进，但是由于中国特有的"户籍制度"，农村劳动力流动到城市中并不代表其一定能在城市中"立足"。一方面，很多农村劳动力外出务工多年，依然无法取得城市户口和享受到城市提供的公共物品，从而不得不返回到村庄中生活；另一方面，随着近年来户籍制度的松动，很多农村外出务工人员获得城市户口的可能性不断增加。因此农村外出务工人员对村庄公共物品供给的影响在理论上是不确定的，如果外出务工人员能够有明确的预期——未来一定能够取得城市户口并且在城市生活，意味着未来外出务工人员将举家迁入城市，那么自然而然他对村庄公共物品供给的关心程度会下降。但是，如果外出务工人员能够明确未来会返乡，那么外出务工人员就会和村庄中的农户一样关心公共物品的供给，甚至更加关心，原因在于外出务工的农户有了在城市生活的经验，就更加懂得公共物品的重要性，并且积累了一些关于公共物品管理使用的经验。除此之外，外出务工人员在城市打工，获得的收入高于务农收入，很多外出务工人员每年都将积蓄寄回家，使这些农户收入更高，对公共物品的需求也更高。⑤粮食产量，粮食主要包括稻谷、小麦和玉米三种主要粮食作物，粮食产量的指标是人均亩产粮食量（对数）。粮食产量会对村庄公共物品供给产生影响是容易理解的，粮食产量越高的地区，农户务农收入越高，同时对涉及农业生产方面的公共物品需求也更大。⑥拿工资的村干部人数，村干部人数越多表明在村庄集体性支出中需要支付更多村庄村组干部工资和补贴，这可能会造成村庄集体性收入的压力，同时也体现了村庄行政运行成本的高低。当然，村干部的人数越多也越可能给村庄带来好处，村干部人数越多，争取上级转移支付的可能性也就越高。⑦村庄中从事工商业的人口比重。村民从事的行业不同，对公共物品的需求自然会存在差异。从事工商业的村民可能更加希望修建村庄道路等基础设施，而从事传统农业的村民则更加希望提高涉农公共物品的供给。⑧村庄人均固定资产（对数）。村庄人均固定资产越充足，说明村庄集体化收入越

第六章 农村税费改革对村庄公共物品供给水平和结构的影响

多,更有可能提供公共物品。⑨村庄总人口(对数),由于公共物品具有非竞争性和非排他性,人口越多的村庄每个农户分摊公共物品的成本越低,公共物品供给的水平可能越高。⑩村庄的民主化情况。村庄民主化主要有三个指标度量,第一个指标是村庄是否已经实行村委会直选(海选)制度,第二个指标是村委会成员候选人是否由村民直接提名产生,第三个指标是当年召开村民代表大会的次数。民主化的程度可能会影响村民对村委会的信任程度,进而影响村庄社会资本的积累,进一步影响公共物品供给。三个指标从不同的层面反映了村庄民主化的程度。我们主要采用当年召开村民代表大会的次数代表村庄的民主化程度。在敏感性分析中,我们会更换村庄民主化指标并重复之前的回归。

第二类指标包括7个。①村庄地势,村庄的地势越平坦,农业亩产量可能越高,村民通过务农获得的收入占比可能越高,而且不同地势也会使村庄公共物品的供给成本存在很大的差异。中国贫困的村庄往往都在冷凉山区,这些地区不仅可种植的农作物稀少,而且修路、通水通电的成本也非常高。②是不是大中城市的郊区。处于大中城市郊区的村庄更有可能获得周边城市的"溢出效果",不仅外出务工成本低,而且随着城市不断扩张,很有可能向村庄征收部分土地,失去土地的农民变成城市户口,征地款可以成为未来村庄公共物品供给的资金来源。除此之外,村庄的集体性土地很可能在被划归为城市用地之后用作商业开发,村集体将获得商业租金。这些村庄的集体性收入相对更高,村庄公共物品供给水平也会相应更高。① ③是不是少数民族地区,一方面,少数民族地区的公共物品很可能和汉族地区的公共物品存在差异;另一方面,少数民族地区更加容易获得上级划拨的转移支付。④与县城、乡政府和最近交通站的距离。离县城、乡政府和交通站越远的村庄,向上级部门反映问题的机会成本越高,上级部门了解到村庄的实际情况需要付出的成本也越高,这可能会影响村庄获得转移支付。⑤村庄中是否有小学和中学,如果村庄中有小学或中学,村集体就需要为维护中小学的日常运转支付一定的费用,这会导致村庄教

---

① 我们在云南昆明周边农村调研时就发现,昆明市 SL 乡 DWZ 村的部分土地被政府征收之后,征地款除了赔偿给失地农民,还剩余很大一部分保留在村集体的账上,村庄公共物品的供给主要依靠"一事一议"的方式进行,项目经过上级乡镇政府审批同意之后,公共物品的供给资金就从征地收入中支出,劳动力由村民自筹。我们在云南大理调研 DM 村的时候也发现,该村有8个村民小组,其中4个村民小组的土地被政府征收用于扩大大理古城,村庄被征收的集体性土地依然归村集体所有,村集体在土地上修建了一个停车场和一个商场,每年收取租金,该村的绝大多数村庄公共物品供给资金就来自这些租金。

141

育方面的支出增加。⑥1970年代是否办过社队企业。办过社队企业的村庄可能有更多的集体化决策经验，同时社队企业也可能转型或保留下来，这会对村庄公共物品供给产生影响。⑦是不是国家级贫困县。国家级贫困县可能会获得更多的上级转移支付，这可能会促进公共物品的供给。

回归中所有涉及金额的变量，我们都借鉴 Brandt 和 Holz① 的方法，根据不同省份、不同地区的数据进行了价格平滑。

（三）统计描述

我们首先分年度描述被解释变量。表6-1给出了2002年和1998年被解释变量的统计性描述，其中表6-1的PanelA是2002年被解释变量的统计性描述；PanelB是1998年被解释变量的统计性描述。表6-2给出了控制变量和核心解释变量的统计性描述，PanelA是2002年随时间变化变量的描述性统计；PanelB是1998年随时间变化变量的描述性统计；PanelC是不随时间变化指标的描述性统计；PanelD是核心解释变量，即关于农村税费改革变量的描述性统计。从表6-2的PanelD中，我们可以发现2000年实行农村税费改革的村庄占总样本的5.2%；2001年实行农村税费改革的村庄占总样本的8.9%；2002年实行农村税费改革的村庄占总样本的55.0%；到2002年累计实行了农村税费改革的村庄占总样本的70.7%。

表6-1 被解释变量的描述性统计

变量名	样本量	平均值	标准差	最小值	最大值
PanelA2002年被解释变量的统计性描述					
人均集体财务收入（对数）	885	-3.850	1.666	-12.024	2.468
人均集体财务支出（对数）	910	-3.789	1.574	-13.257	1.531
人均生产性支出（对数）	382	-5.549	1.929	-14.668	0.357
人均教育支出（对数）	527	-6.120	1.666	-15.896	-0.541
人均医疗卫生支出（对数）	216	-7.066	1.696	-14.298	-1.665
人均基础设施建设支出（对数）	558	-5.387	2.023	-16.119	0.907
人均行政成本（对数）	901	-4.672	1.370	-13.922	0.277
其他公益性支出（对数）	530	-6.001	1.767	-16.812	-0.916

---

① Brandt Loren, and Holz Carsten, "Spatial Price Differences in China: Estimates and Implications", *Economic Development and Cultural Change*, Vol. 55 (1), (2006): 43-86.

第六章 农村税费改革对村庄公共物品供给水平和结构的影响

续表

变量名	样本量	平均值	标准差	最小值	最大值
\multicolumn{6}{c}{PanelB1998年被解释变量的统计性描述}
人均集体财务收入（对数）	852	-3.656	1.610	-11.545	2.406
人均集体财务支出（对数）	903	-3.909	1.610	-13.448	1.794
人均生产性支出（对数）	380	-5.579	1.916	-14.429	0.057
人均教育支出（对数）	550	-5.967	1.563	-15.838	-1.092
人均医疗卫生支出（对数）	231	-7.173	1.686	-15.436	-1.753
人均基础设施建设支出（对数）	521	-5.493	1.739	-15.930	-0.275
人均行政成本（对数）	898	-4.703	1.353	-13.984	0.568
其他公益性支出（对数）	514	-6.154	1.681	-16.846	-1.564

表6-2 控制变量和核心解释变量的统计性描述

变量名	样本量	平均值	标准差	最小值	最大值
\multicolumn{6}{c}{PanelA2002年数据的统计描述}
村庄人均纯收入（对数）	951	0.418	0.549	-2.529	2.367
村庄人均农业灌溉面积	911	1.001	1.345	0.000	13.713
村庄劳动力占比	961	0.508	0.144	0.058	2.368
村庄外出务工人员占比	933	0.082	0.080	0.000	0.469
人均稻米亩产量（对数）	961	0.195	0.330	0.000	6.527
人均小麦亩产量（对数）	961	0.149	0.205	0.000	1.643
人均玉米亩产量（对数）	961	0.248	0.354	0.000	6.201
村庄务农人口占比	955	0.343	0.153	0.000	1.898
村庄干部供养比例	957	0.008	0.006	0.001	0.047
村庄从事工商业劳动力比例	919	0.053	0.076	0.000	1.076
人均固定资产存量（对数）	826	-10.229	2.460	-17.467	0.713
村庄总人口（对数）	961	7.306	0.648	5.226	9.084
村庄是否已经实行村委会直选（海选）制度	961	0.935	0.246	0.000	1.000
村委会成员候选人是否村民直接提名产生	961	0.891	0.312	0.000	1.000
召开村民大会次数	938	3.822	3.207	0.000	25.000
\multicolumn{6}{c}{PanelB1998年数据的统计描述}
村庄人均纯收入（对数）	954	0.231	0.549	-1.900	2.053
村庄人均农业灌溉面积	909	1.032	1.390	0.000	14.069
村庄劳动力占比	960	0.496	0.130	0.000	2.000
村庄外出务工人员占比	933	0.061	0.066	0.000	0.449
人均稻米产量（对数）	960	0.191	0.300	0.000	5.498
人均小麦产量（对数）	960	0.155	0.212	0.000	2.000
人均玉米产量（对数）	960	0.241	0.330	0.000	5.681
村庄务农人口占比	952	0.356	0.143	0.000	1.507

143

续表

变量名	样本量	平均值	标准差	最小值	最大值
\multicolumn{6}{c}{PanelB1998 年数据的统计描述}					
村庄干部供养比例	956	0.009	0.006	0.000	0.063
村庄从事工商业劳动力占比	918	0.039	0.055	0.000	0.679
人均固定资产存量(对数)	823	-10.425	2.427	-16.945	0.703
村庄总人口(对数)	960	7.284	0.635	5.182	9.058
村庄是否已经实行村委会直选(海选)制度	961	0.787	0.410	0.000	1.000
村委会成员候选人是否村民直接提名产生	961	0.132	0.339	0.000	1.000
召开村民大会次数	938	3.216	2.953	0.000	26.000
\multicolumn{6}{c}{PanelC 不随时间变动村庄特征的统计描述}					
村庄地势	961	0.494	0.500	0	1
是不是大中城市郊区	961	0.209	0.407	0	1
是不是少数民族地区	961	0.080	0.272	0	1
是不是革命老区	961	0.155	0.362	0	1
与县城的距离	961	1.000	0.000	1	1
与乡镇政府的距离	955	24.248	21.054	0.5	160
与最近交通站的距离	953	4.971	5.731	0	100
村庄是否有小学	938	5.449	8.236	0	80
村庄是否有中学	961	0.800	0.400	0	1
1970 年代是否办过社队企业	961	0.099	0.299	0	1
是否处于国家级贫困县	961	0.544	0.498	0	1
灌溉方式	961	0.225	0.418	0	1
\multicolumn{6}{c}{PanelD 核心解释变量}					
累计至 2002 年是否实行农村税费改革	961	0.707	0.456	0	1
2000 年是否实行农村税费改革	961	0.052	0.222	0	1
2001 年是否实行农村税费改革	961	0.089	0.286	0	1
2002 年是否实行农村税费改革	961	0.550	0.498	0	1

从理论上来说，如果农村税费改革对于村庄而言完全是外生冲击，那么本质上我们是否加入控制变量只是起到缩小估计效果方差的作用，对估计效果并不会产生实质性的影响。为此，我们根据是否进行农村税费改革和改革时间进行基本的描述，观察在农村税费改革之后，村庄公共物品供给水平是否发生变化。我们单纯通过计算政策发生前后，政策组样本和对照组样本的平均值的差异对政策效果进行粗略的估计。具体结果见表 6-3。表 6-3 的 PanelA 是利用村庄人均集体性支出（对数）作为被解释变量进行测算的估计

结果。对于政策组而言，2002年村庄人均集体性支出（对数）均值为0.059，1998年村庄人均集体性支出（对数）均值为0.048，两者之差为0.011；对于控制组而言，2002年村庄人均集体性支出（对数）均值为0.119，1998年村庄人均集体性支出（对数）均值为0.084，两者之差为0.035。我们计算这两个差的差分，可以得到-0.024，这就是我们估计出的政策效果。同理，对于村庄人均集体性收入（对数）而言，我们同样估计出政策效果为-0.092。通过表6-3的初步测算，我们发现农村税费改革的确降低了村庄公共物品的供给水平。然而，这只是初步的测算结果，更进一步的回归结果将在后面部分呈现。

表6-3 简单双重差分估计政策效果

	PanelA 村庄人均集体性支出（对数）的效果		
	政策组	控制组	差分
2002年村庄人均集体性支出（对数）	0.059	0.119	-0.059
1998年村庄人均集体性支出（对数）	0.048	0.084	-0.036
差分	0.011	0.035	政策效果：-0.024
	PanelB 村庄人均集体性收入（对数）的效果		
	政策组	控制组	差分
2002年村庄人均集体性收入（对数）	0.076	0.144	-0.068
1998年村庄人均集体性收入（对数）	0.102	0.078	0.024
差分	-0.027	0.066	政策效果：-0.092

（四）DID估计结果

根据上一部分的统计描述，我们可以初步断定，农村税费改革的影响和我们的理论判断一致——农村税费改革会导致村庄公共物品供给水平的下降。然而，我们无法确定表6-3估计结果的显著性和稳健性。为此，我们首先使用双重差分模型对政策效果进行估计。在实际估计中我们根据（6-3）式构建下面的模型：

$$\Delta y_i = \delta \cdot Treatment + \Delta X_i \cdot \beta + \Delta \varepsilon_i \qquad (6-7)$$

（6-7）式的解释变量是2002年减去1998年的差分数据，ΔX表示2002年减去1998年的控制变量指标。我们没有采用标准的DID模型的原因在于，我们希望通过（6-7）式的回归结果和DID+PSM的结果进行对比。被解释变量为村庄人均集体性收入（对数）的回归结果见表6-4。表6-4第（1）列只加入了是否进行了农村税费改革的虚拟变量，回归结果显示，实行农村税费改革的村庄，村庄人均集体性收入将显著下降，效果接近50%。表6-4第（2）列是在第（1）列基础上加入村庄人均收入（对数）差分和其平方项作为控制变量，结果显示收入越高的村庄人均集体性收入越高，并且村庄人均收入（对数）差分的平方项也是显著大于零的，这说明人们对公共物品的需求是随着收入增加而不断递增的，而且收入增量越大，对公共物品需求的增加也相应越大。这符合"瓦格纳规则"——随着收入水平的提高，公共部门规模逐渐增加。虽然我们加入了关于村庄人均纯收入的控制变量，但是回归结果依然显示农村税费改革之后，村庄集体性收入显著下降，而且参数并没有发生较大变化。表6-4第（3）列是在第（2）列基础上加入了和人口、就业相关的控制变量，包括：村庄外出务工人员占比的差分、务农人口占比的差分、村庄总人口（对数）差分、村庄劳动力占比差分、村庄人均农业灌溉面积差分和村庄干部供养比例差分。在加入了村庄人口相关控制变量之后，实行农村税费改革对村庄公共物品供给的影响依然是负显著的，但参数效果下降了。表6-4第（4）列是在第（3）列基础上加入了人均固定资产（对数）差分和村庄从事工商业劳动力比例，回归结果依然显示，农村税费改革之后，村庄人均集体性收入显著下降。表6-4第（5）列是在第（4）列基础上加入了人均粮食亩产量的变量，农村税费改革对村庄人均集体性收入的影响依然为负显著。表6-4第（6）列是加入了所有的随时间可变的控制变量之后的回归结果，结果依然显示，农村税费改革之后，村庄人均集体性收入显著下降。综合观察表6-4，我们发现，农村税费改革对村庄人均集体性收入的影响效果相对稳健，基本维持在40%附近。对于其他控制变量而言，村庄人均纯收入（对数）和其平方项对村庄集体性收入的影响同样稳健，都是正向显著。村庄外出务工人员占比对村庄人均集体性收入的影响是负的，这说明村庄外出务工人员比例越高的村庄，公共物品供给的水平可能越低，关于这个话题的研究我们作为单独的一个章节进行分析。除此之外，村庄供养干部的比例越高，村庄集体性收入也就越高，这符合我们的理论判断。

第六章 农村税费改革对村庄公共物品供给水平和结构的影响

表6-4 农村税费改革与村庄人均集体性收入（对数）的回归结果

	(1)	(2)	(3)	(4)	(5)	(6)
是否实行农村税费改革	-0.492***	-0.457***	-0.376***	-0.406***	-0.397***	-0.435***
	(-6.416)	(-6.066)	(-4.257)	(-4.265)	(-4.178)	(-4.966)
村庄人均纯收入（对数）差分		0.585***	0.440**	0.342**	0.361**	0.298*
		(3.751)	(2.471)	(2.038)	(2.093)	(1.793)
村庄人均纯收入（对数）差分的平方		0.188***	0.274***	0.296***	0.304***	0.304***
		(2.600)	(2.902)	(3.379)	(3.272)	(3.340)
村庄外出务工人员占比差分			-1.251	-2.381*	-2.331*	-2.480*
			(-1.125)	(-1.712)	(-1.672)	(-1.746)
村庄务农人口占比差分			-0.390	-0.023	-0.054	0.058
			(-0.744)	(-0.037)	(-0.087)	(0.092)
村庄总人口（对数）差分			1.051	1.277	1.088	-0.012
			(1.135)	(1.117)	(0.959)	(-0.022)
村庄劳动力占比差分			1.579**	0.508	0.670	0.724
			(2.227)	(0.483)	(0.627)	(0.672)
村庄人均农业灌溉面积差分			0.103	0.092	0.077	0.057
			(1.124)	(1.129)	(0.915)	(0.775)
村庄干部供养比例差分			82.660***	82.720***	81.880***	86.598***
			(3.049)	(2.623)	(2.594)	(2.713)
人均固定资产（对数）差分				0.349***	0.350***	0.319***
				(2.742)	(2.719)	(2.674)
村庄从事工商业劳动力占比				0.002	0.013	0.061
				(0.002)	(0.017)	(0.076)
人均稻米亩产量（对数）差分					-0.267	-0.252
					(-0.827)	(-0.804)
人均小麦亩产量（对数）差分					-1.158**	-1.098**
					(-2.125)	(-2.051)
人均玉米亩产量（对数）差分					-0.273	-0.281
					(-0.946)	(-0.945)
村庄是否实行村委会直选（海选）差分						0.052
						(0.388)
村委会成员候选人是否村民直接提名产生差分						0.016
						(0.180)
召开村民大会次数差分						0.026
						(1.197)
截距项	0.165***	0.005	0.030	-0.041	-0.056	-0.034
	(3.136)	(0.086)	(0.356)	(-0.410)	(-0.560)	(-0.310)

续表

	(1)	(2)	(3)	(4)	(5)	(6)
样本量	812	804	745	626	626	614
R-sq	0.034	0.053	0.095	0.118	0.123	0.129

注：①上述所有回归的标准误差均采用稳健标准误；②*、**和***分别表示数据在10%、5%和1%的水平上显著，全书同。

表6-4的被解释变量是村庄人均集体性收入（对数），下面我们将被解释变量更换为村庄人均集体性支出（对数），具体回归结果见表6-5。同样的，表6-5第（1）列只加入了是否实行农村税费改革一个变量，实行农村税费改革之后，村庄人均集体性支出下降了近20%，虽然这个效果和表6-4第（1）列相比小了很多，但是村庄的集体性收入和支出并没有像政府部门那样严格要求当年的收入必须等于支出，因此很多村庄的集体性收入和支出都是不相等的。表6-5第（2）列是在第（1）列基础上加入了村庄人均收入（对数）差分和其平方项作为控制变量；表6-5第（3）列是在第（2）列基础上加入了和人口、就业相关的控制变量，包括：村庄外出务工人员占比的差分、村庄务农人口占比差分、村庄总人口（对数）差分、村庄劳动力占比差分、村庄人均农业灌溉面积差分和村庄干部供养比例差分；表6-5第（4）列是在第（3）列基础上加入了人均固定资产（对数）差分和村庄从事工商业劳动力占比；表6-5第（5）列是在第（4）列基础上加入了人均粮食亩产量的差分；表6-5第（6）列是加入了所有的随时间可变的控制变量。观察表6-5第一行，我们同样发现，在农村税费改革之后，村庄人均集体性支出显著下降。从参数效果来看，农村税费改革之后，村庄人均集体性支出下降约为16.1%。其余的结论大致和表6-4相同。

表6-5 农村税费改革与村庄人均集体性支出（对数）的回归结果

	(1)	(2)	(3)	(4)	(5)	(6)
是否实行农村税费改革	-0.198***	-0.170***	-0.164***	-0.146**	-0.141**	-0.149**
	(-3.490)	(-3.085)	(-2.651)	(-2.233)	(-2.149)	(-2.315)
村庄人均纯收入（对数）差分		0.343***	0.322***	0.233**	0.249**	0.245**
		(3.539)	(2.861)	(2.237)	(2.266)	(2.377)
村庄人均纯收入（对数）差分的平方		0.091	0.141	0.099	0.099	0.102
		(1.311)	(1.570)	(1.182)	(1.129)	(1.222)
村庄外出务工人员占比差分			-1.221	-1.578*	-1.564*	-1.473
			(-1.508)	(-1.703)	(-1.695)	(-1.600)

第六章　农村税费改革对村庄公共物品供给水平和结构的影响

续表

	(1)	(2)	(3)	(4)	(5)	(6)
村庄务农人口占比差分			0.088	0.290	0.279	0.312
			(0.272)	(0.621)	(0.598)	(0.629)
村庄总人口(对数)差分			0.024	-0.276	-0.306	-0.247
			(0.085)	(-1.081)	(-1.179)	(-0.898)
村庄劳动力占比差分			0.448	-0.156	-0.055	-0.116
			(1.119)	(-0.209)	(-0.072)	(-0.151)
村庄人均农业灌溉面积差分			0.005	-0.008	-0.011	-0.007
			(0.120)	(-0.222)	(-0.277)	(-0.179)
村庄干部供养比例差分			34.898***	25.823*	23.514*	25.114*
			(2.715)	(1.945)	(1.751)	(1.824)
人均固定资产(对数)差分				0.156*	0.155*	0.160*
				(1.720)	(1.702)	(1.714)
村庄从事工商业劳动力占比				0.766*	0.772*	0.847**
				(1.962)	(1.958)	(2.166)
人均稻米亩产量(对数)差分					0.255	0.255
					(1.210)	(1.227)
人均小麦亩产量(对数)差分					-0.453	-0.453
					(-0.851)	(-0.881)
人均玉米亩产量(对数)差分					-0.459***	-0.434***
					(-3.926)	(-4.084)
村庄是否实行村委会直选(海选)差分						-0.026
						(-0.321)
村委会成员候选人是否村民直接提名产生差分						-0.094
						(-1.317)
召开村民大会次数差分						0.050***
						(2.872)
截距项	0.229***	0.135***	0.135**	0.103*	0.093	0.139
	(4.928)	(3.065)	(2.394)	(1.657)	(1.499)	(1.598)
样本量	893	883	811	679	679	664
R-sq	0.012	0.025	0.043	0.042	0.054	0.068

注：上述所有回归的标准误差均采用稳健标准误。

表6-4和表6-5的回归结果都显示无论用村庄人均集体性收入（对数）还是用集体性支出（对数）来度量村庄公共物品供给水平，在农村税费改革

149

之后，村庄公共物品供给的水平均显著下降。这和我们的直觉以及理论判断是相一致的。然而，我们除了希望知道农村税费改革对村庄公共物品供给水平的影响之外，还希望知道农村税费改革对不同类型的村庄公共物品供给产生了什么样的影响。为此我们将被解释变量更换为村庄人均分项集体性支出（对数），并重复之前的回归，结果呈现在表6-6中。表6-6第（1）列的被解释变量为人均生产性支出（对数）；第（2）列的被解释变量为人均教育支出（对数）；第（3）列的被解释变量为人均医疗卫生支出（对数）；第（4）列的被解释变量为人均基础设施建设支出（对数）；第（5）列的被解释变量为人均行政成本（对数）；第（6）列的被解释变量为其他公益性支出（对数）。在表6-6的全部回归中我们加入了所有的控制变量，回归结果显示只有人均教育支出（对数）和人均行政成本（对数）在农村税费改革之后显著下降，其他分项支出并没有呈现明显的变化。人均教育支出和人均行政成本的下降是合理的，因为农村税费改革之后，村庄没有了收税和收费权，也就没有了固定的公共物品供给资金来源，教育作为一项重要的公共物品，管理和供给的责任上升到县级层面，由县级政府直接负责教育类公共物品的供给。对于人均行政成本而言，在农村税费改革之后，村庄集体性收入减少，并且村务公开透明度更高，压缩村组干部补贴和村行政开支成为村干部的理性选择。

表6-6 农村税费改革与村庄人均集体性分项支出（对数）的回归结果

被解释变量	（1）人均生产性支出（对数）	（2）人均教育支出（对数）	（3）人均医疗卫生支出（对数）	（4）人均基础设施建设支出（对数）	（5）人均行政成本（对数）	（6）其他公益性支出（对数）
是否实行农村税费改革	0.092	-0.332***	-0.152	-0.222	-0.134***	-0.069
	(0.500)	(-2.754)	(-1.336)	(-1.414)	(-2.773)	(-0.715)
村庄人均纯收入（对数）差分	0.134	0.189	0.295	0.078	0.191**	-0.111
	(0.365)	(0.721)	(1.332)	(0.258)	(2.555)	(-0.477)
村庄人均纯收入（对数）差分的平方	0.368	0.045	0.293***	0.214	0.197***	0.079
	(1.559)	(0.502)	(4.490)	(0.943)	(4.493)	(0.465)
村庄外出务工人员占比差分	-2.362	-2.162	1.813	0.147	-0.110	-1.558
	(-1.127)	(-1.219)	(0.755)	(0.101)	(-0.165)	(-0.894)
村庄务农人口占比差分	1.075	-1.115	0.710	-0.656	0.451	0.895
	(1.161)	(-1.062)	(0.942)	(-0.704)	(1.293)	(1.471)

续表

	(1)	(2)	(3)	(4)	(5)	(6)
村庄总人口（对数）差分	2.658	-0.685	-0.065	-0.095	-0.320	0.060
	(1.571)	(-1.577)	(-0.119)	(-0.135)	(-1.277)	(0.161)
村庄劳动力占比差分	-2.464	0.322	-0.087	-1.622	-0.177	-0.133
	(-1.262)	(0.213)	(-0.083)	(-1.369)	(-0.381)	(-0.158)
村庄人均农业灌溉面积差分	0.106	0.031	-0.018	-0.113	0.001	0.002
	(1.389)	(0.271)	(-0.554)	(-1.295)	(0.067)	(0.024)
村庄干部供养比例差分	17.082	-13.953	20.524	38.353**	36.037***	13.653
	(0.391)	(-0.709)	(1.158)	(2.000)	(3.601)	(0.839)
人均固定资产（对数）差分	0.149	0.065	0.278	0.275	0.225***	0.366**
	(0.655)	(0.417)	(1.571)	(1.639)	(2.758)	(2.107)
村庄从事工商业劳动力占比	-3.638	-4.170**	-0.734	0.665	-0.757**	0.854
	(-0.888)	(-2.082)	(-0.375)	(1.393)	(-2.147)	(1.601)
人均稻米亩产量（对数）差分	1.992	-0.350*	0.316	0.282	-0.005	0.263
	(1.520)	(-1.711)	(1.076)	(1.135)	(-0.035)	(0.855)
人均小麦亩产量（对数）差分	1.408	-0.058	0.743	-2.352**	-0.120	-0.122
	(1.341)	(-0.069)	(1.328)	(-2.062)	(-0.509)	(-0.121)
人均玉米亩产量（对数）差分	-0.728***	-0.137	-1.014*	0.926***	-0.075	-0.486
	(-4.184)	(-0.452)	(-1.825)	(2.817)	(-1.211)	(-0.560)
村庄是否实行村委会直选（海选）差分	0.210	-0.176	-0.100	-0.079	0.068	0.180*
	(1.069)	(-1.252)	(-0.689)	(-0.427)	(1.269)	(1.682)
村委会成员候选人是否村民直接提名产生差分	-0.396**	0.169	-0.102	0.056	-0.045	-0.055
	(-2.170)	(1.412)	(-0.918)	(0.345)	(-0.992)	(-0.581)
召开村民大会次数差分	0.061	0.031	0.130***	0.058	0.015	0.037
	(1.641)	(0.848)	(3.030)	(1.475)	(1.457)	(1.129)
截距项	0.185	-0.033	-0.029	0.087	0.070	0.056
	(0.823)	(-0.213)	(-0.193)	(0.440)	(1.066)	(0.416)
样本量	287	388	151	369	656	391
R-sq	0.119	0.045	0.235	0.079	0.125	0.074

注：上述所有回归的标准误差均采用稳健标准误。

（五）DID+PSM 估计结果

前面的 DID 回归结果显示，农村税费改革之后，村庄公共物品供给水平显著下降。从分项支出来看，教育类公共物品供给和村庄行政开支显著下降，其余类型的支出没有显著变化。为了使估计结果更加精确,我们进一步使用DID+PSM方法对上一部分的结果进行重新估计。具体的估计结果见表6-7。表6-7的第(1)列是被解释变量为村庄人均集体性支出(对数)的估计结果,其第一阶段的Logit回归只控制了随时间变化的变量,估计结果显示,农村税费改革之后,村庄人均集体性支出(对数)下降了26.6%。表6-7第(2)列是被解释变量为村庄人均集体性支出(对数)的估计结果,其第一阶段的Logit回归同时控制了随时间变化的变量和村庄不随时间变化的特征,该列回归结果显示农村税费改革之后,村庄人均集体性支出(对数)同样下降了26.6%。这说明,无论是否控制村庄不随时间变化的特征,估计结果基本不会发生变化。表6-7第(3)列的被解释变量为村庄人均集体性收入(对数),第一阶段的Logit回归只控制了随时间变化的村庄变量,估计结果显示,农村税费改革之后,村庄人均集体性收入(对数)下降了56.6%。表6-7第(4)列的被解释变量同样为村庄人均集体性收入(对数),但第一阶段Logit回归结果不仅控制了随时间变化的控制变量还控制了不随时间变化的村庄特征,回归结果显示,农村税费改革之后,村庄人均集体性收入(对数)下降了57.9%。这个估计结果虽然和第(3)列有所差别,但是差距很小。观察表6-7,我们发现,参加PSM的样本量要小于参与回归的总样本,这是因为在估计时剔除了没有被匹配上的样本。对表6-7而言,我们还有两点需要说明:第一,表6-7的匹配选择的是高斯核密度函数;第二,所有参与Logit回归的变量的时间点都是1998年,这样可以避免由于农村税费改革影响控制变量而造成的内生性。

表6-7 农村税费改革与村庄人均集体性收支(对数)的回归结果(DID+PSM)

被解释变量	(1)	(2)	(3)	(4)
	村庄人均集体性支出(对数)		村庄人均集体性收入(对数)	
ATT	-0.266***	-0.266***	-0.566***	-0.579***
	(-5.139)	(-5.035)	(-5.527)	(-5.499)
控制组样本量	177	168	188	175
政策组样本量	491	478	458	449
	Logit回归结果			
村庄人均纯收入(对数)差分	1.320***	1.091***	1.306***	1.054***
	(5.253)	(3.396)	(5.632)	(3.649)

第六章 农村税费改革对村庄公共物品供给水平和结构的影响

续表

	(1)	(2)	(3)	(4)
	\multicolumn{4}{c|}{Logit 回归结果}			
村庄人均纯收入(对数)差分的平方	-1.507***	-1.705***	-1.461***	-1.603***
	(-5.537)	(-5.413)	(-5.753)	(-5.542)
村庄外出务工人员占比差分	2.665	3.104	3.327*	3.470*
	(1.499)	(1.520)	(1.875)	(1.760)
村庄务农人口占比差分	0.990	3.088**	0.560	2.458**
	(0.960)	(2.339)	(0.559)	(1.963)
村庄总人口(对数)	0.174	-0.182	0.150	-0.168
	(0.664)	(-0.524)	(0.593)	(-0.503)
村庄劳动力占比	2.176**	0.721	1.837*	0.427
	(1.981)	(0.534)	(1.725)	(0.324)
村庄人均农业灌溉面积	-0.369***	-0.402***	-0.385***	-0.394***
	(-4.639)	(-3.774)	(-4.707)	(-3.841)
村庄干部供养比例差分	45.973*	60.087*	53.638**	73.907**
	(1.676)	(1.743)	(2.099)	(2.136)
人均固定资产(对数)差分	-0.013	-0.025	-0.005	-0.024
	(-0.279)	(-0.576)	(-0.118)	(-0.550)
村庄从事工商业劳动力占比	0.257	0.437	0.191	0.311
	(0.587)	(0.737)	(0.464)	(0.594)
人均稻米亩产量(对数)	1.396*	0.028	0.918	-0.022
	(1.692)	(0.031)	(1.095)	(-0.027)
人均小麦亩产量(对数)	-0.340	-0.252	-0.392	-0.307
	(-0.928)	(-0.517)	(-1.063)	(-0.677)
人均玉米亩产量(对数)	0.780***	0.767***	0.728***	0.740***
	(3.441)	(2.883)	(3.423)	(2.824)
村庄是否实行村委会直选(海选)	0.102	0.034	0.145	0.096
	(0.356)	(0.103)	(0.538)	(0.296)
村委会成员候选人是否村民直接提名产生	-0.033	-0.033	-0.037	-0.026
	(-1.023)	(-0.832)	(-1.213)	(-0.698)
村庄地势		1.524***		1.448***
		(4.976)		(5.004)
是不是大中城市的郊区		-0.173		0.082
		(-0.457)		(0.224)
是不是少数民族地区		-0.591		-0.724*
		(-1.406)		(-1.756)

续表

	(1)	(2)	(3)	(4)
	\multicolumn{4}{c}{Logit 回归结果}			
是不是革命老区		-1.942***		-2.271***
		(-5.216)		(-5.859)
与县城的距离		-0.025***		-0.022***
		(-3.728)		(-3.408)
与乡政府的距离		-0.040		-0.039
		(-1.509)		(-1.481)
与最近交通站的距离		0.005		-0.021
		(0.306)		(-1.505)
村庄中是否有小学		-0.358		-0.120
		(-1.128)		(-0.414)
村庄中是否有中学		0.091		0.162
		(0.226)		(0.431)
1970年代是否办过社队企业		0.358		0.280
		(1.438)		(1.170)
是否处于国家级贫困县		1.393***		1.484***
		(3.243)		(3.497)
截距项	-2.468	0.450	-1.874	0.488
	(-1.084)	(0.157)	(-0.845)	(0.177)
样本量	668	646	735	712

注：①参与 Logit 回归的控制变量均采用1998年的变量；②匹配选择高斯核函数。

表6-8是村庄人均分项支出（对数）为被解释变量的回归结果，为了节省篇幅我们没有报告第一阶段 Logit 的回归结果。表6-8第（1）列至第（6）列的被解释变量依次为村庄人均生产性支出（对数）、人均教育支出（对数）、人均医疗卫生支出（对数）、人均基础设施建设支出（对数）、人均行政成本（对数）和人均其他公益性支出（对数）。和 DID 的回归结果大致相同，农村税费改革之后，人均教育支出（对数）和人均行政成本（对数）显著下降。表6-8和表6-6唯一不同的是，使用 DID 方法进行回归时，农村税费改革对村庄人均基础设施建设支出的影响的显著性没有达到10%，而使用 DID+PSM 方法进行回归时，人均基础设施建设支出（对数）的参数效果在10%的水平上显著为负。

第六章　农村税费改革对村庄公共物品供给水平和结构的影响

表6-8　农村税费改革与村庄人均分项支出（对数）的回归结果（DID+PSM）

	(1)	(2)	(3)	(4)	(5)	(6)
	人均生产性支出（对数）	人均教育支出（对数）	人均医疗卫生支出（对数）	人均基础设施建设支出（对数）	人均行政成本（对数）	人均其他公益性支出（对数）
ATT	-0.051	-0.344***	-0.195	-0.241*	-0.165***	-0.085
	(-0.322)	(-2.862)	(-1.518)	(-1.731)	(-3.300)	(-0.927)
控制组样本量	80	113	48	96	169	116
政策组样本量	207	274	86	265	496	273

注：①参与 Logit 回归的控制变量均采用1998年的变量；②匹配选择高斯核函数；③省略了第一阶段的 Logit 回归结果，如有需要请向作者索取。

综合 DID+PSM 回归结果，我们发现 DID+PSM 的回归结果和 DID 的回归结果在显著性和参数的方向上基本一致。这说明，农村税费改革显著地降低了村庄公共物品的供给水平，尤其是村庄教育支出和行政成本。

（六）敏感性分析

1. 关于 PSM+DID 匹配加权函数选择的敏感性分析

表6-7和表6-8的回归采用了高斯核密度函数进行匹配。下面我们更换核密度函数进行重新估计，观察估计结果对核密度函数的选择是否敏感。为了节省篇幅，我们不报告第一阶段的 Logit 回归结果，只报告最终估计出的 ATT（处理组的平均处理效果）。表6-9的被解释变量为村庄人均集体性支出（对数），第（1）列选择双权核密度函数（biweight）进行估计；第（2）列选择叶帕捏奇尼科夫核密度函数（Epn）进行估计；第（3）列选择邻域匹配（cliper），邻域的范围是0.1；第（4）列同样选择邻域匹配（cliper），邻域的范围是0.05；第（5）列选择相邻匹配（1对1）；第（6）列选择相邻匹配（1对2）。观察表6-9，我们发现，改变匹配的核密度函数并不会影响估计结果，农村税费改革之后，村庄人均集体性支出（对数）均显著下降了26.6%。

表6-9　被解释变量为村庄人均集体性支出（对数）（核密度函数的敏感性分析）

	(1)	(2)	(3)	(4)	(5)	(6)
ATT	-0.266***	-0.266***	-0.266***	-0.266***	-0.266***	-0.266***
	(-5.035)	(-5.035)	(-5.035)	(-5.035)	(-5.035)	(-5.035)
控制组样本量	168	168	168	168	168	168
政策组样本量	478	478	478	478	478	478
核密度函数	双权核密度函数	叶帕捏奇尼科夫核密度函数	邻域匹配（范围0.1）	邻域匹配（范围0.05）	相邻匹配（1对1）	相邻匹配（1对2）

注：①参与Logit回归的控制变量均采用1998年的变量；②省略了第一阶段的Logit回归结果，如有需要请向作者索取。

表6-10展示了被解释变量为村庄人均集体性收入（对数）的估计结果，我们同样对加权核密度函数进行敏感性分析。表6-10各列选择同表6-9。表6-10的回归依然显示，农村税费改革之后，村庄人均集体性收入（对数）均显著下降了57.9%，估计结果不依赖于核密度函数的选择。

表6-10　被解释变量为村庄人均集体性收入（对数）（核密度函数的敏感性分析）

	(1)	(2)	(3)	(4)	(5)	(6)
ATT	-0.579***	-0.579***	-0.579***	-0.579***	-0.579***	-0.579***
	(-5.499)	(-5.499)	(-5.499)	(-5.499)	(-5.499)	(-5.499)
控制组样本量	175	175	175	175	175	175
政策组样本量	449	449	449	449	449	449
核密度函数	双权核密度函数	叶帕捏奇尼科夫核密度函数	邻域匹配（范围0.1）	邻域匹配（范围0.05）	相邻匹配（1对1）	相邻匹配（1对2）

注：①参与Logit回归的控制变量均采用1998年的变量；②省略了第一阶段的Logit回归结果，如有需要请向作者索取。

2. 利用"共同支撑域"样本进行DID估计

DID+PSM本质上是通过PSM方法筛选出更加符合政策组的对照组样本进行估计的方法。按照这个思路，我们首先可以通过PSM方法确定"共同支撑域"的样本，然后使用"共同支撑域"的样本进行DID估计。这样做有两个好处：第一，我们同样结合了DID和PSM两种方法的优点；第二，我们可以对比用"共同支撑域"样本进行DID估计的结果和单纯使用DID方法估计的结果。本质上DID+PSM方法和单纯的DID在参数上进行比较是没有意义的

第六章 农村税费改革对村庄公共物品供给水平和结构的影响

(Angrist and Pischke, 2009)。表6-11是利用"共同支撑域"样本,被解释变量为村庄人均集体性收入(对数)的回归结果,对比表6-4和表6-11的结果,我们发现农村税费改革变量在利用"共同支撑域"样本进行回归时的参数效果更大一些,且更加显著。表6-12是利用"共同支撑域"样本,被解释变量为村庄人均集体性支出(对数)的回归结果,对比表6-12和表6-5,我们同样发现农村税费改革变量在利用"共同支撑域"样本进行回归时的参数效果更大一些,且更加显著。对比表6-11和表6-4,表6-12和表6-5可以说明首先使用PSM方法对控制组样本进行有效的筛选再进行回归可以使得估计结果更加精确。

表6-11 农村税费改革与村庄人均集体性收入(对数)
(利用"共同支撑域"样本)

	(1)	(2)	(3)	(4)	(5)	(6)
是否实行农村税费改革	-0.579***	-0.556***	-0.489***	-0.457***	-0.448***	-0.432***
	(-6.626)	(-6.565)	(-5.718)	(-5.467)	(-5.385)	(-4.946)
村庄人均纯收入(对数)差分		0.533***	0.351**	0.235	0.253	0.249
		(2.967)	(1.995)	(1.392)	(1.453)	(1.452)
村庄人均纯收入(对数)差分的平方		0.258***	0.354***	0.317***	0.326***	0.331***
		(3.096)	(3.777)	(3.433)	(3.333)	(3.366)
村庄外出务工人员占比差分			-2.438*	-2.521*	-2.506	-2.636*
			(-1.736)	(-1.652)	(-1.645)	(-1.696)
村庄务农人口占比差分			-0.053	0.186	0.146	0.078
			(-0.083)	(0.272)	(0.212)	(0.110)
村庄总人口(对数)差分			-0.149	0.226	0.039	0.058
			(-0.285)	(0.419)	(0.073)	(0.107)
村庄劳动力占比差分			1.071	0.293	0.454	0.473
			(1.042)	(0.280)	(0.426)	(0.441)
村庄人均农业灌溉面积差分			0.066	0.080	0.064	0.064
			(0.924)	(1.088)	(0.844)	(0.833)
村庄干部供养比例差分			96.001***	101.925***	101.327***	103.279***
			(3.146)	(3.153)	(3.148)	(3.197)
人均固定资产(对数)差分				0.304**	0.304**	0.301**
				(2.499)	(2.473)	(2.487)
村庄从事工商业劳动力占比				3.464**	3.456**	3.396**
				(2.297)	(2.284)	(2.198)

续表

	(1)	(2)	(3)	(4)	(5)	(6)
人均稻米亩产量（对数）差分					-0.347 (-1.006)	-0.356 (-1.010)
人均小麦亩产量（对数）差分					-1.159** (-2.186)	-1.135** (-2.170)
人均玉米亩产量（对数）差分					-0.161 (-0.513)	-0.174 (-0.547)
村庄是否实行村委会直选（海选）差分						0.077 (0.585)
村委会成员候选人是否村民直接提名产生差分						0.023 (0.251)
召开村民大会次数差分						0.010 (0.487)
截距项	0.178*** (2.842)	0.022 (0.354)	0.113 (1.553)	0.001 (0.016)	-0.013 (-0.159)	-0.056 (-0.518)
样本量	624	622	622	596	596	596
R-sq	0.046	0.072	0.120	0.135	0.140	0.142

注：①上述所有回归的标准误差均采用稳健标准误；②回归使用"共同支撑域"样本；③小括号里面的值是回归参数对应的 t 值。

表6–12　农村税费改革与村庄人均集体性支出（对数）
（利用"共同支撑域"样本）

	(1)	(2)	(3)	(4)	(5)	(6)
是否实行农村税费改革	-0.206*** (-2.812)	-0.194*** (-2.723)	-0.172** (-2.313)	-0.144** (-2.061)	-0.141** (-2.017)	-0.162** (-2.490)
村庄人均纯收入（对数）差分		0.401*** (3.550)	0.354*** (3.098)	0.251** (2.443)	0.261** (2.424)	0.251** (2.453)
村庄人均纯收入（对数）差分的平方		0.097 (1.270)	0.128 (1.361)	0.079 (0.925)	0.080 (0.907)	0.072 (0.832)
村庄外出务工人员占比差分			-0.730 (-0.873)	-1.022 (-1.223)	-1.018 (-1.220)	-0.985 (-1.213)
村庄务农人口占比差分			0.078 (0.160)	0.192 (0.380)	0.158 (0.308)	0.164 (0.308)
村庄总人口（对数）差分			-0.129 (-0.361)	-0.380 (-1.138)	-0.399 (-1.196)	-0.448 (-1.306)
村庄劳动力占比差分			0.719 (0.870)	-0.034 (-0.042)	0.034 (0.041)	-0.016 (-0.019)

第六章 农村税费改革对村庄公共物品供给水平和结构的影响

续表

	（1）	（2）	（3）	（4）	（5）	（6）
村庄人均农业灌溉面积差分			-0.001	-0.006	-0.013	-0.012
			（-0.023）	（-0.120）	（-0.219）	（-0.200）
村庄干部供养比例差分			25.445	18.245	16.902	17.934
			（1.570）	（1.224）	（1.159）	（1.233）
人均固定资产（对数）差分				0.081	0.081	0.076
				（0.983）	（0.976）	（0.894）
村庄从事工商业劳动力占比				1.880	1.805	1.829
				（1.459）	（1.406）	（1.402）
人均稻米亩产量（对数）差分					0.073	0.093
					（0.440）	（0.546）
人均小麦亩产量（对数）差分					-0.354	-0.364
					（-0.572）	（-0.609）
人均玉米亩产量（对数）差分					-0.154	-0.156
					（-0.760）	（-0.822）
村庄是否实行村委会直选（海选）差分						-0.086
						（-1.118）
村委会成员候选人是否村民直接提名产生差分						-0.098
						（-1.273）
召开村民大会次数差分						0.045**
						（2.332）
截距项	0.262***	0.168***	0.187***	0.144**	0.137**	0.213**
	（4.135）	（2.946）	（2.905）	（2.193）	（2.087）	（2.451）
样本量	599	597	597	573	573	573
R-sq	0.013	0.035	0.046	0.039	0.041	0.054

注：①上述所有回归的标准误差均采用稳健标准误；②回归使用"共同支撑域"样本；③小括号里面的值是回归参数对应的 t 值。

表 6-13 是利用"共同支撑域"样本，估计农村税费改革对村庄人均集体性分项支出（对数）的结果。回归结果同样显示，农村税费改革之后，村庄人均教育支出和人均行政成本显著下降，和表 6-6 的结果相比，参数差异不大。

表6-13 农村税费改革与村庄人均集体性分项支出（对数）的回归结果
（利用"共同支撑域"样本）

被解释变量	(1) 人均生产性支出（对数）	(2) 人均教育支出（对数）	(3) 人均医疗卫生支出（对数）	(4) 人均基础设施建设支出（对数）	(5) 人均行政成本（对数）	(6) 其他公益性支出（对数）
是否实行农村税费改革	-0.074 (-0.533)	-0.297** (-2.320)	-0.150 (-1.122)	-0.315* (-1.918)	-0.132*** (-2.660)	-0.072 (-0.689)
控制变量	村庄人均纯收入（对数）差分、村庄人均纯收入（对数）差分的平方、村庄外出务工人员占比差分、村庄务农人口占比差分、村庄总人口（对数）差分、村庄劳动力占比差分、村庄人均农业灌溉面积差分、村庄干部供养比例差分、人均固定资产（对数）差分、村庄从事工商业劳动力占比、人均稻米亩产量（对数）差分、人均小麦亩产量（对数）差分、人均玉米亩产量（对数）差分、村庄是否实行村委会直选（海选）差分、村委会成员候选人是否村民直接提名产生差分、召开村民大会次数差分					
样本量	287	388	151	369	656	391
R-sq	0.119	0.045	0.235	0.079	0.125	0.074

注：上述所有回归的标准误差均采用稳健标准误。

3. 平衡性检验

Dehejia 和 Wahba 认为，可以对控制变量每一个指标进行匹配后的 t 检验，当"共同支撑域"的政策组和对照组所有控制变量都不存在显著性差异的时候，我们就可以初步判定匹配结果是有效的，即条件独立性假定（CIA）得到满足。① 下面，我们对回归中随时间变化的变量进行匹配后的 t 检验，② 具体结果见表 6-14。通过观察，我们发现在进行匹配之后，政策组和对照组在控制变量上并没有明显的差异，从简单的 t 检验来看，没有任何两组变量的差异

---

① Dehejia Rajeev, and Wahba Sadek, "Causal Effects in Nonexpreimental Studies: Reevaluating the Evaluation of Training Programs." *Journal of the American Statistical Association*, Vol. 94, No. 448 (1999): 1053-1062.
② 我们在平衡性检验中并没有对随时间不变的村庄变量进行检验的原因在于：第一，从 DID + PSM 估计结果来看，是否加入村庄随时间不变的固定效应对回归结果的影响并不大；第二，为了节约篇幅，我们没有报告随时间不变的村庄变量的检验结果。我们对村庄不随时间变化的变量也进行了相应的检验，结果同样显示，在经过匹配之后，各变量在控制组和对照组之间没有显著性差异。

第六章 农村税费改革对村庄公共物品供给水平和结构的影响

达到10%的显著水平。通过表6-14的平衡性检验,我们可以初步断定,条件独立性假定(CIA)满足。

表6-14 农村税费改革与村庄人均集体性分项支出(对数)的平衡性检验

变量名	平均值 政策组	平均值 对照组	偏差占比(%)	t值	p>|t|
村庄人均纯收入(对数)差分	0.375	0.416	-7.6	-1.53	0.126
村庄人均纯收入(对数)差分的平方	0.321	0.346	-4.6	-1.02	0.31
村庄外出务工人员占比差分	0.068	0.069	-1.3	-0.18	0.854
村庄务农人口占比差分	0.358	0.343	10.5	1.59	0.131
村庄总人口(对数)	7.285	7.215	10.6	1.51	0.132
村庄劳动力占比	0.508	0.506	1.2	0.22	0.828
村庄人均农业灌溉面积	0.883	0.843	2.4	0.64	0.52
村庄干部供养比例差分	0.009	0.009	1.5	0.19	0.847
人均固定资产(对数)差分	-10.373	-10.395	0.9	0.15	0.878
村庄从事工商业劳动力占比	0.204	0.247	-13.7	-1.82	0.068
人均稻米亩产量(对数)	0.164	0.170	-2.6	-0.36	0.719
人均小麦亩产量(对数)	0.245	0.279	-10.2	-1.41	0.16
人均玉米亩产量(对数)	0.821	0.792	6.6	1.12	0.262
村庄是否实行村委会直选(海选)	0.141	0.115	7.6	1.19	0.236
村委会成员候选人是否村民直接提名产生	3.204	3.362	-5.2	-0.84	0.403

表6-14的检验在PSM中是非常重要的,如果政策组和对照组在某些控制变量上存在显著性的差异,说明当政策组和控制组的匹配倾向得分(即第一阶段Logit回归的拟合值)都相同时,两个组相同的控制变量存在显著性差异。这可能意味着实行农村税费改革的村庄和没有实行农村税费改革的村庄在某些特征上存在显著差异,这些差异可能会影响到回归结果。更重要的是,很可能上级政府进行农村税费改革试点时,就将这些存在差异的特征纳入了考虑当中。所幸,表6-14的结果显示,并不存在上述问题,这意味着我们的估计值更加贴近因果效应。

4. "安慰剂"试验

"安慰剂"试验是在进行DID回归时必须进行的检验。所谓"安慰剂"试验是指,如果我们设定了错误的改革试点,那么回归结果就不应该显著;而如果我们设定了错误的改革试点,回归结果依然显著,说明我们前面的估计结果很可能存在问题。本章将设计两个"安慰剂"试验。第一个"安慰剂"试验是假设农村税费改革的时间点错误，观察估计结果是否显著；第二个"安慰剂"试验是随机设置改革试点，观察回归结果是否显著。

"安慰剂"试验1：我们将改革的时间点设定为1998年，改革试点样本不变，我们观察农村税费改革试点是否影响了1998年的村庄公共物品供给水平。具体结果呈现在表6-15中，除了是否实行农村税费改革的虚拟变量之外，其余解释变量和被解释变量均使用1998年的数据。[①] 观察表6-15的回归结果，我们发现无论是村庄人均集体性收入或支出还是分项支出，农村税费改革虚拟变量均不显著。这从侧面说明了，农村税费改革虚拟变量和1998年的村庄集体性收支没有显著的关系。

表6-15 "安慰剂"试验1（1998年数据回归）

	(1)	(2)	(3)	(4)	(5)	(6)	(7)	(8)
被解释变量	村庄人均集体性收入（对数）	村庄人均集体性支出（对数）	人均生产性支出（对数）	人均教育支出（对数）	人均医疗卫生支出（对数）	人均基础设施建设支出（对数）	人均行政成本（对数）	其他公益性支出（对数）
村庄是否实行农村税费改革	0.001 (0.006)	-0.038 (-0.299)	-0.221 (-0.842)	0.327 (1.497)	0.081 (0.278)	-0.231 (-1.161)	0.134 (1.146)	-0.217 (-1.120)
控制变量	村庄人均纯收入(对数)差分、村庄人均纯收入(对数)差分的平方、村庄外出务工人员占比、村庄务农人口占比、村庄总人口(对数)、村庄劳动力占比、村庄人均农业灌溉面积、村庄干部供养比例、人均固定资产(对数)、村庄从事工商业劳动力占比、人均稻米亩产量(对数)、人均小麦亩产量(对数)、人均玉米亩产量(对数)、村庄是否实行村委会直选(海选)、村委会成员候选人是否村民直接提名产生、召开村民大会次数、村庄地势、是不是大中城市的郊区、是不是少数民族地区、是不是革命老区、与县城的距离、与乡政府的距离、与最近交通站的距离、村庄中是否有小学、村庄中是否有中学、1970年代是否办过社队企业、是否处于国家级贫困县								
样本量	649	646	326	444	185	417	672	426
R-sq	0.345	0.331	0.244	0.174	0.399	0.266	0.326	0.277

注：上述所有回归的标准误差均采用稳健标准误。

[①] 从理论上来说，我们应该使用农村税费改革之前年份的差分数据作为被解释变量更为妥当，但是由于2002年的CHIP数据只报告2002年和1998年的村庄集体性收支情况，所以我们只能用1998年的横截面数据进行回归。

第六章 农村税费改革对村庄公共物品供给水平和结构的影响

"安慰剂"试验2：我们随机生产一组是否实行农村税费改革的虚拟变量，并利用DID模型进行回归。因为政策变量是我们随机生成的，所以我们可以不断变换在整个样本中实行农村税费改革的村庄所占的比重，来测试回归的敏感性。随机生成的农村税费改革村庄占总样本的比重主要有如下三个标准：30%、50%和70%。观察表6-16的回归结果，我们可以发现，对随机生成的是否实行农村税费改革的虚拟变量进行双重差分回归后的回归结果是不显著的。这从另一个侧面说明，我们前面的回归结果是可靠的。当然，在我们多次随机生成的农村税费改革虚拟变量进行回归的过程中，偶有出现村庄人均集体性分项支出（对数）与是否实行农村税费改革之间存在显著关系的情况，这很可能是因为村庄集体性分项支出的样本非空值太少所导致的。从回归结果来看，绝大多数时候随机生成的农村税费改革虚拟变量和村庄人均集体性收支和分项支出（对数）之间并不存在显著关系。

表6-16 "安慰剂"试验2（随机生产政策变量）

被解释变量	(1) 村庄人均集体性收入（对数）	(2) 村庄人均集体性支出（对数）	(3) 人均生产性支出（对数）	(4) 人均教育支出（对数）	(5) 人均医疗卫生支出（对数）	(6) 人均基础设施建设支出（对数）	(7) 人均行政成本（对数）	(8) 其他公益性支出（对数）
	PanelA 随机生成的农村税费改革虚拟变量占总样本的30%							
是否实行农村税费改革	-0.105 (-1.029)	-0.034 (-0.519)	-0.186 (-1.329)	0.098 (0.862)	0.108 (0.901)	0.004 (0.029)	0.046 (1.026)	-0.068 (-0.799)
	PanelB 随机生成的农村税费改革虚拟变量占总样本的50%							
是否实行农村税费改革	0.056 (0.621)	0.069 (1.149)	-0.009 (-0.058)	-0.025 (-0.220)	0.029 (0.252)	0.088 (0.723)	0.010 (0.233)	-0.006 (-0.078)
	PanelC 随机生成的农村税费改革虚拟变量占总样本的70%							
是否实行农村税费改革	0.145 (1.535)	-0.030 (-0.478)	-0.124 (-0.647)	0.063 (0.521)	0.129 (1.242)	-0.044 (-0.319)	0.002 (0.033)	0.118 (1.167)
控制变量（差分）	村庄人均纯收入（对数）差分、村庄人均纯收入（对数）差分的平方、村庄外出务工人员占比、村庄务农人口占比、村庄总人口（对数）、村庄劳动力占比、村庄人均农业灌溉面积、村庄干部供养比例、人均固定资产、村庄从事工商业劳动力占比、人均稻米亩产量（对数）、人均小麦亩产量（对数）、人均玉米亩产量（对数）、村庄是否实行村委会直选（海选）、村委会成员候选人是否村民直接提名产生、召开村民大会次数							
样本量	649	646	326	444	185	417	672	426
R-sq	0.345	0.331	0.244	0.174	0.399	0.266	0.326	0.277

注：①上述所有回归的标准误差均采用稳健标准误；②所有参与回归的被解释变量和控制变量都经过了差分。

通过表 6-15 和表 6-16 两类"安慰剂"试验，我们发现无论是实施错误的改革时间点还是设置错误的改革试点，回归结果都显示设置错误的农村税费改革虚拟变量和被解释变量之间不存在显著关系。

5. 改革的时间效果

我们在对数据进行说明和描述性统计的时候，强调过农村税费改革不是一蹴而就的，而是逐步分批进行的，从 2000 年开始到 2004 年全面完成农村税费改革。我们研究的样本刚好处于农村税费改革的中间点，这恰好符合 DID 和 DID + PSM 方法的使用条件。但是这也带来另外一个问题，有些样本是 2000 年实行农村税费改革，到 2002 年已经进行了三年时间；而有的样本是 2001 年实行农村税费改革的，到 2002 年实行了两年；还有一些样本是 2002 年才开始进行农村税费改革。有可能改革时间点不同的样本在政策效果上会存在差别。我们在前文估计出的农村税费改革效果是平均效果，没有讨论不同改革时间点样本的效果是否存在差异。下面我们重点考察实行农村税费改革时间不同的村庄，改革效果是否存在显著性差异。我们将样本划分为三个子样本，第一个子样本是 2000 年实行农村税费改革的村庄和控制组样本；第二个子样本是 2001 年实行农村税费改革的村庄和控制组样本；第三个子样本是 2002 年实行农村税费改革的村庄和控制组样本；这样我们就能够分别估计出改革 3 年、2 年和 1 年的政策平均效果。回归结果在表 6-17 中呈现。表 6-17 第（1）~（3）列的被解释变量为村庄人均集体性收入（对数），第（4）~（6）列的被解释变量为村庄人均集体性支出（对数）；第（1）列和第（4）列的回归样本为 2000 年实行农村税费改革的村庄和控制组样本；第（2）列和第（5）列的回归样本为 2001 年实行农村税费改革的村庄和控制组样本；第（3）列和第（6）列的回归样本为 2002 年实行农村税费改革的村庄和控制组样本。从表 6-17 的回归结果来看，无论是使用哪一个子样本，农村税费改革都会对村庄集体性收入或支出产生负显著影响，但是我们并没有发现随着时间推移，农村税费改革对村庄公共物品供给的影响逐渐增强或减弱。

表 6-18 是 DID + PSM 的估计结果，回归结果依然显示，实行农村税费改革之后，村庄公共物品的供给水平是下降的。但是使用 2000 年实行农村税费改革的村庄和控制组样本进行估计的结果不显著。这可能源于 PSM 方法标准误差的计算方式，而普通 OLS 回归的标准差计算方法和 PSM 标准差计算方法不同。

第六章 农村税费改革对村庄公共物品供给水平和结构的影响

表6-17 改革的时间效果（DID）

	(1)	(2)	(3)	(4)	(5)	(6)
	\multicolumn{3}{c}{村庄人均集体性收入(对数)}	\multicolumn{3}{c}{村庄人均集体性支出(对数)}
是否实行农村税费改革	-0.503**	-0.403*	-0.428***	-0.234**	-0.258***	-0.218***
	(-2.181)	(-1.946)	(-4.671)	(-2.528)	(-2.660)	(-3.714)
子样本	2000年实行农村税费改革的村庄和控制组	2001年实行农村税费改革的村庄和控制组	2002年实行农村税费改革的村庄和控制组	2000年实行农村税费改革的村庄和控制组	2001年实行农村税费改革的村庄和控制组	2002年实行农村税费改革的村庄和控制组
控制变量	\multicolumn{6}{c}{村庄人均纯收入(对数)差分、村庄人均纯收入(对数)差分的平方、村庄外出务工人员占比、村庄务农人口占比、村庄总人口(对数)、村庄劳动力占比、村庄人均农业灌溉面积、村庄干部供养比例、人均固定资产(对数)、村庄从事工商业劳动力占比、人均稻米亩产量(对数)、人均小麦亩产量(对数)、人均玉米亩产量(对数)、村庄是否实行村委会直选(海选)、村委会成员候选人是否村民直接提名产生、召开村民大会次数}
样本量	207	234	504	207	228	525
R-sq	0.204	0.216	0.143	0.192	0.157	0.118

注：①上述所有回归的标准误差均采用稳健标准误；②所有回归的被解释变量和控制变量都经过了差分。

表6-18 改革的时间效果（DID+PSM）

	(1)	(2)	(3)	(4)	(5)	(6)
	\multicolumn{3}{c}{村庄人均集体性收入(对数)}	\multicolumn{3}{c}{村庄人均集体性支出(对数)}
ATT	-0.185	-0.396*	-0.256*	-0.421	-0.721*	-0.484***
	(-1.05)	(-2.52)	(-2.48)	(-0.83)	(-2.02)	(-3.86)
子样本	2000年实行农村税费改革的村庄和控制组	2001年实行农村税费改革的村庄和控制组	2002年实行农村税费改革的村庄和控制组	2000年实行农村税费改革的村庄和控制组	2001年实行农村税费改革的村庄和控制组	2002年实行农村税费改革的村庄和控制组

注：①上述所有回归的标准误差均采用稳健标准误；②所有回归均采用DID+PSM的方法，③第一阶段的控制变量和表6-7第（2）列相同，如有需要请向作者索要；④估计采用了高斯核密度函数。

五　总结与讨论

本章主要讨论农村税费改革对村庄公共物品供给的影响。我们主要使用双重差分方法（DID）和双重差分结合匹配倾向得分方法（DID + PSM）来评估农村税费改革对村庄公共物品供给的影响效果。结论是明确的，在农村税费改革后，村庄公共物品供给总量是下降的。从结构上来看，村庄集体性教育支出和行政成本在农村税费改革之后显著下降。这是因为农村税费改革之后，村集体没有收税或收费的权利，当村庄集体性收入下降时，一方面，教育类公共物品供给的责任上收到县级政府；另一方面，村委会不需要很多干部完成税费征收任务，再加上村务公开透明度越来越高，降低村庄行政开支成为村委会干部的理性选择。

本章研究的理论逻辑很简单。农村税费改革之后，村庄集体性收入的主要渠道"三提五统"被切断了，导致村庄集体性收入下滑，这必然会导致村庄公共物品供给的下降。然而本章研究的亮点主要为：①以往的很多研究都是使用局部调研数据研究农村税费改革对村庄公共物品供给的影响，鲜有学者使用全国层面的大样本村庄数据讨论该问题，而本文利用CHIP2002数据来分析农村税费改革对村庄公共物品的供给总量和结构的影响。CHIP2002数据涵盖了全国22个省区市900多个村庄。②本文利用DID和DID + PSM方法细致研究了农村税费改革对村庄公共物品的影响。以往的研究绝大多数是应用横截面数据，这在政策评估中难以剔除村庄固定效应对政策效果的影响，而使用DID方法可以剔除村庄固定效应对政策效果的影响。除此之外，我们还使用了DID + PSM方法，使得对照组样本的选择更加精确，估计效果更加准确。而且多种敏感性分析都显示，我们设定的计量回归方程符合条件独立假定（CIA），因此估计结果是可信的。

我们利用CHIP2002数据估计了农村税费改革对村庄公共物品供给的影响，从估计结果来看，农村税费改革之后，村庄人均集体性收入显著下降了约40%，村庄人均集体性支出显著下降了约16.1%。相对来说，上述估计量并不小，这说明农村税费改革之后，村庄公共物品供给的下降幅度较大。农村税费改革之后，村集体缺少收入来源导致村庄公共物品供给水平下降，中央政府随后出台了"一事一议"制度作为农村税费改革之后村庄公共物品供给缺乏资金的解决方案。但从本章的回归结果来看，"一事一议"制度并没有起到显著的作用，而这就是我们第七章研究的主题——"一事一议"制度与村庄公共物品供给。

第七章 "一事一议"制度对村庄公共物品供给的影响

一 引言

虽然农村税费改革降低了农民的负担，但也导致村庄公共物品供给水平的下降。村庄公共物品供给水平的下降不仅导致农村居民福利水平下降，同时也影响农业生产。在农村税费改革之后，除了法定的涉农税收之外，中央明令禁止向农民征收各种税费和摊派。由此，切断了村庄公共物品供给的主要资金来源。在安徽等地，村民率先以"一事一议"的方式提供村庄公共物品。这引起了中央的关注，随后中央出台了关于"一事一议"制度的文件，"一事一议"制度成为农村税费改革之后，村庄公共物品供给的重要方式。所谓"一事一议"制度，是指村庄每一次需提供公共物品时村民都进行一次商讨，在村民自主协商的基础上，由村民自主决定，自主筹资筹劳提供公共物品的一种方式。从实际运行效果来看，"一事一议"制度并没有起到显著的效果。国家统计局农村社会经济调查总队在2005年对全国31个省区市的6.8万农户进行了调查，调查结果显示2005年"一事一议"筹资人均1.6元，并且只有10%的行政村有"一事一议"筹资筹劳项目，其余村庄都没有通过开展"一事一议"筹资筹劳方式提供村庄公共物品。我们也利用CHIP2002数据，对实行了农村税费改革的村庄进行了描述。我们发现，在CHIP2002村庄数据中，有679个村庄进行了农村税费改革，但只有215个村庄在2002年实行了"一事一议"，占总样本的比例不到1/3，且人均"一事一议"支出只有5.82元。虽然我们利用CHIP2002村庄数据对"一事一议"的描述对比国家统计局农村社会经济调查总队2005年的调查结果稍有差异，但是这两组描述都表达了同样的事实——"一事一议"并没有成为中国村庄公共物品供给的有效制度。不仅真正实行"一事一议"的村庄占比较低，而且在开展了"一事一议"项目的村庄里，人均或户均筹资筹劳水平也较低。

"一事一议"制度最初并不完全是由中央下发正式文件要求各地执行的，而是农村税费改革之后，为了供给村庄公共物品，村民自主在基层实践中开始运用的。巢湖地区在农村税费改革之后最早实行了"一事一议"，后被中央当作典型推广到全国。2007年1月16日国务院办公厅转发农业部《村民一事一议筹资筹劳管理办法》，中央正式下发关于村庄"一事一议"的文件。文件要求各地区必须按照"量力而行、群众受益、民主决策、上限控制、公开使用"的原则开展"一事一议"，且"一事一议"提案必须经由本村半数或者2/3以上的农户（年满18周岁）参加的村民会议或村民代表大会投票通过（赞成票必须占到参会人数的一半以上才算通过）方可施行。

"一事一议"制度的设计具备很强的合理性：一方面，村民能够通过"一事一议"表达自己对公共物品供给规模、结构等的意见，并且可以通过村庄民主化的方式形成村民的集体性意见，这充分尊重了村民的意见，明确显示了公共物品的需求信息；另一方面，村民通过"一事一议"筹资筹劳方式供给公共物品，不仅能够充分考虑公共物品的成本，而且也会更加爱惜公共物品。[1] 然而，这样的制度却没有办法成为中国村庄公共物品供给的有效制度。我们梳理和总结了现有关于"一事一议"的研究，发现很多研究仅是利用局部调查的案例展开讨论，缺乏大样本的经验证据，而且学者们并没有对"一事一议"制度无法成为村庄公共物品供给有效制度的原因进行深入的探讨，很多理论解释直接借鉴了西方政治经济学的投票理论，并没有结合中国现实对上述问题进行探讨。因此本章的研究目标为：①解释为什么"一事一议"制度无法成为中国村庄公共物品供给的有效制度；②为我们所提出的理论判断提供经验证据。

我们认为"一事一议"制度之所以无法成为中国村庄公共物品供给的主要制度，原因在于执行"一事一议"制度的村委会是村民自治组织，法律并没有赋予村委会任何的执法权。即便村民大会或村民代表大会通过了某一项

---

[1] 如果由上级政府提供公共物品，就需要能够准确收集村民对公共物品需求的信息，但在现实中很可能因为成本由公共财政承担，村民对公共物品的需求表达超过了公共物品供给的最优水平，导致过度供给公共物品。此外在使用中，村民很可能不爱惜公共物品，导致公共物品的使用年限缩短。

"一事一议"筹资筹劳方案,对于投反对票的村民而言,依然可以拒不按照方案筹资筹劳,这将成为"一事一议"制度无法成为中国村庄公共物品供给主要方式的重要原因。虽然村委会可以通过村规民约或者村庄舆论给拒不执行筹资筹劳方案的村民施加一定的压力,甚至可以采取一定的非货币性惩罚,但是这样的惩罚力度较弱,无法严格约束反对"一事一议"筹资筹劳方案村民的违约行为,"一事一议"项目的顺利开展依旧无法得到有效保障。上面的理论逻辑虽然简单,但是很难利用计量进行验证,为了能够顺利检验上面的逻辑,我们根据前面的理论逻辑形成了推论——收入差距越大的村庄,"一事一议"筹劳筹资的可能性越低,实际的筹资筹劳总额也越低。我们可以想象,在给定村庄平均收入的前提下,收入差距越大意味着富人占有的收入比重越高,穷人占有的收入比重越低。收入超过"中位数"的人群会执行"一事一议"筹资筹劳方案,而其余人则会反对"一事一议"筹资筹劳方案,不会按照方案筹资筹劳,因此低于收入中位数的人群越大,"一事一议"筹资筹劳的可能性就越低,能够筹到的金额也越少。在经验研究方面,我们利用CHIP2002和CHIP2007数据对上面的理论推论进行验证。计量结果显示,收入差距越大的村庄,"一事一议"筹资筹劳越少,实行"一事一议"的可能性也越低;收入越高的村民,"一事一议"筹资筹劳越多。计量结果显著、稳健,因此理论分析和经验结论相一致。

本章的安排如下:第二部分是一个简单的理论模型;第三部分是数据来源和统计性描述;第四部分是经验研究;第五部分是总结与讨论。

二 一个简单的理论模型

我们借鉴前面的理论分析框架讨论"一事一议"条件下,村庄公共物品供给的决策问题。假设村民的效用函数满足:

$$U(x, G) \tag{7-1}$$

其中 x 表示私人消费品,G 表示村庄公共物品。村民 i 的预算约束为:

$$M_i = x_i + g_i \tag{7-2}$$

其中 M_i 表示村民 i 的收入水平,g_i 表示村民 i 的公共物品筹资筹劳金额。在模型中,我们不区分筹资和筹劳,将筹劳换算为筹资额。

国务院办公厅转发农业部《村民一事一议筹资筹劳办法》的通知（国办发〔2007〕4号）明确规定，筹资筹劳事项可以由村民委员会提出；也可以由村民提出，提出筹资筹劳事项的村民人数需占到整个村庄的10%；或者也可由村民代表提出，且村民代表占村庄村民人数的比例要超过20%。除此之外，村民会议或者村民代表大会的提案需要提前向村民公布，广泛征求意见。根据上述文件的规定和中国村庄"一事一议"项目的实际操作过程，我们将决策过程整理如下：①村庄中由部分村民或者由村委会提出公共物品"一事一议"筹资筹劳提议；②村委会收到提议后，将具体情况向部分村民通报，并初步征求意见，之后村委会起草"一事一议"筹资筹劳方案；③召开村民大会或村民代表大会审议"一事一议"筹资筹劳方案；④大会通过后落实筹资筹劳方案。

我们重点考虑后面两个决策过程，前面两个决策过程是"一事一议"提案的形成过程。当"一事一议"方案出台之后，需要召开村民大会和村民代表大会，决定方案是否通过。国务院相关文件要求"一事一议"项目赞成票必须超过50%，但是在实际运行过程中，各地方所要求的赞成票比例是不一样的。一般而言，实际落地的"一事一议"项目所获得的赞成票比例均超过50%。我们的理论模型依然按照"中位数"投票理论来确定公共物品供给的均衡规模，调整赞成票通过的比例不会影响到我们模型的结论。

我们首先考虑村民代表大会或村民大会所确定的公共物品规模。村庄"一事一议"筹资筹劳原则上按照均摊原则执行，即每人或每户平均分担公共物品的成本。对于村民i而言，最大化效用水平的问题可以归纳为：

$$\max_{g_i} U(M_i - g_i, n \cdot g_i)$$

上面问题的一阶条件为：

$$U_x(M_i - g_i, n \cdot g_i) = U_G(M_i - g_i, n \cdot g_i) \qquad (7-3)$$

其中U_x表示效用水平对私人消费求偏导数，U_G表示效用水平对公共物品求偏导数。根据"中位数"投票理论，公共物品的规模由中位数收入的投票人决定：

$$U_x(M^m - g^m, n \cdot g^m) = U_G(M^m - g^m, n \cdot g^m) \qquad (7-4)$$

上标m代表中位数投票人。村民大会或村民代表大会所确定的每个村民"一事一议"筹资筹劳的金额为：

第七章 "一事一议"制度对村庄公共物品供给的影响

$$g^m(M^m)$$

如果"一事一议"方案在村民代表大会或村民大会中获得了通过,随后就是实际的筹资筹劳过程。"一事一议"方案通过意味着在村民大会或村民代表大会上,有超过半数的人投了赞成票,剩下的村民投反对票。对于投反对票的村民而言,他们不愿意执行"一事一议"筹资筹劳方案,我们在研究中将其称为"违约者"或"违约村民"。为了让模型更加符合现实情况,我们在模型中考虑"捐赠行为"和"非货币惩罚"同时存在的情况。我们已经在本书的"理论分析框架"部分讨论过对于富裕村民而言,捐赠行为的确是可能出现的,并且我们假设捐赠行为能够赢得村民的好感和尊重,提高捐赠者在村庄中的声望,由此提高捐赠者的福利水平。"非货币惩罚"是针对那些违反村民大会和村民代表大会通过的"一事一议"筹资筹劳方案的村民(违约村民)。虽然农村税费改革之后,村集体和村委会没有权力征收税费,也没有执法权,对于违约村民缺乏强制惩罚的手段,但是村委会依然可能利用村庄舆论和村规民约影响违约村民的效用水平。我们假设捐赠者的效用函数满足:

$$U(x_i, G) + \Psi(g_i - g^m), g_i > g^m \tag{7-5}$$

其中函数 Ψ 表示捐赠给消费者带来的福利,有 $\Psi' > 0$,即随着捐赠额度 $g_i - g^m$ 的不断增加,捐赠带给消费者的福利水平是递增的。$\Psi'' < 0$ 表示随着捐赠额度的增加,捐赠带给消费者的福利水平的边际增量是递减的。

我们同样假设违约村民的效用函数满足:

$$U(x_i, G) + \Phi(g^m - g_i, a), g^m > g_i \tag{7-6}$$

$\Phi_1 > 0, \Phi_{11} > 0, \Phi_2 > 0, \Phi_{22} > 0, \Phi_{12} > 0$ ①

我们把 Φ 称为惩罚函数,惩罚函数取决于两个因素:第一,"一事一议"方案确定的筹资筹劳金额 g^m 和村民实际筹资筹劳金额 g_i 的差距,该差距越大,村民付出的成本越高;第二,村民违约的惩罚力度 a,惩罚力度越大,违约成本越高。

根据上面的假设,我们首先讨论捐赠者的行为,捐赠者所面临的问题可以

---

① Φ_1、Φ_2、Φ_{11}、Φ_{22} 和 Φ_{12} 分别表示违约成本函数 Φ 对 $g^m - g_i$ 求一阶偏导数、对 a 求一阶偏导数、对 $g^m - g_i$ 求二阶偏导数、对 a 求二阶偏导数以及对 $g^m - g_i$ 和 a 求二阶连续偏导数。

归结为：

$$\max_{x_i,g_i} U(x_i,G) + \Psi(g_i - g^m)$$
$$s.t. \quad M_i = x_i + g_i$$
$$G = (n-1) \cdot g^m + g_i$$

上面问题的第二个约束条件表明，在"一事一议"筹资筹劳方案通过了村民代表大会和村民大会后，捐赠者在给定"一事一议"筹资筹劳方案能够实施的条件下决定自己是否捐赠。上面问题可以化简为：

$$\max_{g_i} U[M_i - g_i, (n-1) \cdot g^m + g_i] + \Psi(g_i - g^m)$$

一阶条件为：

$$-U_x + U_G + \Psi' = 0 \qquad (7-7)$$

通过（7-7）式，可以得到捐赠村民的"一事一议"筹资筹劳的额度为：

$$g_j = g_j(M_j, g^m) \qquad (7-8)$$

（7-7）式两边同时对收入 M_i 求偏导数，进行静态比较分析，可以得到：

$$-U_{xx}\left(1 - \frac{\partial g_i}{\partial M_i}\right) - U_{xG}\frac{\partial g_i}{\partial M_i} + U_{Gx}\left(1 - \frac{\partial g_i}{\partial M_i}\right) + U_{GG}\frac{\partial g_i}{\partial M_i} + \Psi''\frac{\partial g_i}{\partial M_i} = 0$$

整理上面的式子：

$$\frac{\partial g_i}{\partial M_i} = \frac{U_{xx} - U_{Gx}}{U_{xx} - 2U_{xG} + U_{GG} + \Psi''} > 0 \qquad (7-9)$$

（7-9）式表明，有捐赠行为时，收入越高的村民，捐赠额也就相应越高。现在我们定义捐赠临界点 M^H，即当收入满足 $M_i > M^H$ 时，村民选择捐款；而当收入满足 $M^m < M_i < M^H$ 时，村民选择不捐款，并按照村民大会或村民代表大会通过的"一事一议"方案筹资筹劳。其中捐赠临界点 M^H 满足：

$$U_x(M^H - g^m, n \cdot g^m) = U_G(M^H - g^m, n \cdot g^m) \qquad (7-10)$$

现在我们再讨论反对"一事一议"筹资筹劳方案的村民的决策问题。反对"一事一议"筹资筹劳方案的村民都是收入低于中位数的贫困村民，他们面临的问题为：

第七章 "一事一议"制度对村庄公共物品供给的影响

$$\max_{x_i,g_i} U(x_i, G) - \Phi(g^m - g_i, a)$$
$$s.t. \quad M_i = x_i + g_i$$
$$G = (n-1) \cdot g^m + g_i$$

上面的问题可以转化为:

$$\max_{g_i} U[M_i - g_i, (n-1) \cdot g^m + g_i] - \Phi(g^m - g_i, a)$$

一阶条件为:

$$-U_x + U_G + \Phi' = 0 \qquad (7-11)$$

根据上面的一阶条件,我们能够得到违约村民 j 的筹资筹劳金额:

$$g_j = g_j(M_j, g^m, a) \qquad (7-12)$$

(7-2) 式表明,随着收入不断增加,贫困村民"一事一议"筹资筹劳逐渐增加。通过上面的分析,我们可以计算出"一事一议"筹资筹劳的总规模。我们根据收入从小到大进行排序:$M_1 < \cdots < M^m < \cdots M^H < \cdots < M_n$,根据收入的范围我们将村民划分为"捐赠者"、遵守"一事一议"筹资筹劳方案的村民和"违约者":收入满足 $M_k \in (M^H, M^n]$ 的村民被称为"捐赠者";收入满足 $M_i \in [M^m, M^H]$ 的村民是遵守"一事一议"筹资筹劳方案的;收入满足 $M_j \in [M_1, M^m)$ 的村民被称为"违约者"。三个群体实际的筹资筹劳额度是不同的,我们将其加总计算出村庄实际的"一事一议"筹资筹劳金额为:

$$G = \sum_{M_j \in [M_1, M^m)} g_j(M_j, g^m, a) + \sum_{M_i \in [M^m, M^H]} g^m + \sum_{M_k \in (M^H, M^n]} g_k(M_k, g^m) \qquad (7-13)$$

我们对(7-13)式进行比较静态分析。讨论村民违约的惩罚力度 a 对村庄公共物品的影响:

$$\frac{\partial G}{\partial a} = \sum_{M_j \in [M_1, M^m)} \frac{\partial g_j}{\partial a} \qquad (7-14)$$

我们利用(7-13)式对 a 求偏导数,可以得到:

$$U_{xx}\frac{\partial g_i}{\partial a} - U_{xG}\frac{\partial g_i}{\partial a} - U_{Gx}\frac{\partial g_i}{\partial a} + U_{GG}\frac{\partial g_i}{\partial a} - \Phi_{11}\frac{\partial g_i}{\partial a} + \Phi_2 = 0$$

整理上面的式子,可以得到:

$$\frac{\partial g_i}{\partial a} = \frac{\Phi_2}{2U_{xG} - U_{xx} - U_{GG} + \Phi_{11}} > 0 \qquad (7-15)$$

将（7-15）式代入（7-14）式，可以得到：

$$\frac{\partial G}{\partial a} = \sum_{M_j \in [M_1, M^m]} \frac{\Phi_2}{2U_{xG} - U_{xx} - U_{GG} + \Phi_{11}} > 0 \qquad (7-16)$$

通过（7-16）式，我们可以知道，村委会对村民违约行为的惩罚力度越大，则村民的筹资筹劳额度越高，越接近村民大会或村民代表大会所确定的"一事一议"筹资筹劳额度。由此我们可以得到下面的命题。

命题：随着村庄不断提高对违反"一事一议"筹资筹劳方案村民的惩罚力度，村庄公共物品供给水平逐渐提高。

通过上面的分析，我们可以知道，"一事一议"制度之所以无法成为村庄公共物品供给的有效制度，原因在于村委会是村民自治组织，没有执法权，当村民大会或村民代表大会决定"一事一议"筹资筹劳方案之后，对"一事一议"筹资筹劳方案持反对意见的村民可以不遵循该制度，降低自己的筹资筹劳额度。

我们继续对上述模型展开一些必要的讨论，以澄清读者的某些疑惑。第一个需要澄清的问题是：如果村庄公共物品存在一个最低筹资筹劳额度的限制时，上述机制是否还会产生作用，"一事一议"制度下公共物品供给的均衡水平是什么？在现实中，有一些公共物品可能存在一个最低的投资额度。我们假设最低投资额度为 $\bar{G}$，当实际的"一事一议"筹资筹劳额度大于 $\bar{G}$ 时，供给公共物品；否则就不供给公共物品。在此，我们假设村民违约的惩罚力度 a 的概率密度函数为 $\Lambda(a)$，村庄通过"一事一议"供给公共物品的概率可以表达为：

$$\Pr = \int_0^a \left[\sum_{M_j \in [M_1, M^m]} g_j(M_j, g^m, x) \right] \Lambda(x) dx + \sum_{M_i \in [M^m, M^H]} g^m + \sum_{M_k \in [M^H, M^n]} g_k(M_k, g^m) - \bar{G}$$

如果：$\sum_{M_i \in [M^m, M^H]} g^m + \sum_{M_k \in (M^H, M^n]} g_k(M_k, g^m) > \bar{G}$，可以通过"一事一议"制度供给公共物品，但是如果 $\sum_{M_i \in [M^m, M^H]} g^m + \sum_{M_k \in (M^H, M^n]} g_k(M_k, g^m) < \bar{G}$，那么"一事一议"筹资筹劳是否能够超过公共物品的最低投资额度 $\bar{G}$ 就取决于村庄违约者的总体筹资筹劳额。上面式子对惩罚力度 a 求偏导数，可以得到：

第七章 "一事一议"制度对村庄公共物品供给的影响

$$\frac{\partial \text{Pr}}{\partial a} = \left[\sum_{M_j \in [M_1, M^m]} g_j(M_j, g^m, a) \right] \cdot \Lambda(a) > 0 \qquad (7-17)$$

通过（7-17）式我们可以知道，即便是存在最低公共物品投资额度，随着惩罚力度 a 的增加，通过"一事一议"制度供给公共物品的概率也会逐渐提高。在存在最低公共物品投资额度的情况下，"一事一议"无法成为村庄公共物品有效供给的制度的原因同样是作为村民自治组织的村委会没有权力约束反对"一事一议"筹资筹劳村民的违约行为。

第二个需要说明的问题：如果通过"一事一议"制度所需要的村民大会或村民代表大会赞成票的比例不是50%，而是超过50%的某一个标准，上述模型的结论是否成立？答案是肯定的。因为改变赞成票的比例只影响村民大会或村民代表大会所决定的公共物品规模，即便不是按照"中位数"投票定理所确定的 g^m（可能是另外一个 $g^{m'} < g^m$），但是后续的模型几乎是一样的，同样可以得到，随着惩罚力度 a 的增加，通过"一事一议"制度供给公共物品的水平也会逐渐提高的结论。

第三个需要说明的问题：不考虑存在"捐赠"的时候，前面的结论是否成立？答案同样是肯定的。如果不存在捐赠行为，那么最终"一事一议"制度条件下，村庄公共物品供给的总量为：

$$G' = \sum_{M_j \in [M_1, M^m]} g_j(M_j, g^m, a) + \sum_{M_i \in [M^m, M^n]} g^m$$

上面式子对惩罚力度 a 求偏导数，同样得到：

$$\frac{\partial G'}{\partial a} > 0$$

上面的命题依然成立。

虽然上面的模型解释了"一事一议"无法成为农村税费改革之后村庄公共物品供给的有效制度的原因，但是上面的模型无法通过数据进行实证检验。为了得到可检验的经验命题，我们考虑村庄收入差距对村庄公共物品的影响。我们讨论两种情况，第一种情况是，收入为 $M_j \in [M_1, M^m)$ 的"违约者"将部分收入转移给遵守"一事一议"筹资筹劳方案的村民，即收入满足 $M_i \in [M^m, M^H]$ 的村民。第二种情况是收入为 $M_j \in [M_1, M^m)$ 的"违约者"将部分收入转移给收入满足 $M_k \in (M^H, M^n]$ 的"捐赠者"。上述两种情况都会造成村

175

庄收入差距的扩大。

在第一种情况下，我们假设违约村民 j 将 Δ 收入转移给遵守"一事一议"筹资筹劳方案的村民 i，并且规定转移收入的量很小，不足以让遵守"一事一议"筹资筹劳方案的村民 i 转变为"捐赠者"。村庄中除了村民 j 和 i 之外，其余农户的收入和"一事一议"筹资筹劳金额不变。在这种状态下，违约农户 j 的"一事一议"筹资筹劳总额的变化量满足：

$$\Delta g_j = - \frac{U_{Gx} - U_{xx}}{\Phi_{11} - U_{GG} + 2U_{Gx} - U_{xx}} \cdot \Delta \tag{7-18}$$

农户 i 遵守"一事一议"筹资筹劳方案的规定，筹资筹劳额不会发生变化，依然为 g^m。那么收入发生转移之后的"一事一议"筹资筹劳额的总变化为：

$$\Delta G = - \frac{U_{Gx} - U_{xx}}{\Phi_{11} - U_{GG} + 2U_{Gx} - U_{xx}} \cdot \Delta \tag{7-19}$$

上面对第一种情况的分析表明，当贫困村民（违约农户）将微量收入转移给中等收入农户（遵守"一事一议"筹资筹劳方案的农户）时，村庄"一事一议"筹资筹劳金额会下降。

现在我们来分析第二种情况，我们假设违约村民 j 将 Δ 收入转移给"捐赠村民" k，此时违约农户 j 的"一事一议"筹资筹劳总额的变化量同样为（7-19）式，而农户 k 的捐赠额变化为：

$$\Delta g_k = \frac{U_{xx} - U_{Gx}}{U_{xx} - 2U_{xG} + U_{GG} + \Psi''} \cdot \Delta \tag{7-20}$$

我们将（7-20）式和（7-18）式加总就可以得到"一事一议"筹资筹劳额的总变化量：

$$\Delta G = \Delta g_j + \Delta g_k$$
$$= \frac{U_{xx} - U_{Gx}}{U_{xx} - 2U_{xG} + U_{GG} + \Psi''} \cdot \Delta - \frac{U_{Gx} - U_{xx}}{\Phi_{11} - U_{GG} + 2U_{Gx} - U_{xx}} \cdot \Delta$$

通过计算我们同样可以得到：

$$\Delta G = \Delta g_j + \Delta g_k < 0 \tag{7-21}$$

上面对第二种情况的分析表明，当贫困村民（违约农户）将微量收入转移给富裕农户（捐赠农户）时，村庄"一事一议"筹资筹劳额会下降。

综合上面的分析，我们可以得到下面待检验的经验命题。

经验命题1：随着村庄收入差距的不断扩大，村庄"一事一议"筹资筹劳总额逐渐下降。

除此之外，我们还可以利用违约农户的一阶条件（7-11）式两边对收入 M_i 求偏导数，得到：

$$-U_{xx}\cdot\left(1-\frac{\partial g_i}{\partial M_i}\right)-U_{xG}\cdot\frac{\partial g_i}{\partial M_i}+U_{Gx}\cdot\left(1-\frac{\partial g_i}{\partial M_i}\right)+U_{GG}\cdot\frac{\partial g_i}{\partial M_i}-\Phi_{11}\frac{\partial g_i}{\partial M_i}=0$$

整理上面的方程，可以得到：

$$\frac{\partial g_i}{\partial M_i}=\frac{U_{Gx}-U_{xx}}{\Phi_{11}-U_{GG}+2U_{Gx}-U_{xx}}>0 \qquad (7-22)$$

通过上面的式子，我们可以得到经验命题2。

经验命题2：对于违约农户而言，收入越低的农户，"一事一议"筹资筹劳额越小。

通过前面的理论分析，我们知道，"一事一议"制度无法成为村庄公共物品供给的有效制度的原因在于，村委会是村民自治组织，对违反"一事一议"筹资筹劳方案的农户缺乏约束力。然而，上述命题无法用数据进行经验检验。我们转而验证另外两个经验命题。第一个经验命题表明，在给定村庄收入总量不变的条件下，随着村民收入差距不断扩大，"一事一议"筹资筹劳总额不断减小；第二个经验命题表明，收入越低的农户，"一事一议"筹资筹劳额越小。在随后的计量分析中，我们主要对经验命题1进行实证检验，这是由于经验命题1更加直接明确，而且更易获得相关数据进行检验。在检验完经验命题1之后，我们进一步检验经验命题2，作为对经验命题1的佐证。

三　数据来源和统计描述

（一）数据来源

本章研究所使用的数据是 CHIP2002 和 CHIP2007 的农村住户调查数据和村庄数据。在使用 CHIP2002 数据时，我们剔除了还未实行农村税费改革的村庄样本。我们要检验的一个核心命题是：村庄收入差距越大，"一事一议"筹资筹劳总额越小。虽然村庄收入差距的数据是很难获得的，但幸运的是，CHIP2002 和 CHIP2007 的数据不仅包含村庄调查数据，还包含了住户调查数据，绝大多数村庄调查了 10 个农户，这样我们可以通过计算每个村庄农户的收入差距指标加总到村庄层面。因为村庄收入差距指标是我们关心的核心解释变量，为了使得回归尽量精确，我们删除了村庄农户小于等于 5 的村庄样本。除此之外，我们还删除了村庄平均收入为负的样本、村庄在外打工人数超过村庄总人数的样本以及"一事一议"筹资总额超过村庄集体性收入的样本。根据国务院办公厅转发农业部《村民一事一议筹资筹劳管理办法》（国发办〔2007〕4号）文件的规定，因病、残疾或者其他原因不能承担或者不能完全承担劳务的村民可以申请减免筹资筹劳，因此我们剔除了样本中户主有病残的样本。

虽然我们使用了 CHIP2002 和 CHIP2007 数据，但是这两年的村庄调查数据无法构成面板数据，我们在回归时只能使用普通的 OLS 方法进行回归。2002 年的样本有 669 个，2007 年的样本有 761 个。2002 年的数据涵盖全国 22 个省区市，其中北京 6 个样本，河北 35 个样本，山西 8 个样本，辽宁 8 个样本，吉林 47 个样本，江苏 43 个样本，浙江 24 个样本，安徽 44 个样本，江西 43 个样本，山东 61 个样本，河南 53 个样本，湖北 52 个样本，湖南 44 个样本，广东 22 个样本，重庆 20 个样本，四川 49 个样本，贵州 40 个样本，云南 1 个样本，陕西 37 个样本，甘肃 32 个样本。2007 年的数据涵盖了 9 个省份，其中河北 43 个样本，江苏 98 个样本，浙江 93 个样本，安徽 83 个样本，河南 98 个样本，湖北 97 个样本，广东 98 个样本，重庆 47 个样本，四川 104 个样本。

由于不同地区和年份的价格水平不同，我们在数据处理中选择 Brandt 和 Holz[①] 的方法计算了 2002 年和 2007 年农村价格平滑指数进行了价格调整，统一了不同时间点和不同地区的价格水平。

（二）变量定义

1. 被解释变量的定义

我们的被解释变量为户均"一事一议"筹资筹劳额，其中筹劳部分按以

---

① Brandt Loren, and Holz Carsten, "Spatial Price Differences in China: Estimates and Implications", *Economic Development and Cultural Change*, Vol. 55 (1), (2006): 43 – 86.

钱代工的标准折算。对上述被解释变量我们做两点解释。第一，我们并没有选择户均"一事一议"筹资筹劳额（对数），原因在于我们的样本中有很多村庄都没有进行"一事一议"筹资筹劳，如果回归选择对数指标，可能会导致样本量大量损失，而且回归所得到的效果并不是对所有村庄的平均效果，而是对那些"一事一议"项目成功的村庄的平均效果。当然，在随后的敏感性分析中，我们会对上述问题进行更细致的讨论。第二，根据国务院办公厅转发农业部《村民一事一议筹资筹劳管理办法》的精神，村庄"一事一议"原则上要求按户筹资，必要的时候也可以按人头筹资筹劳。在实践中，绝大多数村庄实行"一事一议"的时候，都是按照户均筹资的，所以我们的被解释变量选择户均指标。

2. 核心解释变量——村庄收入差距

村庄收入差距的指标对回归来说很重要，但是 CHIP2002 和 CHIP2007 的调查问卷中每个村庄最多调查 10 户村民，这对我们合理计算村庄收入差距造成了困难。但是纵观全国关于村庄和农户的层次性公开数据，只有 CHIP2002 和 CHIP2007 符合我们的研究要求。首先，我们的研究对象是单纯的"一事一议"制度，该制度首次出现在 2003 年农村税费改革完成之后，随后我国在 2007 年正式出台了"一事一议"制度的文件并将其在全国推广，[①]但在 2008 年中央政府开始逐步推动"一事一议、财政奖补"的政策。因此我们研究目标主要集中在农村税费改革之后到 2008 年之前这一段时间。其次，我们的研究需要结合农户和村庄的调查数据，对于这样的村庄层面的公开数据尤其难得。最终我们能够找到合适的研究样本就只有 CHIP2002 实行了农村税费改革的村庄和 CHIP2007 的数据。

在计算村庄收入差距时，我们首先保存了户主的样本，然后根据农户的性质对收入进行加权，最后计算收入差距。CHIP2007 数据的村庄调查问卷询问了村庄农户的性质，主要分为个体工商户、干部户、少数民族户、五保户和普通农户五个类型。[②]我们可以从农户调查问卷中找到户主填写的资料，对应计算出个体工商户、干部户、少数民族户、五保户和普通农户的平均收入，然后

---

① 在 2007 年之前，有很多地区实行了"一事一议"制度，国务院办公厅转发农业部《村民一事一议筹资筹劳管理办法》明确说明全国各地区要借鉴安徽部分地区的经验。

② 实际的调查问卷中主要是询问了个体工商户、干部户、既是干部户又是个体户、少数民族户、五保户共五种类型。由于既是干部户又是个体户是个体工商户和干部户的交集，所以我们在进行住户类型区分的时候没有单独考虑既是干部户又是个体户的情况。除此之外，我们的农户数据只有单独的选项，没有办法区分既是干部户又是个体户的农户。普通农户的定义是村庄农户中除去个体工商户、干部户、少数民族户和五保户之后的那部分农户。

再根据加权收入计算村庄农户的基尼系数。CHIP2002 的村庄数据中包含了住户类型的信息，但住户数据中则没有直接的对应性指标，为此我们根据住户填报的行业类型进行了划分。首先，在住户数据库中筛选出住户成员从事工资性就业和个体工商户就业的样本，将从事企业主要负责人或私营企业主和经理、非农个体经营的业主以及其他个体工商业主定义为工商户；村组干部、乡镇干部和县及以上的党政机关以及事业单位干部定义为干部户；既是干部户又是个体工商户的农户是具备上述两种特征的住户；五保户定义为单人居住并且年龄在 16 岁以下或 60 岁以上的农户。根据以上住户特征的定义，将样本分为工商户、干部户、既是干部户又是个体工商户、五保户以及传统农业户五类。根据上述定义，利用村庄数据中相应的农户类型占比作为加权指标，计算村庄内部的基尼系数作为度量村庄收入不均等的指标。

除此之外，根据 Barro[①] 的建议，我们使用了不同分位数相除以衡量收入差距的方法。我们在敏感性分析中选择了 90% 与 10% 收入分位数相除和 75% 与 25% 收入分位数相除的结果作为村庄收入不均等的测量指标。

3. 其他控制变量（协变量）

我们在回归中还控制了其他变量。①时间虚拟变量，我们合并了 2002 年和 2007 年的数据。不同年份可能在经济形势、农业和农村政策等方面有很大的差异，而且两年调查的省份是不同的，这些因素都可能影响我们的回归结果。②村庄户均收入（对数），控制这个变量的原因有两个，第一，我们在之前的理论模型中考虑村庄收入差距对"一事一议"筹资筹劳总额的影响时，给定的前提是村庄的收入不变。第二，根据瓦格纳法则（Wagnar's Law），收入水平越高的村庄，对公共物品的需求越大，从而"一事一议"筹资筹劳也应该越多。③上级政府转移支付占总支出的比重。我们利用村庄集体性收入中的"上级划拨的各种收入"作为村庄获得政府转移支付的代理变量，利用村庄上级划拨的各种收入除以村庄集体性总支出计算上级政府转移支付占总支出的比重。控制该指标的原因在于，上级划拨的转移支付越多，村庄公共物品的预算越宽松，需要村民进行"一事一议"筹资筹劳的可能性越小。④村庄总人口（对数）。一般而言，村庄总人口（对数）越大的村庄，"一事一议"筹

---

① Barro Robert, "Inequality and Growth in a Panel of Countries", *Journal of Economic Growth*, Vol. 5, No. 1 (2000): 5–32.

第七章 "一事一议"制度对村庄公共物品供给的影响

资筹劳可能越容易。对于具备非竞争性和非排他性的公共物品而言，多增加一单位的公共物品消费并不会提高公共物品的边际成本，因此村庄总人口越多，公共物品的人均成本越低，每个农户"一事一议"筹资筹劳的额度越低，通过"一事一议"筹资筹劳方案的可能性就越大。⑤外出务工人员占总人口比例。我们定义的外出务工人员是指超过半年时间在外务工的村民。外出务工人员占总人口比例对村庄公共物品的影响在学界广受关注，但是在结论上并没有达成一致。张林秀等认为，外出务工人员无法享受到村庄公共物品提供的好处，自然对村庄内公共物品的供给不关心，这会导致村庄公共物品供给水平下降。[1] 然而罗仁福等却发现，外出务工人员占村庄总人口比例越大，村庄公共物品供给水平越高。理由是，外出务工人员的父母和孩子依然在村庄中生活，村庄公共物品虽然对其自身的影响较小，但对其的家人有很大的影响。[2] 除此之外，外出务工人员的收入水平较高，他们会将收入寄回家，从而其家人的收入会提高，这将有利于村庄公共物品的供给。我们在随后的章节中将重点讨论村庄劳动力转移对村庄公共物品供给的影响。⑥村庄民主程度。在理论上，村庄民主无疑会对村庄公共物品的供给产生影响，尤其是在"一事一议"制度条件下，民主程度越高的村庄可能对公共物品的供给讨论得越充分，村民和村委会之间的信息沟通也越顺畅。我们很难在理论上判断村庄民主程度对"一事一议"筹资筹劳的影响，是因为村民之间的讨论越充分，一方面可能意味着村民之间的博弈过程越复杂，在相互了解的过程中，村民"搭便车"的心理会越严重；但是另一方面，村庄民主程度越高，村民对村委会的信任程度也就越高，村委会在村民心目中的地位越高，村委会在约束"违约村民"时能够发挥的作用就越大。学者们使用了各类指标来衡量村庄民主程度。罗仁福等[3]、王淑娜和姚洋[4]、沈艳和姚洋[5]都利用"村庄是否实行民主选举（海

---

[1] 张林秀、罗仁福、刘承芳、Scott Rozelle：《中国农村社区公共物品投资的决定因素分析》，《经济研究》2005年第11期。
[2] 罗仁福、张林秀、黄季焜、罗斯高、刘承芳：《村民自治、农村税费改革与农村公共投资》，《经济学（季刊）》2006年第3期。
[3] 罗仁福、张林秀、黄季焜、罗斯高、刘承芳：《村民自治、农村税费改革与农村公共投资》，《经济学（季刊）》2006年第3期。
[4] 王淑娜、姚洋：《基层民主和村庄治理——来自8省48村的证据》，《北京大学学报（哲学社会科学版）》2007年第2期。
[5] 沈艳、姚洋：《村庄选举和收入分配——来自8省48村的证据》，《经济研究》2006年第4期。

选)"来表示民主程度。然而,胡荣认为村庄是否实行民主选举(海选)在本质上可能只代表了是否具备开会的形式,而并不能代表民主程度。[①] 本章研究借鉴 Oi 和 Rozelle[②] 及 Niou[③] 的方法,使用村庄当年召开的村民大会次数表示村庄民主程度。⑥村庄人均集体总支出(对数)。我们控制该指标的目的在于控制村庄公共物品总需求,如果村民对公共物品的需求越强烈,可能"一事一议"筹资筹劳规模越大。⑦村庄人均债务。我们用村庄债务减去债权再除以村庄总人口指标测度村庄人均债务。债务水平越高的村庄,村庄的财务压力越大,借款提供公共物品的可能性越小,这可能影响"一事一议"筹资金额。⑧农户就业结构,包括:从事农林牧渔业的劳动力占比、从事工业的劳动力占比、从事建筑业的劳动力占比和从事其他行业的劳动力占比。控制该指标是由于从事不同行业的村民对公共物品的需求在结构上存在差异。⑨与上级政府的关系。村庄问卷中包含如下问题"本村是否有人在县级及以上部门担任干部",我们定义如果村庄有人在县级及以上部门担任干部,该变量等于1,否则等于0。有人在县级及以上部门担任干部对村庄来说是一种不可多得的"政治资源",会影响上级转移支付资金的拨付,上级转移支付会对村庄"一事一议"筹资筹劳起到替代作用。⑩村庄第一大姓占比。如果村庄中第一大姓占比较高,可能村民的同质性更强,同一个家族的人商量公共物品的供给更加容易,这可能导致公共物品供给水平的提高。⑪村庄人均亩产粮食量。村庄的亩产粮食量越高,意味着农业生产的条件越好,农户务农收入也越高,这在一定程度上会影响农户对农业生产类公共物品的需求。⑫是否渠水灌溉。如果村庄使用渠水灌溉,可能需要更多地涉及水利的公共物品。⑬拿工资(干部补贴)的村组干部人数占村庄总人口的比重。村庄中拿工资的村组干部占比越高,村庄集体性支出的压力就越大,这可能对"一事一议"筹资筹劳产生影响。一方面,村庄中拿工资的村组干部占比越高,可能意味着和"一事一议"筹资筹劳相关的工作人员越多,与村民之间的沟通和进行说服工作越容易;另一方面,在既定村庄集体性收入下,拿工资的村组干部占比越高,村庄的财务压力也越大,这可能也会影响到村庄公共物品的供给。

---

① 胡荣:《影响村民参与选举的因素》,《中国改革(农村版)》2004 年第 3 期。
② Oi, J. and Rozelle, S., "Elections and Power: The Locus of Decission - Making in Chinese Villages" *China Quarterly*, Vol. 165, No. 3 (2000): 513 - 39.
③ Niou, Merson, "Strategic Voting under Plurality Rule: When Does It Matter and Who should Vote Strategically?" Working Paper, Duck Univisity, 2001.

(三) 统计描述

1. 参与回归数据的描述性统计

表 7-1 是参与回归数据的描述性统计。经过价格平滑之后，村庄"一事一议"筹资金额太小，我们统一乘以了 100。从事农林牧渔业的劳动力占比、从事工业的劳动力占比和从事建筑业的劳动力占比统一用百分数表示。村庄农户收入基尼系数也用百分数表示，从描述性统计来看，村庄农户的基尼系数最高达到 78.34%，最低为 7.05%，平均值为 31.94%。观察回归样本，我们发现有 998 个村庄没有实行"一事一议"项目，只有 385 个村庄当年实行了"一事一议"，其中 2007 年实行"一事一议"项目的村庄有 213 个，2002 年实行"一事一议"的村庄有 172 个。这说明"一事一议"项目的实行并不是一个普遍的现象，超过半数的村庄都没有实行"一事一议"项目。

表 7-1 描述性统计

变量名	样本量	平均值	标准差	最小值	最大值
村庄户均"一事一议"筹资	1383	18.090	65.902	0.000	1420.855
村庄农户收入基尼系数	1420	31.938	11.385	7.045	78.340
村庄总人口（对数）	1430	7.465	0.623	5.209	10.535
村庄户均收入（对数）	1429	9.165	0.543	4.844	11.366
村庄人均集体总支出（对数）	1402	3.283	1.552	-4.698	8.096
上级政府转移支付占总支出的比重	1430	0.404	0.376	0.000	1.000
外出务工人员占总人口的比例	1430	15.058	11.102	0.000	73.811
从事农林牧渔业的劳动力占比	1425	58.140	24.094	0.000	100.000
从事工业的劳动力占比	1369	15.050	16.600	0.000	90.000
从事建筑业的劳动力占比	1394	11.257	10.722	0.000	84.000
村庄民主程度	1418	3.724	2.735	0.000	30.000
村庄人均债务	1430	252.388	5923.425	-46322.900	107458.800
与上级政府的关系	1430	0.350	0.477	0.000	1.000
村庄人均亩产粮食量	1430	0.544	0.552	0.000	12.728
村庄第一大姓占比	1430	0.335	0.472	0.000	1.000
村庄中拿工资的村组干部占比	1429	0.690	0.524	0.000	4.722
是否渠水灌溉	1430	0.488	0.500	0.000	1.000
时间虚拟变量	1430	0.532	0.499	0.000	1.000

2. 当年是否实行"一事一议"项目与村庄收入差距的初步观察

为了观察村庄当年是否实行"一事一议"项目与村庄收入差距的关系，我们进行简单的 t 检验。根据村庄当年是否实行"一事一议"项目将村庄分为两组，分别观察基尼系数是否存在显著性差异。具体结果参见表7-2。表7-2的PanelA是使用2002年和2007年数据的检验结果；PanelB是使用2007年数据的t检验结果；PanelC是使用2002年数据的t检验结果。观察PanelA，我们可以发现，当年实行"一事一议"村庄的基尼系数平均为30.244%，没有实行"一事一议"村庄的基尼系数平均为32.671%，两者相差2.427个百分点，且在1%的程度上是显著的。表7-2 PanelB和PanelC分别使用2007年和2002年的数据进行的t检验同样反映出，"一事一议"筹资金额大于0的村庄收入相对较为均等，而"一事一议"筹资金额等于0的村庄，收入差距相对较大。这在一定程度上验证了我们在理论模型中所提出的经验命题1。

表7-2 是否实行"一事一议"项目与村庄收入差距的t检验

PanelA. 2002年和2007年全样本检验结果				
Group	样本量	平均值	标准差	t统计量
"一事一议"筹资大于0	429	30.244	0.529	
"一事一议"筹资等于0	991	32.671	0.365	
总量	1420	31.938	0.302	-3.704
差分量		-2.427	0.655	

PanelB. 2007年样本检验结果				
Group	样本量	平均值	标准差	t统计量
"一事一议"筹资大于0	219	28.572	0.874	
"一事一议"筹资等于0	534	31.405	0.556	
总量	756	30.584	0.471	-2.738
差分量		-0.0443	0.0116	

PanelC. 2002年样本检验结果				
Group	样本量	平均值	标准差	t统计量
"一事一议"筹资大于0	210	31.988	0.560	
"一事一议"筹资等于0	454	34.168	0.439	
总量	664	33.479	0.351	-2.906
差分量		-2.180	0.750	

四　经验研究

（一）基本回归结果

我们构建下面的计量回归方程：

第七章 "一事一议"制度对村庄公共物品供给的影响

$$y_{i,t} = \gamma \cdot Inequal_{i,t} + X_{i,t} \cdot \beta + \delta \cdot time + u_{i,t} \tag{7-23}$$

其中 $y_{i,t}$ 表示 t 年 i 村户均"一事一议"筹资筹劳额，$Inequal$ 表示对应村庄的收入差距，X 表示村庄的其他控制变量。我们使用 OLS 方法进行回归。表 7-3 是具体的回归结果。表 7-3 第（1）列控制了村庄户均收入（对数）、村庄人均集体总支出（对数）、上级政府转移支付占总支出的比重、外出务工人员占总人口的比例、从事农林牧渔业的劳动力占比、从事工业的劳动力占比、从事建筑业的劳动力占比、村庄民主程度、村庄人均债务、与上级政府的关系和时间虚拟变量，回归结果显示，随着村庄农户收入基尼系数不断增加，村庄"一事一议"筹资筹劳显著下降，参数在 1% 水平上显著。表 7-3 第（2）列是在第（1）列基础上加入了省份固定效应后的回归结果，不同的省份在具体落实"一事一议"政策时可能存在差异，这可能对我们关心的因果效应产生影响。对比表 7-3 第（2）列和第（3）列村庄农户收入基尼系数的参数，我们发现无论参数值还是显著性都存在不同程度的下降，但是村庄农户收入的基尼系数对"一事一议"筹资筹劳依然呈现显著负向影响，参数保持在 1% 程度上显著。表 7-3 第（3）列是在第（2）列控制变量的基础上加入了村庄人均亩产粮食量，但该变量的参数不显著，且农户收入基尼系数对村庄"一事一议"筹资筹劳的影响微乎其微。表 7-4 第（4）列是在第（3）列基础上加入了村庄第一大姓占比变量，村庄第一大姓占比对村庄"一事一议"筹资筹劳有显著正向影响，这也印证了我们的判断，村庄大姓人口占比越大，村庄农户的同质性越高，集体决策成功的可能性也越大。同时村庄农户收入基尼系数对"一事一议"筹资筹劳的影响基本保持不变。表 7-4 第（5）列是在第（4）列基础上加入了村庄中拿工资的村组干部比例变量，回归结果显示村庄中拿工资的村组干部比例越高，"一事一议"筹资筹劳越低。我们认为这可能是两个原因造成的，第一，这可能是因为村庄中拿工资的村组干部占比越高，村庄集体性收入中用于支付给村组干部的工资补贴就越高，这会挤占供给其他类型公共物品的资源，导致村民对村干部不满意，从而村民对"一事一议"制度的信任度会下降。第二，拿工资的村组干部越多，可能反映了村庄治理本身存在困难，这些因素可能导致"一事一议"制度运行不畅。不过我们也发现，在加入了拿工资的村组干部比例变量之后，村庄农户收入基尼系数对村庄"一事一议"筹资筹劳的影响并没有发生较大的变化。表 7-4 第（6）列是在第

(5)列基础上加入了是否渠水灌溉的虚拟变量,该变量的参数不显著,村庄农户收入基尼系数对村庄"一事一议"筹资筹劳的影响和显著性也基本维持不变。

通过观察表7-3的回归结果,我们还可以发现以下结论。①村庄人均集体总支出(对数)和"一事一议"筹资筹劳显著正相关,这说明村民对公共物品的需求越强烈,"一事一议"筹资筹劳越多。②上级政府转移支付占村庄集体性支出的比重越高,"一事一议"筹资筹劳越小,这也是容易理解的,因为上级的转移支付在很大程度上对村民"一事一议"筹资筹劳额存在挤出效应,上级承担村庄公共物品供给成本的比例越高,村民承担的比例就会相应下降。③外出务工人员占总人口的比例对村庄"一事一议"筹资筹劳的影响是负向的,这就印证了外出务工人员可能对村庄公共物品供给的关心程度下降,进而导致村庄公共物品供给水平降低。④从事农林牧渔业的劳动力占比和从事建筑业的劳动力占比越高,"一事一议"筹资筹劳越高。

表7-3 "一事一议"筹资筹劳与村庄收入差距的回归结果

	(1)	(2)	(3)	(4)	(5)	(6)
村庄农户收入基尼系数	-0.593***	-0.488***	-0.487***	-0.488***	-0.489***	-0.492***
	(-3.025)	(-2.831)	(-2.834)	(-2.860)	(-2.868)	(-2.861)
村庄总人口(对数)	-1.530	-1.958	-0.304	1.162	-0.951	-0.646
	(-0.381)	(-0.452)	(-0.088)	(0.347)	(-0.288)	(-0.191)
村庄户均收入(对数)	-3.507	2.088	1.985	2.642	2.290	2.174
	(-1.116)	(0.612)	(0.593)	(0.768)	(0.663)	(0.638)
村庄人均集体总支出(对数)	6.962***	7.595***	7.572***	7.360***	7.739***	7.794***
	(4.012)	(3.945)	(3.960)	(3.988)	(4.132)	(4.104)
上级政府转移支付占总支出的比重	-21.947***	-21.066***	-21.213***	-22.151***	-22.454***	-23.016***
	(-4.274)	(-3.857)	(-3.798)	(-3.837)	(-3.896)	(-3.758)
外出务工人员占总人口的比例	-0.274	-0.407*	-0.409*	-0.417*	-0.413*	-0.432*
	(-1.395)	(-1.903)	(-1.897)	(-1.925)	(-1.909)	(-1.897)
从事农林牧渔业的劳动力占比	0.183	0.238*	0.239*	0.236*	0.251**	0.243**
	(1.524)	(1.855)	(1.855)	(1.850)	(1.980)	(1.979)
从事工业的劳动力占比	-0.250*	-0.212	-0.213	-0.215	-0.206	-0.199
	(-1.931)	(-1.583)	(-1.588)	(-1.610)	(-1.553)	(-1.487)
从事建筑业的劳动力占比	0.467**	0.368*	0.359*	0.380*	0.388*	0.378**
	(2.396)	(1.903)	(1.879)	(1.964)	(2.008)	(1.994)

续表

	（1）	（2）	（3）	（4）	（5）	（6）
村庄民主程度	0.407	0.365	0.354	0.477	0.494	0.528
	(0.412)	(0.385)	(0.370)	(0.510)	(0.527)	(0.569)
村庄人均债务	0.000	0.000	0.000	0.000	0.000	0.000
	(1.098)	(1.530)	(1.540)	(1.237)	(1.077)	(1.017)
与上级政府的关系	6.239	8.408	8.261	7.208	7.119	7.218
	(1.070)	(1.429)	(1.433)	(1.309)	(1.294)	(1.301)
时间虚拟变量	10.878	11.008	10.960	11.222	11.026	8.847
	(1.481)	(1.569)	(1.573)	(1.607)	(1.573)	(1.522)
村庄人均亩产粮食量			2.995	2.801	3.141	3.635
			(0.698)	(0.674)	(0.746)	(0.784)
村庄第一大姓占比				17.340***	16.877***	17.089***
				(2.941)	(2.858)	(2.837)
村庄中拿工资的村组干部比例					-6.067***	-6.046***
					(-2.692)	(-2.670)
是否渠水灌溉						-6.543
						(-1.223)
常数项	49.024	51.832	39.948	16.777	-49.141	-43.978
	(1.205)	(0.560)	(0.412)	(0.174)	(-1.077)	(-0.998)
是否控制省份固定效应	否	是	是	是	是	是
样本量	1263	1263	1263	1263	1262	1262
R-sq	0.056	0.086	0.087	0.099	0.101	0.102

注：①小括号里面的参数是t值；②所有的回归均使用稳健标准误。

表7-3是使用混合横截面数据的回归结果，下面我们观察分别使用2002年和2007年的数据进行回归时是否同样呈现出表7-3的特征。表7-4是使用CHIP2002数据的回归结果，其中表7-4第（1）~（6）列回归的控制变量和表7-3第（1）~（6）列相同。回归结果依然显示，随着村庄农户收入基尼系数的不断提高，村庄"一事一议"筹资筹劳显著下降。表7-5是使用CHIP2007数据的回归结果，表7-5第（1）~（6）列回归的控制变量和表7-3第（1）~（6）列相同。回归结果同样显示，随着村庄农户收入基尼系数的不断提高，村庄"一事一议"筹资筹劳显著下降。

表7-4 "一事一议"筹资筹劳与村庄收入差距的回归结果（CHIP2002）

	(1)	(2)	(3)	(4)	(5)	(6)
村庄农户收入基尼系数	-0.510***	-0.690***	-0.692***	-0.716***	-0.745***	-0.724***
	(-2.656)	(-2.835)	(-2.820)	(-2.894)	(-2.853)	(-2.587)
村庄总人口（对数）	0.560	5.914	5.187	6.357	5.245	5.243
	(0.115)	(0.934)	(0.763)	(0.922)	(0.796)	(0.794)
村庄户均收入（对数）	-8.216	-9.732	-9.687	-9.545	-10.359	-10.006
	(-1.198)	(-1.320)	(-1.322)	(-1.299)	(-1.360)	(-1.298)
村庄人均集体总支出（对数）	6.374***	6.276***	6.291***	6.076***	6.152***	6.136***
	(3.334)	(3.591)	(3.570)	(3.514)	(3.599)	(3.592)
上级政府转移支付占总支出的比重	-12.208***	-10.012**	-9.861**	-10.642**	-11.111**	-11.222**
	(-2.876)	(-2.169)	(-2.078)	(-2.223)	(-2.267)	(-2.312)
外出务工人员占总人口的比例	-0.057	-0.248	-0.248	-0.244	-0.243	-0.237
	(-0.225)	(-0.877)	(-0.878)	(-0.873)	(-0.871)	(-0.833)
从事农林牧渔业的劳动力占比	0.003	0.163	0.164	0.165	0.169	0.168
	(0.019)	(0.993)	(0.993)	(1.009)	(1.044)	(1.030)
从事工业的劳动力占比	-0.112	-0.067	-0.067	-0.086	-0.085	-0.086
	(-0.399)	(-0.219)	(-0.218)	(-0.284)	(-0.281)	(-0.284)
从事建筑业的劳动力占比	-0.112	-0.046	-0.033	-0.014	-0.012	-0.015
	(-0.441)	(-0.182)	(-0.130)	(-0.055)	(-0.046)	(-0.060)
村庄民主程度	1.420	1.782	1.787	1.846	1.859	1.866
	(0.998)	(1.308)	(1.305)	(1.358)	(1.357)	(1.360)
村庄人均债务	0.002*	0.003	0.003	0.002	0.002	0.002
	(1.760)	(1.124)	(1.169)	(0.912)	(0.799)	(0.723)
与上级政府的关系	1.647	3.372	3.470	2.539	2.661	2.673
	(0.391)	(0.691)	(0.723)	(0.534)	(0.566)	(0.568)
村庄人均亩产粮食量			-1.144	-1.054	-0.985	-1.039
			(-0.445)	(-0.417)	(-0.388)	(-0.412)
村庄第一大姓占比				12.406***	12.024***	11.972**
				(2.596)	(2.601)	(2.567)
村庄中拿工资的村组干部比例					-2.737	-2.756
					(-0.843)	(-0.853)
是否渠水灌溉						3.013
						(0.569)
常数项	83.568	117.396	122.436	109.439	29.011	22.560
	(1.030)	(0.911)	(0.902)	(0.822)	(0.295)	(0.236)
是否控制省份固定效应	否	是	是	是	是	是

续表

	(1)	(2)	(3)	(4)	(5)	(6)
样本量	558	558	558	558	557	557
R-sq	0.046	0.099	0.099	0.109	0.110	0.110

注：①小括号里面的参数是 t 值；②所有的回归均使用稳健标准误。

表7-5 "一事一议"筹资筹劳与村庄收入差距的回归结果（CHIP2007）

	(1)	(2)	(3)	(4)	(5)	(6)
村庄农户收入基尼系数	-0.656**	-0.456**	-0.454**	-0.443**	-0.423**	-0.406*
	(-2.566)	(-2.083)	(-2.088)	(-2.086)	(-1.967)	(-1.946)
村庄总人口（对数）	-2.164	-7.523	1.752	3.017	0.751	2.681
	(-0.388)	(-1.237)	(0.433)	(0.678)	(0.156)	(0.478)
村庄户均收入（对数）	-1.987	4.684	4.134	4.674	4.539	4.290
	(-0.582)	(1.202)	(1.140)	(1.236)	(1.202)	(1.162)
村庄人均集体总支出（对数）	7.519***	9.050***	8.964***	8.725***	9.188***	9.443***
	(2.818)	(3.118)	(3.140)	(3.178)	(3.370)	(3.338)
上级政府转移支付占总支出的比重	-31.540***	-29.845***	-29.439***	-30.256***	-29.779***	-32.433***
	(-3.725)	(-3.446)	(-3.513)	(-3.506)	(-3.425)	(-3.240)
外出务工人员占总人口的比例	-0.374	-0.507*	-0.520*	-0.522*	-0.519*	-0.556*
	(-1.442)	(-1.817)	(-1.805)	(-1.808)	(-1.793)	(-1.816)
从事农林牧渔业的劳动力占比	0.346*	0.335	0.348	0.334	0.343	0.322
	(1.713)	(1.590)	(1.594)	(1.561)	(1.622)	(1.594)
从事工业的劳动力占比	-0.244	-0.160	-0.159	-0.148	-0.147	-0.123
	(-1.625)	(-0.988)	(-0.980)	(-0.900)	(-0.897)	(-0.723)
从事建筑业的劳动力占比	0.836***	0.650**	0.657**	0.686**	0.686**	0.658**
	(2.869)	(2.211)	(2.215)	(2.260)	(2.269)	(2.266)
村庄民主程度	-0.805	-1.287	-1.389	-1.208	-1.122	-0.804
	(-0.583)	(-1.002)	(-1.029)	(-0.937)	(-0.862)	(-0.682)
村庄人均债务	0.000	0.000	0.000	0.000	0.000	0.000
	(0.774)	(1.182)	(1.257)	(1.055)	(0.901)	(0.796)
与上级政府的关系	9.896	11.987	11.863	11.131	10.918	11.666
	(0.883)	(1.150)	(1.154)	(1.119)	(1.093)	(1.136)
村庄人均亩产粮食量			18.867	17.446	18.585	21.164
			(1.095)	(1.040)	(1.120)	(1.194)
村庄第一大姓占比				19.142**	18.757**	19.669**
				(2.089)	(2.033)	(2.049)

189

续表

	(1)	(2)	(3)	(4)	(5)	(6)
村庄中拿工资的村组干部比例					-7.866** (-2.025)	-8.261** (-2.156)
是否渠水灌溉						-14.432* (-1.687)
常数项	47.626 (1.017)	49.932 (1.223)	-27.209 (-0.448)	-42.951 (-0.661)	-23.851 (-0.351)	-33.608 (-0.466)
是否控制省份固定效应	否	是	是	是	是	是
样本量	705	705	705	705	705	705
R-sq	0.075	0.107	0.111	0.122	0.124	0.130

注：①小括号里面的参数是t值；②所有的回归均使用稳健标准误。

表7-3、表7-4和表7-5的回归结果均显示，随着村庄农户收入差距的不断扩大，村庄"一事一议"筹资筹劳显著下降。这和我们理论分析中得到的经验命题1是相吻合的。

（二）敏感性分析

虽然上面的基本回归分析在一定程度上验证了经验命题1是正确的，但是基本回归结论在多大程度上是稳健的，还需要做进一步的敏感性分析。

1. Tobit 回归

基本回归中所设定的被解释变量为村庄户均"一事一议"筹资筹劳额，观察样本时，我们发现有很多村庄在2002年或2007年并没有"一事一议"项目发生。为了综合考虑是否开展"一事一议"项目和"一事一议"项目筹资筹劳金额，我们将上述回归模型变为Tobit模型，重新进行了回归。表7-6报告了回归结果，PanelA是使用2002年和2007年的混合横截面数据回归的结果，观察村庄农户收入基尼系数的参数，我们同样发现，随着村庄农户收入基尼系数不断扩大，"一事一议"筹资筹劳显著下降。PanelB和PanelC是分别使用2002年和2007年数据的回归结果，我们同样可以获得村庄农户收入差距越大，"一事一议"筹资筹劳越小的结论。通过表7-6的回归，我们知道，即便使用Tobit模型，村庄农户收入差距与"一事一议"筹资筹劳之间依然显著负相关。

第七章 "一事一议"制度对村庄公共物品供给的影响

表7-6 户均"一事一议"筹资筹劳与村庄收入差距的回归结果（Tobit 模型）

	(1)	(2)	(3)	(4)	(5)	(6)
	\multicolumn{6}{c}{PanelA 混合横截面数据}
村庄农户收入基尼系数	-2.713***	-2.007***	-1.983***	-1.933***	-1.941***	-1.932***
	(-3.608)	(-3.043)	(-3.046)	(-3.057)	(-3.069)	(-3.021)
村庄总人口（对数）	14.879	7.059	17.809	21.969*	16.989	16.750
	(1.631)	(0.582)	(1.375)	(1.703)	(1.310)	(1.286)
村庄户均收入（对数）	-31.257**	-9.629	-9.964	-7.967	-9.297	-9.246
	(-2.488)	(-0.697)	(-0.720)	(-0.578)	(-0.674)	(-0.670)
村庄人均集体总支出（对数）	25.095***	30.856***	30.893***	29.805***	30.475***	30.457***
	(3.883)	(4.020)	(4.036)	(4.087)	(4.158)	(4.142)
上级政府转移支付占总支出的比重	-125.723***	-121.770***	-122.824***	-124.829***	-125.474***	-125.413***
	(-4.546)	(-4.318)	(-4.303)	(-4.335)	(-4.350)	(-4.331)
外出务工人员占总人口的比例	-0.290	-1.017	-1.053	-0.992	-0.988	-0.976
	(-0.502)	(-1.507)	(-1.552)	(-1.493)	(-1.487)	(-1.448)
从事农林牧渔业的劳动力占比	0.329	0.819*	0.825*	0.798*	0.836**	0.843**
	(0.887)	(1.933)	(1.948)	(1.933)	(2.033)	(2.070)
从事工业的劳动力占比	-1.694***	-1.377**	-1.370**	-1.335**	-1.289**	-1.294**
	(-3.003)	(-2.492)	(-2.480)	(-2.459)	(-2.386)	(-2.389)
从事建筑业的劳动力占比	1.868***	0.999*	0.952	1.040*	1.068*	1.075*
	(2.873)	(1.706)	(1.641)	(1.769)	(1.825)	(1.847)
村庄民主程度	2.730	2.801	2.711	2.736	2.900	2.916
	(1.145)	(1.087)	(1.042)	(1.073)	(1.139)	(1.143)
村庄人均债务	0.001	0.001	0.001	0.001	0.000	0.000
	(1.058)	(1.217)	(1.242)	(0.929)	(0.799)	(0.820)
与上级政府的关系	13.520	27.159*	26.577*	22.312	22.642	22.585
	(0.954)	(1.750)	(1.733)	(1.550)	(1.574)	(1.563)
时间虚拟变量	10.795	10.293	10.005	8.697	7.445	9.624
	(0.623)	(0.596)	(0.584)	(0.521)	(0.445)	(0.595)
村庄人均亩产粮食量			18.652	18.067	18.748	18.378
			(1.260)	(1.261)	(1.290)	(1.260)
村庄第一大姓占比				45.046***	43.467***	43.301***
				(2.790)	(2.696)	(2.661)
村庄中拿工资的村组干部比例					-16.296	-16.478
					(-1.459)	(-1.474)
是否渠水灌溉						5.589
						(0.456)

191

续表

	(1)	(2)	(3)	(4)	(5)	(6)
PanelA 混合横截面数据							
常数项	145.540***	137.933***	137.774***	135.871***	135.685***	135.782***
	(5.983)	(5.878)	(5.911)	(6.013)	(5.988)	(6.006)
是否控制省份固定效应	否	是	是	是	是	是
样本量	1263	1263	1263	1263	1262	1262
R-sq	0.029	0.060	0.060	0.063	0.063	0.063
PanelB 使用 CHIP2002 数据的回归结果							
村庄农户收入基尼系数	-2.142***	-2.239***	-2.233***	-2.218***	-2.241***	-2.008**
	(-3.039)	(-2.791)	(-2.774)	(-2.808)	(-2.778)	(-2.409)
PanelC 使用 CHIP2007 数据的回归结果							
村庄农户收入基尼系数	-3.168***	-1.913**	-1.808**	-1.742**	-1.611**	-1.598**
	(-2.890)	(-2.160)	(-2.143)	(-2.140)	(-1.984)	(-1.990)

注：①小括号里面的参数是 t 值；②所有的回归均使用稳健标准误；③PanelB 和 PanelC 回归控制的变量和 PanelA 一致，为了节省篇幅，没有报告，如果有需要请向作者索取。

2. 以户均"一事一议"筹资筹劳额（对数）作为被解释变量的回归

基本回归中所设定的被解释变量为村庄户均"一事一议"筹资筹劳额，回归样本中包含没有进行"一事一议"筹资筹劳的村庄。现在我们单独考虑进行了"一事一议"的村庄是否同样存在村庄农户收入差距与"一事一议"筹资筹劳之间显著负相关的情况。我们将被解释变量更换为户均"一事一议"筹资筹劳额（对数），重新做回归。具体结果见表 7-7。回归结果依然显示，村庄农户收入差距越大，户均"一事一议"筹资筹劳额越少，参数效果在 10% 的程度上显著。

表 7-7 户均"一事一议"筹资筹劳额（对数）与村庄收入差距的回归结果

	(1)	(2)	(3)	(4)	(5)	(6)
村庄农户收入基尼系数	-0.009*	-0.009*	-0.010**	-0.010*	-0.010*	-0.010*
	(-1.835)	(-1.805)	(-1.999)	(-1.875)	(-1.860)	(-1.919)
村庄总人口（对数）	-0.068	-0.026	-0.158	-0.138	-0.173	-0.155
	(-0.406)	(-0.148)	(-0.744)	(-0.653)	(-0.811)	(-0.732)
村庄户均收入（对数）	0.107	0.206	0.211	0.217	0.201	0.202
	(0.677)	(1.143)	(1.181)	(1.207)	(1.127)	(1.136)

第七章 "一事一议"制度对村庄公共物品供给的影响

续表

	（1）	（2）	（3）	（4）	（5）	（6）
村庄人均集体总支出（对数）	0.492***	0.510***	0.506***	0.491***	0.496***	0.496***
	(7.109)	(7.235)	(7.186)	(6.965)	(7.066)	(7.079)
上级政府转移支付占总支出的比重	-0.868***	-0.927***	-0.938***	-0.963***	-0.969***	-0.963***
	(-4.597)	(-4.492)	(-4.540)	(-4.656)	(-4.654)	(-4.653)
外出务工人员占总人口的比例	-0.019**	-0.017**	-0.017**	-0.016*	-0.016*	-0.016*
	(-2.208)	(-2.029)	(-2.034)	(-1.860)	(-1.887)	(-1.892)
从事农林牧渔业的劳动力占比	0.007*	0.007*	0.007*	0.007*	0.008*	0.008*
	(1.721)	(1.690)	(1.680)	(1.687)	(1.779)	(1.761)
从事工业的劳动力占比	-0.003	-0.003	-0.004	-0.004	-0.003	-0.003
	(-0.554)	(-0.510)	(-0.642)	(-0.605)	(-0.505)	(-0.489)
从事建筑业的劳动力占比	0.007	0.008	0.008	0.009	0.010	0.010
	(1.257)	(1.324)	(1.305)	(1.411)	(1.472)	(1.495)
村庄民主程度	0.028	0.022	0.024	0.021	0.025	0.024
	(1.387)	(1.189)	(1.263)	(1.178)	(1.349)	(1.247)
村庄人均债务	-0.000**	-0.000*	-0.000*	-0.000*	-0.000**	-0.000**
	(-2.432)	(-1.795)	(-1.803)	(-1.910)	(-2.250)	(-2.084)
与上级政府的关系	0.267**	0.333**	0.332**	0.298**	0.307**	0.310**
	(2.073)	(2.443)	(2.429)	(2.213)	(2.258)	(2.287)
时间虚拟变量	0.429*	0.344	0.352	0.345	0.329	0.271
	(1.771)	(1.267)	(1.298)	(1.272)	(1.216)	(0.989)
村庄人均亩产粮食量			-0.219	-0.231	-0.219	-0.190
			(-0.891)	(-0.948)	(-0.902)	(-0.797)
村庄第一大姓占比				0.270**	0.255**	0.257**
				(2.302)	(2.195)	(2.198)
村庄中拿工资的村组干部比例					-0.167	-0.164
					(-1.355)	(-1.334)
是否渠水灌溉						-0.127
						(-1.065)
常数项	1.247	-1.318	0.306	-0.107	0.413	0.318
	(0.572)	(-0.494)	(0.097)	(-0.034)	(0.130)	(0.101)
是否控制省份固定效应	否	是	是	是	是	是
样本量	349	349	349	349	349	349
R-sq	0.307	0.345	0.348	0.356	0.358	0.360

注：①小括号里面的参数是t值；②所有的回归均使用稳健标准误。

3. 更换村庄收入差距度量指标的回归结果

之前的所有回归，我们都使用村庄农户收入的基尼系数代表村庄收入差距。为了进一步验证我们的回归结果是否对村庄农户收入的基尼系数敏感，我们利用村庄农户收入90%分位数除以10%的分位数的结果来度量村庄收入差距，具体回归结果见表7－8。观察表7－8的回归结果，我们同样发现，随着村庄收入差距的不断扩大，户均"一事一议"筹资筹劳显著减少。

表7－8 户均"一事一议"筹资筹劳与村庄收入差距的回归结果
（90%分位数除以10%分位数）

	（1）	（2）	（3）	（4）	（5）	（6）
村庄农户收入90%分位数除以10%分位数	－0.013*	－0.016**	－0.016**	－0.016**	－0.016**	－0.017***
	（－1.845）	（－2.501）	（－2.500）	（－2.441）	（－2.507）	（－2.580）
村庄总人口（对数）	－1.886	－2.237	2.486	3.625	1.640	2.447
	（－0.451）	（－0.494）	（0.754）	（1.073）	（0.485）	（0.670）
村庄户均收入（对数）	－2.368	3.060	2.664	3.353	2.969	2.784
	（－0.709）	（0.831）	（0.769）	（0.941）	（0.832）	（0.798）
村庄人均集体总支出（对数）	6.238***	7.059***	7.042***	6.829***	7.185***	7.245***
	（3.817）	（3.796）	（3.801）	（3.813）	（3.933）	（3.905）
上级政府转移支付占总支出的比重	－22.379***	－21.195***	－21.233***	－22.165***	－22.505***	－23.125***
	（－4.334）	（－3.897）	（－3.890）	（－3.927）	（－3.992）	（－3.839）
外出务工人员占总人口的比例	－0.214	－0.367*	－0.377*	－0.384*	－0.381*	－0.401*
	（－1.141）	（－1.743）	（－1.733）	（－1.761）	（－1.749）	（－1.749）
从事农林牧渔业的劳动力占比	0.192	0.241*	0.244*	0.244*	0.258*	0.251*
	（1.506）	（1.811）	（1.818）	（1.824）	（1.935）	（1.937）
从事工业的劳动力占比	－0.292**	－0.224	－0.224	－0.225	－0.219	－0.210
	（－2.152）	（－1.635）	（－1.628）	（－1.649）	（－1.610）	（－1.524）
从事建筑业的劳动力占比	0.451**	0.342*	0.339*	0.360*	0.367*	0.356*
	（2.244）	（1.709）	（1.701）	（1.782）	（1.818）	（1.803）
村庄民主程度	0.485	0.441	0.425	0.539	0.558	0.597
	（0.489）	（0.464）	（0.443）	（0.575）	（0.593）	（0.641）
村庄人均债务	0.000	0.000*	0.000*	0.000	0.000	0.000
	（1.272）	（1.727）	（1.763）	（1.440）	（1.272）	（1.203）
与上级政府的关系	6.933	9.051	8.891	7.873	7.773	7.898
	（1.133）	（1.478）	（1.481）	（1.370）	（1.354）	（1.362）
时间虚拟变量	12.062	11.599	11.464	11.714	11.497	8.991
	（1.534）	（1.560）	（1.565）	（1.598）	（1.563）	（1.503）

续表

	(1)	(2)	(3)	(4)	(5)	(6)
村庄人均亩产粮食量			8.619	7.910	8.570	10.015
			(1.028)	(0.965)	(1.049)	(1.119)
村庄第一大姓占比				17.203***	16.700***	16.921***
				(2.925)	(2.836)	(2.819)
村庄中拿工资的村组干部比例					-6.129***	-6.110***
					(-2.713)	(-2.683)
是否渠水灌溉						-7.363
						(-1.285)
常数项	24.162	28.092	-5.631	-26.690	-7.922	-12.927
	(0.623)	(0.303)	(-0.053)	(-0.249)	(-0.074)	(-0.118)
是否控制省份固定效应	否	是	是	是	是	是
样本量	1254	1254	1254	1254	1253	1253
R-sq	0.047	0.081	0.082	0.095	0.096	0.098

注：①小括号里面的参数是 t 值；②所有的回归均使用稳健标准误。

4. 分东西中样本的回归结果

为了进一步考察不同地区是否都存在村庄收入差距与户均"一事一议"筹资筹劳呈显著负相关关系，我们将样本分为东、西、中三个子样本分别进行回归。① 具体回归结果见表 7-9。表 7-9 第（1）列、第（2）列和第（3）列度量村庄收入差距的变量是农户收入 90% 的分位数除以 10% 的分位数；第（4）列、第（5）列和第（6）列的村庄收入差距分别是东部、西部和中部地区样本的村庄农户收入基尼系数；第（1）列和第（4）列是东部地区样本的回归结果；第（2）列和第（5）列是西部地区样本的回归结果；第（3）列和第（6）列是中部地区样本的回归结果。回归结果除了第（4）列用基尼系数度量东部地区样本村庄收入差距时的回归参数没有达到 10% 的显著水平之外，其他的回归结果都是负向显著的。这和我们所得到的基本回归结果是一致的，即随着村庄收入差距的不断增大，户均"一事一议"筹资筹劳显著减少。

---

① 其中东部地区包括 12 个省份，分别是辽宁、北京、天津、河北、山东、江苏、上海、浙江、福建、广东、广西、海南；西部地区指陕西、甘肃、青海、宁夏、新疆、四川、重庆、云南、贵州、西藏 10 个省份；中部地区包括山西、内蒙古、吉林、黑龙江、安徽、江西、河南、湖北、湖南 9 个省份。

表 7-9 户均"一事一议"筹资筹劳与村庄收入差距的回归结果（分东、西、中部）

地区	(1) 东部	(2) 西部	(3) 中部	(4) 东部	(5) 西部	(6) 中部
村庄农户收入基尼系数				-0.242	-0.754***	-0.871*
				(-1.205)	(-2.643)	(-1.817)
村庄农户收入90%分位数除以10%分位数	-0.044**	-0.013**	-0.048***			
	(-2.338)	(-2.000)	(-3.218)			
村庄总人口(对数)	-0.038	9.440*	10.482**	-1.405	-1.026	-2.572
	(-0.006)	(1.693)	(2.049)	(-0.223)	(-0.198)	(-0.357)
村庄户均收入(对数)	-9.181	9.298*	12.698	-6.651	8.714	14.065
	(-1.596)	(1.767)	(1.530)	(-1.189)	(1.598)	(1.571)
村庄人均集体总支出(对数)	1.421	10.975***	9.539**	1.421	12.239***	11.359***
	(0.944)	(3.660)	(2.577)	(1.019)	(3.896)	(2.703)
上级政府转移支付占总支出的比重	-15.860**	-25.778***	-22.071**	-13.413**	-25.640***	-20.567**
	(-2.349)	(-3.610)	(-2.274)	(-2.049)	(-3.537)	(-2.182)
外出务工人员占总人口的比例	-0.269	-0.483	-0.395	-0.319*	-0.526	-0.417
	(-1.535)	(-1.413)	(-0.927)	(-1.825)	(-1.562)	(-0.988)
从事农林牧渔业的劳动力占比	0.377**	0.172	0.118	0.347**	0.171	0.138
	(2.534)	(0.890)	(0.393)	(2.451)	(0.900)	(0.448)
从事工业的劳动力占比	0.125	-0.424*	-0.570**	0.084	-0.374*	-0.482*
	(0.679)	(-1.940)	(-2.226)	(0.484)	(-1.742)	(-1.888)
从事建筑业的劳动力占比	0.535***	0.273	-0.030	0.512***	0.301	-0.037
	(3.250)	(0.877)	(-0.086)	(3.131)	(1.008)	(-0.115)
村庄民主程度	1.690	-1.071	-2.026	1.554	-0.992	-1.950
	(1.097)	(-0.813)	(-1.284)	(1.024)	(-0.799)	(-1.283)
村庄人均债务	0.000	0.000	0.000	0.000	0.000	0.000
	(1.609)	(0.618)	(0.593)	(1.441)	(0.428)	(0.425)
与上级政府的关系	0.028	10.723	10.031	-0.407	10.328	10.893
	(0.004)	(1.323)	(0.924)	(-0.058)	(1.300)	(0.979)
时间虚拟变量	-4.161	22.893	25.556	-5.255	5.180	5.504
	(-0.656)	(1.421)	(1.375)	(-0.809)	(0.841)	(0.936)
村庄人均亩产粮食量	7.531	23.287**	20.041*	7.520	23.323**	20.553*
	(1.524)	(2.424)	(1.721)	(1.470)	(2.445)	(1.742)
村庄第一大姓占比	-2.830	-4.410	-2.674	-2.519	-5.546	-4.050
	(-1.035)	(-1.239)	(-0.769)	(-0.900)	(-1.600)	(-1.160)
村庄中拿工资的村组干部比例	-3.860	-10.978	-4.630	-3.578	-9.416	-3.839
	(-0.792)	(-1.204)	(-0.402)	(-0.739)	(-1.125)	(-0.350)

续表

	（1）	（2）	（3）	（4）	（5）	（6）
地区	东部	西部	中部	东部	西部	中部
是否渠水灌溉	-3.474	11.016	8.963	-2.944	12.285	10.582
	（-0.486）	（1.506）	（0.985）	（-0.464）	（1.600）	（1.068）
常数项	97.541	-208.206**	-217.408*	93.110	-89.653	-91.753
	（1.303）	（-2.228）	（-1.683）	（1.227）	（-1.506）	（-1.326）
是否控制省份固定效应	否	是	是	是	是	是
样本量	463	790	537	464	791	534
R-sq	0.119	0.125	0.111	0.107	0.134	0.117

注：①小括号里面的参数是 t 值；②所有的回归均使用稳健标准误。

5. 以人均"一事一议"筹资筹劳额（对数）作为被解释变量的回归

之前的回归我们选择的被解释变量都是户均"一事一议"筹资筹劳，虽然在国务院办公厅转发农业部《村民一事一议筹资筹劳管理办法》（国办发〔2007〕4 号）及相关文件中，我们发现政府部门在原则上要求"一事一议"制度要按照农户均摊的方式来筹资筹劳，但是现实中却存在按照人均方式进行筹资筹劳的情况。为此，我们将被解释变量更换为人均"一事一议"筹资筹劳，重新做了回归，结果见表 7-10。观察村庄农户收入基尼系数，我们发现收入差距越大的村庄，人均"一事一议"筹资筹劳额越少，且效果显著。这和基本回归的结果是一致的。

表 7-10　人均"一事一议"筹资筹劳额（对数）与村庄收入差距的回归结果

	（1）	（2）	（3）	（4）	（5）	（6）
村庄农户收入基尼系数	-0.142***	-0.115***	-0.115***	-0.117***	-0.117***	-0.118***
	（-3.313）	（-2.934）	（-2.937）	（-2.989）	（-2.997）	（-2.994）
村庄总人口（对数）	-0.286	-0.441	-0.221	0.114	-0.399	-0.335
	（-0.312）	（-0.467）	（-0.265）	（0.138）	（-0.487）	（-0.400）
村庄户均收入（对数）	-1.298	0.201	0.187	0.284	0.211	0.181
	（-1.527）	（0.235）	（0.222）	（0.334）	（0.248）	（0.214）
村庄人均集体总支出（对数）	1.808***	1.906***	1.903***	1.877***	1.967***	1.984***
	（4.281）	（4.140）	（4.150）	（4.175）	（4.302）	（4.274）
上级政府转移支付占总支出的比重	-5.532***	-4.998***	-5.016***	-5.303***	-5.377***	-5.518***
	（-4.789）	（-4.161）	（-4.111）	（-4.194）	（-4.257）	（-4.107）

续表

	(1)	(2)	(3)	(4)	(5)	(6)
外出务工人员占总人口的比例	-0.054	-0.097**	-0.098**	-0.097**	-0.096**	-0.101**
	(-1.274)	(-2.049)	(-2.041)	(-2.036)	(-2.019)	(-2.025)
从事农林牧渔业的劳动力占比	0.042	0.063**	0.063**	0.062**	0.066**	0.064**
	(1.604)	(2.162)	(2.163)	(2.149)	(2.286)	(2.281)
从事工业的劳动力占比	-0.057*	-0.056*	-0.056*	-0.056	-0.054	-0.052
	(-1.724)	(-1.654)	(-1.656)	(-1.636)	(-1.585)	(-1.510)
从事建筑业的劳动力占比	0.139***	0.118**	0.117**	0.122**	0.124**	0.122**
	(2.779)	(2.388)	(2.374)	(2.463)	(2.503)	(2.492)
村庄民主程度	0.157	0.137	0.136	0.161	0.166	0.172
	(0.606)	(0.550)	(0.540)	(0.647)	(0.664)	(0.696)
村庄人均债务	0.000	0.000	0.000	0.000	0.000	0.000
	(1.095)	(1.550)	(1.556)	(1.240)	(1.070)	(1.003)
与上级政府的关系	1.231	1.847	1.829	1.636	1.613	1.645
	(0.946)	(1.366)	(1.372)	(1.268)	(1.252)	(1.265)
时间虚拟变量	2.176	2.521	2.520	2.424	2.365	1.868
	(1.405)	(1.645)	(1.645)	(1.608)	(1.564)	(1.428)
村庄人均亩产粮食量			0.412	0.385	0.472	0.587
			(0.449)	(0.428)	(0.518)	(0.592)
村庄第一大姓占比				3.813***	3.703***	3.755***
				(2.810)	(2.733)	(2.722)
村庄中拿工资的村组干部比例					-1.499**	-1.503**
					(-2.450)	(-2.446)
是否渠水灌溉						-1.547
						(-1.266)
常数项	15.102	24.694	23.101	18.222	22.797	22.512
	(1.307)	(0.761)	(0.686)	(0.546)	(0.682)	(0.671)
是否控制省份固定效应	否	是	是	是	是	是
样本量	1310	1310	1310	1310	1309	1309
R-sq	0.058	0.099	0.099	0.109	0.111	0.112

注：①小括号里面的参数是 t 值；②所有的回归均使用稳健标准误。

通过上面的敏感性分析，我们基本可以判定，村庄收入差距越大，"一事一议"筹资筹劳越少，基本回归结果稳健。

6. 村庄收入差距与是否开展"一事一议"项目的回归结果

前面的计量分析集中讨论对所有样本村庄或仅针对已经开展了"一事一议"项目的村庄而言,村庄收入差距扩大,是否会导致村庄"一事一议"筹资筹劳总额减小。现在我们重点考察村庄收入差距对是否开展"一事一议"项目是否存在显著的影响。我们将被解释变量设定为"是否开展'一事一议'项目",该虚拟变量等于1时,表示当年村庄成功地开展了"一事一议"筹资筹劳,反之,则表明当年村庄没有开展"一事一议"筹资筹劳。我们选择Probit回归模型,具体结果见表7-11。从表7-11的村庄农户收入基尼系数来看,第(2)列和(3)列的参数显著程度没有达到10%,其余各列参数的显著程度都达到了10%的显著水平。这在一定程度上也说明了,村庄收入差距越大,村庄开展"一事一议"项目的可能性越低。

表7-11 村庄收入差距与是否成功开展"一事一议"项目的回归结果(Probit模型)

	(1)	(2)	(3)	(4)	(5)	(6)
村庄农户收入基尼系数	-0.013***	-0.006	-0.006	-0.007*	-0.007*	-0.007*
	(-3.556)	(-1.581)	(-1.553)	(-1.702)	(-1.716)	(-1.666)
村庄农户收入90%分位数除以10%分位数	0.149**	0.042	0.092	0.138	0.119	0.115
	(2.324)	(0.555)	(1.023)	(1.529)	(1.238)	(1.202)
村庄总人口(对数)	-0.127	-0.028	-0.031	-0.018	-0.022	-0.019
	(-1.332)	(-0.257)	(-0.282)	(-0.161)	(-0.192)	(-0.170)
村庄户均收入(对数)	0.081***	0.078**	0.078**	0.077**	0.079**	0.077**
	(3.034)	(2.567)	(2.566)	(2.458)	(2.489)	(2.427)
村庄人均集体总支出(对数)	-0.692***	-0.603***	-0.608***	-0.661***	-0.664***	-0.655***
	(-6.438)	(-5.091)	(-5.114)	(-5.519)	(-5.543)	(-5.463)
上级政府转移支付占总支出的比重	-0.001	-0.006	-0.006	-0.006	-0.006	-0.005
	(-0.294)	(-1.394)	(-1.429)	(-1.348)	(-1.349)	(-1.237)
外出务工人员占总人口的比例	0.001	0.003	0.003	0.003	0.003	0.003
	(0.263)	(0.984)	(0.998)	(0.983)	(1.018)	(1.086)
从事农林牧渔业的劳动力占比	-0.014***	-0.017***	-0.017***	-0.017***	-0.017***	-0.017***
	(-3.709)	(-3.908)	(-3.907)	(-3.836)	(-3.820)	(-3.820)
从事工业的劳动力占比	0.011***	0.006	0.006	0.006	0.007	0.007
	(2.605)	(1.216)	(1.156)	(1.337)	(1.353)	(1.427)
从事建筑业的劳动力占比	0.015	0.013	0.012	0.015	0.015	0.015
	(1.100)	(0.851)	(0.823)	(1.012)	(1.040)	(1.018)

续表

	（1）	（2）	（3）	（4）	（5）	（6）
村庄民主程度	0.000	0.000*	0.000*	0.000	0.000	0.000*
	(0.887)	(1.744)	(1.758)	(1.631)	(1.592)	(1.649)
村庄人均债务	-0.001	0.074	0.070	0.042	0.042	0.037
	(-0.016)	(0.843)	(0.796)	(0.469)	(0.473)	(0.416)
与上级政府的关系	0.081	0.101	0.101	0.078	0.073	0.132
	(0.730)	(0.822)	(0.821)	(0.624)	(0.591)	(1.034)
时间虚拟变量			0.096	0.094	0.096	0.086
			(1.073)	(1.062)	(1.082)	(1.010)
村庄人均亩产粮食量				0.464***	0.458***	0.455***
				(5.088)	(5.016)	(4.970)
村庄第一大姓占比					-0.060	-0.062
					(-0.664)	(-0.683)
村庄中拿工资的村组干部比例						0.169*
						(1.787)
是否渠水灌溉	-0.130	-0.808	-1.204	-1.827	-1.622	-1.692
	(-0.134)	(-0.697)	(-0.989)	(-1.471)	(-1.261)	(-1.310)
常数项	-0.013***	-0.006	-0.006	-0.007*	-0.007*	-0.007*
	(-3.556)	(-1.581)	(-1.553)	(-1.702)	(-1.716)	(-1.666)
是否控制省份固定效应	否	是	是	是	是	是
样本量	1333	1333	1333	1333	1332	1332
R-sq	0.036	0.078	0.078	0.088	0.088	0.089

注：①小括号里面的参数是 t 值；②所有的回归均使用稳健标准误。

（三）农户收入与"一事一议"筹资筹劳

我们在理论分析部分不仅推导出了经验命题 1——村庄收入差距与"一事一议"筹资筹劳负相关之外，而且还得到了经验命题 2——收入越低的农户，"一事一议"筹资筹劳水平越低。之前的计量分析集中验证经验命题 1，下面我们转而验证经验命题 2。由于数据受限，我们只能利用 2002 年的 CHIP 的农户调查样本对经验命题 2 进行检验。我们剔除了 2002 年没有实行农村税费改革的村庄，剔除了五保户和户主有病残的样本，并且筛选出在 2002 年进行过"一事一议"项目的村庄。参与回归的所有数据都根据 Brandt 和 Holz[①] 的方法

---

① Brandt Loren, and Holz Carsten, "Spatial Price Differences in China: Estimates and Implications", *Economic Development and Cultural Change*, Vol. 55 (1), (2006): 43-86.

进行了价格平滑。表7-12是回归结果，第（1）列没有控制其他变量；第（2）列控制了省份虚拟变量；第（3）列控制了村庄固定效应；第（4）列控制了村庄固定效应、农户家庭人口数和是不是村庄第一大姓。观察表7-12，我们可以发现，农户的收入水平越高，"一事一议"筹资筹劳也就越多，而且在控制了村庄固定效应之后，效果依然显著，参数值和显著性的变化程度不大。这说明村庄在执行"一事一议"的时候，并不是严格实行均摊的，而是富裕人群出资相对更高。这和我们前面的理论模型是对应的，同时也在一定程度上佐证了命题1的结论。

表7-12　农户收入（对数）与"一事一议"筹资筹劳的回归结果

	（1）	（2）	（3）	（4）
农户收入（对数）	0.914**	0.866**	0.858**	0.849**
	(2.443)	(2.362)	(2.204)	(2.198)
是否加入省级虚拟变量	否	是	否	否
是否控制村级虚拟变量	否	否	是	是
是否加入其他控制变量	否	否	否	是
样本量	1790	1790	1790	1790

注：①小括号里面的参数是t值；②所有的回归均使用稳健标准误。

五　总结与讨论

本章主要解释了单纯的"一事一议"制度为何无法成为中国村庄公共物品配置的有效方式。理论上说，中国农村税费改革之后，农户收入水平提高，但村委会不能再向农户征收各类税费以提供村庄公共物品，因而村庄转而实行"一事一议"制度提供公共物品。从"一事一议"制度设计的初衷来看，通过民主决策，农户可以自由表达对公共物品类型和规模的偏好。根据西方政治经济学的中位数投票理论，村庄公共物品应该由中位数投票人来确定，在公共物品成本均摊的原则下，根据中位数投票理论所确定的公共物品规模虽然达不到萨缪尔森公共物品供给的最优值，但能够在一定程度上实现公共物品的有效供给。然而，无论是国家统计局农调队的数据还是CHIP数据都显示，农村税费改革之后，只有很少的村庄真正执行了"一事一议"制度，绝大部分村庄没有实际落实"一事一议"。究其主要原因，中国的村委会是一个群众自治组织，没有执法权，即便"一事一议"筹资筹劳方案获得了村庄中大多数村民的支持,在实际筹资筹劳时,对"一事一议"方案持反对意见的农户如果拒不按照方案执行,村委会并没有行之有效的措施让这些农户履行筹资筹劳的义务,这导致了村庄公共物品供给水平的下降。

然而,我们对单纯的"一事一议"制度无法成为中国村庄公共物品配置的有效模式的理论解释无法得到经验证据的支撑。为此,我们根据模型推导了两个可验证的经验命题。第一个经验命题是,随着村庄收入差距的不断扩大,村庄"一事一议"筹资筹劳总额逐渐下降。第二个经验命题是,对于违约农户而言,收入越低的农户,"一事一议"筹资筹劳额越小,反之,收入越高的农户,"一事一议"筹资筹劳额越大。在经验研究部分,我们利用CHIP2002和CHIP2007数据对上面的经验命题进行了检验。计量结果显示:村庄收入差距越大,农户"一事一议"筹资筹劳越少;收入越高的农户,"一事一议"筹资筹劳越多。进一步地,我们对基本回归结果进行了敏感性分析:第一,无论是利用村庄农户基尼系数还是收入90%的分位数除以10%的分位数度量收入差距,计量结果都显示,随着村庄农户收入差距的扩大,"一事一议"筹资筹劳越少;第二,收入差距越大的村庄,不仅"一事一议"筹资筹劳总额较低,而且实际开展"一事一议"项目的可能性也相对较低;第三,我们利用2002年的住户调查数据发现,收入越高的住户,其"一事一议"筹资筹劳越多。我们的计量结果和理论模型中所得到的经验命题是一致的,且结果显著、稳健。这在一定程度上验证了我们模型的合理性。

单纯的"一事一议"制度无法成为中国村庄公共物品供给的有效制度。虽然"一事一议"自发地产生于中国农村,是农民自己的创造,最终上升为国家政策,但是由于中国村委会属于村民自治组织,没有权力对违反"一事一议"筹资筹劳方案的农户进行相应的惩罚,只能通过村庄内部的"柔性惩罚"对违约村民产生一定的影响。这种所谓的"柔性惩罚"不仅力度很弱,而且其在不同村庄的实施情况有显著差异,这是不同的村庄有不同的文化背景、生活习惯等造成的,进而最终导致了"一事一议"制度无法成为中国村庄公共物品供给的有效制度。

鉴于"一事一议"无法成为中国村庄公共物品供给的主要制度,政府随后进一步出台了"一事一议、财政奖补"的政策,旨在利用财政资金奖补的方式提高中国村庄公共物品的供给水平。我们在第八章中,主要研究"一事一议、财政奖补"能否成为中国村庄公共物品供给的有效方式。

第八章 "一事一议、财政奖补"与村庄公共物品供给

一 引言

2003年农村税费改革顺利完成之后，中国村庄公共物品的供给实行了"一事一议"制度，但是从实践效果来看，并不理想。我们在第七章中已经对"一事一议"制度为何不能成为继农村税费改革之后村庄公共物品供给的有效制度的原因进行了讨论。结论是：村委会属于村民自治组织，没有执法权，无法强制要求对"一事一议"方案持有反对意见的村民筹资筹劳。农村税费减免大大削弱了基层政府的财力，而新增的"一事一议"制度实施起来又较为困难，最终导致了村庄公共物品供给水平的下降。单纯的"一事一议"政策出台后，村庄公共物品供给非常不平衡，整体覆盖面较小，无法满足村庄公共物品需求，农村公益事业建设投入总体上呈现下滑的趋势。农村基础设施薄弱，社会事业发展落后，已经成为影响中国农村居民生活和农业生产的主要障碍。为此，中央在2008年出台了《中共中央国务院关于切实加强农业基础建设 进一步促进农业发展农民增收的若干意见》（中发〔2008〕1号）文件。根据该文件，经国务院领导批准，国务院农村综合改革工作小组、财政部、农业部三部门联合发布了《关于开展村级公益事业建设一事一议财政奖补试点工作的通知》（国农改〔2008〕2号）文件。自此，"一事一议、财政奖补"政策逐渐替代了单纯的"一事一议"制度，成为中国村庄公共物品供给的主要制度。

"一事一议、财政奖补"制度的基本原则有以下几条。①村民决策，筹补结合。党中央和国务院要求"一事一议、财政奖补"政策必须充分尊重村民的意见，以村民自主决策、自愿筹资筹劳为前提，政府财政给予补助。②直接

受益，注重实效。"一事一议、财政奖补"必须考虑村集体的组织能力、村民和地方政府的承受能力，注重村民最迫切需要的村庄公共物品建设项目。③规范管理，阳光操作。确保筹资筹劳、村民议事过程、财政奖补资金的申请和使用方面都做到公开、透明。

2008年，中央选择黑龙江、河北、云南三个省份在全省范围内开展"一事一议、财政奖补"试点工作。2010年3月，国务院农村综合改革工作小组、财政部、农业部再次出台相关文件，要求各省区市进一步扩大"一事一议、财政奖补"试点。时至今日，"一事一议、财政奖补"政策基本在全国范围内施行开来。

然而，并没有相关的学术文献就"一事一议、财政奖补"政策的具体实施情况进行过严格的讨论。本章的目标就是要评估"一事一议、财政奖补"政策的实施效果。我们的理论研究表明，"一事一议、财政奖补"制度提高了村庄公共物品的供给水平，而且上级财政奖补的比例越大，公共物品的供给水平越高。紧接其后，我们利用CHIP2008村庄调查数据对上述理论分析进行了经验验证，计量结果表明，"一事一议、财政奖补"政策的确提高了村庄公共物品的供给水平，且上级补贴占公共物品成本的比例越高，村庄公共物品供给的水平也就越高。

本章的第二部分是理论模型；第三部分是数据、统计描述和经验研究方法；第四部分是经验研究；第五部分是总结与讨论。

二 理论模型

我们借鉴基本理论分析框架中的模型分析"一事一议、财政奖补"对公共物品供给的影响。假设村民的效用函数满足：

$$U(x, G) \qquad (8-1)$$

x表示私人消费品，G表示村庄公共物品。与此同时，我们还假设：

$$\frac{\partial U}{\partial x} > 0; \frac{\partial U}{\partial G} > 0; \frac{\partial^2 U}{\partial x^2} < 0; \frac{\partial^2 U}{\partial G^2} < 0; \frac{\partial^2 U}{\partial x \partial G} > 0 \qquad (8-2)$$

在此，我们假设村庄公共物品仅是福利性的，即村庄公共物品只影响村民的福利水平。在考虑生产性公共物品时，其实也能得到类似的结果。

第八章 "一事一议、财政奖补"与村庄公共物品供给

我们同样假定公共物品成本以按户均摊的方式筹资筹劳。假设上级政府对一事一议的财政奖补比例为 η，则消费者的预算约束为：

$$M_i = x_i + (1-\eta)g_i \qquad (8-3)$$

其中 $(1-\eta)g_i$ 表示农户 i 对公共物品的筹资筹劳额，农户 i 筹资筹劳额对应的政府补贴额即为 $\eta \cdot g_i$。我们假设"一事一议、财政奖补"的方案有超过 50% 的村民投票赞成就算通过。将 (8-3) 式代入 (8-1) 式，可以得到：

$$\max_{g_i} U[M_i - (1-\eta)g_i, ng_i]$$

由上面式子的一阶条件，可以得到：

$$(1-\eta) \cdot U_x[M_i - (1-\eta)g_i, ng_i] = n \cdot U_G[M_i - (1-\eta)g_i, ng_i]$$

根据中位数投票定理，村庄中公共物品的规模由中位数投票人确定，则有：

$$(1-\eta) \cdot U_x[M^m - (1-\eta)g^m, ng^m] = n \cdot U_G[M^m - (1-\eta)g^m, ng^m]$$

其中上标 m 表示中位数投票人。上面的式子两边同时对 η 求偏导数，可以得到：

$$-U_x - (1-\eta)^2 \cdot U_{xx}\frac{\partial g^m}{\partial \eta} + (1-\eta) \cdot n \cdot U_{xG}\frac{\partial g^m}{\partial \eta}$$
$$= -n \cdot (1-\eta) \cdot U_{Gx}\frac{\partial g^m}{\partial \eta} + n^2 \cdot U_{GG}\frac{\partial g^m}{\partial \eta}$$

整理上面的式子，我们可以得到：

$$\frac{\partial g^m}{\partial \eta} = \frac{U_x}{-(1-\eta)^2 \cdot U_{xx} + 2(1-\eta) \cdot n \cdot U_{xG} - n^2 \cdot U_{GG}} > 0 \qquad (8-4)$$

此时对应的"一事一议、财政奖补"公共物品的供给总量对 η 求偏导数，可以得到：

$$\frac{\partial G}{\partial \eta} = n \cdot \frac{\partial g^m}{\partial \eta} = \frac{n \cdot U_x}{-(1-\eta)^2 \cdot U_{xx} + 2(1-\eta) \cdot n \cdot U_{xG} - n^2 \cdot U_{GG}} > 0 \qquad (8-5)$$

通过上面的静态比较分析，我们可以知道，随着政府财政奖补比例的不断提高，村庄民主决策条件下的公共物品供给的水平也不断提高。

接下来，我们继续讨论对"一事一议、财政奖补"方案持有反对意见的村民，他们依旧不会按照村民大会或村民代表大会确定的方案筹资筹劳，并且

村委会没有权力强制要求他们按照方案筹资筹劳。但是,我们可以假设村委会能够通过村规民约等其他方式对不按照"一事一议、财政奖补"方案筹资筹劳的农户采取一定的"柔性惩罚"。我们假设农户"柔性惩罚"函数满足:

$$\Phi = \begin{cases} \Phi(g^m - g_i), & \text{如果 } g^m > g_i \\ 0, & \text{如果 } g^m \leq g_i \end{cases} \quad (8-6)$$

$\Phi_1 > 0, \Phi_{11} > 0, \Phi_2 > 0, \Phi_{22} > 0, \Phi_{12} > 0$①

由(8-6)式可知,违约成本取决于"一事一议、财政奖补"方案确定的筹资筹劳水平g^m和村民实际筹资筹劳金额g_i的差距,该差距越大,农户面临的违约成本越高。当农户筹资筹劳额大于或等于"一事一议"方案所规定的筹资筹劳额时,就不存在违约行为,此时的$\Phi = 0$。为了方便分析,我们假设违约成本函数Φ在$g^m = g_i$处连续,即满足:

$$\lim_{g_i \to g^m} \Phi(g^m - g_i) = 0$$

我们假设在村民大会或村民代表大会上表态赞成"一事一议、财政奖补"方案的农户会根据最终的投票结果筹资筹劳。对"一事一议、财政奖补"方案持有反对意见的农户面临的问题可归纳为:

$$\max_{g_i} U[M_i - (1-\eta)g_i, (n-1)g^m + g_i] + \Phi(g^m - g_i)$$

上面式子的一阶导数为:

$$-(1-\eta)U_x[M_i - (1-\eta)g_i, (n-1)g^m + g_i] + U_G - \Phi'(g^m - g_i) = 0$$

在此,我们需要强调和说明的是,在这个阶段的决策中,农户i是在给定g^m的条件下进行决策的。上面式子两边同时对η求偏导数,可以得到:

$$U_x + (1-\eta)^2 U_{xx} \frac{\partial g_i}{\partial \eta} - (1-\eta) U_{xG} \frac{\partial g_i}{\partial \eta}$$

$$- (1-\eta) U_{Gx} \frac{\partial g_i}{\partial \eta} + U_{GG} \frac{\partial g_i}{\partial \eta} + \Phi'' \cdot \frac{\partial g_i}{\partial \eta} = 0$$

整理上面的方程,可以得到:

---

① Φ_1、Φ_2、Φ_{11}、Φ_{22}和Φ_{12}分别表示违约成本函数Φ对$g^m - g_i$求一阶偏导数、对a求一阶偏导数、对$g^m - g_i$求二阶偏导数、对a求二阶偏导数以及对$g^m - g_i$和a求二阶连续偏导数。

$$\frac{\partial g_i}{\partial \eta} = \frac{-U_x}{(1-\eta)^2 U_{xx} + U_{GG} + \Phi'' - 2(1-\eta)U_{xG}} > 0 \qquad (8-7)$$

通过（8-7）不等式，我们可以知道，随着财政奖补比例的不断提高，对"一事一议、财政奖补"方案持反对意见的农户同样有意愿提高自己的筹资筹劳水平。

综合上面的分析来看，我们可以得到以下命题。

命题：随着上级政府财政奖补比例的不断提高，村庄公共物品供给水平提高。

三 数据、统计描述和经验研究方法

（一）数据来源

本章所使用的数据主要来自 CHIP2007（RUMiC2008）和 CHIP2008（RUMiC2009）。由于这两套数据和其他的 CHIP 数据略有区别，因此我们需要对这两套数据进行相对细致的说明。其中一个重要的区别在于，我们可以利用 CHIP2007 和 CHIP2008 数据构造村庄的面板数据。除了农村固定观察点的数据之外，中国的绝大多数村庄数据很难构造面板数据，然而农村固定观察点的数据并不属于公开数据，普通研究人员很难获得。我们所使用的 CHIP2007 和 CHIP2008 数据是 CHIP 数据调查的一部分，这两轮的调查是由北京师范大学、澳洲国立大学的学者共同发起的，并得到了中国国家统计局和德国劳动研究所（IZA）的支持。值得注意的是，这两年的调查也是大型 RUMiC（中国的农村－城镇移民）调查项目的组成部分。RUMiC 调查项目是包含多个年份的跟踪调查，每轮调查在年初进行，请被调查对象回忆前一年的信息并填写问卷。以 RUMiC（中国农村－城镇移民）命名的两期数据编号和 CHIP 数据不同，RUMiC 项目是根据调查时间进行编号的，而 CHIP 调查是按照事件发生年份为编号依据的。所以事实上，RUMiC2008 就是我们所说的 CHIP2007，而 RUMiC2009 则是我们所说的 CHIP2008。

CHIP2007 和 CHIP2008 数据来自国家统计局每年的常规住户调查大样本数据库，调查涵盖了全国 17 个省份，包括北京、上海、辽宁、江苏、浙江、福建、广东、山西、安徽、河北、河南、湖北、湖南、重庆、四川、云南和甘肃。子样本是按照随机抽样的原则选取组成的。本章研究主要使用 CHIP2007 和 CHIP2008 村庄调查数据。CHIP2007 和 CHIP2008 数据不仅可以构成村庄面板数据，而且根据国务院农村综合改革工作小组、财政部、农业部三部门联合发布的《关于开展村级公益事业建设一事一议财政奖补试点工作的通知》（国农改〔2008〕2号）的规定，从2008年开始，黑龙江、河北、云南三个省份在全省范围内试点"一事一议、财政奖补"制度，故我们的数据恰好构成改革前（2007年）、改革后（2008年）和试点地区、非试点地区村庄的样本分类。这样的数据类型适于使用计量经济学中的双重差分方法（DID）进行研究。[①] 使用DID方法我们能够准确地评估"一事一议、财政奖补"政策是否能够提高村庄公共物品的供给水平。除此之外，我们还能够单独使用CHIP2008数据对政府奖补比例对村庄公共物品供给的影响进行评估。

CHIP2007和CHIP2008数据在本质上是针对农村、城镇、农村-城镇流动人口的入户调查数据，但我们重点关注的是其中关于村庄的数据。单从我们使用的村庄数据来看，2007年调查的范围包括：河北43个样本，江苏98个样本，浙江93个样本，安徽83个样本，河南98个样本，湖北97个样本，广东98个样本，重庆47个样本，四川104个样本；2008年村庄数据包括：河北47个样本，江苏92个样本，浙江88个样本，安徽87个样本，河南99个样本，湖北92个样本，重庆47个样本，四川93个样本。在我们的样本中，河北地区恰好是"一事一议、财政奖补"的试点省份。

在样本中，我们删除了村庄"一事一议"筹资（筹劳部分按以钱代工的标准折算）超过村庄集体性收入的样本，删除了村庄外出务工人员占总人口比重超过1的样本。我们还根据Brandt和Holz[②]的方法对不同地区和年份的价格指数进行了平滑。

（二）经验研究方法

在本章的经验研究部分，我们主要验证两个问题。第一个问题是，实行"一事一议、财政奖补"政策是否会促进村民筹资筹劳；第二个问题是，财政奖补比例的不断提高，是否会促使村庄公共物品供给水平的提高。

1. 双重差分估计（DID）

对第一个问题，我们主要通过构建双重差分模型（DID）进行研究，具体

[①] 有关双重差分方法（DID）具体的技术说明，参见本书第六章。

[②] Brandt Loren, and Holz Carsten, "Spatial Price Differences in China: Estimates and Implications", *Economic Development and Cultural Change*, Vol. 55 (1), (2006): 43-86.

的回归方程为：

$$y_{it} = \delta \cdot I_{it} + X_{it} \cdot \beta + \alpha_i + t + \varepsilon_{it} \quad (8-8)$$

其中 y_{it} 表示户均"一事一议"筹资（筹劳部分按以钱代工的标准折算），为了方便描述，我们在文章中用"'一事一议'筹资筹劳"表示。I_{it} 是样本 i 在 t 年是否实行"一事一议、财政奖补"政策的虚拟变量，如果样本 i 在 t 年实行了"一事一议、财政奖补"政策，那么 $I_{it}=1$，否则 $I_{it}=0$。X_{it} 表示随时间变动的村庄控制变量，α_i 表示村庄固定效应，t 表示时间固定效应，$t=1$ 表示 2008 年的数据，$t=0$ 则表示 2007 年的数据。

随时间变动的村庄控制变量集合 X_{it} 主要包括：①村庄人均纯收入（对数）。根据瓦格纳法则（Wagnar's Law），收入水平越高的村庄，对公共物品的需求越大，从而"一事一议"筹资筹劳也应该越多。在现有的数据条件下，我们没有办法精确到村庄具体的平均收入，然而，在 CHIP2007 和 CHIP2008 的问卷中询问了"2007 年（2008 年）本村农民人均（年）纯收入属于下列哪个区间"，共有 19 个选项①，故我们根据这 19 个选项生成了 18 个虚拟变量以表示不同的村民人均纯收入组。②上级政府转移支付占总支出的比重。我们利用村庄集体性收入中的"上级划拨的各种收入"作为村庄政府转移支付的代理变量，并用村庄"上级划拨的各种收入"除以村庄集体性总支出来计算上级政府转移支付占总支出的比重。控制该指标的原因在于，上级划拨的转移支付越多，村庄公共物品的预算越宽松，需要村民进行"一事一议"筹资筹劳的可能性越小。③村庄总人口（对数）。一般而言，总人口（对数）越大的村庄，"一事一议"筹资筹劳可能越容易，因为对于具备非竞争性和非排他性的公共物品而言，多增加一单位的公共物品消费并不会提高公共物品的边际成本，故村庄总人口越多，公共物品的人均成本越低，农户人均"一事一议"筹资筹劳的额度越低，更容易在谈判中达成一致。④外出务工人员占总人口的比例。我们这里定义的外出务工人员是指在外务工超过半年的村民。外出务工人员占总人口比例对村庄公共物品供给的影响有可能为正也有可能为负。张林

---

① 19 个选项分别是：500 元以下，500~800 元，800~1000 元，1000~1200 元，1200~1500 元，1500~1800 元，1800~2000 元，2000~2500 元，2500~3000 元，3000~3500 元，3500~4000 元，4000~5000 元，5000~6000 元，6000~7000 元，7000~8000 元，8000~10000 元，10000~15000 元，15000~20000 元，20000 元以上（数据上含）。

秀等认为,外出务工的农户无法享受到村庄公共物品提供的好处,自然对村庄内公共物品的供给不关心,这会导致村庄公共物品供给水平下降。[①] 然而罗仁福等却发现,外出务工人员占村庄总人口的比重越大,村庄公共物品供给水平越高。[②] 我们在后面的章节中会重点讨论村庄劳动力转移对村庄公共物品供给的影响。⑤村庄民主程度。在"一事一议"制度条件下,民主程度高的村庄可能对公共物品的供给讨论得更充分,村民和村委会之间的信息沟通也更加顺畅。但我们很难在理论上判断村庄民主程度对"一事一议"筹资筹劳的影响,一方面,村民之间的讨论越充分,可能意味着村民之间的博弈过程越复杂,在相互了解的过程中,村民"搭便车"的心理会更严重;另一方面,村庄民主程度越高,村民对村委会的信任程度也就越高,村委会在村民心目中的地位越高,村委会对"违约农户"所采取的惩罚措施就越能起到威慑作用。先前的学者们选用了大量不同的指标来衡量村庄民主程度。罗仁福等[③]、王淑娜和姚洋[④]、沈艳和姚洋[⑤]都利用"村庄是否实行民主选举(海选)"来表示民主程度。然而,胡荣认为村庄是否实行民主选举(海选)在本质上可能只代表了是否具备开会的形式,而并不能代表民主程度。本章研究借鉴 Oi and Rozelle 和 Niou 的方法,使用村庄当年召开村民代表大会的次数来表示村庄民主程度。[⑥] ⑥村庄人均集体总支出(对数)。我们控制该指标的目的在于控制住村庄公共物品总需求,村民对公共物品的需求越强烈,可能"一事一议"筹资筹劳规模会越大。⑦农户就业结构,包括:从事农林牧渔业的劳动力占比、从事工业的劳动力占比、从事建筑业的劳动力占比和从事其他行业的劳动力占比。我们控制住这一变量是因为从事不同行业的村民对公共物品的需求在结构

---

① 张林秀、罗仁福、刘承芳、ScottRozelle:《中国农村社区公共物品投资的决定因素分析》,《经济研究》2005 年第 11 期。
② 罗仁福、张林秀、黄季焜、罗斯高、刘承芳:《村民自治、农村税费改革与农村公共投资》,《经济学(季刊)》2006 年第 3 期。
③ 罗仁福、张林秀、黄季焜、罗斯高、刘承芳:《村民自治、农村税费改革与农村公共投资》,《经济学(季刊)》2006 年第 3 期。
④ 王淑娜、姚洋:《基层民主和村庄治理——来自 8 省 48 村的证据》,《北京大学学报(哲学社会科学版)》2007 年第 2 期。
⑤ 沈艳、姚洋:《村庄选举和收入分配——来自 8 省 48 村的证据》,《经济研究》2006 年第 4 期。
⑥ Oi Jean C., Scott Rozelle, "Elections and power: the locus of decision-making in Chinese villages", The China Quarterly, 2000; Niou. S., "Strategic Voting under Plurality Rule: When Does it Matter and Who Should Vote Strategically?", Working Pape Duke University, 2001.

第八章 "一事一议、财政奖补"与村庄公共物品供给

上存在差异。⑧村庄人均亩产粮食量。村庄的亩产粮食量越高,意味着农业生产的条件越好,农户务农收入也越高,这在一定程度上会影响农户对农业生产类公共物品的需求。在此,我们需要特别说明,本章研究和第七章——"一事一议制度对村庄公共物品供给的影响"在回归的控制变量选择上基本一致,但由于 CHIP2008 数据中缺乏部分指标,有部分变量在本章研究中没有得到控制,包括:村庄人均债务、与上级政府的关系、村庄第一大姓占比、是否渠水灌溉、拿工资(干部补贴)的村组干部人数占村庄总人数的比例。不过我们认为在面板数据固定效应估计条件下,没有控制上述变量也不太可能对我们的估计结果产生影响,因为我们选用的是 2007 年和 2008 年相邻两年的数据,只有极少数的村庄进行了村委会干部换届,这意味着与上级政府的关系、村庄第一大姓占比、是否渠水灌溉和拿工资(干部补贴)的村组干部人数占村庄总人数的比例这些指标基本保持不变。尽管村庄人均债务会产生一定的变化,但是由于数据间隔时间较短,平均而言,变化的幅度也不应该太大。

在此我们需要强调,虽然 2008 年我国仅在河北、云南和黑龙江三个省份进行了"一事一议、财政奖补"的试点工作,但是我们在调研中以及分析 CHIP 数据时都观察到,2008 年并非只有试点地区才严格执行了"一事一议、财政奖补"政策,很多未被列为试点的村庄,在村庄公共物品供给中也获得了上级政府的财政补贴。CHIP2008 村庄调查问卷专门询问了 2008 年村庄开展的公共工程建设状况。其中重点区分了工程建设资金来源,分为村自筹资金(筹劳部分按以钱代工标准折算)以及上级拨款和其他资金两类。公共工程主要分为:修路工程、水利排灌工程、小学教育、其他教育事业、医疗卫生事业建设和其他。我们发现,除了试点地区,非试点地区的很多样本的上级拨款和其他资金都是大于零的。我们无法确定这些资金是不是"其他资金",我们同样无法排除这些资金来自上级拨付的财政资金。除此之外,我们只有两年的村庄数据,并且是根据村庄所处省份来定义改革样本的,这就导致我们没有办法做相对严格的"安慰剂"试验。在现有数据条件下,我们只能随机生成改革试点样本进行 DID 估计,观察随机生成改革试点与 2008 年的虚拟变量是否会对户均"一事一议"筹资产生显著影响。但是这样的"安慰剂"试验不够完善,我们无法检验样本在改革之前是否具备"共同趋势"。一般的检验方法是利用改革发生时间点之前的数据进行检验,但是改革之前的数据只有 2007 年一年的截面数据,无法剔除样本固定效应对回归结果的影响,这样的检验可能是失效的。

2. 财政奖补比例对村庄公共物品供给的影响

上面的 DID 回归可能存在一定的风险,因此我们可以利用 2008 年的数据进行进一步的研究,检验上级财政奖补比例对村庄公共物品供给的影响。根据数据的可获得性,我们设定如下的计量模型:

$$g_i = \delta \cdot \eta_i + X_i \cdot \beta + u_i \qquad (8-9)$$

η_i 表示财政奖补的比例,即政府"一事一议、财政奖补"支出占村庄"一事一议"项目资金的比重,具体的计算公式如下:

$$\eta_i = \frac{gov_i}{o_i + gov_i} \qquad (8-10)$$

(8-10) 式中的 o_i 表示村庄"一事一议"筹资金额,数据来自村集体财务收支报表。村庄集体性收入包括村组统一经营收入(包括集体企业上缴)、集体企业以外的各种经济实体上缴的收入、村"一事一议"筹资、村民上缴的其他各种费用(承包任务、收费、集资等)、上级拨入的各种收入和其他收入。① gov_i 表示村庄 i 所获得的"一事一议、财政奖补"资金,这个数据没有办法从调查问卷中直接获得,但是我们能够通过计算得到间接指标。上文提及,CHIP2008 村庄调查问卷询问了村庄公共工程项目建设的资金来源,分为"村自筹资金""上级拨款和其他资金"两项。我们利用"上级拨款和其他资金"总额减去村庄集体性收入中的"其他收入"项得到 gov_i,将 o_i 和 gov_i 数据代入 (8-10) 式就能得到 η_i。村庄公共物品供给量 g_i 是用公共工程的六个子项的总和除以村庄总户数得到的。X_i 是控制变量集合,包括村庄人均纯收入(同样的我们根据问卷中的"2008 年本村农民人均年纯收入属于下列哪个区间?"设置了 18 个虚拟变量②)、村庄总人口(对数)、2008 年召开村民代表大会的次数、外出务工人口占总人口的比例、从事农林牧渔业的劳动力占比、从事工业的劳动力占比、从事建筑业的劳动力占比。

---

① 其中还有一项村庄集体性收入是村提留,由于 2008 年已经完成农村税费改革,仅有 5 个村庄这项收入数据是大于 0 的,其余村庄的村提留都是 0。

② 2008 年的 CHIP 村庄调查数据并没有询问被调查人村庄农民人均纯收入,而是请被调查者对本村农民人均纯收入进行估算,并设置了 19 个选项,分别是:500 元以下、500~800 元、800~1000 元、1000~1200 元、1200~1500 元、1500~1800 元、1800~2000 元、2000~2500 元、2500~3000 元、3000~3500 元、3500~4000 元、4000~5000 元、5000~6000 元、6000~7000 元、7000~8000 元、8000~10000 元、10000~15000 元、15000~20000 元、20000 元以上(数据上含)。在回归中,我们分别设置 18 个虚拟变量。

（三）数据描述

1. 统计性描述

因为我们的回归主要使用了 CHIP2007 和 CHIP2008 两年的数据，并且第二个回归只使用了 2008 年的数据，所以我们分别对 2007 年和 2008 年的数据进行统计性描述。表 8-1 是所有参与回归指标的统计性描述。

表 8-1 统计性描述

变量名	样本量	平均值	标准差	最小值	最大值
\multicolumn{6}{c}{PanelA2007 年数据的描述性统计}
户均"一事一议"筹资筹劳	696	8.253	19.170	0.000	96.102
是不是改革试点	696	0.039	0.193	0.000	1.000
人均亩产粮食量	696	0.483	0.403	0.000	4.645
召开村民代表大会次数	696	3.738	2.411	0.000	30.000
外出务工人员占比	696	0.201	0.129	0.000	0.950
转移支付占比	694	0.473	0.358	0.000	1.000
村庄人均集体总支出（对数）	694	3.363	1.599	-4.698	7.776
从事农林牧渔业的劳动力占比	696	3.047	3.215	0.000	49.180
从事工业的劳动力占比	696	1.110	1.847	0.000	24.194
从事建筑业的劳动力占比	696	0.711	0.884	0.000	9.225
村庄总人口（对数）	696	7.621	0.624	5.209	10.535
农户平均收入是否在 500 元以下	696	0.007	0.085	0.000	1.000
农户平均收入是否位于 500~800 元	696	0.022	0.145	0.000	1.000
农户平均收入是否位于 800~1000 元	696	0.007	0.085	0.000	1.000
农户平均收入是否位于 1000~1200 元	696	0.014	0.119	0.000	1.000
农户平均收入是否位于 1200~1500 元	696	0.019	0.135	0.000	1.000
农户平均收入是否位于 1500~1800 元	696	0.013	0.113	0.000	1.000
农户平均收入是否位于 1800~2000 元	696	0.026	0.159	0.000	1.000
农户平均收入是否位于 2000~2500 元	696	0.079	0.270	0.000	1.000
农户平均收入是否位于 2500~3000 元	696	0.083	0.277	0.000	1.000
农户平均收入是否位于 3000~3500 元	696	0.147	0.354	0.000	1.000
农户平均收入是否位于 3500~4000 元	696	0.154	0.361	0.000	1.000
农户平均收入是否位于 4000~5000 元	696	0.142	0.350	0.000	1.000

续表

变量名	样本量	平均值	标准差	最小值	最大值
	PanelA2007 年数据的描述性统计
农户平均收入是否位于 5000～6000 元	696	0.093	0.291	0.000	1.000
农户平均收入是否位于 6000～7000 元	696	0.040	0.197	0.000	1.000
农户平均收入是否位于 7000～8000 元	696	0.046	0.210	0.000	1.000
农户平均收入是否位于 8000～10000 元	696	0.063	0.244	0.000	1.000
农户平均收入是否位于 10000～15000 元	696	0.042	0.200	0.000	1.000
农户平均收入是否位于 15000～20000 元	696	0.003	0.054	0.000	1.000
	PanelB2008 年数据的统计性描述
户均"一事一议"筹资筹劳	741	7.865	18.106	0.000	121.858
是不是改革试点	741	0.063	0.244	0.000	1.000
人均亩产粮食量	740	0.815	8.759	0.000	238.479
召开村民代表大会次数	741	4.553	3.454	0.000	38.000
外出务工人员占比	741	0.348	0.477	0.000	1.000
转移支付占比	741	0.193	0.122	0.000	0.950
村庄人均集体总支出(对数)	729	0.490	0.364	0.000	1.000
从事农林牧渔业的劳动力占比	727	3.425	1.632	-4.220	8.820
从事工业的劳动力占比	740	3.058	3.385	0.000	48.649
从事建筑业的劳动力占比	740	1.025	1.547	0.000	16.875
村庄总人口(对数)	740	0.758	0.913	0.000	9.868
农户平均收入是否在 500 元以下	740	7.638	0.637	5.220	10.239
农户平均收入是否位于 500～800 元	740	0.003	0.052	0.000	1.000
农户平均收入是否位于 800～1000 元	740	0.016	0.126	0.000	1.000
农户平均收入是否位于 1000～1200 元	740	0.019	0.136	0.000	1.000
农户平均收入是否位于 1200～1500 元	740	0.014	0.116	0.000	1.000
农户平均收入是否位于 1500～1800 元	740	0.009	0.097	0.000	1.000
农户平均收入是否位于 1800～2000 元	740	0.030	0.170	0.000	1.000

续表

变量名	样本量	平均值	标准差	最小值	最大值
\multicolumn{6}{c}{PanelB2008 年数据的统计性描述}
农户平均收入是否位于 2000~2500 元	740	0.019	0.136	0.000	1.000
农户平均收入是否位于 2500~3000 元	740	0.049	0.215	0.000	1.000
农户平均收入是否位于 3000~3500 元	740	0.059	0.237	0.000	1.000
农户平均收入是否位于 3500~4000 元	740	0.126	0.332	0.000	1.000
农户平均收入是否位于 4000~5000 元	740	0.132	0.339	0.000	1.000
农户平均收入是否位于 5000~6000 元	740	0.186	0.390	0.000	1.000
农户平均收入是否位于 6000~7000 元	740	0.104	0.306	0.000	1.000
农户平均收入是否位于 7000~8000 元	740	0.059	0.237	0.000	1.000
农户平均收入是否位于 8000~10000 元	740	0.045	0.207	0.000	1.000
农户平均收入是否位于 10000~15000 元	740	0.068	0.251	0.000	1.000
农户平均收入是否位于 15000~20000 元	740	0.059	0.237	0.000	1.000
户均村庄公共物品供给量	796	315.970	676.583	0	6932.722
η_i	796	33.097	45.256	0	100

2. 关于"一事一议、财政奖补"改革效果的描述

我们设计的第一个回归是关于"一事一议、财政奖补"的政策评估。现在，首先对"一事一议、财政奖补"政策效果进行简单的描述。根据《关于开展村级公益事业建设一事一议财政奖补试点工作的通知》（国农改〔2008〕2 号）文件，河北、云南和黑龙江作为"一事一议、财政奖补"改革的试点省份，但在我们的样本中没有云南和黑龙江的数据，仅有河北省的村庄数据。所以我们将河北省的村庄定义为"政策组"，其他省份的样本定义为"控制组"，2008 年的数据定义为改革之后的样本,2007 年的数据定义为改革之前的样本。表 8 - 2 分别计算了政策组改革后、政策组改革前、控制组改革后和控制组改革前的户均一事一议筹资额的均值。政策组改革后户均一事一议筹资额的均值为 16.971 元,改革前户均一事一议筹资额的均值为 1.264 元,两者之差约为 15.71 元;控制组改革后户均一事一议筹资筹劳额的均值为 7.247 元,改革前户均一事一议筹资筹劳额的均值为 8.548 元,两者之差为 - 1.30 元。两个差分值相减,最终政策效果为 17.01 元。

表 8 - 2 "一事一议、财政奖补"对户均一事一议筹资筹劳的影响(简单 DID)

	(1)改革之后	(2)改革之前	差分
政策组	16.971	1.264	15.707
控制组	7.247	8.548	- 1.301
差分	9.724	- 7.284	政策效果:17.008

四 经验研究

(一)"一事一议、财政奖补"政策的评估

根据前文的介绍,我们主要使用双重差分方法(DID)对"一事一议、财政奖补"政策进行评估,具体的回归方程见(8-8)式。表 8-3 呈现了回归结果,被解释变量为户均"一事一议"筹资筹劳额,而当年是不是政策组是我们关心的变量。表 8-3 第(1)列,我们只控制了时间虚拟变量,回归结果显示实行"一事一议、财政奖补"政策之后,户均一事一议筹资筹劳额显著增加,效果达到 1% 显著水平。第(2)列在第(1)列的基础上加入了人均亩产粮食量和召开村民代表大会次数,新加入的两个变量均不显著,但是否实行"一事一议、财政奖补"政策的变量依然显著为正,且参数效果和第(1)列相比没有出现较大的变化。第(3)列是在第(2)列的基础上加入外出务工人员占总人口的比例和村庄人均集体总支出(对数),外出务工人员占总人口的比例虽然显著程度没有达到 10%,但在 15% 的水平上显著为负,村庄人均集体总支出(对数)是正向显著的。这说明,随着外出务工人员占比不断

增加，村民一事一议筹资筹劳下降；随着村民对公共物品需求程度不断上升，村民一事一议筹资筹劳显著增加。我们观察是否实行"一事一议、财政奖补"政策虚拟变量的参数，发现依然为正显著，并且参数的大小基本稳定。表8-3第（4）列是在第（3）列基础上加上从事农林牧渔业的劳动力占比、从事工业的劳动力占比和从事建筑业的劳动力占比的回归结果，我们发现实行"一事一议、财政奖补"政策对农户一事一议筹资筹劳的影响依然为正，参数的大小基本稳定。第（5）列是在第（4）列的基础上加入村庄总人口（对数），第（6）列是在第（5）列的基础上再加入村庄人均收入的虚拟变量组，第（5）和第（6）列的回归结果同样显示，实行"一事一议、财政奖补"政策对农户一事一议筹资筹劳的影响为正，且在1%水平上显著。表8-3的回归均采用了面板数据的固定效应方法。从表8-3中我们可以总结出如下结果：①实行"一事一议、财政奖补"政策对农户一事一议筹资筹劳的影响显著为正，参数效果稳健；②随着外出务工人员占总人口的比例不断增加，村民一事一议筹资筹劳下降；③随着村民对公共物品需求程度不断上升，村民一事一议筹资筹劳显著增加。

表8-3 "一事一议、财政奖补"政策对户均一事一议筹资筹劳额的影响

	（1）	（2）	（3）	（4）	（5）	（6）
是否实行"一事一议、财政奖补"政策	19.084***	19.394***	19.425***	19.176***	19.080***	18.644***
	(3.491)	(3.567)	(3.561)	(3.624)	(3.627)	(3.902)
2008年时间虚拟变量	-0.975	-0.830	-0.808	-0.956	-0.856	-0.502
	(-1.620)	(-1.278)	(-1.237)	(-1.416)	(-1.287)	(-0.713)
人均亩产粮食量		-4.697	-3.938	-2.799	-4.230	-4.315
		(-1.474)	(-1.346)	(-0.902)	(-1.394)	(-1.458)
召开村民代表大会次数		-0.139	-0.185	-0.180	-0.183	-0.217
		(-0.674)	(-0.898)	(-0.874)	(-0.890)	(-1.069)
外出务工人员占比			-7.826	-8.902*	-9.651*	-9.331*
			(-1.599)	(-1.776)	(-1.834)	(-1.787)
村庄人均集体总支出（对数）			1.246***	1.194***	1.149***	1.121***
			(3.008)	(2.868)	(2.693)	(2.603)
从事农林牧渔业的劳动力占比				-0.609	-0.918	-0.675
				(-1.250)	(-1.565)	(-1.138)
从事工业的劳动力占比				-0.170	-0.518	-0.326
				(-0.230)	(-0.641)	(-0.397)

续表

	(1)	(2)	(3)	(4)	(5)	(6)
从事建筑业的劳动力占比				0.912	0.505	0.645
				(0.954)	(0.538)	(0.687)
村庄总人口（对数）					-3.856	-3.399
					(-0.978)	(-0.789)
截距项	19.084***	19.394***	19.425***	19.176***	19.080***	18.644***
	(3.491)	(3.567)	(3.561)	(3.624)	(3.627)	(3.902)
是否控制村庄人均纯收入	否	否	否	否	否	是
样本量	1436	1435	1420	1420	1420	1419
R-sq	0.056	0.059	0.073	0.077	0.079	0.106

注：①小括号中表示回归参数的 t 值；②回归使用面板数据固定效应模型。

表 8-3 的回归反映了，从平均意义上来说，"一事一议、财政奖补"政策对村民户均一事一议筹资额有显著的正向影响。然而，"一事一议、财政奖补"政策的最终目的是促进村庄公共物品供给水平的提高，该政策主要是通过促进村民更多地参与一事一议，进而促进村民筹资筹劳，最终实现公共物品供给增加。因此，下面我们将进一步分析，"一事一议、财政奖补"政策是否提高了村庄一事一议项目的发生率，即观察是否在"一事一议、财政奖补"政策出台后，实行一事一议项目的村庄更多了。为此，我们将上面回归的被解释变量更换为"本村当年是否开展了一事一议项目"。如果直接使用 Probit 模型，我们很难在面板数据的条件下得到回归结果，所以我们首先对数据进行一阶差分，再利用差分之后的数据进行回归。具体的回归结果见表 8-4。表 8-4 中除第（2）列均使用一阶差分后的数据，观察表 8-4 第（1）列，在没有加入任何控制变量的条件下，实行"一事一议、财政奖补"政策能够增加村庄实行一事一议项目的概率约为 70.9%，效果在 1% 水平上显著。表 8-4 第（3）列加入了人均亩产粮食量和召开村民代表大会次数两个控制变量，新加入的两个控制变量对是否实施一事一议项目并没有显著的影响，实行"一事一议、财政奖补"政策对村庄实行一事一议项目的概率依然正向显著。表 8-4 第（4）列在第（3）列的基础上新加入了外出务工人员占比和村庄人均集体总支出（对数），实行"一事一议、财政奖补"政策对村庄实行一事一议项目的概率依然正向显著。第（5）列是在第（4）列基础上新加入了从事农

林牧渔业的劳动力占比、从事工业的劳动力占比和从事建筑业的劳动力占比三个控制变量。第（6）列在第（5）列的基础上再控制住村庄总人口和村庄人均纯收入（对数），主要结果依然正向显著。表8-4第（2）列我们使用的模型和表8-3回归的模型一样，只是把被解释变量换成了当年本村是否实行了一事一议项目，回归结果同样显示，实行"一事一议、财政奖补"政策对村庄实行一事一议项目的概率依然正向显著。

表8-4讨论的是实行"一事一议、财政奖补"政策是否会影响村庄实行一事一议项目。下面我们讨论在实施一事一议的村庄中，实行"一事一议、财政奖补"政策是否会提高农户筹资筹劳额。我们在总样本中删除了当年没有实行一事一议筹资筹劳的村庄样本，将被解释变量定义为户均一事一议筹资筹劳额（对数），根据（8-8）式进行回归，具体回归结果见表8-5。在删除没有实施一事一议项目的村庄之后，还有347个样本。表8-5第（1）~（6）列的控制变量和表8-3的第（1）~（6）列是对应相同的，观察是否实行"一事一议、财政奖补"政策变量的效果，我们发现所有的参数都是正显著的，并且都在1%程度上显著。这说明，对于实行了一事一议的村庄，"一事一议、财政奖补"政策对村民一事一议筹资筹劳同样有显著的正向影响。

表8-4 "一事一议、财政奖补"政策对村庄是否实行一事一议项目的影响

	（1）	（2）	（3）	（4）	（5）	（6）
是否实行"一事一议、财政奖补"政策	0.709***	0.639**	0.801***	0.850***	0.853***	0.293***
	(2.754)	(2.387)	(2.955)	(3.052)	(3.059)	(3.103)
2008年时间虚拟变量						-0.011
						(-0.721)
人均亩产粮食量			0.144	0.057	0.503**	0.513**
			(1.163)	(0.464)	(1.984)	(2.015)
召开村民代表大会次数			0.010	0.012	0.010	0.010
			(0.641)	(0.735)	(0.603)	(0.589)
外出务工人员占比				1.606***	1.524***	1.529***
				(3.301)	(3.041)	(3.053)
村庄人均集体总支出（对数）				-0.018	0.003	0.003
				(-0.473)	(0.071)	(0.081)

续表

	(1)	(2)	(3)	(4)	(5)	(6)
从事农林牧渔业的劳动力占比					-0.048	-0.045
					(-1.602)	(-1.359)
从事工业的劳动力占比					-0.093*	-0.088
					(-1.714)	(-1.557)
从事建筑业的劳动力占比					-0.080	-0.073
					(-1.104)	(-0.930)
村庄总人口（对数）						0.039
						(0.256)
截距项	-1.139***	-1.255***	-1.507***	-1.491***	-1.817	-0.959
	(-18.295)	(-10.698)	(-7.694)	(-7.343)	(-1.401)	(-1.310)
是否控制村庄人均纯收入	否	否	否	否	否	是
样本量	687	686	677	677	677	1467
模型	Probit	面板数据固定效应	Probit	Probit	Probit	Probit

注：①小括号中表示回归参数的 t 值；②除第（2）列，其他列回归均使用差分数据，采用 Probit 模型。

表8-5 "一事一议、财政奖补"政策与户均"一事一议"筹资筹劳额（对数）

	(1)	(2)	(3)	(4)	(5)	(6)
是否实行"一事一议、财政奖补"政策	0.540***	0.644***	0.619***	0.593***	0.541***	0.520***
	(6.991)	(7.240)	(7.059)	(6.834)	(6.120)	(4.946)
2008年时间虚拟变量	-0.062	-0.089	-0.109	-0.118	-0.076	-0.068
	(-0.803)	(-1.184)	(-1.523)	(-1.637)	(-1.047)	(-0.797)
人均亩产粮食量		-0.208	-0.202	-0.243	-0.860	-1.248*
		(-0.424)	(-0.408)	(-0.499)	(-1.539)	(-1.899)
召开村民代表大会次数		0.040*	0.042*	0.036	0.032	0.034
		(1.695)	(1.739)	(1.527)	(1.385)	(1.380)
外出务工人员占比			-0.056	-0.092	-0.093	-0.039
			(-0.251)	(-0.403)	(-0.408)	(-0.155)
村庄人均集体总支出（对数）			0.383***	0.406***	0.426***	0.476***
			(3.425)	(3.396)	(3.599)	(4.070)
从事农林牧渔业的劳动力占比				0.057	-0.037	-0.056
				(0.877)	(-0.472)	(-0.706)

第八章 "一事一议、财政奖补"与村庄公共物品供给

续表

	(1)	(2)	(3)	(4)	(5)	(6)
从事工业的劳动力占比				-0.046	-0.167	-0.242
				(-0.453)	(-1.344)	(-1.608)
从事建筑业的劳动力占比				0.024	-0.182	-0.285
				(0.200)	(-1.270)	(-1.595)
村庄总人口(对数)					-0.927**	-1.465***
					(-2.090)	(-2.707)
截距项	3.667***	3.603***	2.210***	2.040***	9.940**	14.017***
	(102.332)	(12.620)	(4.558)	(3.410)	(2.590)	(2.983)
是否控制村庄人均纯收入	否	否	否	否	否	是
样本量	347	347	345	345	345	344
R-sq	0.008	0.034	0.197	0.210	0.237	0.332

注：①小括号中表示回归参数的 t 值；②回归使用面板数据固定效应模型。

前面的回归的被解释变量是户均一事一议筹资筹劳，下面我们将被解释变量更换为人均一事一议筹资筹劳。按照一事一议的政策文件和实践来看，绝大多数一事一议项目都是按照"户"来计算筹资筹劳的，但现实中也可能存在按人头分摊筹资筹劳的情况。表 8-6 是被解释变量为人均一事一议筹资筹劳的回归结果。表 8-6 第（1）～（6）列的控制变量和表 8-3 第（1）～（6）列对应相同。观察表 8-6，我们可以发现，实行"一事一议、财政奖补"政策能够显著提高人均一事一议筹资筹劳，效果在 1% 的程度上显著。

表 8-6 "一事一议、财政奖补"政策与人均一事一议筹资筹劳

	(1)	(2)	(3)	(4)	(5)	(6)
是否实行"一事一议、财政奖补"政策	4.969***	4.555***	4.846***	4.825***	4.793***	4.579***
	(3.353)	(2.957)	(3.114)	(3.134)	(3.136)	(3.149)
2008 年时间虚拟变量	-0.189	-0.512	-0.665	-0.696	-0.668	-0.425
	(-0.466)	(-1.214)	(-1.574)	(-1.627)	(-1.539)	(-0.924)
人均亩产粮食量		-0.859	-1.380	-1.032	-1.472	-1.145
		(-0.585)	(-0.878)	(-0.605)	(-0.806)	(-0.622)
召开村民代表大会次数		0.364*	0.308*	0.302*	0.303*	0.302
		(1.817)	(1.708)	(1.681)	(1.677)	(1.629)

续表

	(1)	(2)	(3)	(4)	(5)	(6)
外出务工人员占比			-6.525**	-6.348**	-6.587**	-5.912*
			(-2.139)	(-1.981)	(-2.022)	(-1.741)
村庄人均集体总支出（对数）			1.272***	1.249***	1.237***	1.224***
			(3.610)	(3.535)	(3.479)	(3.515)
从事农林牧渔业的劳动力占比				-0.154	-0.251	-0.307
				(-0.569)	(-0.815)	(-0.980)
从事工业的劳动力占比				-0.700	-0.807	-0.824
				(-1.438)	(-1.564)	(-1.623)
从事建筑业的劳动力占比				0.120	-0.009	-0.109
				(0.203)	(-0.017)	(-0.193)
村庄总人口（对数）					-1.200	-1.628
					(-0.616)	(-0.814)
截距项	3.639***	2.843**	0.415	1.398	11.410	13.404
	(18.083)	(2.363)	(0.260)	(0.890)	(0.697)	(0.796)
是否控制村庄人均纯收入	否	否	否	否	否	是
样本量	1485	1485	1469	1469	1469	1467
R-sq	0.009	0.030	0.062	0.065	0.066	0.088

注：①小括号中表示回归参数的t值；②回归使用面板数据固定效应模型。

为了进一步检验前面DID估计的结果，针对"一事一议、财政奖补"政策对农户一事一议筹资筹劳影响效果的评估，我们进行了"安慰剂"试验。具体的思路是，在村庄中随机寻找一部分样本作为政策组，剩下的样本作为对照组，重复表8-3中的回归，回归结果见表8-7。PanelA是根据CHIP数据的村庄代码，选择最后两位数大于5的样本作为政策组，其余样本作为控制组的回归结果，研究表明，实行"一事一议、财政奖补"政策对村庄户均一事一议筹资筹劳的影响在统计上不显著；PanelB是将CHIP数据中村庄代码最后两位数大于7的样本定义为政策组，其余样本定义为控制组的回归结果，结果表明，实行"一事一议、财政奖补"政策对村庄户均一事一议筹资筹劳的影响同样在统计上不显著；PanelC则是将CHIP数据村庄代码最后一位数为奇数的样本定义为政策组，其余样本定义为控制组的回归结果，我们发现实行"一事一议、财政奖补"政策对村庄户均一事一议筹资筹劳的影响在统计上也并不显著。除此之外，我们还根据CHIP村庄代码定义了其他的政策组和控制

第八章 "一事一议、财政奖补"与村庄公共物品供给

组,例如根据村庄县级代码最后一位数的奇偶性定义政策组和控制组,我们也将被解释变量更换为人均一事一议筹资筹劳额(对数)、户均一事一议筹资筹劳额(对数)、本村当年是否开展一事一议项目等,回归结果均显示,"一事一议、财政奖补"政策的影响效果在统计上不显著。表8-7的"安慰剂"试验增强了我们对表8-3、表8-4、表8-5和表8-6回归结果的信心。

表8-7 "安慰剂"试验

	(1)	(2)	(3)	(4)	(5)	(6)
	\multicolumn{6}{c}{PanelA 村庄代码最后两位数大于5的定义为政策组}
是否实行"一事一议、财政奖补"政策	1.617 (0.561)	1.782 (0.619)	1.587 (0.562)	1.385 (0.489)	1.381 (0.487)	1.484 (0.540)
2008年时间虚拟变量	-1.083 (-0.594)	-2.382 (-1.225)	-2.811 (-1.440)	-2.919 (-1.443)	-2.843 (-1.383)	-2.267 (-1.046)
人均亩产粮食量		-2.500 (-0.478)	-4.127 (-0.763)	-1.739 (-0.283)	-2.964 (-0.459)	-1.429 (-0.213)
召开村民代表大会次数		1.294 (1.892)	1.084* (1.768)	1.068* (1.756)	1.072* (1.753)	1.050* (1.670)
外出务工人员占比			-23.562** (-2.028)	-23.197* (-1.912)	-23.857* (-1.945)	-22.336* (-1.692)
村庄人均集体总支出(对数)			4.821*** (3.527)	4.754*** (3.454)	4.721*** (3.420)	4.659*** (3.411)
从事农林牧渔业的劳动力占比				-1.072 (-1.084)	-1.338 (-1.190)	-1.589 (-1.344)
从事工业的劳动力占比				-2.653 (-1.423)	-2.949 (-1.475)	-2.992 (-1.505)
从事建筑业的劳动力占比				-0.329 (-0.158)	-0.687 (-0.336)	-1.036 (-0.499)
村庄总人口(对数)					-3.324 (-0.556)	-4.744 (-0.748)
截距项	13.403*** (17.972)	10.204** (2.413)	0.553 (0.093)	5.639 (0.949)	33.380 (0.655)	38.059 (0.710)
是否控制村庄人均纯收入	否	否	否	否	否	是
样本量	1486	1485	1469	1469	1469	1467
R-sq	0.001	0.020	0.055	0.058	0.058	0.079

续表

	(1)	(2)	(3)	(4)	(5)	(6)
\multicolumn{7}{c}{PanelB 村庄代码最后两位数大于7的定义为政策组}
是否实行"一事一议、财政奖补"政策	-4.038 (-1.236)	-4.382 (-1.385)	-4.212 (-1.342)	-4.500 (-1.391)	-4.515 (-1.393)	-4.394 (-1.377)
\multicolumn{7}{c}{PanelC 村庄代码最后一位数为奇数的定义为政策组}
是否实行"一事一议、财政奖补"政策	1.445 (0.499)	0.198 (0.070)	-0.173 (-0.061)	-0.726 (-0.244)	-0.719 (-0.242)	-0.543 (-0.184)

注：①小括号中表示回归参数的t值；②回归使用面板数据固定效应模型；③PanelB和PanelC的回归的控制变量和PanelA对应列相同，如有需要，请向作者索取。

前面的大量篇幅中，我们利用双重差分模型（DID）对"一事一议、财政奖补"政策的实施效果进行了估计。通过表8-3、表8-4、表8-5和表8-6的回归结果，我们发现：①从总量来看，"一事一议、财政奖补"政策促进了村民户均一事一议筹资筹劳；②"一事一议、财政奖补"政策促进了村庄开展一事一议项目（边际扩展）；③对于已经开展了项目的村庄，"一事一议、财政奖补"政策能够促进村民户均一事一议筹资筹劳（深度扩展）；④无论是用户均指标还是人均指标，"一事一议、财政奖补"对村民一事一议筹资筹劳都存在显著正向影响。对于DID模型而言，我们还需要进行必要的"安慰剂"试验，以增强我们对上述计量回归的信心。表8-7的"安慰剂"试验则进一步说明，表8-3、表8-4、表8-5和表8-6的回归结果是可信的。

（二）财政奖补力度对村庄公共物品供给的影响

前文虽然评估了"一事一议、财政奖补"政策对村庄一事一议筹资筹劳的影响，但也存在一些问题。第一，政策评估只能在相对"宏观"的层面回答"一事一议、财政奖补"是否会促进村庄一事一议筹资筹劳，而无法回答财政奖补力度对村民筹资筹劳或村庄公共物品供给的影响；第二，虽然DID的估计结果通过了"安慰剂"试验，但在调研过程中和后期观察样本时，我们发现非河北省的地区同样存在财政支出补贴村庄公共物品建设的情况。虽然我们无法断定这些支出是否属于政府财政奖补，但也不能排除这种可能性。

下面，我们将利用CHIP2008数据依照（8-9）式进行回归。回归结果呈现在表8-8中，第（1）列没有加入任何控制变量，结果显示，随着上级政

第八章 "一事一议、财政奖补"与村庄公共物品供给

府财政奖补比例不断提高,村庄公共物品供给水平显著提高。表8-8第(2)列是在第(1)列的基础上,加入了村庄人均纯收入的虚拟变量组,同样有上级政府财政奖补比例与村庄公共物品供给显著正相关。第(3)列是在第(2)列的基础上加入了外出务工人员占比、召开村民代表大会次数、村庄总人口(对数)、从事农林牧渔业的劳动力占比、从事工业的劳动力占比、从事建筑业的劳动力占比和人均亩产粮食量,结果表明上级政府财政奖补比例依然与村庄公共物品供给显著正相关。除此之外,我们还发现,外出务工人员占比与村庄公共物品供给显著负相关,这和前面的结论基本一致;召开村民代表大会的次数和村庄公共物品供给显著正相关;村庄总人口(对数)和村庄公共物品供给显著负相关。第(4)列是在第(3)列基础上加入了省份虚拟变量,我们发现上级政府财政奖补比例依然与村庄公共物品供给显著正相关。第(5)列是在第(4)列基础上加入2008年是否发生自然灾害虚拟变量,如果当年发生自然灾害,那么上级政府很可能会增加对受灾村庄的转移支付力度,结果发现发生自然灾害对村庄公共物品供给的影响不显著,上级政府财政奖补比例依然与村庄公共物品供给显著正相关。第(6)列是在第(5)列基础上加入了村长和村支书平均每月到乡镇开会或找乡镇干部解决问题的次数,村长和村支书到乡镇开会或找乡镇干部解决问题在一定程度上能代表村庄和上级政府部门关系的紧密程度,从回归结果来看,村长和村支书平均每月到乡镇开会或找乡镇干部解决问题的次数对村庄公共物品供给的影响不显著,上级政府财政奖补比例依然与村庄公共物品供给显著正相关。

表8-8 "一事一议、财政奖补"对村庄公共物品供给的影响

	(1)	(2)	(3)	(4)	(5)	(6)
η	4.959***	5.099***	5.509***	5.436***	5.408***	5.372***
	(8.582)	(9.093)	(10.331)	(10.267)	(10.236)	(10.300)
外出务工人员占比			-347.434**	-360.792**	-360.389**	-358.661*
			(-1.996)	(-1.970)	(-1.966)	(-1.957)
召开村民代表大会次数			18.584***	18.236***	17.822***	17.121***
			(2.663)	(2.729)	(2.691)	(2.605)
村庄总人口(对数)			-131.734***	-131.924***	-131.002***	-133.306***
			(-2.985)	(-2.775)	(-2.743)	(-2.781)
从事农林牧渔业的劳动力占比			-0.750	-0.015	-0.098	-0.057
			(-0.375)	(-0.008)	(-0.049)	(-0.029)

续表

	(1)	(2)	(3)	(4)	(5)	(6)
从事工业的劳动力占比			0.468	1.749	1.720	1.777
			(0.132)	(0.491)	(0.482)	(0.496)
从事建筑业的劳动力占比			-1.812	1.472	1.404	1.405
			(-0.677)	(0.529)	(0.504)	(0.504)
人均亩产粮食量			-0.308	-0.505	-0.486	-0.379
			(-1.135)	(-0.947)	(-0.915)	(-0.685)
2008年是否发生自然灾害					41.006	36.870
					(0.967)	(0.870)
村长和村支书平均每月到乡镇开会或找乡镇干部解决问题的次数						3.936
						(1.066)
截距项	151.828***	748.432***	1756.834***	1496.725***	1503.674***	1476.108***
	(6.449)	(3.539)	(3.792)	(3.243)	(3.274)	(3.197)
是否控制村庄人均纯收入	否	是	是	是	是	是
是否控制省份	否	否	否	是	是	是
样本量	796	794	786	786	786	786
R-sq	0.110	0.161	0.220	0.243	0.244	0.245

注：小括号中表示回归参数的t值。

表8-8是使用2008年的全样本进行回归的结果。根据《关于开展村级公益事业建设一事一议财政奖补试点工作的通知》（国农改〔2008〕2号）文件，河北、云南和黑龙江作为"一事一议、财政奖补"改革的先行试点省份。在我们的样本中有河北省的村庄数据，但是河北之外的村庄同样也存在实行"一事一议、财政奖补"政策的情况。为此，我们选择工程建设资金来源一栏中上级拨款和其他资金大于0的村庄，再次进行回归，具体结果见表8-9。我们发现在2008年的样本中，只有296个村庄的财政奖补比例η是大于0的。回归结果依然显示，随着财政奖补比例不断增加，村庄公共物品供给水平持续上升。对比表8-8和表8-9的参数，我们发现，使用η>0的样本，财政奖补比例对村庄公共物品供给的影响要略微大一些。平均而言，财政奖补比例提高1个百分点，户均村庄公共物品供给支出将提高5.3元。

第八章 "一事一议、财政奖补"与村庄公共物品供给

表8-9 "一事一议、财政奖补"对村庄公共物品供给的影响（$\eta>0$）

	(1)	(2)	(3)	(4)	(5)	(6)
η	5.345***	5.113***	5.200***	5.442***	5.464***	5.737***
	(5.232)	(4.061)	(4.025)	(3.695)	(3.655)	(3.640)
外出务工人员占比			-138.176	-182.309	-199.673	-194.601
			(-0.377)	(-0.485)	(-0.532)	(-0.513)
召开村民代表大会次数			28.999*	24.846*	23.863*	22.543*
			(1.909)	(1.897)	(1.860)	(1.764)
村庄总人口(对数)			-211.534***	-234.080**	-236.348**	-247.773**
			(-2.661)	(-2.426)	(-2.439)	(-2.551)
从事农林牧渔业的劳动力占比			4.345	4.678	4.859	5.042
			(1.326)	(1.464)	(1.495)	(1.546)
从事工业的劳动力占比			10.767	13.002**	13.436**	13.670**
			(1.610)	(2.100)	(2.127)	(2.175)
从事建筑业的劳动力占比			0.489	4.372	4.684	4.963
			(0.139)	(1.151)	(1.218)	(1.259)
人均亩产粮食量					69.708	66.486
					(0.745)	(0.710)
2008年是否发生自然灾害						10.933
						(1.379)
村长和村支书平均每月到乡镇开会或找乡镇干部解决问题的次数	115.252	214.070	1774.922**	1898.345*	1909.276**	1840.969*
	(1.586)	(1.639)	(2.338)	(1.964)	(1.971)	(1.889)
截距项	5.345***	5.113***	5.200***	5.442***	5.464***	5.737***
	(5.232)	(4.061)	(4.025)	(3.695)	(3.655)	(3.640)
是否控制村庄人均纯收入	否	是	是	是	是	是
是否控制省份	否	否	否	是	是	是
样本量	296	294	293	293	293	293
R-sq	0.024	0.107	0.171	0.258	0.259	0.264

注：小括号中表示回归参数的t值。

除了可能存在非试点地区的村庄，地方政府也给予村庄公共建设项目资金补贴的情况之外，还可能存在上级政府完全承担公共项目的建设，而村庄并未开展一事一议的情况。因此，我们进一步在表8-9的基础上选择进行了一事

一议项目筹资筹劳的村庄进行回归,具体结果见表8-10。根据 $\eta>0$ 和村庄一事一议筹资大于0两个标准筛选样本后,可回归的样本只有89个。然而,我们依然发现随着政府奖补比例不断增加,村庄公共物品供给的水平显著提高,参数效果相对于表8-8和表8-9更大,财政奖补比例每上升1个百分点,会导致村庄户均一事一议筹资筹劳增加约12.5元。但我们仍很难确定实施过一事一议项目的村庄,在提高财政奖补比例之后,村庄公共物品的供给水平要显著高于没有实施一事一议项目的村庄。

表8-10 "一事一议、财政奖补"对村庄公共物品供给的影响
($\eta>0$,且村庄一事一议筹资大于0)

	(1)	(2)	(3)	(4)	(5)	(6)
η	12.324***	10.471***	13.314***	12.898***	12.977***	12.811***
	(5.608)	(5.050)	(4.665)	(4.557)	(4.561)	(4.281)
外出务工人员占比			-658.201	-1.1e+03	-1.1e+03	-1.1e+03
			(-1.126)	(-1.561)	(-1.576)	(-1.634)
召开村民代表大会次数			31.316	12.867	12.401	14.264
			(1.329)	(0.431)	(0.419)	(0.496)
村庄总人口(对数)			-240.563	-51.718	-45.036	-39.259
			(-1.272)	(-0.269)	(-0.230)	(-0.205)
从事农林牧渔业的劳动力占比			1.960	0.951	1.675	1.771
			(0.257)	(0.125)	(0.215)	(0.225)
从事工业的劳动力占比			-3.671	-4.048	-2.261	-2.228
			(-0.365)	(-0.390)	(-0.208)	(-0.203)
从事建筑业的劳动力占比			-0.446	-0.247	0.902	1.124
			(-0.061)	(-0.030)	(0.105)	(0.131)
人均亩产粮食量					125.988	125.161
					(1.001)	(1.007)
2008年是否发生自然灾害						-4.654
						(-0.329)
村长和村支书平均每月到乡镇开会或找乡镇干部解决问题的次数	-172.761*	1789.876***	3124.313**	-884.945	-1.0e+03	-1.1e+03
	(-1.794)	(9.191)	(2.164)	(-0.534)	(-0.617)	(-0.669)

第八章 "一事一议、财政奖补"与村庄公共物品供给

续表

	(1)	(2)	(3)	(4)	(5)	(6)
截距项	12.324***	10.471***	13.314***	12.898***	12.977***	12.811***
	(5.608)	(5.050)	(4.665)	(4.557)	(4.561)	(4.281)
是否控制村庄人均纯收入	否	是	是	是	是	是
是否控制省份	否	否	否	是	是	是
样本量	89	88	88	88	88	88
R-sq	0.219	0.410	0.447	0.502	0.507	0.508

注：①小括号中表示回归参数的 t 值；②回归采用稳健的标准误。

我们进一步加入交互项进行回归，具体的回归方程为：

$$g_i = \theta \cdot (\eta_i \cdot ysyy_i) + \lambda \cdot \eta_i + \mu \cdot ysyy_i + X_i \cdot \beta + u_i$$

其中 $ysyy_i$ 表示本村当年是否实施了一事一议项目，我们重点关注的参数是 θ，θ 显著大于0，意味着提高财政奖补比例之后，实施一事一议项目村庄的公共物品的供给水平更高，且效果显著。具体回归结果见表8-11。表8-11第（1）列只加入了 η、$ysyy$ 和两者的交互项，参数 θ 虽然为正，但是并不显著。第（2）列在加入了村庄人均纯收入虚拟变量和外出务工人员占比之后，我们发现 θ 正显著。此外，外出务工人员占比例对村庄公共物品供给的影响依然为负显著。第（3）列是在第（2）列基础上加入了召开村民代表大会次数、村庄总人口（对数）、从事农林牧渔业的劳动力占比、从事工业的劳动力占比、从事建筑业的劳动力占比和人均亩产粮食量之后的回归结果；第（4）列在第（3）列基础上加入了省份虚拟变量；第（5）列在第（4）列基础上又加入了2008年是否发生自然灾害；第（6）列在第（5）列基础上再加入村长和村支书平均每月到乡镇开会或找乡镇干部解决问题的次数。仔细观察表8-11，我们发现：①政府财政奖补比例 η 每提高1个百分点，村庄公共物品户均的投入提高约5.2元，这和表8-8的结果很接近；②是否实施了一事一议项目与财政奖补比例的交互项和村庄公共物品供给正相关，除了第（1）列的回归结果之外，其余回归结果均显著。

表 8-11 "一事一议、财政奖补"对村庄公共物品供给的影响
（加入是否实施了一事一议项目与财政奖补比例交互项的回归）

	（1）	（2）	（3）	（4）	（5）	（6）
$\eta * ysyy$	2.076	3.496 **	3.622 **	3.389 **	3.460 **	3.465 **
	(1.170)	(2.215)	(2.332)	(2.217)	(2.279)	(2.278)
ysyy	107.565	49.981	52.731	112.288 *	106.330	105.784
	(1.435)	(0.933)	(0.963)	(1.691)	(1.622)	(1.619)
η	5.042 ***	5.185 ***	5.327 ***	5.313 ***	5.259 ***	5.249 ***
	(7.246)	(7.544)	(8.046)	(8.102)	(8.146)	(8.034)
外出务工人员占比		-430.339 **	-367.624 *	-352.789 *	-352.073 *	-351.504 *
		(-2.493)	(-1.923)	(-1.769)	(-1.764)	(-1.768)
召开村民代表大会次数			18.285 ***	17.840 ***	17.293 ***	17.115 ***
			(2.619)	(2.734)	(2.681)	(2.654)
村庄总人口（对数）			-118.508 **	-124.912 ***	-123.618 **	-124.202 **
			(-2.540)	(-2.615)	(-2.567)	(-2.550)
从事农林牧渔业的劳动力占比			-0.637	0.255	0.141	0.153
			(-0.298)	(0.119)	(0.067)	(0.072)
从事工业的劳动力占比			1.439	3.181	3.127	3.142
			(0.387)	(0.832)	(0.818)	(0.821)
从事建筑业的劳动力占比			-3.177	0.905	0.810	0.811
			(-1.147)	(0.315)	(0.283)	(0.283)
人均亩产粮食量			-0.119	-0.321	-0.299	-0.272
			(-0.410)	(-0.591)	(-0.551)	(-0.490)
2008 年是否发生自然灾害					57.422	56.406
					(1.245)	(1.189)
村长和村支书平均每月到乡镇开会或找乡镇干部解决问题的次数						1.016
						(0.228)
截距项	116.380 ***	895.521 ***	1696.337 ***	1235.180 **	1242.122 **	1237.442 **
	(5.858)	(3.510)	(3.249)	(2.203)	(2.229)	(2.233)
是否控制村庄人均纯收入	否	是	是	是	是	是
是否控制省份	否	否	否	是	是	是
样本量	797	791	787	787	787	787
R-sq	0.118	0.190	0.215	0.245	0.247	0.247

注：①小括号中表示回归参数的 t 值；②回归采用稳健的标准误。

第八章 "一事一议、财政奖补"与村庄公共物品供给

通过上面的回归我们发现，随着政府财政奖补力度的不断加大，村庄公共物品供给的水平显著提高。无论我们选择财政奖补比例大于 0 的样本，还是选择实施了一事一议项目的村庄，结论都保持稳健。除此之外，我们还发现，相对于没有实施一事一议项目的村庄而言，政府财政奖补力度的提高对实施了一事一议项目村庄的公共物品供给有更为显著的效果。在本书基本理论分析框架中，我们曾讨论过政府财政支出以单纯补贴的形式支持村庄公共物品建设的问题，我们发现单纯的补贴无法提高村庄公共物品的供给水平，只有一事一议中的财政奖补才能实现公共物品供给水平的提高。我们之前的研究均使用全样本来进行回归，不仅考虑了试点地区河北省的财政奖补情况，也将其他地区村庄的上级拨款情况纳入考虑当中，然而事实上，我们无法区分这部分上级拨款更多的属于"补"还是"奖"。因此，接下来我们将只利用河北省的数据进行回归，验证提高财政奖补比例是否能够提高村庄公共物品的供给水平。单独使用河北省的数据就能够剔除非试点地区利用财政资金补贴村庄公共物品供给对回归结果带来的偏误。具体的回归见表 8-12。回归结果显示无论是否加入控制变量，财政奖补比例和村庄公共物品的供给都是显著正相关的。从参数具体效果上来看，财政奖补比例每提高 1 个百分点，户均公共物品供给增加约 9 元。

表 8-12 "一事一议、财政奖补"对村庄公共物品供给的影响（仅使用河北省数据）

	（1）	（2）	（3）	（4）	（5）
η	10.288**	8.387**	8.720**	8.649**	9.068**
	(2.607)	(2.272)	(2.429)	(2.686)	(2.601)
外出务工人员占比			449.101	1114.516	1251.708
			(0.500)	(1.064)	(1.111)
召开村民代表大会次数			3.239	3.541	-5.413
			(0.263)	(0.295)	(-0.406)
村庄总人口（对数）			164.864	183.520	147.482
			(0.555)	(0.629)	(0.518)
从事农林牧渔业的劳动力占比			-16.986	-20.540*	-19.869*
			(-1.579)	(-1.825)	(-1.870)
从事工业的劳动力占比			-6.898	-11.979	-10.368
			(-0.600)	(-1.061)	(-0.992)
从事建筑业的劳动力占比			-0.671	-3.883	-3.380
			(-0.050)	(-0.296)	(-0.246)

续表

	(1)	(2)	(3)	(4)	(5)
人均亩产粮食量			104.139	42.613	16.553
			(0.528)	(0.216)	(0.085)
2008年是否发生自然灾害				584.963*	610.161*
				(1.882)	(1.957)
村长和村委书记平均每月到乡镇开会或找乡镇干部解决问题的次数					23.492
					(0.893)
截距项	85.573**	315.182	-404.857	379.741	497.167
	(2.676)	(0.854)	(-0.187)	(0.176)	(0.227)
是否控制村庄人均纯收入	否	是	是	是	是
样本量	50	50	50	50	50
R-sq	0.315	0.481	0.588	0.588	0.645

注：小括号中表示回归参数的 t 值。

(三) 财政奖补与农户一事一议筹资筹劳

前面我们主要分析了财政奖补对村庄公共物品供给的影响，村庄公共物品供给的指标选用2008年户均村庄公共工程的建设资金，① 得到的结论是，随着政府财政奖补比例不断提高，村庄公共物品供给水平持续提高。然而从逻辑上来分析，这可能是由两个原因造成的，第一个原因是政府支出的增加挤入了村民一事一议筹资筹劳；第二个原因是尽管政府支出挤出了村民一事一议筹资筹劳，但是挤出的效果相对于财政补贴带来的影响较弱，即虽然存在两个相反的力量，但由于政府财政补贴所起到的作用相对较大，因而最终提高了公共物品供给水平。这两种作用机制是不同的，我们的理论模型主要分析的是第一种机制，即财政奖补导致村庄实行一事一议项目的积极性提高，进而促进了一事一议筹资筹劳。在经验研究的第一部分，我们通过双重差分模型验证了"一事一议、财政奖补"对农户一事一议筹资筹劳的影响。下面我们进一步验证，财政奖补比例的提高是否促进村民一事一议筹资筹劳增加。具体的回归方程依

---

① 该建设资金由两个部分构成，第一个部分是村自筹资金，第二个部分是上级拨款和其他资金。

第八章 "一事一议、财政奖补"与村庄公共物品供给

然是（8-9）式，我们将被解释变量更换为村庄户均一事一议筹资筹劳。回归结果见表 8-13。

表 8-13 回归选择的控制变量和表 8-9 相同，PanelA 是全样本的回归结果，PanelB 是一事一议筹资大于 0 样本的回归结果。结果表明，随着财政奖补比例的不断提高，户均一事一议筹资筹劳显著增加，财政奖补比例每增加 1 个百分点，户均一事一议筹资筹劳额增加约 1.2 元。由此可以说明，"一事一议、财政奖补"可以促进村民实施一事一议项目，提高村民筹资筹劳的积极性。

表 8-13 财政奖补比例与户均一事一议筹资筹劳

	(1)	(2)	(3)	(4)	(5)	(6)
		PanelA（全样本）
η	0.952***	1.075***	1.291***	1.285***	1.273***	1.268***
	(2.729)	(3.171)	(4.149)	(4.164)	(4.172)	(4.239)
外出务工人员占比			-282.168**	-238.171*	-238.071*	-237.786*
			(-2.239)	(-1.924)	(-1.922)	(-1.921)
召开村民代表大会次数			16.130***	15.626***	15.442***	15.343***
			(3.132)	(3.139)	(3.139)	(3.177)
村庄总人口（对数）			-55.548*	-52.616*	-52.216*	-52.537*
			(-1.895)	(-1.831)	(-1.807)	(-1.805)
从事农林牧渔业的劳动力占比			-2.164	-1.942	-1.979	-1.973
			(-1.214)	(-1.103)	(-1.128)	(-1.120)
从事工业的劳动力占比			-2.489	-1.870	-1.885	-1.876
			(-0.893)	(-0.650)	(-0.656)	(-0.650)
从事建筑业的劳动力占比			-1.782	-0.101	-0.131	-0.131
			(-0.768)	(-0.043)	(-0.055)	(-0.055)
人均亩产粮食量			-0.397**	-0.304	-0.296	-0.280
			(-2.119)	(-0.892)	(-0.858)	(-0.737)
2008 年是否发生自然灾害					18.154	17.582
					(0.813)	(0.799)
村长和村支书平均每月到乡镇开会或找乡镇干部解决问题的次数						0.555
						(0.217)
截距项	112.699***	293.764	882.472**	654.159	656.092	653.506
	(6.368)	(1.016)	(2.038)	(1.484)	(1.494)	(1.482)

续表

	(1)	(2)	(3)	(4)	(5)	(6)
是否控制村庄人均纯收入	否	是	是	是	是	是
是否控制省份	否	否	否	是	是	是
样本量	797	795	787	787	787	787
R-sq	0.010	0.092	0.147	0.167	0.167	0.167
	PanelB(户均一事一议筹资筹劳大于0的样本)					
η	1.282	1.547*	2.249***	2.173***	2.178***	2.174***
	(1.312)	(1.846)	(2.756)	(2.872)	(2.858)	(2.856)

注：①小括号中表示回归参数的 t 值；②回归采用稳健的标准误；③PanelB 的回归和 PanelA 对应列回归的控制变量相同。

（四）财政奖补与村庄公共物品供给结构

前面三个部分回归的被解释变量要么是农户一事一议筹资筹劳额，要么是村庄公共物品供给总量，没有考虑不同类型的公共物品对财政奖补的反应是否相同。根据 CHIP2008 村庄调查问卷，我们可以将公共工程分为修路工程、水利排灌工程、小学教育、其他教育事业、医疗卫生事业和其他六个类别。我们分别将上述前五个类别户均公共建设资金额作为被解释变量，并且分别计算上述前五个类别的 η，分别进行回归。① 具体的回归结果见表 8-14。表 8-14 的所有回归均控制了外出务工人员占总人口的比例、召开村民代表大会次数、村庄总人口（对数）、从事农林牧渔业的劳动力占比、从事工业的劳动力占比、从事建筑业的劳动力占比、人均亩产粮食量、2008 年是否发生自然灾害、村长和村支书平均每月到乡镇开会或找乡镇干部解决问题的次数、村庄人均纯收入虚拟变量和省份虚拟变量。从回归结果来看，财政奖补比例对道路工程、水利排灌工程和小学教育的影响是正向显著的，虽然对其他教育事业和医疗卫

---

① 分类别的 η 是根据工程建设资金来源，分母定义为工程建设资金总额，分子定义为村自筹资金（筹劳部分按照以钱代工标准折算）。这个地方的定义可能并不准确，因为村自筹资金并非全来自一事一议项目，工程建设总额中除了财政奖补的资金还可能有其他资金来源。从 CHIP2008 村庄调查问卷中无法准确了解到村庄一事一议的具体项目类别，所以我们按照这样的计算方式初步估算 η。

生事业也存在正向影响，但是参数效果并不显著。从公共工程的数量来看，修路工程和水利排灌工程的数量相对较多，超过一半的村庄在2008年有修路工程，超过1/3的村庄有水利排灌工程。工程数量最少的是其他教育事业，其次是医疗卫生事业。

表8-14 财政奖补比例对村庄公共物品供给结构的影响

	（1）修路工程	（2）水利排灌工程	（3）小学教育	（4）其他教育事业	（5）医疗卫生事业
η	2.783***	2.265***	1.240**	0.022	0.088
	(4.245)	(4.222)	(2.063)	(0.043)	(0.380)
控制变量	外出务工人员占总人口的比例、召开村民代表大会次数、村庄总人口（对数）、从事农林牧渔业的劳动力占比、从事工业的劳动力占比、从事建筑业的劳动力占比、人均亩产粮食量、2008年是否发生自然灾害、村长和村支书平均每月到乡镇开会或找乡镇干部解决问题的次数、村庄人均纯收入虚拟变量、省份虚拟变量				
样本量	404	297	90	39	160
R-sq	0.141	0.175	0.395	0.765	0.437

注：小括号中表示回归参数的t值。

五 总结与讨论

本章主要探讨了"一事一议、财政奖补"对村庄公共物品供给的影响。在理论上，我们证明了财政奖补能够促进村庄开展一事一议项目，并且提高农户一事一议筹资筹劳水平。经验研究方面：第一，我们利用CHIP 2007和CHIP 2008数据构造村庄面板数据，根据《关于开展村级公益事业建设一事一议财政奖补试点工作的通知》（国农改〔2008〕2号）文件所确定的试点地区（河北省），使用了双重差分（DID）方法对"一事一议、财政奖补"的政策效果进行了评估，回归结果表明"一事一议、财政奖补"能够显著提高村民一事一议筹资筹劳水平。第二，我们使用CHIP 2008数据，对财政奖补比例对村庄公共物品供给的影响进行了详细的研究，发现：①财政奖补比例的提高能够促进村庄公共物品供给的增加；②提高财政奖补比例能够提升农户一事一议筹资筹劳水平；③从结构上来看，财政奖补比例的提高显著提高了道路工程、水利排灌工程和小学教育这几类公共物品的供给水平。

从本质上来说,"一事一议、财政奖补"是一种村民自筹和上级补贴相结合的公共物品配置模式。这种配置模式既符合中国现代村庄治理的要求,也能够让中国农民享受到公共财政提供的福利。自新中国成立以来,我国村庄公共物品的配置模式主要以农民自筹为主,公共财政很少照顾到村庄的公共物品供给,能够得到财政支持的农村公共设施建设,例如通电、自来水等大型项目,其不仅是某个村庄内部的项目,还覆盖了村庄与村庄之间以及村庄和城市之间的范围,而仅限于单个村庄公共物品的供给很少由公共财政直接投资建设。在计划经济时期政社合一的管理体制下,很多村庄公共物品的供给都由公社组织村民投入大量的劳动力来完成。计划经济结束之后,村集体有权利向村民征收村提留等符合政策规定的费,还可以向村民实行摊派,再加上当时的"两工"制度,村庄公共物品的供给基本还能够得到保障。随着农村税费改革和农业税的废除,村集体没有权利向村民征收或摊派各种税费,村庄公共物品供给的资金缺少制度保障。为了能够提高农业生产效率和村民福利,各地农村创新性地实行了"一事一议"制度,但是从实践效果来看,单纯的"一事一议"制度很难成为中国村庄公共物品供给的有效制度。在前面的章节中,我们也专门分析了单纯的"一事一议"制度无法成为中国村庄公共物品供给的有效制度的原因——中国的村委会属于群众自治组织,即便村民大会或村民代表大会通过了"一事一议"方案,持反对意见的村民依然可以不按照方案筹资筹劳,并且这部分村民受到的惩罚很轻,以至于在单纯的"一事一议"制度下,村庄公共物品供给水平大幅度下降。然而,"一事一议、财政奖补"制度是单纯的"一事一议"制度的改良。其不仅保留了单纯"一事一议"制度中的优点——村民可以真实表达对村庄公共物品的偏好,还在一定程度上解决了村民在实施一事一议项目时的"搭便车"问题,促进了村庄公共物品的供给。

"一事一议、财政奖补"的关键在于"奖"而不是"补"。奖励能够为村民开展一事一议项目提供激励,随着村民筹资筹劳的增加,上级政府的奖补资金也相应增加,这就能够激励村民主动筹资筹劳。然而,"一事一议、财政奖补"制度未必是一种最优的村庄公共物品供给模式。从我们的数据来看,一事一议筹资筹劳只占到整个村庄集体性收入的7%左右,即便上级政府按照200%的比例实行财政奖补,村民一事一议筹资筹劳加上财政奖补也只占到整个村庄集体性收入的20%左右,这个比例并不高。当然,这可能和地方政府

第八章 "一事一议、财政奖补"与村庄公共物品供给

的财力相关,财力相对宽裕的地方对村庄公共物品供给的支持力度较大,反之则较小。除此之外,"一事一议、财政奖补"还可能存在另外一个问题,那就是公共物品过度供给的问题。如果政府承担了大部分的公共物品供给成本,村民仅承担较小部分,那么村民就可能对公共物品产生过度需求,导致村庄公共物品供给超过最优规模,这可能带来公共财政资源的浪费。

第九章 劳动力转移对村庄公共物品供给的影响

一 引言

自改革开放之后,中国城市化不断推进。伴随着城市化过程,中国农村劳动力逐步向城市流动。根据刘易斯的二元经济理论,一个农业国有大量的剩余劳动力,在一个国家从农业国走向现代化强国的过程中,存在城市和农村两个部门,城市部门的工资水平高于农业收入,随着经济的发展和工业化的不断推进,农村的剩余劳动力将逐步转移到城市工业部门就业。① 中国自改革开放以来的城市化进程是符合刘易斯二元经济理论的。② 在此过程中,农村大量剩余劳动力不断向城市工业部门转移,虽然这在很大程度上促进了城市工业的发展,但是也可能对村庄公共物品供给等农村公共事务产生较大影响。以往关于中国村庄公共物品供给的研究大都忽视了劳动力转移对村庄公共物品供给的影响。

村庄公共物品不仅对农业生产具有重要的作用,而且对农村居民的福利也存在较大的影响。对农业生产的作用不言而喻,在村庄集体性支出的分类中,"为农户提供生产服务支出"和"灌溉排水管理事业支出"这两类支出都和农业生产息息相关,故我们可以将其划归为农业生产性支出。对农村居民福利影响或许比农业生产更为深远的,主要体现在教育和医疗两个方面,这不仅会影响到未来我国的经济增长潜力,而且可能会决定未来贫富差距的大小。现阶段,农村和城市公共物品供给的差距较大是不争的事实,农村户籍人口和城市户籍人口在享

---

① Lewis, W. A., In A. N. Agarwala and S. P. Singh (eds.), *Economic Development with Unlimited Supplies of Labour*, Bombay: Oxford University Press, 1954, p. 139 – 191.
② 蔡昉:《理解中国经济发展的过去、现在和将来——基于一个贯通的增长理论框架》,《经济研究》2013 年第 11 期。

受公共福利等方面也存在大量的不公平。随着劳动力逐渐流向城市工业和服务业部门,农村的公共物品供给下降,而且流动的劳动力长期无法获得城市户口,无法享受到城市人口享有的公共福利,这不仅有违公平,还可能会造成一定的社会矛盾。为此,本章将研究的重心放在劳动力转移对村庄公共物品供给的影响机制上,并使用定量方法准确估计劳动力转移对村庄公共物品供给总量和结构的影响。

从理论上来说,随着农业人口逐步向城市流动,农民的主要收入来源从传统农业收成逐步转变为工业部门的工资,此时农民不再重视村庄公共物品供给水平,尤其是和农业生产相关的支出。[1] 另一方面,很多农民在城市中打工,就医往往也在城市中,这进一步导致了村庄内对医疗卫生支出需求的减少。除此之外,部分村民进城打工之后会将自己的孩子带到城市中生活,虽然无法获得和城市居民一样的义务教育资源,但是很多城市依然有部分农民工小学,另外也可以通过多缴学费而获得部分公立学校的就读名额,这也可能导致随着外出务工人员增加,村庄教育投入下降。在经验研究方面,我们使用2007年和2008年的CHIP村庄调查数据,实证研究了劳动力流动对村庄公共物品供给总量和结构的影响,验证了理论逻辑的合理性。

本章安排如下,第二部分是劳动力转移对村庄公共物品供给的影响机制分析;第三部分是数据及基本统计描述;第四部分是经验研究;第五部分是劳动力转移对村庄公共物品供给类型的影响;第六部分是关于计量结果稳健性的进一步讨论;最后是总结与讨论。

二 劳动力转移对村庄公共物品供给的影响机制分析

虽然中国的户籍制度在逐步松动,但是想要获得城市户口对农村人口来说并非易事。在本文的分析中,除非特别强调,劳动力转移主要是指外出务工人群。在影响机制分析中,我们首先分析村庄福利性公共物品的供给情况,再进一步分析村庄公共物品同时具备福利性和生产性时的供给情况。

(一)只考虑福利性村庄公共物品供给的情况

外出务工人群的定义是离开村庄在外打工半年以上的人群。为了方便分

---

[1] 最近有很多研究讨论了农村土地撂荒等问题。本质上,土地撂荒问题主要源于工业部门的工资水平远远超过了农业部门的收益,故农村中大量劳动力外出务工,不再种地。

析，我们假设一个村庄的总人口为 N，外出务工人员比例为 η。在村庄中的居民的福利水平满足：

$$U(c_i, G) = u(c_i) + v(G) \qquad (9-1)$$

其中 c_i 表示村民 i 的消费水平，G 表示村庄公共物品供给的总量。不失一般性，(9-1) 式满足：

$$U_c > 0, U_G > 0, U_{cc} < 0, U_{GG} < 0 \qquad (9-2)$$

村庄公共物品供给主要依靠村民自愿筹资，假设村民的收入水平为 Y_i，i 表示农户。为了简单起见，我们假设 Y_{in} 表示在村庄中生活的农户的收入水平，即农业收入；Y_{out} 表示外出务工人员的收入水平。外出务工村民的福利水平为：

$$U(c_i, \delta, G) = u(c_i) + \delta \cdot v(G) \qquad (9-3)$$

其中 $0 < \delta < 1$，这表明外出务工人员无法完全享受到村庄公共物品带来的福利。对于在村庄中生活的农户而言，所面临的问题可以归结为：

$$\max U(c_{in}, G)$$
$$s.t.$$
$$Y_{in} = c_{in} + g_{in}$$

构建拉格朗日函数为：

$$\ell = U(c_{in}, G) + \lambda(Y_{in} - c_{in} - g_{in})$$

一阶条件为：

$$\frac{\partial \ell}{\partial c_{in}} = \frac{\partial U(c_{in}, G)}{\partial c_{in}} - \lambda = u'(c_{in}) - \lambda = 0$$

$$\frac{\partial \ell}{\partial g_{in}} = v(G) - \lambda = 0$$

综合上述两个条件，可以得到：

$$u'(c_{in}) = v'(G) \qquad (9-4)$$

对于外出务工人员，所面临的问题可以归结为：

$$\max U(c_{out}, \delta \cdot G)$$
$$s.t.$$
$$Y_{out} = c_{out} + g_{out}$$

第九章 劳动力转移对村庄公共物品供给的影响

构建拉格朗日函数为：

$$\ell = U(c_{out}, \delta \cdot G) + \lambda(Y_{out} - c_{out} - g_{out})$$

一阶条件为：

$$\frac{\partial \ell}{\partial c_{out}} = \frac{\partial U(c_{out}, G)}{\partial c_{out}} - \lambda = u(c_{out}) - \lambda = 0$$

$$\frac{\partial \ell}{\partial g_{out}} = \delta v'(G) - \lambda = 0$$

综合上述两个条件，可以得到：

$$u'(c_{out}) = \delta \cdot v(G) \qquad (9-5)$$

假设在村庄中生活的农户为公共物品筹资的金额为 g_{in}，外出务工农户为公共物品筹资的金额为 g_{out}。村庄公共物品供给总量即为：

$$\eta \cdot N \cdot g_{out} + (1 - \eta) \cdot N \cdot g_{in} = G \qquad (9-6)$$

我们假设每个农户的筹资金额是用全村人平摊他自认为的公共物品最优水平，即当农户 i 认为公共物品供给的最优水平为 G_i，那么他的筹资金额就为 G_i/N。这样（9-4）式和（9-5）式就可以重新表述为：

$$u'\left(Y_{in} - \frac{G_{in}}{N}\right) = v'(G_{in}) \qquad (9-7a)$$

$$u'\left(Y_{out} - \frac{G_{out}}{N}\right) = \delta \cdot v'(G_{out}) \qquad (9-7b)$$

在给定 Y_{in} 和 Y_{out} 的条件下，讨论 G_{in} 和 G_{out} 之间的关系。为了方便分析，我们给定如下几种函数形式，并分别进行讨论。

（1）当 $u(x) = x^\alpha$，$v(G) = G^\alpha$ 时

（9-7）式变为：

$$Y_{in} - \frac{G_{in}}{N} = G_{in} \qquad (9-8a)$$

$$Y_{out} - \frac{G_{out}}{N} = \delta^{\frac{1}{\alpha-1}} \cdot G_{out} \qquad (9-8b)$$

此时均衡的公共物品供给数量就满足：

$$\frac{G_{in}}{N} = \frac{Y_{in}}{N+1}$$

$$\frac{G_{out}}{N} = \frac{Y_{out}}{N \cdot \delta^{\frac{1}{\alpha-1}} + 1}$$

公共物品供给的均衡数量为：

$$G = (1-\eta)\frac{G_{in}}{N} \cdot N + \eta \cdot \frac{G_{out}}{N} \cdot N = (1-\eta)\frac{Y_{in}N}{N+1} + \frac{\eta \cdot Y_{out}N}{N \cdot \delta^{\frac{1}{\alpha-1}} + 1}$$

上面式子对 η 求偏导数，可以得到：

$$\frac{\partial G}{\partial \eta} = \left(\frac{Y_{out}}{N \cdot \delta^{\frac{1}{\alpha-1}} + 1} - \frac{Y_{in}}{N+1}\right)N$$

由此我们可以得到命题1。

命题1：当 $u(x) = x^\alpha$，$v(G) = G^\alpha$ 时，如果 $\frac{Y_{out}}{Y_{in}} > \frac{N \cdot \delta^{\frac{1}{\alpha-1}} + 1}{N+1}$，那么 $\frac{\partial G}{\partial \eta} > 0$；反之，如果 $1 < \frac{Y_{out}}{Y_{in}} < \frac{N \cdot \delta^{\frac{1}{\alpha-1}} + 1}{N+1}$，那么 $\frac{\partial G}{\partial \eta} < 0$。

我们很容易理解命题1的经济学含义。如果在城市工业部门获得的工资相对于在农村获得的农业收入高出一定比例时，随着外出务工人员的增加，村庄中的公共物品供给数量会提高。造成这个结果的主要原因在于，当城市工业部门的工资远远超过农业收入的时候，在给定 δ 的条件下，因为外出务工人员收入远远超过了务农收入，所以外出务工群体所期望的公共物品供给水平反而比务农人口更高。[①] 反之，当城市工业部门支付的工资相对于务农收入低于一个固定比例时，随着外出务工人员的逐渐增加，村庄公共物品供给数量会下降。下面，我们将进一步以数值模拟的方式来讨论上述哪种条件更加符合中国现实。我们在给定村庄共有1000人的条件下进行数值模拟。图9–1表示的是随着 α 变化，临界值的变化情况。由于 $\alpha \in (0.8, 1)$ 时的临界值上升速度过快，我们没有把数据点描绘在图9–1中。当 $\alpha = 0.1$ 时，临界值为2.01。我们给定

---

① 从比例来看，虽然务农人口所期望的公共物品规模相对其收入来说更高，但是由于他们的收入水平较低，所以从数量上看，务农人口所期望的公共物品规模相对较小。反之，虽然外出务工人群所期望的公共物品规模相对其收入更低，但是因为他们的收入水平更高，从数量上来看，他们所期望的公共物品规模相对较大。

第九章　劳动力转移对村庄公共物品供给的影响

一个保守的 α 估计值为 0.3，则临界值为 2.69。根据国家统计局公布的数据，2016 年我国城市居民人均可支配收入和农村居民人均可支配收入之比约为 2.66①，而外出务工人员的人均可支配收入明显要低于城市居民人均可支配收入，这意味着，实际的收入比值肯定低于 2.66。图 9-2 显示了 δ 和临界值 $(N/\delta^{\frac{1}{1-\alpha}}+1)/(N+1)$ 之间的关系，可以明显看出，随着 δ 的逐步增加，临界值是逐步下降的。当 δ = 0.6 的时候，临界值为 2.776，这意味着外出务工人员在很大程度上依靠村庄公共物品，但即便如此，临界值也超过了 2.66。因此我们可以初步判定，中国现实是符合 $1 < \dfrac{Y_{out}}{Y_{in}} < \dfrac{N \cdot \delta^{\frac{1}{a-1}}+1}{N+1}$ 的。

图 9-1　α 和临界值 $\left(N/\delta^{\frac{1}{1-\alpha}}+1\right)/(N+1)$ 之间的关系（给定 N = 1000，δ = 0.5）

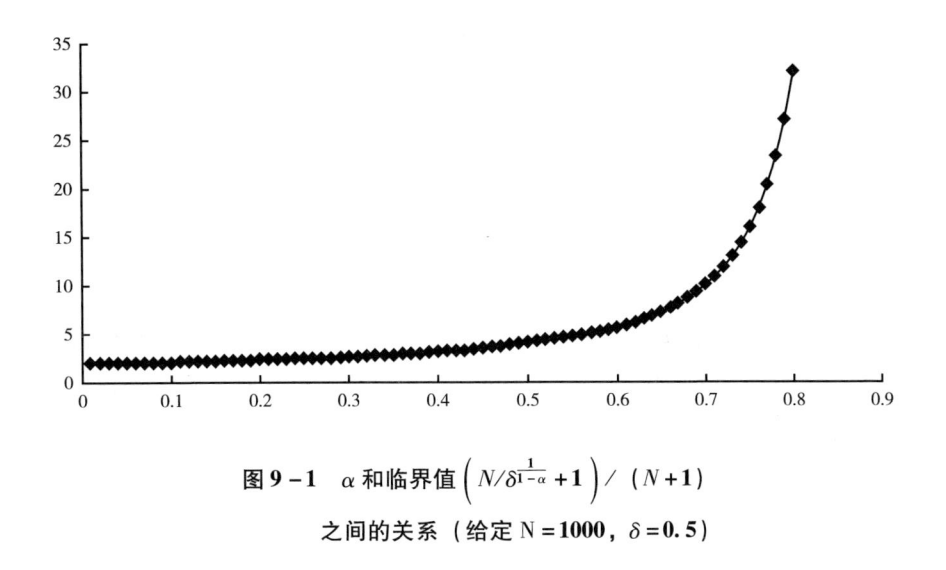

（2）我们给定消费者的效用函数形式为拟线性②：

$$U(c_{in}, G) = c_{in} + \ln G \qquad (9-9a)$$

$$U(c_{out}, G) = c_{out} + \delta \cdot \ln G \qquad (9-9b)$$

在给定（9-9）式的条件下，外出务工农户和在农村生活的农户的均衡

---

① http://data.stats.gov.cn/easyquery.htm?cn=C01.
② 此处给定的具体效用函数形式和（10-1）式、（10-3）式略有不同，将 δ·G 代入（10-9）式之后，我们可以发现均衡的公共物品供给数量对外出务工农户和生活在农村的农户来说是没有区别的，这主要是因为在我们设定的具体效用函数中对公共物品供给总量取了对数。为了体现我们的经济逻辑，我们设定同（10-9）式的具体效用函数形式。

243

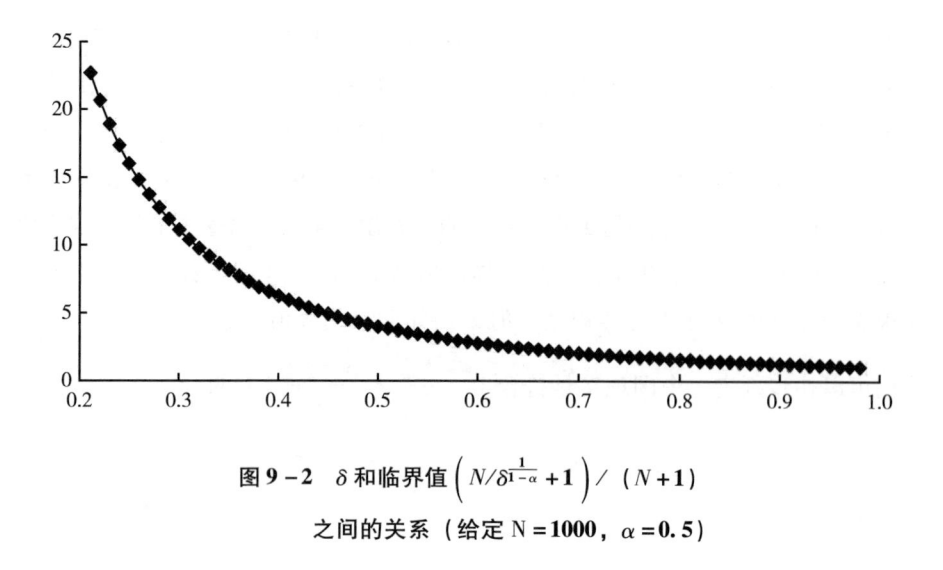

图 9-2 δ 和临界值 $\left(N/\delta^{\frac{1}{1-\alpha}}+1\right)/(N+1)$
之间的关系（给定 $N=1000$，$\alpha=0.5$）

公共物品供给量分别满足：

$$G_{in} = 1 \qquad (9-10a)$$

$$G_{out} = \delta \qquad (9-10b)$$

其中 G_{in} 和 G_{out} 分别是在农村生活农户和外出务工农户期望的公共物品最优供给量，很明显，在外打工农户期望的公共物品供给最优水平相对较低。我们假设，在现实中村民会根据自己期望的公共物品最优供给量按照平均分担的原则出资，那么，对于生活在农村的居民而言，每一个农户的出资金额为：$\frac{1}{N}$；而外出务工农户的出资金额为：$\frac{\delta}{N}$。加总后的公共物品供给总量为：

$$G = 1 - \eta + \delta \cdot \eta \qquad (9-11)$$

通过（9-11）式很容易得到：

$$\frac{\partial G}{\partial \eta} = \delta - 1 < 0 \qquad (9-12)$$

命题2：当效用函数满足（9-9）式时，随着外出务工人员的增加，村庄公共物品供给水平下降。

（二）同时考虑村庄福利性公共物品和生产性公共物品供给

前面我们的分析主要是将公共物品设定为福利性质的，而劳动力流动不仅

第九章 劳动力转移对村庄公共物品供给的影响

会对福利性的公共物品供给造成影响,还可能对农业生产性公共物品的供给产生影响。为了简化分析,我们依然沿用上文所做的假设——消费者的效用函数为拟线性形式的(9-9)式。与上文不同的是,此时我们假设村庄公共物品分为消费性和生产性两种,生产性的公共物品能够影响农户的收入水平。同样的,将农户根据是否外出务工分为两种类型,角标 in 表示在农村生活的农户,out 表示外出务工农户,他们的效用函数假设为:

$$U(c_{in}, G) = c_{in} + lnG_1 \quad (9-13a)$$

$$U(c_{out}, G) = c_{out} + \delta \cdot lnG_1 \quad (9-13b)$$

他们的预算约束分别为:

$$c_{in} = y(G_2) - T \quad (9-14a)$$

$$c_{out} = y(\delta \cdot G_2) - T \quad (9-14b)$$

其中 $y(x) = x^\gamma$,$\gamma < 1$,可以知道函数 $y(.)$ 是单调递增的函数,二阶导数小于零。村庄的集体性收支平衡:

$$T = G_1 + G_2 \quad (9-15)$$

在农村中生活的农户所面临的问题可以归结为:

$$\max c_{in} + lnG_1$$
$$s.t.$$
$$c_{in} = y(G_2) - T$$
$$T = G_1 + G_2$$

化简上面的问题,可以得到:

$$u = G_2^\gamma - G_1 - G_2 + lnG_1$$

一阶条件为:

$$\frac{\partial u}{\partial G_1} = -1 + \frac{1}{G_1} = 0$$

$$\frac{\partial u}{\partial G_2} = \gamma G_2^{\gamma-1} - 1 = 0$$

根据上面的式子,我们可以得到:

$$G_{in} = 1, \quad G_{in} = \gamma^{-\frac{1}{\gamma-1}} \quad (9-16)$$

外出务工的农户所面临的问题可以归结为：

$$\max c_{out} + \delta \ln G_1$$
$$s.t.$$
$$c_{out} = y(\delta \cdot G_2) - T$$
$$T = G_1 + G_2$$

化简上面的问题，可以得到：

$$u = (\delta G_2)^{\gamma} - G_1 - G_2 + \delta \ln G_1$$

一阶条件为：

$$\frac{\partial u}{\partial G_1} = -1 + \frac{\delta}{G_1} = 0$$

$$\frac{\partial u}{\partial G_2} = \delta^{\gamma} \gamma G_2^{\gamma-1} - 1 = 0$$

根据上面的式子，我们可以得到：

$$G_{1,out} = \delta , G_{2,out} = (\delta^{\gamma}\gamma)^{\frac{1}{1-\gamma}} \qquad (9-17)$$

此时村庄福利性公共物品供给总量和生产性公共物品供给总量分别为：

$$G_{1,total} = 1 \cdot N \cdot (1-\eta) + \eta \cdot \delta \cdot N \qquad (9-18a)$$

$$G_{2,total} = \gamma^{\frac{1}{1-\gamma}} \cdot N \cdot (1-\eta) + \eta \cdot N \cdot (\delta^{\gamma}\gamma)^{\frac{1}{1-\gamma}} \qquad (9-18b)$$

用（9-18）式对 η 求一阶偏导数，可以得到：

$$\frac{\partial G_{1,total}}{\partial \eta} = -N + \delta \cdot N < 0 \qquad (9-19a)$$

$$\frac{\partial G_{2,total}}{\partial \eta} = \left(\delta^{\frac{\gamma}{1-\gamma}} - 1\right) \gamma^{\frac{1}{1-\gamma}} \cdot N < 0 \qquad (9-19b)$$

通过上面的（9-19）式，可以得到如下命题。

命题3：随着村庄外出务工人员的不断增加，村庄农业生产性公共物品供给逐步下降。

三　数据及基本统计描述

（一）数据来源

本章研究的数据依然来自2007年和2008年的CHIP数据。2007年和2008

年的CHIP村庄调查数据可构造面板数据，调查范围涵盖了北京、上海、辽宁、江苏、浙江、福建、广东、山西、安徽、河北、河南、湖南、四川、重庆、云南和甘肃。每年村庄调查样本为800个。

（二）刻画劳动力转移的变量

在2007年和2008年的CHIP调查问卷中询问了相关的两类问题。第一类问题是举家迁入和迁出的户数。第二类问题是外出务工劳动力的数量和去向。现在我们根据各省份的数据进行细致的统计描述。从举家迁出的情况来看，2008年的迁出户占比明显比2007年高一些，2007年举家迁出户占总户数的比例为1.14%，2008年迁出户占比为1.41%。虽然举家迁出的占比均不是很高，但是从增长情况来看，2008年相较2007年举家迁出户的增长率不容忽视。再看举家迁入的情况，2007年举家迁入户占总户数的比例为0.35%，2008年举家迁入户占总户数的比例为0.37%。从增长情况来看，2008年举家迁入的情况略有增加，但是增加的比例并不是很大。从整体上来看，样本村庄迁出的农户比迁入的农户多。这意味着，中国农村人口逐步转移到城市中。

表9-1 举家迁出和迁入户占比情况

单位：%

省份	2007年迁出户占比均值	2007年迁入户占比均值	2008年迁出户占比均值	2008年迁入户占比均值
河北	0.306	0.030	0.410	0.137
江苏	0.316	0.196	0.604	0.210
浙江	0.605	0.829	2.092	1.171
安徽	2.767	0.608	2.544	0.184
河南	0.946	0.345	0.985	0.098
湖北	1.643	0.242	1.508	0.458
广东	1.470	0.205	1.505	0.309
重庆	1.115	0.068	0.651	0.080
四川	0.792	0.308	1.560	0.357

除了上述问题之外，2007年和2008年的CHIP调查问卷还询问了外出从业劳动力的数量和去向问题。所谓的外出务工人员是指外出半年以上的人群。我们首先描述各个省份2007年和2008年外出务工人员的占比情况。具体的统

计性描述见表9-2。总体来看，外出务工人员占比接近20%。2007年外出务工的人口占比为17.34%，2008年该指标上升到19.39%。从各省份的数据来看，重庆、四川和安徽三省村庄人口的外出务工人员占比较高，这三个省份两年平均外出务工人员占到了20%以上。综合表9-1和表9-2，我们可以知道，虽然举家迁出农村的户数占比不高，但是外出务工人员的比例却比较高。这是符合中国现实的，很多农民进入城市打工，他们却很难获得城市户口，在城市中，农民的养老、教育等问题都相对较难解决。

表9-2 外出务工人员占总人口的比例

省份	2007年外出务工人员占比均值	2008年外出务工人员占比均值
河北	0.110	0.133
江苏	0.192	0.178
浙江	0.118	0.150
安徽	0.225	0.251
河南	0.131	0.162
湖北	0.180	0.199
广东	0.156	0.168
重庆	0.234	0.237
四川	0.213	0.258
总体	0.173	0.194

除此之外，2007年和2008年的CHIP调查项目还询问了劳动力外出务工的目的地。2007年的CHIP村庄调查问卷中询问了三个与此有关的问题。第一个问题：2007年本村劳动力外出在本县外乡（镇）就业的劳动力占比大体是多少？有五个选项，分别为：①20%以下；②20%~40%；③41%~60%；④61%~80%；⑤80%以上。第二个问题：2007年本村劳动力外出在本省外县就业的劳动力大体占比是多少？选项为：①20%以下；②20%~40%；③41%~60%；④61%~80%；⑤80%以上。第三个问题：2007年本村劳动力外出在省外（含国外）就业的劳动力占比是多少？选项有：①20%以下；②20%~40%；③41%~60%；④61%~80%；⑤80%以上。其中，2007年本村劳动力外出在本县外乡（镇）就业的劳动力占比在20%以下、20%~40%、41%~60%、61%~80%和80%以上的相应分别为：59.15%、22.18%、8.27%、6.14%和4.26%。2007年本村劳动力外出在本省外县就业的劳动力

占比相应分别为52.88%、29.2%、7.89%、5.76%和4.26%。2007年本村劳动力外出在省外（国外）就业的劳动力占比是20%以下、20%~40%、41%~60%、61%~80%和80%以上的相应分别为53.26%、13.53%、14.16%、13.03%和6.02%。

表9-3 2007年外出务工劳动力流动目的地

单位：%

	本县外乡(镇)就业的劳动力占比大体是多少？	本省外县就业的劳动力占比大体是多少？	省外(国外)就业的劳动力占比大体是多少？
20%以下	59.15	52.88	53.26
20%~40%	22.18	29.2	13.53
41%~60%	8.27	7.89	14.16
61%~80%	6.14	5.76	13.03
80%以上	4.26	4.26	6.02

2008年的CHIP调查项目是对2007年CHIP调查样本的跟踪调查，故2008年询问的是关于劳动力流动目的地变化的问题。第一个问题是：相对于2007年，本村外出劳动力在本县外乡（镇）就业的比例在增加还是下降，共有五个选项，分别是：①大幅度增加；②小幅度增加；③基本不变；④略有下降；⑤大幅度下降。从图9-3中我们可以看出，有50.6%的村庄外出劳动力在本县外乡（镇）就业的比例几乎没有变化，有大约24.6%的村庄外出劳动力在本县外乡（镇）就业的比例有小幅上升，还有20.7%的村庄外出劳动力在本县外乡（镇）就业的比例有所下降。总体来看，劳动力在本县外乡（镇）就业的比例略有上升。

2008年的CHIP问卷中还问到了"相对于2007年，本村外出劳动力在本省外县就业的比例在增加还是下降？"，选项依然是：①大幅度增加；②小幅增加；③基本不变；④略有下降；⑤大幅度下降。从图9-4中我们可以看出，相对于2007年，本村外出劳动力在本省外县就业比例基本维持不变的村庄大约占51%，略有下降的比例约为23.43%，小幅上升的比例约为22.18%。从总体来看，相对于2007年，2008年本村外出劳动力在本省外县就业比例略有下降。

2008年CHIP问卷中也询问了"相对于2007年，本村外出劳动力在外省（含国外）就业的比例在增加还是下降？"，选项有：①大幅度增加；②小幅增

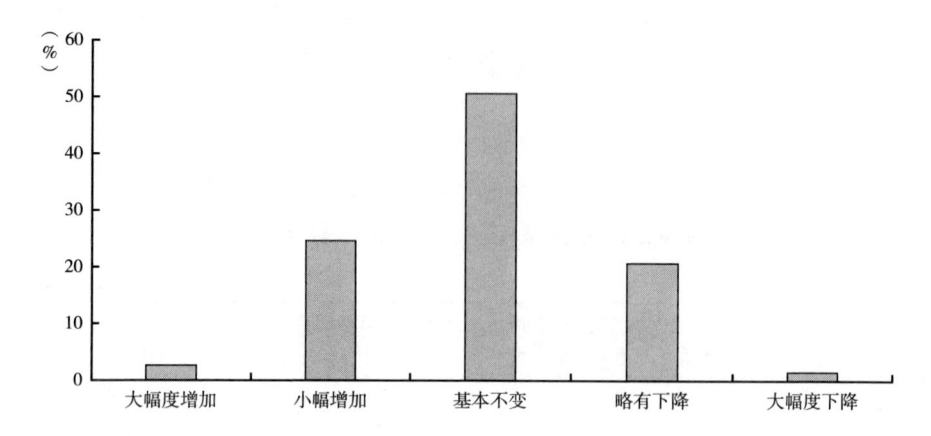

图 9-3 相对于 2007 年，本村外出劳动力在本县外乡（镇）就业比例变化

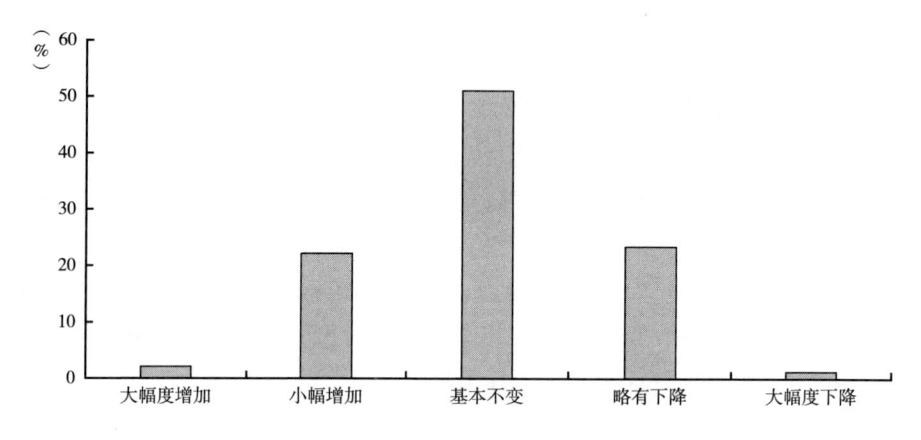

图 9-4 相对于 2007 年，本村外出劳动力在本省外县就业比例变化

加；③基本不变；④略有下降；⑤大幅度下降。从图 9-5 中我们可以看出，相对于 2007 年，本村外出劳动力在外省（含国外）就业比例基本维持不变的村庄大约占 46.93%，略有下降的比例约为 30.49%，小幅上升的比例约为 17.69%。从总体来看，相对于 2007 年，2008 年本村外出劳动力在外省（含国外）就业比例有所下降。

综合图 9-3、9-4 和 9-5 来看，我们发现 2007 年到 2008 年间，虽然劳动力外出务工的总体比例在不断增加，但是在结构上发生了一定的变化。劳动力更加倾向于本地化就业，去较远地方打工人口的比例有所下降。当然，我们无法排除存在 2008 年和 2007 年的经济波动的影响。2008 年发生了经济衰退，

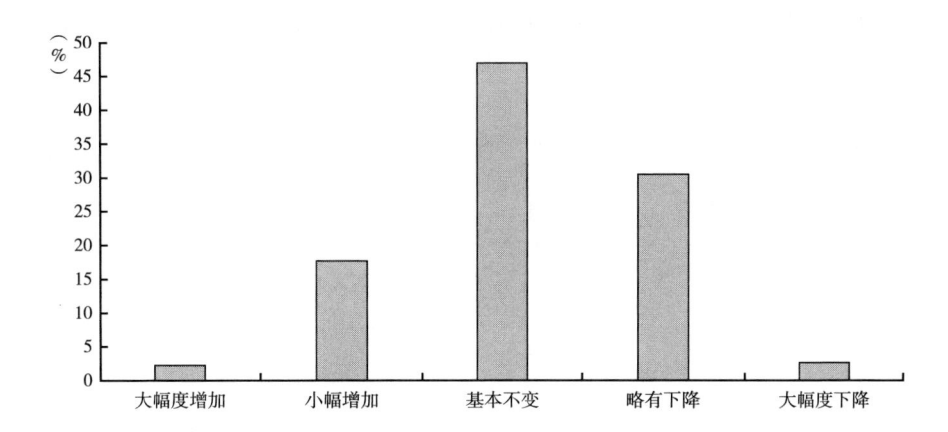

图 9-5 相对于 2007 年，本村外出劳动力在外省（含国外）就业比例变化

经济衰退对于沿海地区经济的影响程度较高，导致沿海发达地区的劳动力需求下降，外出务工的农民工只能折返家乡就近选择工作。但是我们也观察到，2008 年的外出务工人员占村庄总人口的比例相较 2007 年有所增加，具体来看，在被调查的八个省份中，只有江苏省的外出务工劳动力占村庄总人口的比例是下降的，其他省份的劳动力输出均呈现增长态势，这在一定程度上说明了，2008 年和 2007 年的经济形势对劳动力转移的影响程度或许并没有我们想象中的那么大。

（三）劳动力流动与村庄治理的基本描述

在理论分析中，我们的核心逻辑是由于劳动力长期外出务工，对农业生产和村庄事务不够关心，导致村庄公共物品供给水平下降。在 2007 年的 CHIP 村庄调查问卷中，询问了关于劳动力流动和村庄治理的问题。其中与本文研究话题最为相关的便是"您认为劳动力流动对本村的'一事一议'筹资是否有影响？"和"您认为劳动力流动对本村的村委会选举是否有影响？"，下面，我们针对调查问卷中的上述两个问题进行细致的统计描述。

第一个问题"您认为劳动力流动对本村的'一事一议'筹资是否有影响？"共有四个选项：①没有影响；②有一点影响；③有很大影响；④不好说。图 9-6 给出了四个选项的分布情况。其中，认为没有影响的村庄占到了整个样本的 30% 以上，认为有一点影响的村庄占到了整个样本的 42.88%，认为有很大影响的村庄占到了 22%，认为不好说的村庄只占到了样本的 4.13%。

综合来看，绝大多数村庄都认为劳动力流动对"一事一议"筹资有一定的影响。

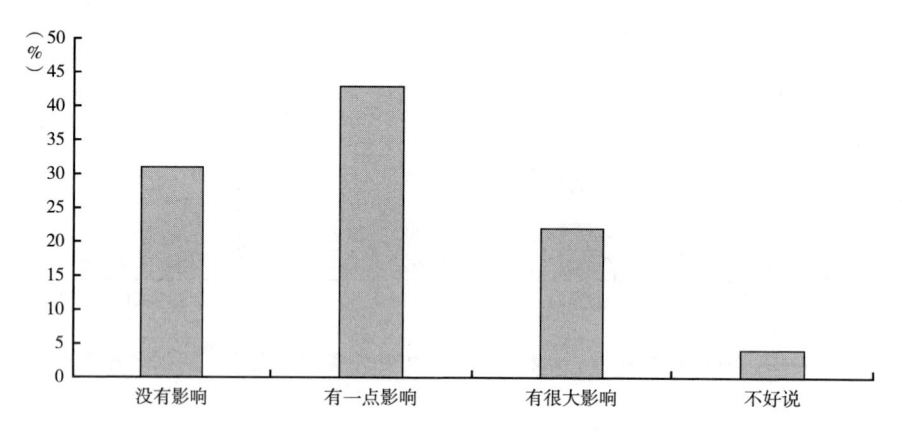

图9-6 劳动力流动对本村"一事一议"筹资是否有影响的主观态度的分布

为了进一步分析流动劳动力占总人口的比例是否会影响上述问题的答案，我们根据上述问题的选项将样本划分为四组，分别统计四组样本的劳动力流动占比情况。表9-4描述了流动劳动力占总人口的比例与劳动力流动对本村的"一事一议"筹资是否有影响的主观态度之间的关系。我们可以明显地看出，认为劳动力流动对村庄"一事一议"筹资没有影响的村庄，其流动劳动力占总人口的比例相对较小，而认为劳动力流动对村庄"一事一议"筹资有很大影响的村庄，其流动劳动力占总人口的比例相对较高。这就印证了我们的猜想，劳动力流动占比越高的地方，村庄"一事一议"筹资所受到的影响也就相对越大。

表9-4 流动劳动力占比与"劳动力流动对'一事一议'筹资是否有影响"的主观态度之间的关系

单位：%

劳动力流动对本村 "一事一议"筹资 是否有影响	流动劳动力占总人口的比例			
	没有影响	有一点影响	有很大影响	不好说
	16.87	20.31	27.19	17.58
样本量	246	343	176	33

另外一个问题——"您认为劳动力流动对本村的村委会选举是否有影响?"——和我们研究的主题之间看似关系不大,实则有很紧密的联系。村庄公共物品供给的实际执行机构就是村委会,故村委会的构成和选举本身也会对公共物品供给造成重要的影响。在问卷中,该问题的选项是:①没有影响;②有一点影响;③有很大的影响;④不好说。图9-7给出了该问题答案的分布情况。其中,认为没有影响的村庄占到了40%,认为有一点影响的村庄占到了49.38%,认为有很大影响的村庄占到了8%,还有极少一部分村庄认为不好说。从这个问题的答案来看,有很大一部分村庄认为劳动力流动会对本村的村委会选举产生影响,其中绝大多数村庄认为影响程度很小。

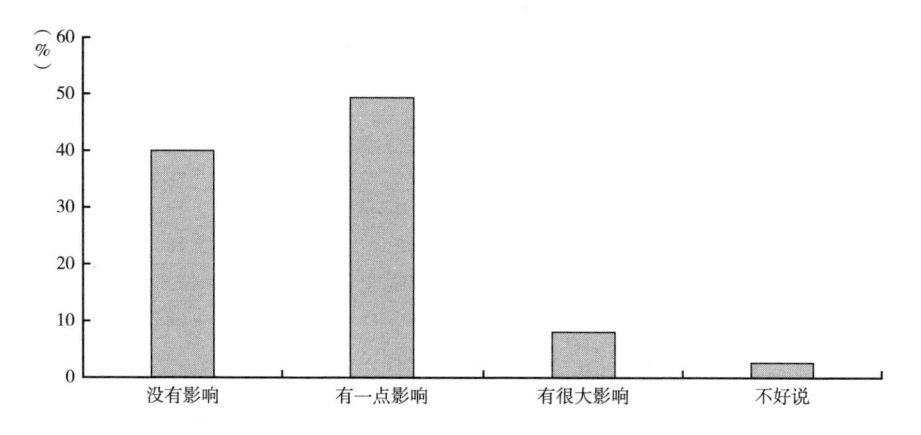

图9-7 劳动力流动对本村的村委会选举影响的主观态度的分布

(四)村庄公共物品供给情况的统计描述

表9-5描述了村庄人均集体性总支出(对数)和分项支出(对数)的情况。在描述总支出时,我们将样本分为两组。第一组是全样本,在表9-5中标注为"未处理";第二组删除了分项支出超过总支出的样本,标注为"处理"。总体来看,2008年相较2007年的村庄人均集体性支出(对数)有所上升。从分项支出上来看,人均集体经营性扩大再生产服务支出、人均医疗卫生事业支出、人均村组干部工资和补贴支出、人均其他支出有所上升,而其余类型的支出项目有所下降。从变化幅度来看,人均教育事业支出的下降幅度最大。但是由于样本量相对较小,我们无法确定该项支出下降主要归因于异常值还是普遍下降。

表9-5 村庄人均集体性总支出（对数）和分项支出（对数）等指标的统计描述

指标	年份	样本量	均值	标准差	最大值	最小值
村庄人均集体性总支出（对数，未处理）	2007	691	3.801	1.664	-4.300	8.722
	2008	761	3.869	1.661	-3.798	9.242
村庄人均集体性总支出（对数，处理）	2007	618	3.952	1.547	-4.300	8.384
	2008	704	4.040	1.541	-3.798	9.242
人均集体经营性扩大再生产服务支出（对数）	2007	188	2.176	1.839	-4.971	7.275
	2008	177	2.504	1.893	-1.270	8.760
人均为农户提供生产服务支出（对数）	2007	250	1.713	1.660	-5.153	5.686
	2008	265	1.697	1.793	-6.463	7.483
人均教育事业支出（对数）	2007	221	1.003	1.749	-6.587	5.745
	2008	217	0.705	1.755	-8.998	5.740
人均医疗卫生事业支出（对数）	2007	259	1.439	1.986	-7.244	8.340
	2008	243	1.693	1.877	-6.100	6.545
人均公路维修事业支出（对数）	2007	453	2.552	1.787	-5.409	7.352
	2008	431	2.600	1.797	-5.187	7.699
人均灌溉排水管理事业支出（对数）	2007	349	1.825	1.623	-5.188	6.750
	2008	342	1.760	1.697	-6.720	6.745
人均其他公共服务支出（对数）	2007	371	1.795	1.826	-4.088	7.226
	2008	386	1.746	1.911	-5.722	7.818
人均村组干部工资和补贴支出（对数）	2007	656	2.558	1.296	-6.146	7.207
	2008	683	2.608	1.264	-5.483	6.387
人均其他行政管理支出（对数）	2007	547	1.548	1.637	-5.083	7.306
	2008	545	1.535	1.557	-5.457	7.285
人均其他支出（对数）	2007	565	1.873	1.920	-5.452	7.302
	2008	565	1.991	1.907	-4.796	9.195

表9-6描述了村庄人均集体性总收入（对数）和分项收入（对数）的情况。从总收入来看，2008年的村庄人均集体性总收入要低于2007年的水平。但是分项收入中，人均村组统一经营收入、人均村"一事一议"筹资收入和人均上级拨入的各种收入增加了；人均集体企业以外的各种经济实体上缴收入、人均村民上缴的其他各种费用下降了。① 这也反映出，村庄中与税费征收有关的收入项目在不断地减少，但是村民自主筹资和上级划拨的转移支付在不断地增加。

---

① 在农村税费改革之后，按照规定应取消村提留。然而，还有部分村庄保留了村提留收入，在我们的样本中，这样的村庄比较少，在2007年共有12个，2008年有5个。

表9-6 村庄人均集体性总收入（对数）和分项收入（对数）等指标的统计描述

变量	年份	观测值	平均值	标准差	最小值	最大值
村庄人均集体性总收入（对数,未处理）	2007	694	4.044493	1.741412	-4.299788	8.622951
	2008	762	3.922028	1.640538	-3.306581	9.333107
村庄人均集体性总收入（对数,处理）	2007	614	4.333179	1.507803	-4.299788	8.622951
	2008	590	4.317208	1.478433	-3.306581	9.333107
人均村组统一经营收入（对数）	2007	268	2.976209	2.173569	-2.664679	8.604932
	2008	263	3.278416	2.186157	-5.24258	8.810216
人均集体企业以外的各种经济实体上缴收入（对数）	2007	158	2.823297	2.074567	-5.057981	7.599309
	2008	147	2.803705	2.159056	-5.511715	8.792063
人均村"一事一议"筹资额（对数）	2007	177	2.773243	1.182137	-2.213754	6.032287
	2008	182	2.895573	1.057566	-0.3541718	8.483492
人均村提留（对数）	2007	12	2.622944	1.907252	-1.051521	6.170826
	2008	5	3.013195	3.46217	-2.981746	5.815949
人均村民上缴的其他各种费用（对数）	2007	202	2.616987	1.810517	-4.759321	7.310967
	2008	179	2.389927	1.799322	-6.184149	10.32176
人均上级拨入的各种收入（对数）	2007	691	2.985352	1.460468	-5.298317	8.204846
	2008	676	3.08338	1.373084	-4.086131	8.05431
人均其他收入（对数）	2007	488	2.458207	1.94125	-4.188966	7.360015
	2008	477	2.488647	1.875908	-4.773162	9.121575

（五）其他控制变量的统计描述

在回归中，我们还控制了其他一些变量。①村庄人均收入水平。在2007年和2008年的CHIP村庄调查问卷中，并没有询问村庄人均收入的具体数值，而是询问了"2007年本村农民人均年纯收入属于下列哪个区间？"，其中有19个选项①，在回归中我们根据这19个选项生成了18个虚拟变量②。②村庄总人口（对数）。我们的研究关注村庄公共物品供给水平，而公共物品有明显的

---

① 19个选项分别为：①500元以下；②500～800元；③800～1000元；④1000～1200元；⑤1200～1500元；⑥1500～1800元；⑦1800～2000元；⑧2000～2500元；⑨2500～3000元；⑩3000～3500元；⑪3500～4000元；⑫4000～5000元；⑬5000～6000元；⑭6000～7000元；⑮7000～8000元；⑯8000～10000元；⑰10000～15000元；⑱15000～20000元；⑲20000元以上（数据上含）。

② 如果控制19个变量，回归将出现多重共线性问题。

"非竞争性"和"非排他性",这就导致增加一个单位对公共物品的消费量,公共物品的供给总成本可能是不变的,或者随消费量的增加,公共物品供给的边际成本递减。除此之外,我们还考虑到,对于规模较大的村庄,在执行"一事一议"的过程中,谈判和协调成本可能更高,这将导致"一事一议"筹资筹劳规模缩小,带来公共物品供给不足。③2007年本村劳动力在当地的就业结构变量。就业类型主要分为:农林牧渔业、工业、建筑业、批发和零售贸易及餐饮业、其他行业。从事不同行业的人群对公共物品的需求可能存在明显的差异,例如:从事农林牧渔业的劳动力可能更加关心村集体财务支出中的"为农户提供生产服务支出",而从事建筑业、批发零售贸易行业的人可能更加关心村庄的基础设施。④农业生产情况。主要包含两类控制变量,第一类是人均农作物播种面积;第二类是粮食播种面积占总播种面积的比例。传统农耕地区村民对公共物品的需求一般偏向于农业生产,例如:水利设施、农业生产性补贴等,而耕地面积相对较小的村庄,人们可能更多地选择外出务工等方式获得收入,这样的村庄可能更关心医疗卫生、教育等方面的支出。因为外出务工的往往都是青壮年,老年人和孩子滞留在农村,老年人对医疗的需求更多,而孩子对教育的需求更多。⑤村庄债务水平。我们使用人均村集体债务累计总额(对数)减去村庄人均集体债权累计总额(对数)来表示村庄的债务水平。债务水平较高的村庄可能面临更大的还款压力,村集体性支出可能会因为偿债而减少。⑥人均生产性资产(对数)。我们在回归中还控制了村庄人均集体所有的生产性固定资产(对数)。

因为本章我们使用面板数据,所以在回归中我们没有控制和村庄异质性相关,且不随时间变化的变量,例如:本村的第一大姓在总户数所占的比例是否超过50%、本村的前五个大姓总户数所占的比例是否超过50%、本村所在县是不是国家扶贫开发重点县和本村所在县是不是省定扶贫开发重点县等。

四 经验研究

(一)2007年数据的回归结果

1. 被解释变量为村庄人均集体性支出(对数)的回归结果

具体的回归方程如下:

第九章　劳动力转移对村庄公共物品供给的影响

$$y_i = \alpha \cdot z_i + X_i \cdot \beta + u_i$$

其中 z 是本章的核心解释变量，表示村庄外出务工劳动力占总人口的比例。X 表示其他控制变量，在前文中已经详细说明过，此处不再赘述。在使用 2007 年 CHIP 数据进行回归的具体过程中，我们分别选用三个指标来衡量主要解释变量 z。第一个指标是 2005 年外出务工劳动力占总人口的比例，第二个指标是 2006 年外出务工劳动力占总人口的比例，第三个指标是 2007 年外出务工劳动力占总人口的比例，分别使用这三个不同的指标主要是想考察滞后期的外出务工劳动力比例对村庄公共物品供给的影响。当期劳动力转移对公共物品所造成的影响与滞后期影响可能存在一定差异。如果一个地区长期有大量劳动力外出务工，那么外出务工人群对公共物品的关注度可能更低，进而会影响到生活在村庄中的其他村民。表 9-7 的被解释变量为村庄人均集体性支出（对数）。结果表明，随着村庄外出务工劳动力的逐步增加，村庄集体性支出显著为负。这就验证了我们理论部分的分析，由于村庄劳动力外出务工，外出务工人员对于村庄公共物品的关注程度不断下降，导致村庄集体性支出减少。表 9-7 的第（1）列我们只加入了核心解释变量，在第（2）列我们新增加了村庄总人口（对数），控制住整个村庄的人口总量。我们发现，村庄总人口对村庄集体性支出（对数）的影响正显著，这表明村庄总人口越多，对公共物品筹资的能力越强，导致公共物品供给量上升。虽然看起来这和传统的公共物品供给理论相悖，传统公共物品供给理论认为，公共物品存在非竞争性，增加一单位对公共物品的消费不会提高公共物品的供给成本，所以随着总人数的提高，即公共物品需求量的增加，公共物品的供给成本不会增加。但是如果考虑中国村庄的实际情况的话，这一结果就存在其合理性。在中国村庄中，很多公共物品的供给存在"门槛"，例如村庄中的灌溉设施等，铺设整体的灌溉设施需要支付较高的固定成本，如果一个村庄的人口数量相对较小，那么分摊给每个村民的成本就会过高，这会对村民的生活造成较大的影响，但是对人口规模较大的村庄而言，只需要每个人筹资一小部分就能够平摊灌溉设施的固定成本。灌溉设施建成之后，能够提高劳动生产率，促进农产品增收，进一步导致村民的收入增长，这又会带来公共物品需求和供给的增加。表 9-7 的第（3）列在第（2）列的基础上增加了人均农作物播种面积和粮食种植面积占总耕种面积比例。第（3）列的回归结果显示，随着人均农作物播种面积的增加，村庄集体性支出逐步下降，随着粮食种植面积占总耕种面积比例逐步增加，村庄集体性支出也呈现出下降趋势。在随后的第（4）列和第（5）列回归中，虽然人均农作物播种面积的参数不再显著，但是粮食种植面积占总耕种面积的比例对村庄集体性支出的影响依然显著为负。这说明一个村庄中粮食的耕种在农业生产活动中所占的份额越高，村庄集体性支出越低。上述现象可能是两个原因导致的：其一，农民的绝大部分收入来自传统粮食作物耕种可能意味着农户的收入水平更低，这会导致农户对村庄公共物品的需求相对较低；其二，在1978年之后，中国农村逐步推行了家庭联产承包责任制，土地的使用权归农户所有，传统农作物的耕种在以家庭为单位的农户中并不需要更多的生产性公共物品，在传统模式下就可以完成耕作，这可能导致农户对公共物品的需求相对较弱。表9-7的第（4）列在第（3）列的基础上加入了劳动力从业方向的比例，观察2007年村庄外出务工人员占比的系数，我们发现，控制住不同行业的劳动力占比，参数值并没有发生明显的变化。从事工业的劳动力占比越高，村庄集体性支出越大，这可能是由于从事工业的劳动力对公共物品的需求相对较高。第（5）列是加入了收入虚拟变量组后进行回归的结果，通过观察可以发现，2007年村庄外出务工人员占比的参数值发生了明显的变化，从第（4）列的-2.472变化至-1.683。

表9-7 村庄外出务工人员占总人口的比例对村庄人均集体性支出（对数）的影响（2007年）

	（1）	（2）	（3）	（4）	（5）
2007年村庄外出务工人员占比	-3.638***	-3.708***	-3.424***	-2.472***	-1.683***
	(-7.229)	(-7.293)	(-6.762)	(-4.778)	(-3.360)
村庄总人口（对数）		-0.232**	-0.181	-0.309***	-0.334***
		(-2.370)	(-1.595)	(-2.843)	(-3.086)
人均农作物播种面积			-0.000	0.000	0.000
			(-0.962)	(0.623)	(0.046)
粮食种植面积占总耕种面积比例			-1.279***	-1.063***	-0.763***
			(-4.259)	(-3.695)	(-2.806)
从事工业的劳动力占比				0.029***	0.011***
				(8.771)	(2.658)
从事建筑业的劳动力占比				0.003	-0.002
				(0.690)	(-0.461)

续表

	(1)	(2)	(3)	(4)	(5)
从事批发和零售贸易及餐饮业的劳动力占比				0.006	-0.002
				(0.665)	(-0.180)
从事其他行业的劳动力占比				0.015***	0.009*
				(2.798)	(1.699)
截距项	4.545***	6.326***	6.887***	6.588***	6.124**
	(36.829)	(8.276)	(7.648)	(7.759)	(2.277)
是否控制收入水平	否	否	否	否	是
样本量	686	686	671	671	671
R-sq	0.087	0.141	0.176	0.260	0.354

注：①所有表格的数据都删除了2007年村庄外出务工人员占比大于1的样本；②所有的标准差都是使用稳健的标准误进行计算的。

2. 被解释变量为村庄人均集体性支出（对数）的稳健性分析

（1）增加控制变量的敏感性分析

表9-7的回归只控制了收入水平、劳动力从业结构、村庄总人口（对数）、人均农作物播种面积和粮食种植面积占总耕种面积比例。为了进一步测定回归结果的敏感性，我们在表9-7第（5）列的基础上继续加入控制变量。具体的回归结果参见表9-8。表9-8的第（1）列是在表9-7的第（5）列基础上加入了人均资本存量（对数）的控制变量，从参数效果来看，2007年村庄外出务工人员占比越高，村庄人均集体性支出（对数）依然越低。人均资本存量（对数）的系数显著为正，说明人均资本存量（对数）越大的地区，村庄人均集体性支出（对数）越高，这可能来自两个原因，第一个原因是人均资本存量越高的村庄，越可能是开办集体性企业的村庄，由于存在集体性企业，村庄集体性支出很可能来自村办企业上缴利润；第二个原因可能是人均资本存量在一定程度上代表了村庄生产的现代化程度，现代化程度越高的村庄对公共物品的需求可能越强烈。表9-8第（2）列是在第（1）列的基础上加入了村庄民主程度的控制变量，我们使用当年召开村民会议的次数来衡量村庄民主程度。我们主要关注的变量2007年村庄外出务工人员占比的系数略有下降，但是召开村民大会的次数对村庄人均集体性支出（对数）的影响是显著为正的。这说明提高村庄民主化有利于促进村庄公共物品的供给，在很大程度上，这可能和国家不断推行"一事一议"和"一事一议、财政奖补"的政策有关。

在党中央和国务院关于"一事一议"和"一事一议、财政奖补"的文件中，明确规定了村庄要通过一事一议制度进行公共物品的供给必须召开村民大会，这可能是村庄民主和村庄人均集体性支出（对数）之间显著正相关的重要原因。第（3）列是在第（2）列基础上加入了"本村所在县是否属于国家级贫困县"的虚拟变量，该变量赋值为 1 时，表明该村所在县是国家级贫困县，赋值为 0 则表示该村庄所属的县不是国家级贫困县。通过观察可以发现，村庄所在县是否属于国家级贫困县的虚拟变量对村庄人均集体性支出（对数）有显著负向影响，并且 2007 年村庄外出务工人员占比的参数存在明显的下降。第（4）列加入了 1970 年代是否办过社队企业的控制变量，该变量系数虽然为正，但是并不显著。第（5）列是在第（4）列基础上加入了 2007 年是否发生自然灾害的虚拟变量，回归结果显示，该变量参数效果不显著，2007 年村庄外出务工人员占比对村庄人均集体性支出（对数）的影响依然为正，参数的大小并没有发生太大改变。表 9-8 的第（6）列是在第（5）列基础上新加入了省份虚拟变量，第（6）列的 2007 年村庄外出务工人员占比的参数依然为负。

表 9-8 加入控制变量的敏感性分析

	(1)	(2)	(3)	(4)	(5)	(6)
2007 年村庄外出务工人员占比	-1.474**	-1.403**	-1.175**	-1.179**	-1.174**	-1.244*
	(-2.428)	(-2.304)	(-1.981)	(-1.980)	(-1.983)	(-1.915)
村庄总人口（对数）	-0.286**	-0.273**	-0.284**	-0.291**	-0.291**	-0.135
	(-2.290)	(-2.176)	(-2.269)	(-2.318)	(-2.319)	(-0.900)
人均农作物播种面积	0.000	0.000	0.000	0.000	0.000	-0.000
	(0.532)	(0.523)	(0.666)	(0.676)	(0.693)	(-0.508)
粮食种植面积占总耕种面积比例	-0.417	-0.433	-0.492	-0.508*	-0.507	-0.289
	(-1.366)	(-1.416)	(-1.595)	(-1.650)	(-1.633)	(-0.833)
人均资本存量（对数）	0.139***	0.142***	0.149***	0.144***	0.144***	0.131***
	(3.359)	(3.417)	(3.573)	(3.409)	(3.350)	(3.079)
从事工业的劳动力占比	0.014***	0.015***	0.013***	0.013***	0.013***	0.009**
	(3.415)	(3.472)	(3.102)	(3.035)	(3.035)	(2.029)
从事建筑业的劳动力占比	-0.001	-0.001	-0.002	-0.002	-0.002	-0.001
	(-0.187)	(-0.191)	(-0.329)	(-0.325)	(-0.329)	(-0.133)
从事批发和零售贸易及餐饮业的劳动力占比	-0.001	-0.000	0.001	0.002	0.002	-0.003
	(-0.058)	(-0.020)	(0.173)	(0.201)	(0.208)	(-0.399)

续表

	（1）	（2）	（3）	（4）	（5）	（6）
从事其他行业的劳动力占比	0.013**	0.013**	0.012**	0.012**	0.012**	0.005
	(2.434)	(2.481)	(2.215)	(2.148)	(2.150)	(1.042)
召开村民大会的次数		0.002***	0.002***	0.002***	0.002***	0.002***
		(5.311)	(5.217)	(5.466)	(5.224)	(5.803)
所在县是否属于国家级贫困县			-0.695***	-0.690***	-0.691***	-0.612***
			(-3.348)	(-3.385)	(-3.382)	(-2.844)
1970年代是否办过社队企业				0.143	0.145	0.056
				(1.022)	(1.023)	(0.407)
2007年是否发生自然灾害					-0.026	-0.002
					(-0.213)	(-0.018)
常数项	5.395*	5.263*	5.467*	5.461*	5.472*	4.378
	(1.950)	(1.895)	(1.929)	(1.890)	(1.899)	(1.500)
是否控制收入水平	是	是	是	是	是	是
是否控制省份	否	否	否	否	否	是
样本量	513	513	513	513	513	513
R-sq	0.388	0.391	0.404	0.406	0.406	0.437

注：①所有表格的数据都删除了2007年村庄外出务工人员占比大于1的样本；②所有的标准差都是使用稳健的标准误进行计算的。

（2）更换解释变量的敏感性分析

前面的表9-7和表9-8回归的核心解释变量都是2007年村庄外出务工人员占比，可能存在同时期导致的内生性问题①。为了解决上述同时期产生的内生性问题，我们更换核心解释变量重新进行回归。我们所选择的另外两个核心解释变量分别是2006年外出务工的劳动力占村庄总人口的比例和2005年外出务工的劳动力占村庄总人口的比例。上述的方式可以理解为，用滞后一期或滞后两期的核心解释变量对当期的被解释变量进行回归，这样就在一定程度上避免了因为解释变量和被解释变量同时期造成的内生性问题。为了节省篇幅，我们的所有回归均控制了收入水平、劳动力从业结构、村庄总人口（对数）、

---

① 即可能存在2007年村庄集体性公共物品供给同时也会影响劳动力的流动，例如：2007年的公共物品供给数量下降，导致村民福利水平下降，进一步导致劳动力外出务工。

人均农作物播种面积和粮食种植面积占总耕种面积比例,并采用类似表9-8的方式,逐步加入回归变量,测定参数的敏感性。表9-9第(1)列的结果显示随着2006年村庄外出务工人员占比增加,2007年村庄人均集体性支出(对数)逐步下降,参数在5%程度上显著。第(2)列在第(1)列基础上加入了召开村民大会的次数的控制变量,召开村民大会的次数越多,村庄集体性支出越多,和表9-8第(2)列的结果是类似的,2006年村庄外出务工人员占比对2007年村庄集体性支出的影响依然是负向的且在5%程度上显著。第(3)列在第(2)列基础上加入了村庄所在县是否属于国家级贫困县的虚拟变量,我们发现处于国家级贫困县的村庄集体性支出相对较小,这个结果和表9-8第(3)列的回归结果一致。2006年村庄外出务工人员占比对2007年村庄人均集体性支出(对数)的影响依然为负,但是参数值下降了近22%,并且显著程度也下降了,仅保持了10%的显著水平。第(4)列在第(3)列基础上加入了1970年代是否办过社队企业的虚拟变量,和表9-8第(4)列的回归结果一致,1970年代是否办过社队企业的虚拟变量对村庄集体性支出并没有显著影响,2006年村庄外出务工人员占比对2007年村庄人均集体性支出(对数)的影响基本和第(3)列一样。第(5)列是在第(4)列基础上控制住2007年是否发生自然灾害的虚拟变量的回归结果,2007年发生自然灾害对当年村庄人均集体性支出(对数)并没有显著的影响,我们关心的2006年村庄外出务工人员占比的参数也没有发生太大的改变。第(6)列在第(5)列的基础上加入了省份虚拟变量,回归结果显示,2006年村庄外出务工人员占比对2007年村庄人均集体性支出(对数)的影响显著为负,并且具体参数效果还有小幅上升,保持在10%程度上显著。

表9-9 2006年村庄外出务工人员占比对2007年村庄集体性支出(对数)的影响

	(1)	(2)	(3)	(4)	(5)	(6)
2006年村庄外出务工人员占比	-1.397**	-1.317**	-1.030*	-1.030*	-1.026*	-1.123*
	(-2.219)	(-2.087)	(-1.679)	(-1.672)	(-1.671)	(-1.684)
村庄总人口(对数)	-0.281**	-0.268**	-0.280**	-0.286**	-0.286**	-0.127
	(-2.245)	(-2.134)	(-2.230)	(-2.278)	(-2.280)	(-0.848)
人均农作物播种面积	0.000	0.000	0.000	0.000	0.000	-0.000
	(0.506)	(0.498)	(0.641)	(0.649)	(0.669)	(-0.545)

第九章 劳动力转移对村庄公共物品供给的影响

续表

	(1)	(2)	(3)	(4)	(5)	(6)
粮食种植面积占总耕种面积比例	-0.414 (-1.352)	-0.430 (-1.405)	-0.491 (-1.589)	-0.507 (-1.643)	-0.505 (-1.626)	-0.290 (-0.840)
人均资本存量(对数)	0.140*** (3.370)	0.144*** (3.431)	0.150*** (3.598)	0.146*** (3.438)	0.145*** (3.375)	0.132*** (3.090)
从事工业的劳动力占比	0.014*** (3.392)	0.015*** (3.453)	0.013*** (3.103)	0.013*** (3.037)	0.013*** (3.037)	0.009** (2.040)
从事建筑业的劳动力占比	-0.002 (-0.363)	-0.002 (-0.364)	-0.003 (-0.510)	-0.003 (-0.508)	-0.003 (-0.511)	-0.002 (-0.307)
从事批发和零售贸易及餐饮业的劳动力占比	-0.000 (-0.005)	0.000 (0.030)	0.002 (0.209)	0.002 (0.237)	0.002 (0.245)	-0.003 (-0.350)
从事其他行业的劳动力占比	0.013** (2.427)	0.013** (2.473)	0.012** (2.199)	0.011** (2.131)	0.012** (2.135)	0.005 (1.033)
召开村民大会的次数		0.002*** (5.580)	0.002*** (5.501)	0.002*** (5.764)	0.002*** (5.489)	0.002*** (6.021)
所在县是否属于国家级贫困县			-0.699*** (-3.352)	-0.694*** (-3.390)	-0.696*** (-3.387)	-0.617*** (-2.868)
1970年代是否办过社队企业				0.141 (1.007)	0.144 (1.012)	0.053 (0.388)
2007年是否发生自然灾害					-0.031 (-0.253)	-0.003 (-0.020)
常数项	5.331* (1.918)	5.199* (1.864)	5.407* (1.902)	5.401* (1.864)	5.414* (1.875)	4.333 (1.480)
是否控制住收入水平	是	是	是	是	是	是
是否控制住省份	否	否	否	否	否	是
N	513	513	513	513	513	513
R-sq	0.385	0.389	0.402	0.404	0.404	0.435

表9-9的回归结果显示，当我们使用2006年村庄外出务工人员占比作为核心解释变量时，2007年村庄集体性支出显著下降，拟合优度保持在38.5%以上，比表9-8的结果略微低一点，但基本一致。除此之外，我们还发现，2006年村庄外出务工人员占比对2007年村庄集体性支出的影响程度比表9-8

的2007年村庄外出务工人员占比对同一年份村庄集体性支出的影响程度略微低一些，显著程度也略低一些，但是所有的变量依然保持了10%以上的显著水平。我们使用单方程考察2007年村庄外出务工人员占比与2006年村庄外出务工人员占比之间的关系，回归参数等于1.06，t值为111.5。这很符合中国现实，前些年中国的劳动力流动是逐步增加的，一般一个村庄有部分人先外出务工，赚取高于农业收入的工资之后回到村庄中，很可能会带动村庄内其他劳动力外出流动，[①] 这可能是造成回归参数大于1的原因。当然由于2006年和2007年相隔时间较短，相邻年份变量间的相关性依然非常高，内生性的担忧仍然存在。为此，我们进一步使用2005年的村庄劳动力流动数据作为核心解释变量进行回归。具体的回归结果呈现在表9-10中，第（1）列回归依然是只控制了收入水平、村庄总人口（对数）、人均农作物播种面积、粮食种植面积占总耕种面积的比例、人均资本存量（对数）、从事工业的劳动力占比、从事建筑业的劳动力占比、从事批发和零售贸易及餐饮业的劳动力占比、从事其他行业的劳动力占比之后的回归结果，结果显示，2005年村庄外出务工人员占比越大，2007年村庄集体性支出越小，参数在5%程度上显著；第（2）列是在第（1）列控制变量的基础上再控制住召开村民大会的次数的回归结果，2005年村庄外出务工人员占比对2007年村庄集体性支出的影响同样为负，参数效果相比第（1）列略有下降，但依然保持5%的显著水平。除此之外，我们还发现，村庄民主化程度（召开村民大会的次数）的加强会导致村庄集体性支出的增加。表9-10第（3）列是在第（2）列基础上加入该村所在县是否属于国家级贫困县变量的回归结果，参数效果相比第（1）列有明显的下降，但是显著程度依然达到10%，是否属于国家级贫困县变量对2007年村庄集体性支出的影响显著为负，这可能是因为国家级贫困县本身缺乏财力，无法通过转移支付的方式支持村庄公共物品的供给。表9-10第（4）列是在（3）列控制变量的基础上加入了1970年代是否办过社队企业的虚拟变量，2005年外出务工劳动力占比对2007年村庄集体性支出的影响依然显著为负，并且参数效果略有增加。1970年代是否办过社队企业的虚拟变量对2007年村庄集体

[①] 中国的农村基本上属于熟人社会或者半熟人社会，村民长期生活在相对封闭的圈子中，各家各户的情况都是相互了解的，并且中国农村劳动力外出务工很大程度上是由先进入城市的劳动力逐步带动其他劳动力进入城市工作。

第九章 劳动力转移对村庄公共物品供给的影响

性支出的影响虽然为正，但是效果并不显著。表9-10第（5）列是在第（4）列控制变量基础上新加入了2007年是否发生自然灾害虚拟变量的回归结果，2005年村庄外出务工人员占比对2007年村庄集体性支出的影响效果和第（4）列相比几乎没有发生变化，2007年发生自然灾害对当年村庄公共物品供给的影响不显著。表9-10第（6）列是在第（5）列的基础上控制了省份虚拟变量的回归结果，参数效果提高，且依然保持了10%的显著水平。综合表9-10的回归结果，我们发现，随着2005年村庄外出务工人员占比的增加，2007年村庄集体性支出显著下降。

表9-10 2005年村庄外出务工人员占比对2007年村庄集体性支出（对数）的影响

	（1）	（2）	（3）	（4）	（5）	（6）
2005年村庄外出务工人员占比	-1.510**	-1.432**	-1.162*	-1.175*	-1.174*	-1.278*
	(-2.387)	(-2.258)	(-1.895)	(-1.910)	(-1.909)	(-1.946)
村庄总人口（对数）	-0.274**	-0.261**	-0.275**	-0.281**	-0.281**	-0.123
	(-2.203)	(-2.093)	(-2.198)	(-2.248)	(-2.250)	(-0.822)
人均农作物播种面积	0.000	0.000	0.000	0.000	0.000	-0.000
	(0.459)	(0.454)	(0.607)	(0.617)	(0.638)	(-0.579)
粮食种植面积占总耕种面积比例	-0.410	-0.427	-0.488	-0.504	-0.502	-0.284
	(-1.342)	(-1.395)	(-1.580)	(-1.635)	(-1.617)	(-0.822)
人均资本存量（对数）	0.141***	0.144***	0.151***	0.146***	0.145***	0.132***
	(3.392)	(3.452)	(3.614)	(3.446)	(3.380)	(3.098)
从事工业的劳动力占比	0.014***	0.015***	0.013***	0.013***	0.013***	0.009**
	(3.376)	(3.436)	(3.081)	(3.011)	(3.010)	(2.019)
从事建筑业的劳动力占比	-0.002	-0.002	-0.003	-0.003	-0.003	-0.002
	(-0.424)	(-0.418)	(-0.539)	(-0.530)	(-0.533)	(-0.326)
从事批发和零售贸易及餐饮业的劳动力占比	-0.000	0.000	0.002	0.002	0.002	-0.003
	(-0.024)	(0.012)	(0.198)	(0.228)	(0.237)	(-0.357)
从事其他行业的劳动力占比	0.013**	0.013**	0.012**	0.011**	0.011**	0.005
	(2.394)	(2.443)	(2.180)	(2.112)	(2.117)	(1.011)
召开村民大会的次数		0.002***	0.002***	0.002***	0.002***	0.002***
		(5.658)	(5.549)	(5.822)	(5.533)	(6.085)
所在县是否属于国家级贫困县			-0.698***	-0.693***	-0.694***	-0.616***
			(-3.364)	(-3.401)	(-3.397)	(-2.879)

265

续表

	(1)	(2)	(3)	(4)	(5)	(6)
1970年代是否办过社队企业				0.146	0.149	0.058
				(1.041)	(1.048)	(0.423)
2007年是否发生自然灾害					-0.035	-0.008
					(-0.283)	(-0.061)
常数项	5.286*	5.158*	5.377*	5.372*	5.386*	4.312
	(1.904)	(1.850)	(1.892)	(1.853)	(1.865)	(1.473)
是否控制收入水平	是	是	是	是	是	是
是否控制省份	否	否	否	否	否	是
N	513	513	513	513	513	513
R-sq	0.385	0.389	0.402	0.404	0.404	0.435

通过观察和对比表9-8、9-9和9-10的回归结果，我们可以发现，随着农村劳动力不断流入城市，村庄集体性支出是逐步下降的。

3. 被解释变量为人均村庄集体性收入（对数）的回归结果

上一部分的回归结果显示，随着村庄外出务工人员占比的提高，村庄集体性支出是逐步减少的。这在很大程度上能够表明村庄外出务工人员占比的提高会导致村庄公共物品供给水平下降。然而，我们同样希望了解，从村庄集体性收入的构成角度来说，公共物品供给量的下降是源于村庄本身集体性收入的下降还是源于上级划拨的转移支付下降。本节主要考察村庄外出务工人员比例的变化对村庄集体性收入的影响。基本的回归方程和之前的类似，仅仅是将被解释变量换成村庄人均集体性收入（对数）。

（1）基本回归结果和增加控制变量的敏感性分析

表9-11是2007年村庄外出务工人员占比对2007年村庄人均集体性收入（对数）的回归结果。所有的回归均控制了收入水平、村庄总人口（对数）、人均农作物播种面积、粮食种植面积占总耕种面积的比例、人均资本存量（对数）、从事工业的劳动力占比、从事建筑业的劳动力占比、从事批发和零售贸易及餐饮业的劳动力占比、从事其他行业的劳动力占比。第（1）列是基本回归结果，随着2007年村庄外出务工人员占比的不断提高，村庄人均集体性收入（对数）逐步下降，从参数效果来看，表9-11第（1）列的参数效果

比表9-8第（1）列的参数效果要大一些，而且显著程度更高①，这可能表明村庄外出务工人员占比对村庄集体性收入的影响程度更高，但上级转移支付在一定程度上弥补了由于村庄外出务工人员占比提高带来的村庄公共物品供给的下降。表9-11第（2）列是在基本回归基础上加入了村庄民主化程度（召开村民大会的次数）控制变量的回归结果，2007年村庄外出务工人员占比对2007年村庄集体性收入（对数）的影响显著为负，和表9-8、表9-9、表9-10的结果类似，随着村庄民主化程度的不断增强，村庄集体性收入也不断增加。这个结果在表9-11中更加容易理解，因为自2007年取消农业税之后，部分地区自发地实施了"一事一议"制度，要实施"一事一议"筹资筹劳就需要召开村民大会或者村民代表大会，这可能是召开村民大会次数和村庄集体性收入之间呈现正相关的重要原因。表9-11第（3）列是在第（2）列基础上增加了所在县是否属于国家级贫困县虚拟变量的回归结果，该变量和村庄人均集体性收入（对数）之间呈现负相关，2007年村庄外出务工人员占比和2007年村庄人均集体性收入（对数）之间依然显著负相关，但是参数效果和显著程度都略有下降。第（4）列是在第（3）列控制变量的基础上加入了村庄1970年代是否办过社队企业的回归结果，新加入的变量在统计上不显著，但是2007年村庄外出务工人员占比和村庄集体性收入之间依然呈现显著负相关。第（5）列是在第（4）列基础上加入2007年是否发生自然灾害虚拟变量的回归结果，新加入的变量依然不显著，2007年村庄外出务工人员占比和同年村庄集体性收入之间依然呈显著负相关，参数效果和显著程度均没有发生太大的改变。第（6）列是在第（5）列基础上控制了省份虚拟变量的回归结果，结果依然显示，2007年村庄外出务工人员占总人口的比例与2007年村庄集体性收入之间显著负相关。

表9-11 村庄外出务工人员占比对村庄集体性收入（对数）的影响（2007年）

	(1)	(2)	(3)	(4)	(5)	(6)
2007年村庄外出务工人员占比	-1.743***	-1.666***	-1.492**	-1.488**	-1.488**	-1.409**
	(-2.955)	(-2.783)	(-2.553)	(-2.541)	(-2.542)	(-2.238)
村庄总人口（对数）	-0.215*	-0.205*	-0.228**	-0.232**	-0.232**	-0.036
	(-1.871)	(-1.775)	(-1.970)	(-2.009)	(-2.007)	(-0.241)

---

① 表10-8第（1）列的显著程度为5%，而表10-11第（1）列的显著程度达到了1%。

续表

	(1)	(2)	(3)	(4)	(5)	(6)
人均农作物播种面积	0.000	0.000	0.000	0.000	0.000	-0.000
	(0.522)	(0.608)	(0.739)	(0.738)	(0.740)	(-0.521)
粮食种植面积占总耕种面积比例	-0.403	-0.410	-0.430	-0.435	-0.434	-0.323
	(-1.288)	(-1.304)	(-1.369)	(-1.391)	(-1.364)	(-0.909)
人均资本存量(对数)	0.157***	0.161***	0.163***	0.161***	0.161***	0.142***
	(4.045)	(4.114)	(4.125)	(3.951)	(3.882)	(3.533)
从事工业的劳动力占比	0.021***	0.021***	0.020***	0.020***	0.020***	0.016***
	(5.583)	(5.421)	(5.120)	(5.085)	(5.077)	(3.627)
从事建筑业的劳动力占比	-0.002	-0.002	-0.003	-0.003	-0.003	-0.003
	(-0.300)	(-0.327)	(-0.440)	(-0.437)	(-0.437)	(-0.508)
从事批发和零售贸易及餐饮业的劳动力占比	-0.001	-0.000	0.001	0.001	0.001	-0.004
	(-0.096)	(-0.052)	(0.065)	(0.073)	(0.074)	(-0.511)
从事其他行业的劳动力占比	0.014***	0.015***	0.014***	0.014***	0.014***	0.007
	(2.937)	(3.047)	(2.816)	(2.812)	(2.814)	(1.586)
召开村民大会的次数		0.002***	0.002***	0.002***	0.002***	0.002***
		(4.652)	(4.492)	(4.589)	(4.408)	(5.050)
所在县是否属于国家级贫困县			-0.599***	-0.593***	-0.593***	-0.567***
			(-3.146)	(-3.105)	(-3.102)	(-2.972)
1970年代是否办过社队企业				0.056	0.057	-0.048
				(0.398)	(0.397)	(-0.345)
2007年是否发生自然灾害					-0.009	0.013
					(-0.072)	(0.099)
常数项	5.387***	3.570	3.825	3.829	3.833	2.506
	(4.986)	(1.421)	(1.501)	(1.490)	(1.493)	(0.950)
是否控制收入水平	是	是	是	是	是	是
是否控制省份	否	否	否	否	否	是
N	536	534	534	534	534	534
R-sq	0.410	0.414	0.423	0.423	0.423	0.460

(2) 更换核心解释变量的敏感性分析

在此,我们同样利用2006年村庄外出务工人员占比和2005年村庄外出务工人员占比代替表9-11中的2007年村庄外出务工人员占比作为核心解释变量,并重复之前的回归。原因和之前的类似——为了减少被解释变量和解释变量同时期相关带来的内生性问题。

第九章 劳动力转移对村庄公共物品供给的影响

表 9-12 回归结果的核心解释变量为 2006 年村庄外出务工人员占比，被解释变量依然是 2007 年人均集体性收入（对数）。表 9-12 第（1）~（6）列的回归和表 9-11 第（1）~（6）列回归的控制变量是相同的，并且控制变量系数的正负号和显著程度也基本类似，在此我们不再对控制变量的效果做过多赘述，只关注核心解释变量对被解释变量的影响。观察表 9-12 第（1）~（6）列的回归结果，我们可以发现，2006 年村庄外出务工人员占比对 2007 年村庄集体性收入的影响依然显著为负，效果保持了 5% 以上的显著水平。

表 9-12 2006 年村庄外出务工人员占比对 2007 年村庄集体性收入（对数）的影响

	（1）	（2）	（3）	（4）	（5）	（6）
2006 年村庄外出务工人员占比	-1.828***	-1.727***	-1.505**	-1.501**	-1.501**	-1.421**
	(-2.912)	(-2.733)	(-2.437)	(-2.423)	(-2.421)	(-2.150)
村庄总人口（对数）	-0.207*	-0.197*	-0.221*	-0.225*	-0.225*	-0.028
	(-1.806)	(-1.714)	(-1.910)	(-1.949)	(-1.947)	(-0.189)
人均农作物播种面积	0.000	0.000	0.000	0.000	0.000	-0.000
	(0.505)	(0.585)	(0.714)	(0.713)	(0.716)	(-0.554)
粮食种植面积占总耕种面积比例	-0.410	-0.413	-0.433	-0.438	-0.437	-0.322
	(-1.311)	(-1.317)	(-1.381)	(-1.403)	(-1.375)	(-0.909)
人均资本存量（对数）	0.158***	0.162***	0.164***	0.162***	0.162***	0.143***
	(4.084)	(4.143)	(4.157)	(3.982)	(3.911)	(3.561)
从事工业的劳动力占比	0.021***	0.021***	0.020***	0.020***	0.020***	0.016***
	(5.516)	(5.382)	(5.097)	(5.062)	(5.053)	(3.627)
从事建筑业的劳动力占比	-0.003	-0.003	-0.004	-0.004	-0.004	-0.004
	(-0.401)	(-0.437)	(-0.559)	(-0.554)	(-0.555)	(-0.607)
从事批发和零售贸易及餐饮业的劳动力占比	-0.000	0.000	0.001	0.001	0.001	-0.004
	(-0.033)	(0.002)	(0.108)	(0.115)	(0.117)	(-0.464)
从事其他行业的劳动力占比	0.014***	0.015***	0.014***	0.014***	0.014***	0.008
	(2.965)	(3.069)	(2.830)	(2.825)	(2.826)	(1.601)
召开村民大会的次数		0.002***	0.002***	0.002***	0.002***	0.002***
		(4.792)	(4.648)	(4.746)	(4.557)	(5.192)
所在县是否属于国家级贫困县			-0.592***	-0.586***	-0.586***	-0.563***
			(-3.100)	(-3.061)	(-3.057)	(-2.951)
1970 年代是否办过社队企业				0.057	0.057	-0.048
				(0.401)	(0.402)	(-0.348)
2007 年是否发生自然灾害					-0.013	0.013
					(-0.098)	(0.093)

续表

	(1)	(2)	(3)	(4)	(5)	(6)
常数项	5.296***	3.496	3.752	3.757	3.762	2.446
	(4.855)	(1.383)	(1.464)	(1.453)	(1.458)	(0.923)
是否控制收入水平	是	是	是	是	是	是
是否控制省份	否	否	否	否	否	是
N	536	534	534	534	534	534
R-sq	0.409	0.413	0.422	0.422	0.422	0.459

表9-13回归结果的核心解释变量为2005年村庄外出务工人员占比，被解释变量依然是2007年人均集体性收入（对数）。表9-13第（1）~（6）列的回归和表9-11第（1）~（6）列回归的控制变量相同，并且控制变量系数的正负号和显著程度也基本类似，在此我们不再对控制变量的效果做过多赘述，只关注核心解释变量对被解释变量的影响。观察表9-13第（1）~（6）列的回归结果，我们可以发现，2005年村庄外出务工人员占比对2007年村庄集体性收入的影响依然显著为负，效果保持了5%以上的显著水平。

表9-13 2005年村庄外出务工人员占比对2007年村庄集体性收入（对数）的影响

	(1)	(2)	(3)	(4)	(5)	(6)
2005年村庄外出务工人员占比	-1.866***	-1.770***	-1.560**	-1.561**	-1.562**	-1.491**
	(-2.971)	(-2.804)	(-2.539)	(-2.535)	(-2.531)	(-2.292)
村庄总人口（对数）	-0.198*	-0.188	-0.213*	-0.217*	-0.217*	-0.021
	(-1.727)	(-1.641)	(-1.848)	(-1.890)	(-1.889)	(-0.142)
人均农作物播种面积	0.000	0.000	0.000	0.000	0.000	-0.000
	(0.457)	(0.541)	(0.678)	(0.678)	(0.681)	(-0.593)
粮食种植面积占总耕种面积比例	-0.404	-0.408	-0.428	-0.434	-0.432	-0.318
	(-1.293)	(-1.299)	(-1.365)	(-1.389)	(-1.360)	(-0.897)
人均资本存量（对数）	0.159***	0.163***	0.165***	0.162***	0.162***	0.143***
	(4.105)	(4.164)	(4.176)	(3.991)	(3.917)	(3.567)
从事工业的劳动力占比	0.021***	0.021***	0.020***	0.020***	0.020***	0.016***
	(5.523)	(5.389)	(5.098)	(5.059)	(5.051)	(3.629)
从事建筑业的劳动力占比	-0.003	-0.003	-0.004	-0.004	-0.004	-0.004
	(-0.515)	(-0.543)	(-0.648)	(-0.640)	(-0.641)	(-0.680)

第九章 劳动力转移对村庄公共物品供给的影响

续表

	（1）	（2）	（3）	（4）	（5）	（6）
从事批发和零售贸易及餐饮业的劳动力占比	-0.001 (-0.073)	-0.000 (-0.035)	0.001 (0.078)	0.001 (0.086)	0.001 (0.088)	-0.004 (-0.486)
从事其他行业的劳动力占比	0.014*** (2.948)	0.015*** (3.056)	0.014*** (2.821)	0.014*** (2.814)	0.014*** (2.815)	0.007 (1.582)
召开村民大会的次数		0.002*** (4.868)	0.002*** (4.711)	0.002*** (4.821)	0.002*** (4.624)	0.002*** (5.256)
所在县是否属于国家级贫困县			-0.596*** (-3.123)	-0.589*** (-3.079)	-0.590*** (-3.075)	-0.566*** (-2.971)
1970年代是否办过社队企业				0.063 (0.448)	0.064 (0.449)	-0.043 (-0.308)
2007年是否发生自然灾害					-0.016 (-0.129)	0.010 (0.072)
常数项	5.210*** (4.783)	3.429 (1.359)	3.696 (1.444)	3.702 (1.433)	3.709 (1.439)	2.408 (0.909)
是否控制收入水平	是	是	是	是	是	是
是否控制省份	否	否	否	否	否	是
N	536	534	534	534	534	534
R-sq	0.409	0.413	0.422	0.422	0.422	0.459

通过对比表9-11、表9-12和表9-13的回归结果，我们可以发现，无论我们使用滞后一期（2006年）还是滞后两期（2005年）或是当期（2007年）的村庄外出务工人员占比作为核心解释变量，回归结果均显示，随着村庄外出务工人员占比的增加，人均村庄集体性收入（对数）是逐步下降的，而且参数的效果差距不大，且差距在统计上并不显著。

综合表9-8、表9-9、表9-10、表9-11、表9-12和表9-13的回归结果，我们可以得到如下初步判断：第一，随着村庄外出务工人员占比的不断增加，村庄人均集体性收入（对数）和集体性支出（对数）都存在不同程度的下降；第二，从效果上来看，村庄外出务工人员占比对村庄集体性收入的影响略微大于对村庄集体性支出的影响，这在一定程度上说明，村庄外出务工人员的不断增加，村民对村庄内部公共物品供给的关心程度逐步下降，从而导致了村庄集体性收入的下降，而上级政府的转移支付在一定程度上可以弥补由此带来的负面效果；第三，我们利用滞后一期和两期的数据对计量方程进行了再回归，结果表明，我们的结论是稳健的，同时期相关所带来的内生性问题不太可能对我们的回归结果产生重大影响。

（二）2008年数据的回归结果

前面的回归均使用 2007 年的 CHIP 村庄调查数据，下面我们进一步利用 2008 年 CHIP 村庄调查数据进行回归，来验证结论的稳健性。具体的回归结果参见表 9-14 和表 9-15。2008 年和 2007 年的 CHIP 数据略有差异，2007 年追踪调查了样本村 2006 年和 2005 年外出务工劳动力数量，而 2008 年的数据只包含当年外出务工劳动力数量。这意味着，我们无法使用 2008 年的 CHIP 数据验证滞后期的村庄外出务工人员占总人口比例对 2008 年村庄集体性收入和支出的影响。然而，通过前面的分析，我们发现将核心解释变量滞后一期或者两期，并不会影响参数的符号，并且参数依然保持了一定的显著水平。这给了我们信心，让我们在一定程度上相信，同时期相关所带来的内生性问题在我们的研究中并不是非常严重。另外，2008 年的 CHIP 数据没有关于 1970 年代是否办过社队企业的信息，也没有村庄所在县是不是国家级贫困县的调查。观察前面的回归结果，我们可以发现 1970 年代是否办过社队企业对村庄集体性收入和支出并没有显著性影响。虽然村庄所在县是不是国家级贫困县对村庄集体性收入有显著负向影响，但是对比是否控制国家级贫困县前后，村庄外出务工人员占比对被解释变量影响的差异并不是非常大，参数效果的显著性变化也不明显。

表 9-14 是 2008 年 CHIP 数据的回归结果，被解释变量为 2008 年村庄人均集体性支出（对数），核心解释变量为 2008 年村庄外出务工人员占比。表 9-14 第（1）列回归是单变量的简单回归结果，村庄外出务工人员占比和村庄集体性支出之间显著负相关。第（2）列是在第（1）列控制变量基础上加入了村庄总人口（对数）作为控制变量，村庄外出务工人员占比和村庄集体性支出之间依然呈现显著负相关。第（3）列是在第（2）列回归基础上加入了人均农作物播种面积和粮食种植面积占总耕种面积比例控制变量的回归结果，村庄外出务工人员占比增加会导致村庄集体性支出显著下降，人均农作物播种面积对村庄人均集体性支出没有显著影响，但是粮食种植面积占总耕种面积比例越大，村庄人均集体性支出（对数）越小。第（4）列是在第（3）列基础上新加入了从事工业的劳动力占比、从事建筑业的劳动力占比、从事批发和零售贸易及餐饮业的劳动力占比以及从事其他行业的劳动力占比之后的回归

第九章 劳动力转移对村庄公共物品供给的影响

结果,虽然村庄外出务工人员占比对村庄人均集体性支出的影响效果有明显的降低,但是参数依然保持了1%的显著水平。[①] 第(5)列是在第(4)列基础上加入了收入水平的虚拟变量组的回归结果,村庄外出务工人员占比对村庄集体性支出的影响进一步下降,从第(4)列的1.512下降到1.163,但是参数效果依然保持了5%的显著水平。第(6)列是在第(5)列的基础上控制了村庄民主化程度(村民大会召开的次数)之后的回归结果,参数的绝对值为1.154,在5%水平上显著。同样的,村庄民主化程度会显著影响村庄集体性支出水平。第(7)列是在第(6)列的基础上进一步控制了省份虚拟变量的回归结果,效果绝对值从1.154下降到0.993,显著程度也略有降低。

表9-14的回归结果显示,随着村庄外出务工人员占比的提高,村庄集体性支出显著下降。这和使用2007年CHIP数据的回归结论相一致。

表9-14 村庄外出务工人员占比对村庄集体性支出(对数)的影响(2008年)

	(1)	(2)	(3)	(4)	(5)	(6)	(7)
2008年村庄外出务工人员占比	-2.095***	-2.194***	-1.775***	-1.512***	-1.163**	-1.154**	-0.993*
	(-3.977)	(-4.184)	(-2.961)	(-2.601)	(-2.009)	(-2.041)	(-1.885)
村庄总人口(对数)		-0.300***	-0.256**	-0.344***	-0.416***	-0.438***	-0.482***
		(-2.753)	(-2.241)	(-3.340)	(-4.008)	(-4.284)	(-3.972)
人均农作物播种面积			-0.024	0.017	0.023	0.040	0.000
			(-0.551)	(0.357)	(0.510)	(0.884)	(0.005)
粮食种植面积占总耕种面积比例			-1.268***	-1.463***	-1.191***	-1.215***	-1.055***
			(-4.141)	(-5.146)	(-4.391)	(-4.565)	(-3.945)
人均资本存量(对数)			0.243***	0.177***	0.159***	0.150***	0.140***
			(6.539)	(5.377)	(5.244)	(5.058)	(5.001)
从事工业的劳动力占比				0.031***	0.016***	0.016***	0.013***
				(8.874)	(3.724)	(3.902)	(3.390)

---

① 表9-14第(3)列的2008年村庄外出务工人员占比参数效果为-1.775,第(4)列的参数效果为-1.512,下降了14.8%。

续表

	(1)	(2)	(3)	(4)	(5)	(6)	(7)
从事建筑业的劳动力占比				0.014**	0.011*	0.010*	0.009
				(2.203)	(1.866)	(1.765)	(1.582)
从事批发和零售贸易及餐饮业的劳动力占比				0.000	-0.007	-0.006	-0.006
				(0.044)	(-1.059)	(-0.868)	(-0.748)
从事其他行业的劳动力占比				0.010*	0.007	0.007	0.005
				(1.823)	(1.314)	(1.357)	(1.058)
召开村民大会的次数						0.055***	0.066***
						(4.543)	(5.235)
2008年是否发生自然灾害							-0.183
							(-1.523)
常数项	4.240***	6.553***	8.193***	7.713***	9.276***	9.120***	8.663***
	(32.462)	(7.785)	(9.199)	(9.609)	(11.005)	(10.993)	(8.745)
是否控制收入水平	否	否	否	否	是	是	是
是否控制省份	否	否	否	否	否	否	是
N	715	715	549	549	548	546	546
R-sq	0.023	0.036	0.217	0.318	0.399	0.414	0.463

注：本表是将分项支出加总超过总支出的样本剔除之后进行的回归。

类似的，我们使用2008年村庄人均集体性收入（对数）作为被解释变量重复表9-14的回归，结果呈现在表9-15中。观察表9-15第（1）列，单变量回归的结果显示，随着村庄外出务工人员占比的不断提高，村庄集体性收入显著下降，在统计意义上显著程度达到了1%的水平。第（2）列在第（1）列回归的基础上加入了村庄总人口（对数），村庄外出务工人员占比对村庄集体性收入的影响从2.075上升至2.139，t值绝对值也从3.905上升至4.047。第（3）列在第（2）列控制变量基础上，加入了人均农作物播种面积和粮食种植面积占总耕种面积比例,村庄外出务工人员占比对村庄人均集体性收入的影响从 2.139 下降至 1.682,参数依然保持了 1% 的显著水平。第(4)列是在第(3)列基础上新增从事工业的劳动力占比、从事建筑业的劳动力占比、从事批发和零售贸易及餐饮业的劳动力占比以及从事其他行业的劳动力占比的回归结果,参数效果下降了近 18.8%,显著程度从 1% 下降到 5% 的显著水平。第(5)列在第(4)列基础上新增收入水平控制变量,参数效果和显著性都略有下降,但是依然保持了 10% 的显著水平。第(6)列是在第(5)列基础上进一步控制了村庄民主化程度(村民大会召开的次数)之后的结果,相比第(5)列,参数效果基本没有发生改变,但是显著性却增强了,村庄民主化程度依然对村庄集体性收入有显著的正向影响。第(7)列是在第(6)列基础上进一步控制住了省份虚拟变量之后的回归结果,村庄外出务工人员占比对村庄集体性收入的影响显著为负,参数在 5% 程度上显著。

表 9-15 村庄外出务工人员占比对村庄集体性收入(对数)的影响(2008 年)

	(1)	(2)	(3)	(4)	(5)	(6)	(7)
2008 年村庄外出务工人员占比	-2.075***	-2.139***	-1.682***	-1.366**	-1.057*	-1.092**	-1.004**
	(-3.905)	(-4.047)	(-2.852)	(-2.366)	(-1.955)	(-2.059)	(-1.970)
村庄总人口(对数)		-0.218**	-0.203*	-0.289***	-0.373***	-0.401***	-0.521***
		(-2.007)	(-1.860)	(-2.925)	(-3.875)	(-4.197)	(-4.656)
人均农作物播种面积			-0.036	0.010	0.008	0.016	-0.018
			(-0.818)	(0.193)	(0.160)	(0.342)	(-0.443)
粮食种植面积占总耕种面积比例			-1.270***	-1.443***	-1.148***	-1.192***	-1.102***
			(-3.992)	(-4.894)	(-4.171)	(-4.399)	(-4.015)
人均资本存量(对数)			0.229***	0.164***	0.146***	0.138***	0.131***
			(6.146)	(5.147)	(5.278)	(5.090)	(5.001)
从事工业的劳动力占比				0.032***	0.015***	0.016***	0.014***
				(8.809)	(3.435)	(3.608)	(3.303)

续表

	(1)	(2)	(3)	(4)	(5)	(6)	(7)
从事建筑业的劳动力占比				0.011*	0.008	0.008	0.008
				(1.946)	(1.580)	(1.560)	(1.537)
从事批发和零售贸易及餐饮业的劳动力占比				0.001	−0.007	−0.006	−0.004
				(0.127)	(−0.948)	(−0.790)	(−0.526)
从事其他行业的劳动力占比				0.006	0.003	0.003	0.002
				(1.087)	(0.435)	(0.445)	(0.289)
召开村民大会的次数						0.052***	0.064***
						(4.705)	(5.730)
2008年是否发生自然灾害							−0.114
							(−0.937)
常数项	4.302***	5.983***	7.793***	7.326***	9.079***	9.006***	9.149***
	(32.610)	(7.191)	(9.064)	(9.182)	(11.008)	(11.043)	(10.315)
是否控制收入水平	否	否	否	否	是	是	是
是否控制省份	否	否	否	否	否	否	是
N	715	715	549	549	548	546	546
R-sq	0.023	0.030	0.201	0.302	0.400	0.416	0.463

注：本表是将分项收入加总超过总收入的样本剔除之后进行的回归。

我们使用2007年和2008年的CHIP村庄调查数据考察了村庄外出务工人员占总人口比例对村庄公共物品供给的影响。计量结果显示，无论是使用收入还是支出来衡量村庄公共物品供给量，随着村庄外出务工人员占比的不断提高，村庄公共物品供给量都显著下降。除此之外，我们进行的敏感性分析还显示，无论是使用滞后期的村庄外出务工人员占比进行回归，还是不断地增加控制变量，结果都和基本回归相一致。即随着村庄外出务工人员占比的不断提高，村庄公共物品供给总量逐步下降。

五　劳动力转移对村庄公共物品供给类型的影响

通过前文的分析，我们知道，随着村庄外出务工人员占比的不断增加，村庄公共物品供给水平显著下降。进一步，我们希望了解村庄外出务工人员占比的变化对哪一类公共物品的供给水平影响更大。根据CHIP村庄调查问卷，村集体财务支出分为：用于集体经营扩大再生产服务支出、为农户提供生产服务支出、教育事业支出、医疗卫生事业支出、公路维修事业支出、灌溉排水管理事业支出、其他公共服务支出、村组干部工资和补贴支出、其他行政管理支出和其他支出，共计十项。下面我们分别利用上述十项村庄集体性支出作为被解释变量重复表9-8的回归。具体结果参见表9-16A和表9-16B，回归的核心解释变量为2007年村庄外出务工人员占比，被解释变量分别是上述十类分项支出（对数）人均值。表9-16的所有回归均控制住了村庄总人口（对数）、人均农作物播种面积、粮食种植面积占总耕种面积比例、人均资本存量（对数）、从事工业的劳动力占比、从事建筑业的劳动力占比、从事批发和零售贸易及餐饮业的劳动力占比、从事其他行业的劳动力占比、召开村民大会的次数、所在县是否属于国家级贫困县、1970年代是否办过社队企业、2007年是否发生自然灾害、收入水平虚拟变量组和省份虚拟变量组。从回归结果来看，随着当年村庄外出务工人员占比的不断增加，村庄人均为农户提供生产服务支出（对数）、教育事业支出、医疗卫生事业支出、灌溉排水管理事业支出和其他行政管理支出都有不同程度的下降。[①] 为农户提供生产服务的支出和灌溉排水管理事业支出的下降较为明显，这说明，在很大程度上随着农民更多地外出务工，家庭收入主要来源渐渐被务工收入所取代，所以农民对农业生产的关注程度逐步下降。除此之外，我们还发现了其他行政管理支出随着村庄外出务工人员占比的不断增加而下降。这也是可以理解的，因为随着村庄外出务工人员占比不断增加，需要管理的村庄事务可能越来越少，也可能越来越简单，需要的成本也就相应越来越低。

[①] 虽然被解释变量为教育事业支出和医疗卫生事业支出时的回归结果在10%的程度上不显著，但均在15%的程度上显著。

表9-16A 村庄外出务工人员占比对村庄集体性支出（对数）结构的影响（2007年）

被解释变量	(1) 用于集体经营扩大再生产服务支出（对数）	(2) 为农户提供生产服务支出（对数）	(3) 教育事业支出（对数）	(4) 医疗卫生事业支出（对数）	(5) 公路维修事业支出（对数）
2007年村庄外出务工人员占比	-1.052	-2.606***	-1.983	-1.662	-0.505
	(-1.021)	(-2.953)	(-1.480)	(-1.643)	(-0.570)
村庄总人口（对数）	-0.050	-0.328*	-0.313	-0.194	0.173
	(-0.194)	(-1.931)	(-1.262)	(-0.853)	(0.708)
人均农作物播种面积	-0.000	-0.000	-0.000	-0.001*	-0.000
	(-0.439)	(-1.163)	(-0.723)	(-1.784)	(-0.373)
粮食种植面积占总耕种面积比例	0.106	-0.866*	-0.160	-0.441	0.373
	(0.165)	(-1.778)	(-0.269)	(-0.720)	(0.678)
人均资本存量（对数）	0.158**	0.175**	0.074	0.098	0.067
	(1.991)	(2.502)	(0.871)	(1.148)	(1.177)
从事工业的劳动力占比	0.026***	0.015***	0.012	0.023***	0.002
	(3.472)	(2.696)	(1.375)	(3.203)	(0.247)
从事建筑业的劳动力占比	-0.018	0.013	-0.002	0.007	-0.011
	(-1.430)	(1.211)	(-0.144)	(0.684)	(-1.337)
从事批发和零售贸易及餐饮业的劳动力占比	0.013	0.007	-0.010	0.001	-0.015
	(0.980)	(0.463)	(-0.616)	(0.034)	(-1.043)
从事其他行业的劳动力占比	-0.015	0.018**	-0.010	-0.003	-0.007
	(-1.528)	(1.985)	(-0.979)	(-0.292)	(-0.877)
召开村民大会的次数	0.060**	0.034	-0.030	0.007	0.033
	(2.183)	(1.528)	(-0.610)	(0.221)	(1.303)
所在县是否属于国家级贫困县	0.055	0.301	0.427	0.164	-0.371
	(0.126)	(0.694)	(0.897)	(0.267)	(-1.023)
1970年代是否办过社队企业	-0.840***	-0.114	-0.429	-0.453*	0.086
	(-3.335)	(-0.581)	(-1.431)	(-1.845)	(0.384)
2007年是否发生自然灾害	-0.470*	-0.037	-0.287	-0.297	-0.022
	(-1.787)	(-0.175)	(-0.966)	(-1.232)	(-0.106)
常数项	4.028	4.969***	0.488	3.129	-2.516
	(1.449)	(3.497)	(0.145)	(1.402)	(-0.790)
是否控制收入水平	是	是	是	是	是
是否控制省份	是	是	是	是	是
N	536	534	534	534	534
R-sq	0.409	0.413	0.422	0.422	0.422

第九章 劳动力转移对村庄公共物品供给的影响

表 9-16B　村庄外出务工人员占比对村庄集体性支出（对数）结构的影响（2007 年）

被解释变量	(6) 灌溉排水管理事业支出（对数）	(7) 其他公共服务支出（对数）	(8) 村组干部工资和补贴支出（对数）	(9) 其他行政管理支出（对数）	(10) 其他支出（对数）
2007 年村庄外出务工人员占比	-1.420* (-1.734)	-0.598 (-0.686)	0.408 (0.860)	-1.187* (-1.688)	-0.553 (-0.738)
村庄总人口（对数）	-0.598*** (-2.878)	-0.187 (-0.807)	-0.243* (-1.752)	0.062 (0.374)	0.093 (0.478)
人均农作物播种面积	0.000 (0.949)	-0.000 (-1.465)	0.000 (0.309)	-0.000** (-2.091)	0.000 (0.044)
粮食种植面积占总耕种面积比例	-0.383 (-0.938)	-0.404 (-0.756)	0.313 (1.010)	-0.498 (-1.247)	-0.274 (-0.553)
人均资本存量（对数）	0.062 (1.190)	0.093 (1.389)	0.067** (2.330)	0.034 (0.711)	0.177*** (3.091)
从事工业的劳动力占比	0.006 (1.015)	0.024*** (3.434)	0.016*** (4.197)	0.017*** (3.328)	0.007 (1.106)
从事建筑业的劳动力占比	0.007 (0.830)	-0.014 (-1.424)	-0.004 (-1.123)	-0.006 (-1.025)	0.000 (0.059)
从事批发和零售贸易及餐饮业的劳动力占比	0.003 (0.329)	-0.010 (-0.734)	-0.006 (-0.807)	-0.013 (-1.111)	-0.002 (-0.139)
从事其他行业的劳动力占比	-0.007 (-0.770)	-0.003 (-0.325)	0.004 (0.958)	0.000 (0.068)	0.016** (2.111)
召开村民大会的次数	0.022 (0.848)	0.042* (1.814)	0.003*** (9.424)	0.002*** (5.744)	0.059** (2.574)
所在县是否属于国家级贫困县	-0.584* (-1.773)	-0.402 (-1.271)	-0.333* (-1.921)	-0.187 (-0.855)	-0.373 (-1.316)
1970 年代是否办过社队企业	-0.288 (-1.521)	-0.182 (-0.874)	-0.082 (-0.700)	0.051 (0.324)	-0.220 (-1.237)
2007 年是否发生自然灾害	0.159 (0.791)	-0.213 (-0.933)	-0.157 (-1.355)	-0.135 (-0.849)	-0.080 (-0.425)
常数项	6.330*** (3.326)	-1.632 (-0.506)	1.074 (0.264)	-0.832 (-0.330)	1.545 (0.910)
是否控制收入水平	是	是	是	是	是
是否控制省份	是	是	是	是	是
N	287	289	494	412	439
R-sq	0.325	0.406	0.404	0.394	0.267

同样的，表 9-16A 和 9-16B 的核心解释变量 2007 年村庄外出务工人员占总人口比例和被解释变量 2007 年村庄人均集体性支出（对数）之间可能存在同时期关联，这会导致估计偏误。为此，我们使用滞后期的核心解释变量 2005 年和 2006 年的村庄外出务工人员占比重新进行回归。为了节约篇幅，表 9-17 只给出核心解释变量的参数值和 t 值。PanelA 的核心解释变量为 2006 年村庄外出务工人员占比，PanelB 的核心解释变量为 2005 年村庄外出务工人员占比。通过对比表 9-16 和表 9-17，可以发现：①使用滞后期的核心解释变量之后，随着村庄外出务工人员占比不断增加，为农户提供生产服务支出、灌溉排水管理事业支出和其他行政管理支出同样是显著下降的，显著程度比使用同时期变量回归的更高；②使用滞后期的村庄外出务工人员占比的回归结果显示，随着村庄外出务工人员占比不断提高，教育事业支出和医疗卫生事业支出也显著下降，回归参数效果在 10% 的程度上显著。这一结果很容易理解，因为很多劳动力外出务工，很可能会将自己的子女接到城市中接受教育，那么外出务工的人群就会忽视村庄中的教育事业支出。当然，外出务工人员同样可能把自己的子女留在农村接受教育，但由于劳动力长期在外，无法对子女的教育给予更多的关注，对教育支出的需求表达相对于生活在村庄中的农户而言自然会弱一些，这也可能是外出务工人员占比增加导致教育事业支出减少的原因。对于医疗卫生事业支出而言，传导机制就更加清晰。因为劳动力外出务工，在务工地对医疗产生需求之后，更可能会选择在当地就医，回到农村就医的可能性不大。一方面，医疗需求产生的时间往往很短，需要在短时期内就医；另一方面，劳动力外出务工的目的地很多都是城市或者比农村医疗条件更好的县城或县城郊区等地。

表 9-17　滞后期外出务工人员占比对 2007 年村庄集体性支出（对数）结构的影响

被解释变量	PanelA				
	(1)	(2)	(3)	(4)	(5)
	用于集体经营扩大再生产服务支出（对数）	为农户提供生产服务支出（对数）	教育事业支出（对数）	医疗卫生事业支出（对数）	公路维修事业支出（对数）
2006 年村庄外出务工人员占比	-0.662	-2.929***	-2.650*	-1.836*	-0.549
	(-0.602)	(-3.137)	(-1.839)	(-1.768)	(-0.589)

续表

被解释变量	(6) 灌溉排水管理事业支出（对数）	(7) 其他公共服务支出（对数）	(8) 村组干部工资和补贴支出（对数）	(9) 其他行政管理支出（对数）	(10) 其他支出（对数）
2006年村庄外出务工人员占比	-1.693*	-0.555	0.333	-1.294*	-0.335
	(-1.880)	(-0.615)	(0.674)	(-1.719)	(-0.423)

PanelB

被解释变量	(1) 用于集体经营扩大再生产支出（对数）	(2) 为农户提供生产服务支出（对数）	(3) 教育事业支出（对数）	(4) 医疗卫生事业支出（对数）	(5) 公路维修事业支出（对数）
2005年村庄外出务工人员占比	-0.897	-2.985***	-2.829*	-1.933*	-0.914
	(-0.811)	(-3.236)	(-1.946)	(-1.875)	(-0.977)

被解释变量	(6) 灌溉排水管理事业支出（对数）	(7) 其他公共服务支出（对数）	(8) 村组干部工资和补贴支出（对数）	(9) 其他行政管理支出（对数）	(10) 其他支出（对数）
2005年村庄外出务工人员占比	-1.799*	-0.466	0.178	-1.293*	-0.303
	(-1.932)	(-0.500)	(0.365)	(-1.708)	(-0.375)

六　关于计量的结果稳健性的进一步讨论

虽然在前面的回归分析中，我们对计量结果进行了一些敏感性分析，验证了回归结果的稳健性。但是在此我们仍需要明确上述计量结果还可能存在的问题，并进一步验证理论分析和实证回归结果的稳健性。

（一）关于被解释变量为村庄集体性收入和支出回归样本集合的筛选问题

CHIP调查数据所涵盖的样本村庄大约有800个，但是其中有部分样本的分项支出（收入）超过了村庄集体性总支出（收入）。在使用2007年的CHIP数据进行回归时，我们使用所有分项支出（收入）的加总对村庄集体性总收入（支出）进行了替代。为了进一步说明采取这样的做法不会对我们的回归结果产生较大的影响，我们仅使用分项支出（收入）小于集体性总支出（收入）的样本再次进行回归。为了节省正文的篇幅，我们只报告核心解释变量的回归参数和 t 值，具体的回归结果请向作者索要。表 9-18 是删除了分项支出大于村庄集体性总支出样本的回归结果，其中第（1）~（6）列控制变量的选择和表 9-8 第（1）~（6）列相同。PanelA 的核心解释变量为 2007 年村庄外出务工人员占比；PanelB 的核心解释变量为 2006 年村庄外出务工人员占比；PanelC 的核心解释变量为 2005 年村庄外出务工人员占比。从回归结果来看，在剔除分项支出超过总支出的样本之后，虽然核心解释变量为 2006 年村庄外出务工人员占比时，第（3）~（6）列回归结果的显著程度只达到了 15% 以上的水平，但是，所有的计量结果都显示，随着村庄外出务工人员占比的不断增加，2007 年村庄集体性支出逐步下降。

表 9-18 外出务工人员占比对 2007 年村庄集体性支出的影响
（删除分项支出超过总支出的样本）

	（1）	（2）	（3）	（4）	（5）	（6）
	PanelA					
2007 年村庄外出务工人员占比	-1.331**	-1.256**	-1.113**	-1.123**	-1.120**	-1.065*
	(-2.455)	(-2.311)	(-2.065)	(-2.081)	(-2.073)	(-1.921)
	PanelB					
2006 年村庄外出务工人员占比	-1.193**	-1.110*	-0.910	-0.919	-0.916	-0.880
	(-2.035)	(-1.890)	(-1.559)	(-1.573)	(-1.567)	(-1.458)
	PanelC					
2005 年村庄外出务工人员占比	-1.309**	-1.230**	-1.048*	-1.069*	-1.068*	-1.044*
	(-2.191)	(-2.056)	(-1.765)	(-1.798)	(-1.793)	(-1.706)

表 9-19 是删除了分项收入大于村庄集体性总收入样本的回归结果。为节省正文篇幅，我们同样只报告核心解释变量的回归参数和 t 值，具体的回归结果请向作者索要。表 9-19 第（1）~（6）列选择的控制变量和表 9-8 第（1）~（6）列相同。PanelA 的核心解释变量为 2007 年村庄外出务工人员占比；PanelB 的核心解释变量为 2006 年村庄外出务工人员占比；PanelC 的核心解释变量为 2005 年村庄外出务工人员占比。从回归结果来看，在删除分项收入超过总收入的样本之后，随着外出务工人员占比的不断增加，村庄集体性收入不断下降。

第九章　劳动力转移对村庄公共物品供给的影响

表 9-19　外出务工人员占比对 2007 年村庄集体性收入的影响
（删除分项收入超过总收入的样本）

	(1)	(2)	(3)	(4)	(5)	(6)
	PanelA					
2007 年村庄外出务工人员占比	-1.409***	-1.337***	-1.267**	-1.251**	-1.249**	-1.188**
	(-2.819)	(-2.645)	(-2.522)	(-2.490)	(-2.484)	(-2.325)
	PanelB					
2006 年村庄外出务工人员占比	-1.253**	-1.159**	-1.048*	-1.029*	-1.029*	-0.980*
	(-2.285)	(-2.101)	(-1.910)	(-1.875)	(-1.872)	(-1.742)
	PanelC					
2005 年村庄外出务工人员占比	-1.208**	-1.120**	-1.026*	-1.021*	-1.022*	-1.004*
	(-2.163)	(-1.996)	(-1.839)	(-1.832)	(-1.832)	(-1.762)

通过表 9-18 和表 9-19 的回归，我们基本可以确定，当分项支出（收入）超过了村庄集体性总支出（总收入）时，用分项支出（收入）的加总替代原村庄集体性总支出（总收入）的方法不会改变总体计量结果。随着村庄外出务工人员占比的提高，村庄集体性总支出（总收入）是逐步下降的。①

（二）使用2008年数据对公共物品分项支出进行回归的结果

我们使用 2008 年的数据进一步研究了村庄外出务工人员占比对村庄集体性分项支出的影响效果，具体回归结果请向作者索要。为了节约正文篇幅，我们只报告了核心参数的回归结果。表 9-20 中报告了回归的核心参数及 t 值。对比表 9-20 和表 9-17，我们发现 2007 年和 2008 年所得到的回归结果并不完全一致，但是基本上也呈现了相类似的特征：①随着村庄外出务工人员占比不断增加，为农户提供生产服务支出和灌溉排水管理事业支出显著下降；②教育事业支出和医疗卫生事业费也是随着村庄外出务工人员占比的增加而不断下降的，且参数在10%的程度上显著；③其他行政管理支出同样随着村庄外出务工人员比例增加而不断下降。这在一定程度上说明之前的计量结果是稳健的。

---

① 表 9-20 回归的控制变量和表 9-8 第（6）列相同，包括：村庄总人口（对数）、人均农作物播种面积、粮食种植面积占总耕种面积比例、人均资本存量（对数）、从事工业的劳动力占比、从事建筑业的劳动力占比、从事批发和零售贸易及餐饮业的劳动力占比、从事其他行业的劳动力所占比、召开村民大会的次数、所在县是否属于国家级贫困县、1970 年代是否办过社队企业、2007 年是否发生自然灾害、收入水平和省份虚拟变量。

表 9-20　2008 年村庄外出务工人员占比对村庄集体性支出（对数）结构的影响

被解释变量	(1) 用于集体经营扩大再生产服务支出（对数）	(2) 为农户提供生产服务支出（对数）	(3) 教育事业支出（对数）	(4) 医疗卫生事业支出（对数）	(5) 公路维修事业支出（对数）
2008 年村庄外出务工人员占比	-0.662 (-0.602)	-2.929*** (-3.137)	-2.650* (-1.839)	-1.836* (-1.768)	-0.549 (-0.589)

被解释变量	(6) 灌溉排水管理事业支出（对数）	(7) 其他公共服务支出（对数）	(8) 村组干部工资和补贴支出（对数）	(9) 其他行政管理支出（对数）	(10) 其他支出（对数）
2008 年村庄外出务工人员占比	-1.693* (-1.880)	-0.555 (-0.615)	0.333 (0.674)	-1.294* (-1.719)	-0.335 (-0.423)

（三）举家迁出与外出务工

本章关心的核心问题是，劳动力转移是否会对村庄公共物品供给产生影响。其中外出务工是劳动力转移的最重要的形式。但除此之外，还有另外一种劳动力转移的形式是举家迁出，即整个家庭从村庄中迁出。这样的情况在农村中是普遍的，利用 CHIP 数据，我们可以对举家迁出的情况进行一个简单的描述。在 2007 年的 CHIP 调查数据中，我们发现在所有村庄中，2007 年举家迁出的农户占总农户的比例为 1.15%；2006 年举家迁出的农户占总农户的比例为 1.21%；2005 年举家迁出的农户占总农户的比例为 1.2%；2007 年举家迁入的农户占总农户的比例为 0.41%；2006 年举家迁入的农户占总农户的比例为 0.25%；2005 年举家迁入的农户占总农户的比例为 0.23%。很容易从上面的数据发现，举家迁出相比于举家迁入的比例更高一些。

为验证举家迁出是否会对村庄公共物品供给产生重要的影响，以及是否会对村庄外出务工人员占比对村庄公共物品供给的效果产生显著的影响，我们在之前回归的基础上加入举家迁出的比例作为控制变量。具体的回归结果请向作者索要，为了节约篇幅，表 9-21 只报告了核心参数。[①] 从回归结果来看，在

[①] 控制变量包括：第一大姓人口是否超过 50%、村庄总人口（对数）、人均农作物播种面积、粮食种植面积占总耕地面积比例、人均资本存量（对数）、从事工业的劳动力占比、从事建筑业的劳动力占比、从事批发和零售贸易及餐饮业的劳动力占比、从事其他行业的劳动力占比、召开村民大会的次数、所在县是否属于国家级贫困县、1970 年代是否办过社队企业、2007 年是否发生自然灾害、收入水平和省份虚拟变量。

第九章 劳动力转移对村庄公共物品供给的影响

控制住举家迁出户占总农户比例之后,村庄外出务工人员占比对村庄人均集体性收入(对数)和支出(对数)的影响均显著为负,这和我们之前的回归结果相一致。同时,我们可以观察到,举家迁出占比越高,人均村庄集体性支出(对数)和收入(对数)越低,效果在1%的程度上显著,这说明举家迁出对村庄公共物品的供给存在显著的负向影响。这个结果并不令人意外,因为随着村庄中举家迁出的家庭增多,村庄公共物品的需求总量就会下降。一方面,部分的公共物品供给存在门槛,例如村办学校,如果一个村庄中需要读书的潜在人口持续降低,当降低到一定程度时,整个村庄将无力支付建设一所村办小学的费用,这可能是举家迁出导致村庄集体性支出减少的重要原因。另一方面,由于举家迁出,村庄公共物品供给的自筹资金将下降,这会导致村庄集体性收入的下降。基于上述两方面原因,随着村庄内举家迁出的家庭比例不断增加,村庄公共物品供给的数量将逐步下降。

表 9-21 加入举家迁出家庭占比的敏感性分析

被解释变量	(1)	(2)	(3)	(4)	(5)	(6)
	村庄人均集体性支出(对数)			村庄人均集体性收入(对数)		
2007年村庄外出务工人员占比	-1.297** (-2.204)			-1.324** (-2.335)		
2006年村庄外出务工人员占比		-1.194* (-1.900)			-1.342** (-2.137)	
2005年村庄外出务工人员占比			-1.343** (-2.116)			-1.396** (-2.203)
2007年举家迁出家庭占比	-5.639*** (-3.314)			-7.648*** (-3.132)		
2006年举家迁出家庭占比		-3.789*** (-3.023)			-4.886*** (-2.851)	
2005年举家迁出家庭占比			-3.987*** (-3.249)			-5.022*** (-2.871)

为了进一步验证举家迁出对村庄公共物品供给结构的影响,我们利用举家迁出占比对村庄集体性支出结构进行回归。具体结果参见表9-22,为了节省

285

篇幅，我们只报告核心变量的回归结果。① 表 9-22 的 PanelA 的核心解释变量为 2007 年的村庄外出务工人员占比和举家迁出户占比；PanelB 的核心解释变量为 2006 年的村庄外出务工人员占比和举家迁出户占比；PanelC 的核心解释变量为 2005 年的村庄外出务工人员占比和举家迁出户占比。仔细观察表 9-22，可以知道，关于村庄外出务工人员占比对村庄集体性支出结构的影响效果和表 9-17 基本一致，差别仅在于，在表 9-17 中，村庄外出务工人员占比对其他行政管理支出的影响显著为负，尽管表 9-22 的回归结果依然为负，但是参数的显著性大幅度下降，仅保持了 15% 的显著水平。观察表 9-22 我们还可以发现，除了 2007 年数据的回归结果之外，其他回归中举家迁出户占比对公路维修事业支出的影响是显著为负的。这在经济学上也是容易理解的，因为举家迁出之后不再使用村庄的公路。

表 9-22 举家迁出户占比对村庄集体性支出（对数）结构的影响

	PanelA				
	(1)	(2)	(3)	(4)	(5)
被解释变量	用于集体经营扩大再生产服务支出（对数）	为农户提供生产服务支出（对数）	教育事业支出（对数）	医疗卫生事业支出（对数）	公路维修事业支出（对数）
2007 年村庄外出务工人员占比	-1.173	-2.738***	-2.082	-1.710*	-0.143
	(-1.137)	(-3.050)	(-1.559)	(-1.681)	(-0.162)
2007 年举家迁出户占比	-6.287	-0.668	-1.481	1.061	-11.342***
	(-0.592)	(-0.156)	(-0.363)	(0.393)	(-5.149)
	(6)	(7)	(8)	(9)	(10)
被解释变量	灌溉排水管理事业支出（对数）	其他公共服务支出（对数）	村组干部工资和补贴支出（对数）	其他行政管理支出（对数）	其他支出（对数）
2007 年村庄外出务工人员占比	-1.326	-0.571	0.538	-1.035	-0.443
	(-1.585)	(-0.642)	(1.124)	(-1.461)	(-0.586)
2007 年举家迁出户占比	-4.734	-0.385	-1.936*	-3.937***	-3.157
	(-1.531)	(-0.245)	(-1.819)	(-2.645)	(-1.058)

① 控制变量包括：第一大姓人口是否超过 50%、村庄总人口（对数）、人均农作物播种面积、粮食种植面积占总耕种面积比例、人均资本存量（对数）、从事工业的劳动力占比、从事建筑业的劳动力占比、从事批发和零售贸易及餐饮业的劳动力占比、从事其他行业的劳动力占比、召开村民大会的次数、所在县是否属于国家级贫困县、1970 年代是否办过社队企业、2007 年是否发生自然灾害、收入水平和省份虚拟变量。

续表

	PanelB				
	(1)	(2)	(3)	(4)	(5)
被解释变量	用于集体经营扩大再生产服务支出(对数)	为农户提供生产服务支出(对数)	教育事业支出(对数)	医疗卫生事业支出(对数)	公路维修事业支出(对数)
2006年村庄外出务工人员占比	-0.727	-2.860***	-2.777*	-1.866*	-0.343
	(-0.658)	(-3.070)	(-1.936)	(-1.766)	(-0.362)
2006年举家迁出户占比	-4.391	-2.135	-0.228	1.085	-5.154**
	(-0.419)	(-0.377)	(-0.108)	(0.354)	(-2.070)
	(6)	(7)	(8)	(9)	(10)
被解释变量	灌溉排水管理事业支出(对数)	其他公共服务支出(对数)	村组干部工资和补贴支出(对数)	其他行政管理支出(对数)	其他支出(对数)
2006年村庄外出务工人员占比	-1.539*	-0.520	0.473	-1.104	-0.246
	(-1.698)	(-0.566)	(0.942)	(-1.447)	(-0.308)
2006年举家迁出户占比	-2.590	-0.510	-0.926	-1.194	-0.171
	(-1.154)	(-0.370)	(-1.162)	(-0.755)	(-0.103)
	PanelC				
	(1)	(2)	(3)	(4)	(5)
被解释变量	用于集体经营扩大再生产服务支出(对数)	为农户提供生产服务支出(对数)	教育事业支出(对数)	医疗卫生事业支出(对数)	公路维修事业支出(对数)
2005年村庄外出务工人员占比	-1.043	-2.955***	-2.966**	-1.981*	-0.842
	(-0.933)	(-3.201)	(-2.070)	(-1.883)	(-0.894)
2005年举家迁出户占比	-5.457	-3.146	-0.733	0.528	-6.003**
	(-0.534)	(-0.509)	(-0.303)	(0.157)	(-2.182)
	(6)	(7)	(8)	(9)	(10)
被解释变量	灌溉排水管理事业支出(对数)	其他公共服务支出(对数)	村组干部工资和补贴支出(对数)	其他行政管理支出(对数)	其他支出(对数)
2005年村庄外出务工人员占比	-1.718*	-0.395	0.288	-1.135	-0.228
	(-1.834)	(-0.418)	(0.581)	(-1.478)	(-0.280)
2005年举家迁出户占比	-3.105	-0.743	-0.996	-1.485	-0.206
	(-1.162)	(-0.487)	(-1.213)	(-0.949)	(-0.119)

七 总结与讨论

本章研究了农村劳动力转移对村庄公共物品供给的影响。在理论上，我们构建理论模型探讨了农村劳动力转移对村庄公共物品供给的影响机制；在经验研究上，我们利用2007年和2008年的CHIP村庄调查数据，详细地讨论了现阶段作为农村劳动力转移最主要的方式——劳动力外出务工对村庄公共物品供给的影响。

在实证研究中，我们发现，随着村庄外出务工人员占总人口比例的不断提高，村庄人均集体性收入（对数）和支出（对数）显著下降。在敏感性分析中，我们通过不断加入控制变量和利用滞后期的外出务工人员比例替代原核心解释变量进行多次回归，上述结论依然成立。除此之外，我们还利用相对更为准确的样本重复回归加强我们对上述结论的信心。在研究外出务工人员占比对村庄集体性支出结构的影响时，我们发现：①随着村庄外出务工人员占比不断提高，为农户提供生产服务支出和灌溉排水管理事业支出显著下降；②教育事业支出和医疗卫生事业支出也随着村庄外出务工人员占比的提高而不断下降，参数在10%的程度上显著；③其他行政管理支出同样随着村庄外出务工人员占比提高而不断下降。这说明，随着村庄外出务工人员增加，不仅农业生产方面的公共支出逐步下降，农业生产受到影响；而且可能因为教育和医疗支出的下降，进一步导致未来农村人口的福利水平下降。最后，我们在考察劳动力转移对村庄公共物品供给影响的经验研究中，不仅关注了村庄外出务工人员占比，还分析了举家迁出对村庄公共物品供给的影响。计量结果显示，举家迁出和外出务工都会对村庄公共物品供给产生负向影响，且效果显著。在支出结构方面，特别的，举家迁出会对村庄道路维修费用产生显著的负向影响。

通过本章的分析，我们发现在中国经济快速发展、城市化进程不断加速以及劳动力频繁流动的背景下，随着劳动力逐步向城市流动，中国农村外出务工人员逐步增加，会导致村庄公共物品供给量的下降，尤其是降低了农业生产、教育、医疗和基础设施上的供给。

第十章 中国村庄公共物品最优配置模式探讨

一 引言

新中国成立之后到实行"一事一议、财政奖补"之前,中国村庄公共物品的供给都由村庄内部解决,公共财政并没有实际深入农村,村庄公共物品供给的主体是村集体。但是在实行了"一事一议、财政奖补"政策之后,中国的村庄公共物品配置模式从村民自筹转变为村民自筹和财政奖补相结合的方式。

农村税费改革之后,村庄公共物品配置模式经历了单纯的"一事一议"制度和"一事一议、财政奖补"制度两次重大变化。实践证明,单纯的"一事一议"制度的施行并不成功,很多村庄并没有真正落实。随后出台的"一事一议、财政奖补"政策比单纯的"一事一议"制度更好,能够激发村民参与一事一议筹资筹劳的热情,引导和鼓励村民出资出劳,促进村庄公益项目的顺利开展。但是"一事一议、财政奖补"是否能够成为中国村庄公共物品配置的最优模式还需要做进一步的理论探讨。除此之外,中国村庄公共物品资金的来源范围很广,有上级财政拨款、村民筹资筹劳、村组统一经营收入(包括集体企业上缴)、村集体企业以外的各种经济实体上缴收入等,这些村庄集体性收入对村庄公共物品供给会产生什么影响、它们和"一事一议、财政奖补"政策之间是什么关系,这些都是我们仍需要关注的问题。

中国各地区的异质性很强,尤其在村庄层面,每个村庄可能都有各自的特殊性。加上我们只是单纯地从经济学角度讨论村庄公共物品配置的模式,并没有更多地考虑到其他方面(例如基层治理、村庄的社会特性等),这就导致了即便我们能够设计出一套理论确保村庄公共物品配置达到最优的模式,在现实中可能依旧难以落实。为此,本章主要是给出一些我们针对现行村庄公共物品配置模式的分析，并根据分析给出能够提高村庄公共物品配置效率的政策建议。

本章的分析认为，虽然中国现行的"一事一议、财政奖补"政策在一定程度上改良了单纯的"一事一议"政策，其利用财政资金作为奖补激励村民出资出劳，促进了村庄公共物品供给，然而，从实践层面来看，这一激励作用并没有得到充分发挥，村庄公共物品的供给在很大程度上依赖上级的转移支付（包括财政奖补和其他财政资金），村民筹资筹劳占村庄公共物品供给所需资金的比例并不高。然而，完全依靠上级政府提供村庄公共物品是不现实的，因为这不仅要求上级有充裕的财政资金，而且还可能因为信息不对称造成公共物品供给效率低下。我们认为，改善村庄公共物品配置模式的核心在于提高村庄集体性收入，即使村集体的收入保持稳定增长。我们提出的村庄公共物品配置模式可以简单概括为"村民＋村集体＋政府"，也就是"一事一议，村民筹资筹劳，村集体补贴，财政奖补"的模式。一事一议能够确保村民准确表达对公共物品的偏好；村民筹资筹劳使村民对公共物品的供给承担一定的责任，分担部分公共物品供给的成本；村集体补贴能够承担公共物品的建设成本和维护费用；财政奖补不仅能让村民享受到公共财政资源，而且能够弥补农村公共物品的资金缺口。上述村庄公共物品配置模式要顺利落实，最重要的一个环节就是提高村集体收入，我们设置的方案是通过土地平整和再分配实现土地生产效率的提高，同时增加村庄集体性资产，进而提高村庄集体性收入。当然土地平整和再分配可能需要其他政策的配合，例如对户口转出村庄的村民所拥有的土地进行赎回和调整，或者和长期外出务工的村民进行谈判，租用这些村民的土地，这些政策在一定程度上能够使得村庄农业用地连片，提高土地生产效率，此外还能增加村集体资产，为村庄招商引资、建立合作社等提供便利。这不仅能够促进村民增收，还能够增加村集体收入，提高公共物品供给水平。

本章第二部分介绍现阶段中国村庄公共物品配置的典型特征，第三部分是中国村庄公共物品实现最优配置存在的主要困难，第四部分是村庄公共物品配置模式的理论分析，第五部分是进一步讨论，第六部分是结论和政策建议。

二 现阶段中国村庄公共物品配置的典型特征

（一）中国村庄公共物品资金来源的比例结构

现阶段中国村庄公共物品配置主要依靠三种方式：第一种是村民自筹资

金，类似于单纯的"一事一议"；第二种是实行"一事一议、财政奖补"政策，村民和上级政府各自负担一部分公共物品的成本；第三种是完全依赖上级政府的补贴。

我们在对云南省大理白族自治州、丽江市和西双版纳傣族自治州的调研中发现，虽然"一事一议、财政奖补"政策已经实行了多年，但是很多村庄依旧没有通过"一事一议、财政奖补"政策来实现公共物品的供给。我们一共调研了59个样本村庄，其中有23个村庄自"一事一议、财政奖补"政策出台以来都没有以"一事一议、财政奖补"的方式提供过村庄公共物品，完全由村民自筹资金供给公共物品的村庄也非常少见，而主要依靠上级政府补贴供给公共物品的村庄则很多。我们在调查中发现，除了"一事一议、财政奖补"的财政拨款之外，其余上级政府补贴的金额占整个村庄集体性收入的比重也较大。根据所调研村庄集体性收入的组成情况，我们将村庄集体性收入划分为"村组统一经营收入"、"村'一事一议、财政奖补'收入（村民筹资部分）"、"村'一事一议、财政奖补'收入（上级奖补部分）"、"除'一事一议、财政奖补'之外获得的上级政府划拨收入"和"其他收入"五项。由于"其他收入"项目我们无法确定资金来源，故我们不予考虑，剔除该项之后[1]，我们通过计算发现"除'一事一议、财政奖补'之外获得的上级政府划拨收入"占村庄集体性收入（扣除"其他收入"）的比重为48.4%，如果再加入"一事一议、财政奖补"中的财政奖补部分，这个比例将上升至60%。村组统一经营收入占村庄集体性收入（扣除"其他收入"）的比重约为29.7%，最终剩下的部分基本就是村民自筹资金的部分，大约占村庄集体性收入的10%。从我们调研所获得的资料中可以发现，中国村庄公共物品配置模式虽然看上去是村民自筹和政府奖补相结合，但实际资金来源主要是政府补贴，而不是奖补资金。[2]

我们同样利用CHIP2008数据对村庄集体性收入的结果进行分析，CHIP2008村庄调查问卷调查了村庄集体性收入的情况，集体性收入主要分为"村组统一经营收入（包括集体企业上缴）"、"集体企业以外的各种经济实体

---

[1] 其他收入占村庄集体性收入的比重大约为37.6%，该部分资金我们寻找到出处，有可能来自捐赠或其他方面。在计算时，我们利用村庄集体性收入减去其他收入作为分母进行计算。
[2] 我们在本书第五章中，专门讨论过单纯的财政补贴可能会挤出村民筹资筹劳，进而导致公共物品供给水平的下降。

上缴的收入"、"村'一事一议'筹资（筹劳部分按以钱代工的标准折算）"、"村提留"、"村民上缴的其他各种费用（承包任务、收费、集资等）"、"上级划拨的各种收入"和"其他收入"。2008年已经完成农村税费改革，征收"村提留"是违反国家政策的，但我们仍在数据中发现有5个村庄的"村提留"大于零，在随后的分析中，我们删除了这5个样本。① 同样地，在计算村庄集体性分项收入占总收入比重时我们扣除了"其他支出"项目，② 通过计算我们发现，"村'一事一议、财政奖补'收入（村民筹资部分）"占村庄集体性收入（扣除"其他支出"）的比重约为7.95%。"村组统一经营收入（包括集体企业上缴）"和"集体企业以外的各种经济实体上缴的收入"占村庄集体性收入（扣除"其他收入"）的比重分别约为16.59%和7.03%，上述两项加起来占到了整个村庄集体性收入（扣除"其他收入"）的23.62%。"上级划拨的各种收入"占村庄集体性收入（扣除"其他收入"）的58.85%。从CHIP2008的数据来看，在村庄集体性收入中，上级政府划拨的收入占比很大。这和我们调研数据的描述基本一致。从上面的统计数据中，我们基本可以判断出：中国村庄公共物品供给资金绝大部分都来源于上级政府的财政资金。虽然"一事一议、财政奖补"能够有效促进村庄公共物品的供给，但是这部分资金占整个村庄公共物品供给成本的比例相对较小。村庄集体性收入中排名第二的是村组统一经营收入（包括集体企业上缴），该项收入对村庄公共物品的供给也起到了重要的作用。

（二）"一事一议、财政奖补"项目的具体政府补贴情况

虽然我们能够通过CHIP2008数据对村庄公共建设项目中政府支出与村民筹资筹劳所占的比例进行初步估算，但无法准确了解"一事一议、财政奖补"具体项目的实施过程中，村民筹资、以劳折资和财政奖补各项所占的比例。为此我们利用调研中获取的大理白族自治州、丽江市和西双版纳傣族自治州的村庄样本进行估算，发现"一事一议、财政奖补"项目中村民筹资筹劳和政府补贴所占的比例大约为1:1。我们在调研中获得了西双版纳MH县MH镇最近

---

① 我们怀疑这可能是填写错误造成的问题。
② 所谓的扣除就是在计算村庄集体性分项收入占总收入的比重时，利用村庄集体性收入减去其他收入作为分母。其中其他收入占村庄集体性收入的比重约为18%。

几年"一事一议、财政奖补"项目的详细资料，经整理后得到表10-1所示资金构成。在调研中我们发现，"一事一议、财政奖补"绝大多数项目主要包含村民筹资、村民筹劳、村民捐赠和财政奖补四个部分，部分村庄不仅包含上述四项，而且还存在其他财政资金补充建设的情况。从结构上来看，村民筹资占比很小，村民主要通过投入劳动力参与一事一议项目建设，此外村民捐赠也占有一定的比重，但是占比最高的无疑还是财政奖补的部分。我们在大理地区进行调研时也同样发现：第一，"一事一议、财政奖补"项目中财政资金占比相对较高；第二，农户主要以出劳的方式参与公共物品的建设，出资占比较小。但是大理地区和勐混地区相比，村民捐赠的情况相对较少。

表10-1 2012~2015年MH镇"一事一议、财政奖补"资金构成比例

年份	建设资金总额（万元）	村民筹资占比（%）	村民捐资占比（%）	以劳折资占比（%）	财政奖补占比（%）	其他财政资金来源占比（%）
2012	462.7	3.38	34.5	27.8	34.3	0
2013	1635.11	1.39	12.88	11.27	42.01	32.45
2014	493	4.28	15.92	34.97	44.82	0
2015	477.46	5.9	22.98	39.08	27.84	4.19

注：①2013年公共建设项目中有部分项目有其他财政资金的补充，合计530.54万元，占项目资金总额的32.45%；②2013年公共建设项目资金总额较大的原因是HK村委会开展了两个"美丽乡村"的"一事一议、财政奖补"项目，合计500万元。

根据调研，我们了解到，"一事一议、财政奖补"项目财政资金负担的比重相对较高，平均接近50%，村民参与项目的方式主要是筹劳而非筹资。

（三）村庄集体性资产与村庄公共物品供给水平

我们在调研中发现村庄集体性资产与村庄公共物品供给有着比较密切的关联，往往集体性资产较多的村庄公共物品供给也相对较充分。一个典型的案例就是大理白族自治州的DM村，随着大理白族自治州旅游业的逐渐发展，该村庄有部分地区被划入大理古城范围，由于离古城较近，该村庄便利用集体所有性质的土地建设了一个停车场和一个商场，每年可以从中获得丰厚的租金。当然，不得不承认，很大程度上这得益于该村庄的地理位置优越，另外，这也归功于在实行联产承包责任时，村集体并没有把所有的土地完全承包给村民，当

初的考虑是方便为未来人口变动做土地调整储备，但是随着时间的推移，仍有一部分集体所有制土地一直由村委会代为管理，现在才能为村集体创造丰厚的收入，进而保障村庄公共物品的有效供给。第二个典型的案例是西双版纳傣族自治州 MH 镇某村庄，该村庄的党支部书记在群众中有较高的威望，包产到户之后，几乎每一个村庄都有一定的公共用地，例如田埂等，当时村民的土地并不平整，不是成大面积块状的，因而农户占用公共田埂的情况也较为普遍。为了提高粮食产量，促进农民增收，村两委最终决定将农户承包出去的土地全部回收到村集体，由村集体向上级申请资金做土地平整和重新规划，随后再重新分配土地。土地平整之后，不仅整体粮食产量提高了，村民分配到的经过平整的土地也更利于大规模机械化耕作，就连曾经被占用的田埂也恢复到了最初的宽度。土地平整之后，除去重新分配给农民的部分，村集体还保留了一小部分土地作为集体所有，在我们调研时，村集体的该部分土地还没有承包出去，但是村集体未来打算将这部分土地承包出去，用来增加村庄的集体性收入。第三个案例是云南省开远市的 HND 村，该村庄的做法和上一个案例很类似，但是开远市政府在土地平整过程中进行了招商引资，引来了北京一家做花卉园区的公司，该公司长期租用了平整后的农户土地，每年按照面积支付农户租金，且承诺优先雇用该村庄的村民进入园区工作，该村庄在土地平整之后也留下了部分集体所有制土地，这部分土地也出租给了公司，每年公司支付给村集体一定的租金。

通过以上三个案例我们可以看到村庄集体性资产对村庄集体性收入的重要性。集体性资产较多的村庄集体性收入也较多，在开展"一事一议，筹资筹劳"项目的过程中也更加积极，项目的推进也更加顺利。这对村庄公共物品的配置起到了至关重要的作用。

（四）地方政府财力与村庄公共物品供给水平

在调研的过程中，我们了解到在实际实施"一事一议、财政奖补"项目的过程中，并不是村集体想申请就一定能申请成功的。这是由于村民筹资筹劳只占到了项目资金的一半左右，甚至更少，项目的顺利开展主要依赖于上级财政奖补资金的拨付。但很多时候，处于中国政府层级最底层的乡镇政府并没有足够的财力支持村庄公共物品建设。一般来说，上级政府会根据实际情况制定方案，确定当年"一事一议，筹资筹劳"的项目数量，并初步确定财政奖补的资金额度；然后发布通知，各村庄再向上级申报项目；最后经过一系列的决策程序，确定由哪些村庄来开展其所申报的"一事一议、财政奖补"项目。另外，村庄筹到的资金必须放入财政专户，由财政部门监督资金的拨付和项目的运行。因此，上级政府财力强弱在很大程度上决定了"一事一议、财政奖补"的实施，最终影响到村庄公共物品的供给。

三 中国村庄公共物品实现最优配置存在的主要困难

（一）信息不对称

任何一类公共物品的供给都可能存在信息不对称的问题，在中国村庄公共物品供给过程中这个问题尤其突出。不同的村庄可能对公共物品的偏好不同，所需的公共物品种类也存在差异，因而缺乏能够准确表达公共物品最优规模的机制。本质上，一事一议在一定程度上能够表达村民对公共物品供给类型和规模的意愿。但在实践中，一事一议项目并不能很好地解决信息不对称的问题。首先，单纯的"一事一议"制度虽然能够让村民在一定程度上表达自己对公共物品的偏好，但是这种表达只体现了村民急需的公共物品，在这种机制下所表达的公共物品偏好和规模远远低于公共物品的最优供给水平；其次，虽然党中央和国务院的文件表明一事一议方案只需过半数村民或村民代表同意即可施行，但是现实中往往并非如此，反对一事一议方案的人越多，筹资筹劳就越困难，最终很难实现公共物品的有效供给。为此，很多地方都要求对一事一议方案持赞成票的村民或村民代表的占比超过50%，有的地方甚至要求该比例超过70%。我们在云南各地调研时也发现，那些得以成功实施的一事一议项目往往得到了绝大多数村民或村民代表的支持。然而，根据标准的西方政治经济学理论，一事一议原则上要求按户均摊，收入越低的村民对公共物品的需求相应越低，公共物品的筹资筹劳方案需要争取到的赞同票越多，就需要越多低收入村民的支持，相应公共物品的供给水平也就越低，偏离公共物品最优水平的程度就越大。这种情况不仅在单纯的"一事一议"政策条件下存在，在"一事一议、财政奖补"政策条件下依然存在。除此之外，很多地方的"一事一议、财政奖补"是按照项目发包制的方式开展的，所谓的项目发包制是指上级政府经过调研，统一出台某类公共物品的供给方案（包括项目建设总预算，政府负责统一招标建设），并设定固定的财政奖补金额，剩余的部分由村庄自己想办法解决，不限于筹资筹劳，可以通过接受捐赠或通过村集体其他收入来补充，只要村庄总投入加财政奖补资金达到政府给出的公共物品建设项目方案的资金额度，村庄公共物品建设项目就可以开展，否则就不开展。在这样的项目发包制条件下，不同的村庄村民收入水平不同，所需要的公共物品种类可能不同，公共物品供给最终可能会偏离村民的最优偏好；最后，由于中国的村庄是熟人和半熟人的社会，村民之间私下的沟通交流较多，而实行一事一议项目又不得不经过充分讨论，其中不乏有人在村民大会或村民代表大会上隐藏自己对公共物品真实的偏好，采取策略性投票的行为，这就可能会带来信息不对称的问题。

（二）村庄收入来源单一且匮乏

导致村庄公共物品供给水平较低的一个最重要原因是村庄收入来源单一且匮乏。从前面我们对现阶段村庄集体性收入的描述就能够看出来，绝大部分村庄集体性收入的来源都是上级的转移支付，上级转移支付可能包含"一事一议、财政奖补"中的奖补部分，也包含其他财政划拨资金。村民筹资筹劳对公共物品供给的贡献程度并不是很高，而且主要通过筹劳而非筹资的方式来承担部分公共物品的建设成本。现阶段，村集体无权向农民进行摊派和征收各类税费，加上很多村集体所拥有的集体性资产很少，所能创造的集体性收入很低，最终导致了村庄公共物品供给水平的下降。在很多村庄一事一议项目筹资的过程中，部分村民有捐赠行为，但是捐赠行为并不是普遍存在的，我们在云南调研的过程中发现，只有在西双版纳傣族自治州MH县MH镇的某几个项目中存在村民捐赠的行为，而且村民的捐赠很多时候并不是捐钱，而是捐赠建筑材料、劳动力等。我们在访谈中，很多村委会成员都向我们反映，虽然"一事一议、财政奖补"政策在一定程度上促进了公共物品的供给，但是并不是每年都能够顺利申请到"一事一议、财政奖补"项目，村庄中很多急需的公共物品迟迟得不到供给，而且村集体没有足够的收入来进行公共物品建成后的维修、养护等工作。

（三）充分发挥村委会在公共物品供给中的作用存在困难

村委会干部的个人目标和集体目标可能出现偏离。村委会在村庄公共物品供给中起到了举足轻重的作用，但是村委会的行为在不同的村庄中差异很大。在某些治理较好的村庄中，村委会的干部得到了上级乡镇政府的认可，在村民中也有较高威望。但是在另外一些村庄中，村民反映很多村委会干部以权谋私，并不是真心为村民好，甚至在选举过程中存在贿选的现象。当然，我们所期望的村委会成员应该一心为公、两袖清风，上能得到乡镇政府信任，下能得到村民拥护，但是现实情况并非总是如此。首先，村委会的成员都是经济人，都存在为自己利益着想的可能性，在民风淳朴的地区，有认真为村民服务，帮助村民解决各种内部矛盾，及时将村民真实面临的问题向上级政府反映，并能够合理沟通获得上级支持的村委会成员是难能可贵的。其次，村委会的成员相对来说在村庄中属于"能人"，他们可能在某一方面比普通村民具备更多优势，或许是拥有更多的知识文化，或许是有更广阔的人脉，这让他们开展副业也更加容易。① 在中国城市化不断发展的今天，很多有能力的农村人都进城务工或到大城市读书并留在大城市工作，村委会主任年纪往往较大，长期生活在村庄中或之前在外务工但由于一些原因现在不得不留在村庄中生活（例如赡养年迈的父母等）。在我们访谈的村委会干部中，绝大多数都表示政府发的补贴太低，如果不是因为其他理由，自己肯定不会留在村庄中，因为外出务工的收入远远高于担任村委会干部所获得的收入，这就导致很多村委会干部都有自己的副业，很多时候他们更关心自己的副业而不是村庄的具体事务，进而使得他们在村中的存在感很低，很多村民不认可，但又没有其他村民愿意担任村干部，村民和村干部都对村庄事务不关心，最终是村委会的各项工作难以推进。

（四）基层政府的财力匮乏

"一事一议、财政奖补"政策需要基层政府利用财政资金支持村庄公共物品的建设，但是很多基层政府的财力也很匮乏，如果基层政府没有充足的财政资金支持村庄公共物品的建设，不仅"一事一议、财政奖补"沦为空谈，村

---

① 很多时候具备一定的文化程度成为当选村委会干部的一个必备条件，因为无论是流畅阅读上级的文件，还是熟练运用电脑填报各种资料等，都需要具备一定的文化基础。

庄其他公共项目也难以为继。从现阶段村庄公共物品的供给来看，基层政府的财力对村庄公共物品的供给起到了举足轻重的作用。

（五）劳动力流动对村庄公共物品产生较大的影响

我们在本书中专门讨论过劳动力流动对村庄公共物品供给的影响，得到的结论很明确：劳动力流动对村庄公共物品供给的影响显著为负。在中国实现现代化和工业化的过程中，城市化发展不可避免。城市化的核心就是农村大量剩余劳动力流入城市，农业部门的就业人口逐渐减少，城市工业部门和服务业部门的就业人数逐渐增加，按照刘易斯二元经济理论的观点，城市部门的工资水平超过务农收入，农村的劳动力将不断地流入城市中。虽然中国城市化的进程慢于工业化的过程，但是大量劳动力流入城市并且逐渐在城市中定居下来应该是不争的事实。从中国现在的劳动力分布情况来看，绝大多数农村青壮年劳动力都进城务工，留下老年人和孩子在农村中生活，很多农村的土地甚至已经撂荒，但是这些来到城市工作的劳动力并没有享受到城市人口的公共福利，其中很多人未来都希望留在城市中生活，即便无法留在大都市，也希望留在相对繁荣的城镇。如果他们的目标是留在城镇中，不愿意返回农村，那么自然也就没有必要过多地关注村庄公共物品的供给。我们在调研中发现外出务工劳动力越多的村庄，村民大会和村民代表大会越难召开，甚至有的村委会不得不发放补贴，以激励大家来参加村民大会或村民代表大会；但是在劳动力流出相对较少的村庄，村委会不仅不会发放补贴，还会对没有参加村民大会或村民代表大会的人处以相应的罚款。我们在西双版纳傣族自治州 MH 县 MH 镇调研时，曾询问过村委会主任关于年轻人外出务工返乡意愿是否强烈以及召开村民大会或村民代表大会是否顺利的问题，几乎所有我们访谈过的村委会主任都会告诉我们，村里外出务工的村民一定会回来的，而且绝大多数人都会在 30 岁之前就回到村庄中生活。他们对不按时参加村民大会和村民代表大会的村民处以大约 5 元/次的罚款，并且绝大多数村民表示这是合理的。相反，在大理白族自治州的调研中，很多村委会主任向我们抱怨现在的村民越来越不配合工作，召开村民大会只要不发钱就不可能达到符合开会的人数标准，最终不得已每次开会都要向参会的村民发放大约 20 元的补贴。

上述现象反映出，在不同的村庄，村民对村庄的认同感是不同的。如果村民预期他们以后会返回农村生活，那么他对村庄事务的关心程度就比较高，公共物品的供给就更容易开展。反过来,如果外出务工的村民预期到自己未来要离开村庄在城市中生活,父母和子女在农村生活只是暂时的,他们就不太会关心村庄公共物品的供给。除此之外,随着村庄人口不断迁移到城市中,农村中剩余的人口越来越少,公共物品的供给就更加困难,因为每一户所承担的公共物品成本相对更高,上级政府在进行财政奖补的时候也会偏向人口更多的村庄,这样做会使得财政资金的利用效率更高。

四 村庄公共物品配置模式的理论分析

前面我们讨论了现阶段中国村庄公共物品供给存在的主要困难。现在我们构建理论模型分析现行中国村庄公共物品供给条件下实现公共物品达到最优配置的不同模式。

(一)基本经济环境

我们同样假设村民的效用函数满足:

$$U_i^r = u(x_i, G) \tag{10-1}$$

其中 U_i^r 表示消费者 i 的效用水平,上标 r 表示村民在农村(Rural)的效用函数。假设每个消费者的效用函数形式都一样,x_i 表示消费者的私人消费品的消费量,G 表示公共物品的供给量。除此之外,我们还对效用函数做一般性的假设。

$$\frac{\partial u}{\partial x} > 0, \frac{\partial u}{\partial G} > 0, \frac{\partial^2 u}{\partial x^2} < 0, \frac{\partial^2 u}{\partial G^2} < 0, \frac{\partial^2 u}{\partial x \partial G} > 0$$

假设整个村庄的人口为 n,村庄的土地面积为 L,村庄平均将土地分配给村民,每个村民所有用的土地生产要素就为 $\frac{L}{n}$,我们假设村民的生产函数满足:

$$m_i = F(A_i, \frac{L}{n}) \tag{10-2}$$

其中 A_i 表示农户的其他生产资料,例如农户的人力资本。在模型中,我们假设村庄公共物品是福利性的,公共物品不进入生产函数。简单起见,我们假设一个家庭只有一个人。劳动力可以选择进城务工或在农村生活。城市的工资水平满足：

$$w_i = w(A_i) \qquad (10-3)$$

（10-3）式表明城市的工资水平取决于村民的人力资本水平。村民在城市所获得效用水平满足：

$$U_i^u = u(x_i, H) \qquad (10-4)$$

其中 U_i^u 表示村民在城市中所获的效用水平，上标 u 表示城市。H 表示城市所提供的公共物品。① 劳动力流动的条件要求：

$$U_i^u > U_i^r \qquad (10-5)$$

即满足在城市中所获得效用水平超过在村庄中务农所获得效用水平。城市中的公共物品是通过税收方式来筹集的，假设税率为 τ，税基为劳动者的收入。消费者的税后收入就为：$(1-\tau) \cdot w(A_i)$。

（二）村民自愿供给公共物品的情况

在村民自愿供给公共物品的条件下，村民的约束条件变为：

$$m_i - x_i = F\left(A_i, \frac{L}{n}\right) - x_i = g_i \qquad (10-6)$$

（10-6）式中的 g_i 表示农户 i 对村庄公共物品的筹资额。将（10-6）式代入（10-1）式，可以得到：

$$U_i^r = u\left[F\left(A_i, \frac{L}{n}\right) - g_i, G_{-i} + g_i\right]$$

上面式子中的 G_{-i} 表示除了农户 i 之外，其他农户对公共物品筹资的总和。我们求一阶条件，可以得到：

$$u_x = u_G \qquad (10-7)$$

其中 u_x 表示效用水平对私人消费求偏导数，u_G 表示效用水平对公共物品求

---

① 虽然进城务工的农村劳动力无法获得和城市居民相同的公共物品，但是在城市中工作的村民依然可以享受到城市提供的部分公共物品。

偏导数。上面式子的经济学含义是清晰的,私人消费品的边际效用等于公共物品的边际效用。很显然,上面的一阶条件偏离了萨缪尔森公共物品供给的最优条件。

(三)引入公共物品民主决策机制——单纯"一事一议"政策

假设村民进行民主决策,在公共物品供给之前,召开村民大会进行投票,如果有超过一半的村民赞成公共物品筹资方案,就开始筹资,我们同样假设村委会没有权力强制让持反对意见的农户按方案筹资,但是村委会依然有一定的手段让筹资额低于方案规定的村民受到一定的损失。假设惩罚函数(违约成本函数)满足:

$$\Phi = \begin{cases} \Phi(g^m - g_i, a), & \text{如果 } g^m > g_i \\ 0, & \text{如果 } g^m \leq g_i \end{cases} \quad (10-8)$$

$$\Phi_1 > 0, \Phi_{11} > 0, \Phi_2 > 0, \Phi_{22} > 0, \Phi_{12} > 0 \text{①}$$

(10-8)式表达了惩罚取决于两个因素,一个因素是"一事一议"方案确定的筹资金额 g^m 和农户实际筹资金额 g_i 的差距,该差距越大,农户所付出的成本越高;第二个因素是农户违约的惩罚力度 a,惩罚力度越大,成本越高。当农户筹资大于或等于"一事一议"方案所规定的筹资筹劳时,就不存在违约行为,此时的 $\Phi = 0$。为方便分析,我们假设违约成本函数 Φ 在 $g^m = g_i$ 处连续,即满足: $\lim_{g_i \to g^m} \Phi(g^m - g_i) = 0$。

我们首先讨论村民大会决策公共物品供给规模的问题。村民均摊公共物品的成本,根据中位数投票定理,公共物品的规模由中位数投票人决定。中位数投票人所面临的问题为:

$$\max_{g_m} u\left[F\left(A_m, \frac{L}{n}\right) - g^m, n \cdot g^m\right]$$

上面式子的一阶条件为:

$$u_x\left[F\left(A_m, \frac{L}{n}\right) - g^m, n \cdot g^m\right] = n \cdot u_G\left[F\left(A_m, \frac{L}{n}\right) - g^m, n \cdot g^m\right]$$

---

① Φ_1、Φ_2、Φ_{11}、Φ_{22} 和 Φ_{12} 分别表示违约成本函数 Φ 对 $g^m - g_i$ 求一阶偏导数、对 a 求一阶偏导数、对 $g^m - g_i$ 求二阶偏导数、对 a 求二阶偏导数以及对 $g^m - g_i$ 和 a 求二阶连续偏导数。

根据上面的一阶条件，我们可以知道在一事一议制度条件下，由中位数决定的村庄公共物品供给水平为 $g^m(A_m)$。对于那些反对 g_m 筹资方案的农户而言，他们所面临的问题为：

$$\max_{x_i, g_i} U(x_i, G) - \Phi(g^m - g_i, a)$$
$$s.\,t.\quad g_i = F\left(A_i, \frac{L}{n}\right) - x_i$$
$$G = (n-1) \cdot g^m + g_i$$

上面问题可以化简为：

$$\max_{g_i} U\left[F\left(A_i, \frac{L}{n}\right) - g_i, (n-1) \cdot g^m + g_i\right] - \Phi(g^m - g_i, a)$$

上面问题的一阶条件为：

$$-U_x + U_G + \Phi_1 = 0 \qquad (10-9)$$

根据（10-9）式，我们可以得到收入低于中位数村民的筹资水平：

$$g_i = g_i\left(A_i, a, g^m, \frac{L}{n}\right) \qquad (10-10)$$

由此，可以知道村庄公共物品供给总量为：

$$G = \frac{n}{2} g^m(A_m) + \sum_{A_i < A_m} g_i\left(A_i, a, g^m, \frac{L}{n}\right) \qquad (10-11)$$

（四）"一事一议、财政奖补"条件下公共物品的供给

我们分两种情况讨论"一事一议、财政奖补"条件下村庄公共物品供给的情况，第一种情况是给定上级财政奖补比例，即只要村庄开展一事一议项目上级政府均给予固定比例的奖补资金。第二种情况是上级政府按照项目发包制的方式开展"一事一议、财政奖补"，即上级政府对某一类公共物品给出固定的补贴额，该类公共物品存在最低规模的投入金额，如果村庄筹资水平加上级奖补超过了最低投入额，就开展公共物品建设；否则，就不开展，上级政府也不支付财政奖补。第二种情况在现实中是存在的，例如我们在西双版纳傣族自治州 MH 地区调研时就发现，村庄修建"陀螺场"体育设施项目的建设资金额都是 14 万元，上级财政奖补金额都是统一的 6 万元，剩余的 8 万元由村庄

自己想办法解决，主要是通过村民捐赠或自筹来完成。①

1. 给定奖补比例条件下的公共物品供给

假设在"一事一议、财政奖补"条件下，村民的预算约束变为：

$$m_i - x_i = F\left(A_i, \frac{L}{n}\right) - x_i = (1-\eta)g_i \quad (10-12)$$

其中 η 是财政奖补的比例。此时，消费者面临的问题就变为：

$$\max_{g_i} u\left[F\left(A_i, \frac{L}{n}\right) - (1-\eta)g_i, ng_i\right]$$

一阶条件变为：

$$-(1-\eta)u_x + n \cdot u_G = 0$$

村庄进行投票决定村庄公共物品供给，根据中位数投票定理，我们可以知道：

$$(1-\eta)u_x\left[F\left(A_i, \frac{L}{n}\right) - (1-\eta)g^m, ng^m\right] = n \cdot u_G\left[F\left(A_i, \frac{L}{n}\right) - (1-\eta)g^m, ng^m\right]$$

此时我们考虑对于收入低于中位数的那些村民的决策，同时不按照 g^m 方案筹资的村民将受到惩罚，惩罚函数满足（10-8）式。对于低收入的村民而言，他们面临的问题可以归结为：

$$\max_{g_i} U\left[F\left(A_i, \frac{L}{n}\right) - (1-\eta)g_i, (n-1)g^m + g_i\right] - \Phi(g^m - g_i, a)$$

上面问题的一阶条件为：

$$-(1-\eta)U_x + U_G + \Phi_1 = 0$$

根据上面的一阶条件，我们可以知道收入低于中位数农户的筹资水平满足：

$$g_i = g_i\left(A_i, a, g^m, \frac{L}{n}, \eta\right) \quad (10-13)$$

由此，可以知道村庄公共物品供给总量为：

---

① 陀螺场大约有400平方米，是傣族地区老年人一种喜闻乐见的活动的场地，活动与中国绝大部分汉族地区打的陀螺很类似，但是有相对严格的比赛规则。

$$G = \frac{n}{2}g^m(A_m,\eta) + \sum_{A_i<A_m} g_i\left(A_i,a,g^m,\frac{L}{n},\eta\right) \quad (10-14)$$

2. 项目制条件下的公共物品供给

我们首先给定公共物品的最低建设规模为 $\overline{G}$，为一个常数。① 上级政府的奖补资金为 Tr，村民筹资加捐赠资金为 G。那么，村民的福利函数表示为：

$$U_i^r = \begin{cases} u(x_i,0), & \text{如果 } G < \overline{G} - Tr \\ u(x_i,\overline{G}), & \text{如果 } G = \overline{G} - Tr \end{cases} \quad (10-15)$$

（10-15）式的含义表明，当村民筹资加捐赠资金低于公共物品建设规模减去上级财政奖补，就不建设公共物品；当村民筹资加捐赠资金等于公共物品建设规模减去上级财政奖补，就建设公共物品。在上述条件下的决策就变为，村庄首先决定村民自筹和捐赠资金是否能够达到 $\overline{G}-Tr$。村庄首先按照均摊成本的模式确定每户村民的筹资额为 $\frac{\overline{G}-Tr}{n}$。对每一个村民而言，必然存在一个均摊的最优公共物品供给方案。村民需要考虑的问题是，如果下面的式子得到满足，那么就同意筹资筹劳方案，否则就投反对票：

$$u\left[F\left(A_i,\frac{L}{n}\right),0\right] \leq u\left[F\left(A_i,\frac{L}{n}\right) - \frac{\overline{G}-Tr}{n},\overline{G}\right]$$

由于我们知道：

$$\frac{\partial u}{\partial A_i} = u_x \cdot F_A > 0$$

这样我们就能够确定出村民筹资的禀赋临界值为 $\underline{A}$ 满足下面的式子：

$$u\left[F\left(\underline{A},\frac{L}{n}\right),0\right] = u\left[F\left(\underline{A},\frac{L}{n}\right) - \frac{\overline{G}-Tr}{n},\overline{G}\right] \quad (10-16)$$

如果 $A_i \geq \underline{A}$，村民会同意筹资方案；如果 $A_i < \underline{A}$，村民则不会同意筹资方案。对于不同意筹资方案的村民而言，他们的筹资金额由下面的等式确定：

$$u\left[F\left(A_i,\frac{L}{n}\right),0\right] = u\left[F\left(A_i,\frac{L}{n}\right) - g_i,\overline{G}\right] \quad (10-17)$$

---

① 在现实中可能存在村民筹资希望扩大公共物品供给的规模，分析方式基本类似，结论也很类似。为了分析方便，我们给定村庄公共物品的供给规模，只考虑村庄筹资是否供给二元选择。

(10 – 17) 式中的 g_i 表示 $A_i < \underline{A}$ 的村民最高的筹资水平。另外一方面，我们考虑富裕人群能够接受的最低限度的捐款满足：

$$u\left[F\left(A_i, \frac{L}{n}\right), 0\right] = u\left[F\left(A_i, \frac{L}{n}\right) - \frac{\overline{G} - Tr}{n} - \varphi_i, \overline{G}\right] \quad (10-18)$$

其中 φ_i 表示 $A_i \geq \underline{A}$ 的村民最高的捐赠力度。"一事一议、财政奖补"最终要实现公共物品供给所需要满足的条件是，村民筹资和捐赠的总和超过公共物品供给成本减去上级的财政奖补（$\overline{G} - Tr$）。在上面的条件下，村民筹资和捐赠的总和可以表示为：

$$G' = \sum_{A_i \geq \underline{A}} \left(\varphi_i + \frac{\overline{G} - Tr}{n}\right) + \sum_{A_i < \underline{A}} g_i \quad (10-19)$$

如果满足 $\overline{G} - Tr > \sum_{A_i \geq \underline{A}} \left(\varphi_i + \frac{\overline{G} - Tr}{n}\right) + \sum_{A_i < \underline{A}} g_i$，那么"一事一议、财政奖补"项目就无法实施，反之，则开展项目。其中 G' 表示村民筹资和捐赠的总和，$\sum_{A_i \geq \underline{A}} \left(\varphi_i + \frac{\overline{G} - Tr}{n}\right)$ 表示对"一事一议、财政奖补"方案投赞成票的村民筹资和捐赠总额，$\sum_{A_i < \underline{A}} g_i$ 表示对"一事一议、财政奖补"方案投反对票的村民筹资总额。

上面的均衡点是纳什均衡点，即对于富人而言，按照（10 – 17）式所确定的筹资水平是 $A_i < \underline{A}$ 村民的最优选择，否则，他们的福利水平就会下降；按照（10 – 18）式所确定的村民最高捐赠额加上（10 – 16）式所确定的筹资水平是 $A_i \geq \underline{A}$ 村民的最优选择。当然如果满足：$G' > \overline{G} - Tr$，表示村庄最高筹资加捐赠额超过了公共物品供给成本减去上级的财政奖补（$\overline{G} - Tr$），公共物品必然会供给。对于多余的捐赠，存在多重均衡点，无论 $A_i \geq \underline{A}$ 村民谁捐赠少一点都是可行的。如果满足：$G' = \overline{G} - Tr$，表示村庄最高筹资加捐赠额恰好等于公共物品供给成本减去上级的财政奖补（$\overline{G} - Tr$），公共物品恰好可以供给。

一般而言，在项目制条件下公共物品是否能够顺利通过"一事一议、财政奖补"的方式供给，主要取决于上级政府的财政奖补力度，如果上级政府的奖补力度相对较高，那么贫困的村庄也能够享受到公共物品带来的好处。但是实行"一事一议、财政奖补"的方案还存在一个重要问题，那就是如何了解到村民对公共物品的偏好，对于各村庄都需要的公共物品而言，这样的制度是好的，但是对公共物品偏好不同的村庄而言，就很难设计出项目制的方案实行"一事一议、财政奖补"。

（五）村庄公共物品配置模式的设计方案——"村民＋村集体＋上级政府"

我们前面的讨论主要集中于考察单纯的"一事一议"制度与"一事一议、财政奖补"条件下，村庄公共物品供给的情况。然而村集体在村庄公共物品供给方面起到了很大的作用，首先村集体很了解村民对村庄公共物品的偏好；其次，当村集体有相对固定的收入时，村庄的公共物品供给就相对更加容易；最后，村庄公共物品在投入使用之后，还存在维护和维修成本，很大程度上这需要村集体自己承担。我们认为村庄公共物品的供给模式应该将重点转向村民筹资筹劳、村集体补贴和上级财政奖补三者并行的方式进行。财政奖补的范围需要涵盖村民筹资筹劳和村集体补贴两个方面。村庄公共物品的维修和维护都交由村集体负责，资金从村集体性收入中支付。现阶段，我国村庄中有很多没有集体性收入。我们设计的中国村庄公共物品配置模式可以归纳为"一事一议，村民筹资筹劳，村集体补贴，财政奖补"，简称为"村民＋村集体＋上级政府"。其含义是，村庄公共物品的供给必须按照村庄一事一议的规则进行，公共物品供给的资金来源是三个方面——村民筹资筹劳、村集体补贴和上级财政奖补。村集体补贴很重要，不仅在公共物品建设过程中村集体需要出资，而且随后的维修成本都由村集体性收入负担。这样的政策设计有如下几个优点：第一，保持了一事一议的决策方式，让村民自主决策可以在一定程度上缓解信息不对称的问题；第二，促进村集体经济发展，不仅可以增加村庄集体性收入，而且可以缓解村民和上级政府的资金压力，尤其是公共物品建设完成后的维修成本；第三，保持了村民筹资筹劳的方式，可以有效减少村民的"搭便车"行为，确保公共物品供给效率。

虽然看起来"农户＋村集体＋上级政府"的模式既缓解了村民和上级政府的压力，也保留了"一事一议、财政奖补"制度的优势，但是要求村集体有相对稳定的收入来源却不容易。村庄集体性收入来源问题的解决不仅在一定程度上提高了村庄公共物品供给水平，还促进了村庄集体经济的发展。我们认为现阶段要解决村庄集体性收入匮乏的问题，最合适的方式应该是平整村庄土地并再分配给村民。平整村庄的土地有很多好处，一方面，平整村庄土地可以使村庄土地更利于农作物种植，提高产量；另一方面，重新分配土地可以更好地对村庄土地做规划，尽量让每一户的土地连接起来，其中村庄中的公共道路、公共用地等都可以进行调整，充分利用土地资源。只要够确保土地平整和再分配能够提高村庄土地利用效率，就意味着能够促进村庄土地资源优化配置，村集体就能够从中留取部分公共土地资源作为村集体的财产，保障并充实村集体性收入。

在现实中，"一事一议、财政奖补"的运行过程不仅包含村民筹资（筹劳）和村民捐赠，而且还包括村庄集体性收入，即如果村庄有统一经营性收入（包括企业上缴或其他经济实体的上缴），可以相应减少村民筹资（筹劳）和村民捐赠，即村庄统一经营性收入和村民筹资之间可以相互替代。往往统一经营性收入较高的村庄也有更多的财力建设村庄公共工程。然而，村庄统一性经营收入并非在每一个村庄都有稳定的来源，很多村庄几乎没有统一经营性收入，我们往往把这样的村庄称作"空壳村"。如何解决"空壳村"问题现在已经成为各个地方推动村庄经济发展、社会治理等的一项重要内容。从实践角度来看，有很多村庄已经有了部分成功的经验，这需要村委会发挥重要作用，那就是对村庄的土地等其他公共资源进行重新整合和分配。我们首先给出一些前提假设，并对假设的合理性进行讨论，随后在这些假设的条件下，构建村庄公共物品配置的最优模式。

假设1：平整而连片的土地生产效率更高。

假设1在现实中基本是农业生产中的常识。连片的土地利于开展规模化、机械化农业生产，而平整后的土地不仅利于提高农业生产效率，还可以重新规划村庄道路等基础设施，在招商引资方面也更具吸引力。中国实行新农村建设和乡村振兴战略之后，很多村庄有旅游资源，也希望村民不断加大经济作物的种植力度，发展旅游业，这些建设方案不仅需要平整土地并使其连片，而且需要改善基础设施，重新规划村庄的发展。

假设2：村两委能够在上级党委和政府的领导下做好土地平整和分配工作。

由于村委会是村民自治组织，村委会的成员也是经济人，很难避免村委会成员为了自己的利益在村庄土地平整、村庄基础设施改造和重新分配中为自己谋私利。我们假设村两委能够在上级党委和政府的领导下做好各项工作。

在上述假设下，我们假设村庄能够顺利实现土地平整和重新分配的工作。

在土地平整和分配工作结束之后,土地的生产效率提高了 θ。我们将土地重新分配给农民时,确保农民在土地上所获得的收入不低于平整和再分配之前的水平。我们假定农户新拿到的土地数量为 L',并且满足:

$$m_i = F\left(A_i, \frac{L}{n}\right) \leq F\left[A_i, \frac{(1+\theta) \cdot L'}{n}\right] \tag{10-20}$$

我们假设土地平整之前的生产效率为 1,土地平整再分配之后的生产效率为 $(1+\theta)$。农民获得的土地数量或许会低于之前的面积,但是由于土地的生产效率提高,只要确保村民的收入不下降,该方案就能够在很大程度获得村民的认可。即满足:

$$L \leq (1+\theta) \cdot L' \tag{10-21}$$

(10-21)式表明,对整个村庄而言,在实行土地平整和再分配之后,承包给农户的农业用地生产效率只要高于之前的水平即可。剩余的土地就可以重新调整为村集体土地,其面积为:$L - L'$,新的村庄农业用地的生产效率为:$(1+\theta)(L-L')$。这些集体性土地,村集体可以承包给村民,也可以集中做招商引资使用。我们将村集体从集体性土地中所获得收入表示为:$\Lambda[(1+\theta)(L-L')]$。

1. 给定财政奖补比例条件下的情况

在上述条件下,我们重新考虑"一事一议、财政奖补"的公共物品配置的问题。在给定奖补比例条件下,村民依然采用投票的形式决定筹资金额。普通村民的所面临的问题为:

$$\max_{g_i} U\left\{F\left[A_i, \frac{(1+\theta)L'}{n}\right] - (1-\eta)g_i, n \cdot g_i\right\}$$

其中 $n \cdot g_i$ 是村民筹资加财政奖补资金。上面问题的一阶条件依然为:

$$-(1-\eta) \cdot U_x + n \cdot U_G = 0$$

根据中位数投票理论,我们可以知道,一事一议筹资方案满足下面的方程:

$$\frac{(1-\eta)}{n} = \frac{u_G\left\{F\left[A_m, \frac{(1+\theta)L'}{n}\right] - (1-\eta)g^m, n \cdot g^m\right\}}{u_x\left\{F\left[A_m, \frac{(1+\theta)L'}{n}\right] - (1-\eta)g^m, n \cdot g^m\right\}}$$

第十章 中国村庄公共物品最优配置模式探讨

上面式子所确定的筹资规模可以表示为：

$$g_\theta^m = g_\theta^m(A_m) \qquad (10-22)$$

对比上面的条件和没有经过土地平整和再分配之前"一事一议、财政奖补"政策下的一阶条件。很明显，因为我们在土地平整之后确保至少村民的收入水平不下降，所以村民大会和村民代表大会所确定的村庄公共物品水平必然不会小于没有实行土地平整和再分配的情况。在此，我们同样考虑对一事一议筹资方案持反对意见的农户不会足额筹资的情况。我们假设惩罚函数依然满足（10-8）式。$A_i < A_m$ 的农户面临的问题归纳为：

$$\max_{g_i} U\left\{F\left[A_i, \frac{(1+\theta)L'}{n}\right] - (1-\eta)g_i, (n-1)\cdot g_m + g_i\right) - \Phi(g^m - g_i, a)\right\}$$

一阶条件为：

$$-(1-\eta)U_x + U_G + \Phi_1 = 0$$

我们定义上面式子所确定的村民的筹资水平为：

$$g_{i,\theta} = g_{i,\theta}(A_i) \qquad (10-23)$$

此时村庄村民筹资总额加上财政奖补为：

$$G_\theta = \frac{n}{2}\cdot g_\theta^m + \sum_{A_i < A_m} g_{i,\theta}(A_i) \qquad (10-24)$$

如果我们进行土地平整和再分配之后确保每个村民的收入不下降，那么上面式子表达的村民筹资总额至少不会比没有经过土地平整和再分配之前的水平低。由于此时村庄有集体性收入，如果村庄集体性收入满足：

$$(1+\eta)\cdot\Lambda[(1+\theta)(L-L')] > \frac{n}{2}\cdot g_\theta^m - \sum_{A_i < A_m} g_{i,\theta}(A_i)$$

意味着村庄有足够的集体性收入以弥补贫困村民所带来的筹资缺口。这样公共物品的供给水平就能够达到 $n\cdot g_\theta^m$ 的水平。最终村庄的公共物品供给水平提高，村民的福利水平也提高了。

当然在土地平整和再分配、村庄有了集体性收入之后，承担公共物品成本的可能首先是村集体收入，而不是村民筹资。这时，村民面临的问题为：

$$\max_{g_i} U\left\{F\left[A_i, \frac{(1+\theta)L'}{n}\right] - (1-\eta)g_i, n\cdot g_i + (1+\eta)\cdot\Lambda[(1+\theta)(L-L')]\right\}$$

计算上面问题的一阶条件，并根据中位数投票定理，可以得到：

$$\frac{(1-\eta)}{n} = \frac{u_G\left\{F\left[A_m, \frac{(1+\theta)L'}{n}\right] - (1-\eta)g^m, n \cdot g^m + (1+\eta) \cdot \Lambda[(1+\theta)(L-L')]\right\}}{u_x\left\{F\left[A_m, \frac{(1+\theta)L'}{n}\right] - (1-\eta)g^m, n \cdot g^m + (1+\eta) \cdot \Lambda[(1+\theta)(L-L')]\right\}}$$

对比上面的式子和没有实行土地平整和再分配的情况，我们发现实行土地平整和再分配之后无论是收入还是公共物品的供给水平都比没有实行时要高一些。$A_i < A_m$ 的村民同样面临（10-8）式的惩罚函数，他们的问题归纳为：

$$\max_{g_i} U\left\{F\left[A_i, \frac{(1+\theta)L'}{n}\right] - (1-\eta)g_i, (n-1) \cdot g_m + g_i + (1+\eta) \cdot \Lambda[(1+\theta)(L-L')]\right\} - \Phi(g^m - g_i, a)$$

一阶条件为：

$$-(1-\eta)U_x + U_G + \Phi_1 = 0$$

由于实行土地平整和再分配之后，村民的收入水平并未降低，而且村集体承担了部分公共物品的供给成本，对于所有的村民来说，私人消费品和公共物品所带来的边际效用都是递减的。由此，我们可以知道无论是 $A_i < A_m$ 的村民还是 $A_i \geq A_m$ 的村民对公共物品的消费都会超过没有实行土地平整和再分配之后的情况。

命题1：在假设1和假设2的基础上，村庄实行土地平整并再分配之后，在给定财政奖补比例条件下，实行"一事一议、财政奖补"政策可以有效提高村庄公共物品供给水平。

2. "一事一议、财政奖补"以项目制方式实施条件下的情况

前面我们讨论了村庄实行土地平整并再分配之后"一事一议、财政奖补"按照固定财政奖补比例进行公共物品配置的情况。命题1的结论显示，在假设1和假设2都成立的条件下，村庄公共物品的供给水平明显提高。下面我们进一步考虑"一事一议、财政奖补"实行项目制的情况。我们同样给定公共物品的最低建设规模为 $\bar{G}$，为一个常数。上级政府的奖补资金为 Tr，村民筹资加捐赠资金为 G。那么，村民的福利函数满足（10-15）式。村庄首先决定村民自筹和捐赠资金是否能够达到 $\bar{G} - Tr - \Lambda[(1+\theta)(L-L')]$，即公共物品最低建设规模减去上级的财政奖补资金再减去村庄集体性收入，其中 $\Lambda[(1+\theta)(L-L')]$ 是村庄集体性收入。在实

第十章 中国村庄公共物品最优配置模式探讨

行"一事一议，筹资筹劳"时，村集体首先出资，如果资金不够，再向村民筹集或鼓励村民捐赠。那么，村庄首先按照均摊成本的模式确定每户村民的筹资额为 $\frac{\overline{G} - Tr - \Lambda[(1+\theta)(L-L')]}{n}$。对每一个村民而言，必然存在一个均摊的最优公共物品供给方案。村民需要考虑的问题是，如果下面的式子满足，那么就同意筹资筹劳方案，否则就投反对票：

$$u\left\{F\left[A_i, \frac{(1+\theta)L'}{n}\right], 0\right\} \le u\left\{F\left[A_i, \frac{(1+\theta)L'}{n}\right] - \frac{\overline{G} - Tr - \Lambda[(1+\theta)(L-L')]}{n}, \overline{G}\right\}$$

此时我们分情况考虑：第一种情况是村庄集体性收入加上上级财政奖补资金已经能够达到村庄公共物品的最低筹资规模，在该情况下，村民就没有必要再进行筹资或捐赠；第二种情况是村庄集体性收入加上上级财政奖补资金仍然无法达到村庄公共物品的最低筹资规模，此时就需要村民筹资或捐赠。第一种情况的结果很直观，不用做过多讨论，我们重点对第二种情况进行细致分析。

根据上面的式子，我们可以知道，当公共物品供给水平为0时的效用水平大于或等于农户为公共物品筹资时的效用水平时，就不会向村民筹资；反之，则进行筹资。我们定义村民筹资的临界点为 $\underline{A}$，该点满足下面的式子：①

$$u\left\{F\left[\underline{A}, \frac{(1+\theta)L'}{n}\right], 0\right\} = u\left\{F\left[\underline{A}, \frac{(1+\theta)L'}{n}\right] - \frac{\overline{G} - Tr - \Lambda}{n}, \overline{G}\right\} \quad (10-25)$$

当满足 $A_i > \underline{A}$ 的时候，村民筹资并享受到公共物品所带来的福利将超过不筹资也不享受公共物品所带来的福利，筹资成为最优选择；当满足 $A_i < \underline{A}$ 的时候，村民筹资并享受到公共物品所带来的福利将小于不筹资也不享受公共物品所带来的福利，不筹资成为最优选择。对比不进行土地平整和再分配时的情况，我们发现土地平整和再分配条件下的公共物品供给水平明显高一些。原因在于：①根据假设1和假设2，由于土地平整之后的生产率更高，我们就能够确保土地平整重新分配给村民之后，村民的收入水平不下降；②由于土地平整和再分配导致村庄的集体性收入增加了，同时意味着在公共物品供给时，村民的筹资和捐赠下降了。根据（10-25）式，我们可以知道：

$$\underline{A} = \underline{A}(\Lambda)$$

---

① 为了表达简单，我们利用 Λ 表示了函数 $\Lambda[(1+\theta)(L-L')]$。

利用（10-25）式两边对 Λ 求导数，可以得到：

$$\frac{\partial \underline{A}}{\partial \Lambda} = \frac{u_x\left\{F\left[\underline{A}, \frac{(1+\theta)L'}{n}\right] - \frac{\overline{G} - Tr - \Lambda}{n}, \overline{G}\right\}}{n \cdot F_A\left(u_x\left\{F\left[\underline{A}, \frac{(1+\theta)L'}{n}\right], 0\right\} - u_x\left\{F\left[\underline{A}, \frac{(1+\theta)L'}{n}\right] - \frac{\overline{G} - Tr - \Lambda}{n}, \overline{G}\right\}\right)}$$

根据效用函数的性质，我们可以知道：

$$u_x\left\{F\left[\underline{A}, \frac{(1+\theta)L'}{n}\right], 0\right\} < u_x\left\{F\left[\underline{A}, \frac{(1+\theta)L'}{n}\right] - \frac{\overline{G} - Tr - \Lambda}{n}, \overline{G}\right\}$$

由此可以知道：

$$\frac{\partial \underline{A}}{\partial \Lambda} < 0$$

即随着村庄集体性收入的增加，筹资意愿的临界点所确定的人力资本水平 $\underline{A}$ 随之下降。此时，对于富裕村民而言，捐赠是有好处的。假设某一个村民 $A_i > \underline{A}$，我们假设该村民的捐赠为 d_i，最大捐赠额度满足：

$$u\left\{F\left[A_i, \frac{(1+\theta)L'}{n}\right], 0\right\} = u\left\{F\left[A_i, \frac{(1+\theta)L'}{n}\right] - \frac{\overline{G} - Tr - \Lambda}{n} - d_i, \overline{G}\right\}$$

只要村庄的捐赠满足下面的条件，公共物品就能顺利供给：

$$\sum_{A_i > \underline{A}} d_i \geq \overline{G} - \frac{\overline{G} - Tr - \Lambda}{n} \cdot \sum_i I(A_i > \underline{A}) - Tr - \Lambda \qquad (10-26)$$

其中 $I(A_i > \underline{A})$ 是指标函数，当满足 $A_i > \underline{A}$ 的时候，$I(A_i > \underline{A}) = 1$；反之，则等于0。那么 $\frac{\overline{G} - Tr - \Lambda}{n} \cdot \sum_i I(A_i > \underline{A})$ 就是 $A_i > \underline{A}$ 村民筹资总额。我们观察上面的式子，可以发现，随着 Λ 的不断提高，村民捐赠满足（10-26）式的可能性不断提高。因为随着 Λ 的不断提高，$\underline{A}$ 不断减小，这意味着村庄中愿意出资的农户数量不断增加，筹资总额也不断增加，从而需要捐赠的额度就会不断下降，公共物品供给的可能性也就不断提高。① 显然，对比没有实行土地

---

① 当然，我们并不能确保公共物品的供给一定会发生。在现实中，上级政府设计项目制财政奖补的时候，必然会先考虑到村民的收入水平，如果筹资金额超过了村民的承受能力，公共物品将无法供给，所以一般在设计项目的时候，都会衡量村民的负担水平，确保绝大多数村民能够承担筹资额。

平整和再分配的情况，土地平整和再分配不仅使得农民收入不下降，而且可以提高村庄集体性收入，这必然会提高公共物品供给水平。

命题2：在假设1和假设2的基础上，村庄实行土地平整并再分配之后，在"一事一议、财政奖补"项目制的条件下，村庄公共物品供给水平提高。

前面的模型我们讨论了在"一事一议、财政奖补"政策的条件下，当假设1和假设2满足时，实行土地平整和再分配的政策能够有效促进村庄公共物品供给。通过土地平整和再分配提高村庄集体性收入的方案是一种有效的村庄公共物品配置的制度。

3. 扩展——劳动力转移条件下的情况

我们在第九章中讨论过，劳动力转移会导致村庄公共物品供给水平下降。这有可能是两个因素造成的：其一，劳动力长期不在村庄生活，村庄公共物品对外出务工人群的影响较小，外出务工的劳动力对村庄公共物品的供给不关心；其二，外出务工的劳动力打算举家迁出农村，到城市或城镇生活，故而不关心村庄公共物品的供给也不愿意承担公共物品的供给成本。但是这种情况恰好给了村集体整合土地资源的机会，能够扩大村庄集体性收入。

从现在我们国家的农村土地政策来说，虽然并没有强制规定，户口从农村转移到城市中的村民必须交还宅基地和农地使用权，但是土地长期撂荒是不行的，必须保持耕种状态。很多农户实际已经迁徙到城市中生活，甚至户籍已经由农村户口变为城市户口，但是土地的使用权依然保持不变，为了不让土地撂荒，很多村民就承包给其他村民耕种，有时候甚至不收租金，或者象征性地收一点租金。

基于上述情况，我们可以设计出一套配合土地平整和再分配的针对流动村民的政策，目的是让村集体能够再承包农户的土地，定期给农户缴纳租金。当闲置土地从农户流转至村集体手中，村集体就能够利用土地平整和再分配的机会，整合土地，将闲置的土地全部整合在一起，提高土地使用效率。除此之外，村集体也可以通过和村民商议，补偿给农户一部分钱，赎回全部或部分宅基地，这样不仅耕地可以流转，而且宅基地也能够流转，这样更利于招商引资和做大规模的农业开发。

当然，如果村庄内以合作社的形式引入外部资金，也可以获得相对较高的收益。村集体租用村民的土地可以和村民谈判确定价格，村民可以将土地承包给其他农户也可以将土地流转给村集体，集中起来的土地可以由村集体集中开发特色农业，或者用于招商引资。这样做不仅可以加快社会主义新农村建设，而且可以促进乡村振兴战略的发展。

4. 对"村民+村集体+上级政府"模式的小结

我们通过前面的分析能够得到以下几点认识。

第一，村庄公共物品的最优配置模式应该是"村民+村集体+上级政府"，即"一事一议，村民筹资筹劳，村集体补贴，财政奖补"。确保村集体有稳定的统一性经营收入成为上述村庄公共物品配置模式能否成功的关键。只要假设1和假设2能够被满足，村集体就可能平整土地并再分配，提高土地使用效率，扩充村庄集体性土地拥有量，最终促进村庄公共物品供给。另外，随着中国城市化进程的不断推进，很多农民将不断迁移到城镇中生活，很多人将拥有城市户口，农村中的土地无人料理，宅基地上的房屋也长期无人居住，村庄可以向村民租用土地，再整合出大片的土地用于招商引资，这样也能够充实村集体的收入。

第二，财政奖补的模式有两种，第一种模式是按照固定的比例进行财政奖补；第二种模式是对于一般性项目，给定财政奖补资金额，剩余部分由村庄自行解决，上级政府统一招标，统一建设。这两种模式的适用范围是不同的，对第一种模式而言，不同的村庄对公共物品的需求是不同的，这种模式适用于特殊类型公共物品的供给，第二种模式则针对绝大多数村庄都需要筹建的公共物品。

五 进一步讨论

（一）关于假设1和假设2的进一步讨论

我们前面给定假设1和假设2的目的都是希望扩充村集体的资产，例如土地等。但是在家庭联产承包责任制的背景下，很多村庄的土地承包做得很充分，村集体基本没有留下集体性土地，这就导致村集体在村庄公共物品建设中很难发挥作用，对上级政府的转移支付（包括财政奖补）依赖程度较大。如果假设1和假设2是符合现实的，那么我们就能够在未来对村庄土地进行平整并重新划分土地。

前面的假设1平整而连片的土地生产效率更高。这个假设在一般村庄中是可能实现的，中国在实行家庭联产承包责任制之后，很多小片土地都划归了村民所有，经过长时间的调整和开荒，很多村民所拥有的土地并不是连片的大块土地，这可能会造成土地面积较少，使用机械化耕作平均成本较高等问题。除此之外，很多村庄种植的不一定为传统的粮食作物，很多可能是经济作物，例如茶叶、蔬菜、水果等，而且很多村庄经济作物都有自己的特色优势，但是如果按照现在小农经济的发展特点，不同的农户可能由于耕作技术不同，导致经济作物的产品质量存在差异，不利于产品品牌的树立和发展。如果村集体可以建立起合作社，争取上级政府和金融部门的支持，并引入技术指导，就可以形成规模效应，产品质量也有了保证，也能够打出品牌。所以在很大程度上，平整而连片的土地生产效率会超过小块儿不连片土地的生产效率，至少连片土地的生产效率不会比小块不连片土地的生产效率低。而且在土地平整过程中，村庄土地总量有一定的上升空间，经过土地平整和重新划分，村庄中曾经的田埂、土路等经过规划可以减少占用的耕地面积，提高生产效率的同时，节约的土地面积可以划归村集体所有，这样既确保了村民土地面积不减少和生产率不降低，也扩大了村集体所拥有的土地面积。

关于假设2村两委能够在上级党委和政府的领导下做好土地平整和再分配工作，这在现实中存在很多阻力。尤其是在说服村民同意土地平整和再分配时很重要。对于村民来说，大家可能都了解土地平整所带来的好处，但对土地平整之后重新分配到的土地是否能够保证自己的务农收入不下降存在很强烈的担忧。而且对于长期撂荒的土地，村委会能否和村民谈妥价格，顺利签订租约也存在很大的不确定性。当然，这就需要上级政府对村两委有相对严格的监督机制，尤其是需要发挥村党支部的作用，让村民信任村党支部，村党支部也需要做好村民和上级政府之间的沟通工作。我们在调研中发现，能够成功实现土地平整和再分配的村庄都存在两个比较明显的特点：第一，村委会的领导能够得到绝大多数村民的拥护；第二，土地平整之后村民的收益超过之前的收益。如果能够确保这两点，那么实行土地平整和再分配的可能性就比较大。除此之外，还应该抓住改革的契机，全国新一轮的土地承包已经完成并持续了一段时间，在这一段时期中，很多农户已经将户口迁移到城市中，但是村集体并没有对农户的土地进行调整，针对这种情况可以有两种处理方式，第一种处理方式是等待这一轮的土地承包到期之后，根据外迁户口的情况重新进行土地承包，并进行土地平整工作，村集体可以预留部分土地，用以增加村庄集体性收入；

另外一种方式是上级政府协同村两委和外迁农户进行商谈，以合理的价格重新赎回土地，并作为村集体的财产。

（二）现实可行性分析

制约"村民+村集体+上级政府"公共物品配置模式顺利发挥作用的因素除了前面讨论的假设1和假设2之外，还有一个重要因素是土地平整过程中可能需要投入资金，这对集体性收入较低的村庄而言无疑是困难的。我们认为，既然现在村庄公共物品的供给绝大部分靠上级政府"输血"，村集体经济并没有形成"造血能力"，那么上级政府可以挑选某几个村庄或者生产队（自然村）进行试点，由村两委负责制定土地平整和再分配的方案，并征求村民的意见。如果村两委所制定的方案能够获得村民和上级政府的同意，上级政府则可以考虑承担村庄土地平整所需的费用，或以借款的形式先借给村庄，等村庄土地平整和再分配完成之后，村集体有了部分集体性收入再慢慢归还上级政府。对于户口已经从村庄中迁移到城市的人群，则可以由政府出资，一次性买断土地承包权，直接将这些土地移交给村集体运营。

除此之外，上级政府在实行乡村振兴战略过程中，可以选择有特色或具备旅游开发价值的村庄率先实行土地平整和再分配，可以先根据规划进行土地平整、基础设施建设等，也可以先进行招商引资，让政府、企业和村民三方共同商谈。

如果上述方案都不可行，那么村集体可以在新一轮的土地承包过程中，将户口迁出村庄的农户所拥有的耕地和宅基地进行重新集体化，则在新一轮土地承包过程中就可以进行土地平整工作，提高土地使用效率。这些集体所有制土地可以招商引资，也可以租给其他农户耕作经营。这样村集体的统一经营性收入就能够得到一定充实，对上级转移支付的依赖程度也会逐渐下降。

六 结论和政策建议

（一）结论

我们通过前面的分析发现，虽然"一事一议、财政奖补"能够在一定程度上提高村庄公共物品供给水平，但是从现实角度来看，这项制度只解决了部

第十章 中国村庄公共物品最优配置模式探讨

分村庄公共物品的供给,而且公共物品供给的资金来源中财政奖补占了很大的比重,这在本质上还是由上级政府承担了村庄公共物品供给的责任,尤其是当上级政府的财政资金并不充裕、无力支持村庄公共物品的建设时,村庄公共物品的供给就基本停滞了。当然,我们还发现了另外一个对村庄公共物品供给起到关键作用的因素——村庄集体性收入。很多集体性收入较高的村庄对上级政府的转移支付依赖程度很低,无论上级的财力如何,这类村庄都能够在一定程度上实现村庄公共物品的自给。然而,遗憾的是,很多村庄比较彻底地实行了家庭联产承包责任制,村集体几乎没有公共资产,导致很多村庄成为"空壳村"。

我们认为,努力提高村集体统一经营性收入是未来促进中国村庄公共物品供给的重要手段。最适合中国村庄公共物品配置的模式是"村民+村集体+上级政府",即实行"一事一议,村民筹资筹劳,村集体补贴,财政奖补"模式。一事一议能够确保村民充分表达对公共物品的偏好,提高资金使用效率;村民筹资筹劳不仅能够作为公共物品供给缺口的有力补充,而且可以使村民亲身参与公共物品建设,使村民爱护公共物品,并加强监督;村集体补贴在很大程度上起到的作用是缓解村庄公共物品供给的资金压力以及提供后续维修养护费用;上级财政奖补不仅是激励村民和村集体参与村庄公共物品供给的重要手段,还承担了部分公共物品供给成本。我们强调财政奖补有两种不同的模式,第一种模式是给定财政奖补比例,第二种模式是项目制,即在一定的范围内,村庄同时建设相同的公共物品时,由政府统一招标,统一建设,上级政府给定奖补金额,剩余部分由村集体和村民负担。这两种模式各有千秋,第一种模式可以照顾到不同村庄对公共物品不同的偏好,提高财政资金使用效率,但是可能会造成村庄公共物品过度供给,也对上级政府产生一定的财政压力;第二种模式可以缓解上级政府的财政压力,但是提供的公共物品未必是村庄中最需要的和最偏好的,可能浪费了财政资源。这两种模式的选择取决于公共物品的属性,也取决于不同地方政府对村庄的了解程度和公共物品的设计。

要想"村民+村集体+上级政府"模式正常运行,首先需要解决村庄集体性收入匮乏的问题,我们提出的方案是利用土地平整和再分配来提高土地使用效率,在确保村民务农收入较之前不下降的前提下,实现村庄公共资产的提高。当然这样的方式未必在所有的村庄中都能顺利推进,如果无法顺利进行,我们可以退而求其次,和户口迁出农村的人进行谈判,通过向其支付一定的补贴赎回土地和宅基地并交给村委会运营,以获得的收益用来补充村集体性收入。如果上述方案还不可行，那么等待新一轮的土地承包，进行土地平整和再分配，收回户口迁出农村的人所拥有的土地和宅基地，由村集体统一经营，收入划归村集体所有。这样不仅能够提高村庄土地使用效率，而且可以缓解村集体收入匮乏的问题。除此之外，还能够更好地利用土地平整的机会促进招商引资，建设特色农业和观光农业等项目，提高农民的收入水平，促进地区经济发展。

（二）政策建议

1. 中国村庄公共物品配置模式的新方案

之前我们论述过关于中国村庄公共物品配置模式的新方案，在此我们进行细致阐述。我们将新方案简称为"村民＋村集体＋上级政府"，核心思想是"一事一议，村民筹资筹劳，村集体补贴，财政奖补"。首先公共物品的供给必须经过一事一议的流程，最终获得绝大多数村民的认可；其次，资金来源由三个部分组成，第一个部分是村民筹资筹劳，第二个部分是村集体收入补贴村庄公共物品供给，第三个部分是上级政府的财政奖补，财政奖补不仅针对村民筹资筹劳，而且针对村集体对村庄公共物品供给的补贴。上述制度依然是在"一事一议、财政奖补"的框架下实施，只是增加了村庄集体性收入补贴村庄公共物品供给，对于"空壳村"而言，主要还是依赖于上级政府的财政奖补，但是对于村集体有稳定收入来源的村庄，则要求每一次项目实施都有村集体配合出资。

2. 关于不同财政奖补模式的选择

财政奖补模式有两种形式：第一种形式是给定财政奖补比例，剩余的部分由村民筹资筹劳和村集体收入补充；第二种形式是项目制，上级政府统一设置项目，所有村庄实行的公共物品建设项目相同，政府统一招标采购，统一实施，并且给定补贴金额，剩余部分由村庄自己想办法解决。对于同一个地区，所有村庄都需要的公共物品可以实行项目制，而针对个别村庄所需要的特殊公共物品则根据实际情况进行财政按比例奖补。由村集体负责公共物品的维护，可以根据公共物品后续维护程度，对未来公共物品的财政奖补进行调整，对公共物品维护程度较好的村庄，未来的财政奖补比例可以适当提高以资鼓励，反之，则适当降低财政奖补。

3. 关于如何充实村集体性收入

第一步，考虑平整村庄土地和再分配，如果能够确保土地平整和再分配之后，农户的务农收入不下降，并且村庄所拥有的集体性土地增加，就可以考虑实施该方案，如果不能，那么考虑下面的第二步。

第二步，村集体和举家迁出的农户商谈，出面租用或赎回外迁农户的农业用地和宅基地，如果商谈成功，那么村集体可以利用这些资产作为村集体性收入的来源。当然也可能存在谈判不成功的情况，如果谈判不成功那么进入第三步。

第三步，等待新一轮的土地承包，在新一轮土地承包的时候，收回户口迁出村庄农户的农业用地和宅基地，并且进行土地平整和再分配。

土地平整和再分配可以扩充村集体性收入，使村集体性收入能够持续稳定，并且为未来招商引资和合作社建设提供基础。

4. 对村两委干部的激励机制

村庄无论是在提供公共物品上还是在土地平整再分配过程中都需要高度依赖村两委。村两委干部的清廉和在村民中的威望都能够发挥重要的作用。然而，村两委的干部也是经济人。在我们的调研中，村两委的干部多次反映工资补贴太低，不如外出务工所获得的收入，而且有的村干部能够获得村民的拥护，另外一些村干部则不行。我们认为可以根据村委会干部对村庄集体性经济的发展贡献给予一定的奖励津贴。在土地平整和再分配的过程中，如果村民的收入水平不下降，村干部能够得到村民的拥护，并且大力发展了集体经济，扩大了村庄集体性收入，则可以从集体性收入中给予村干部一定的奖励津贴，这样村干部也就有动力去扩大村庄集体性收入、发展村庄集体性经济了。

5. 加强监督机制

无论是村庄公共物品的供给还是村庄集体性经济的发展，上级政府都需要严格监督村两委，村庄收支必须向村民公开，接受广大群众的监督。尤其在"招标"类公共物品供给的过程中，项目实施所有细节都必须全程公开。这就需要加强村党支部的工作能力，合理利用大学生村官，同时也可以外派乡镇干部挂钩监督村两委。

6. 进行土地平整和再分配工作需要广泛听取群众意见、听从上级政府意见

土地平整和再分配可能涉及很多方面的利益，是一次对村庄土地集中调整和再配置的工作。这需要结合乡镇甚至更高层级政府对整个辖区的规划，做好招商引资和大规模集体化农业生产的前期工作。

7. 财政奖补和转移支付要着眼于提高村庄集体性收入

财政奖补和转移支付不仅要用来提高村庄公共物品供给水平，完善村庄治理，而且要着眼于提高村庄集体性收入，帮助村集体恢复"造血能力"。如果村集体没有造血能力，长期"等靠要"，不仅会增加上级政府的财政压力，而且对村庄的长远发展也没有好处。所以上级政府要在村庄土地平整和再分配，包括新一轮的土地承包过程中，运用先为村庄垫付部分回收土地的资金、融资贷款项目、政府的财政资金贴息政策等方式帮助村集体回收部分农业用地和宅基地，并帮助村庄做好未来的土地规划，尽量让大面积的农业用地连接起来，提高土地使用效率，以扩大村庄集体性收入，而上级政府垫付的资金可让村集体用未来的收入偿还。

8. 合理利用支援农村建设的财政资金

在现行财政体制下，基层政府可能很难有充足的财政资源支持村集体回购村民农业生产用地和宅基地的使用权，但是基层政府可以利用很多支援农村建设的资金，例如产业扶贫基金。在扩展和打造产业的同时，引入资本或者成立合作社等，利用产业扶贫资金回购村民的土地，做整体开发利用。这样不仅能够发展产业，提高农民收入，而且村集体可以在此过程中进行土地平整和再分配的工作，增加村集体性资产，提高村集体的收入。

参考文献

Adida CL., Girod DM., "Domigrantsimprovetheirhometowns? Remittances and access to public services in Mexico", *Comparative Political Studies*, 2010.

Antonio Afonso, Sonia Fernandes, "Assessing and explaining there lative efficiency of local government", *The Journal of Socio-Economics*, 2008.

Beauchemin C., Schoumaker B., "Aremigrantas sociations actorsin local development? Anational event-history analysis in rural Burkina Faso", *World development*, 2009.

Berkowitz, Bobbie, "Rural Public Health Service Delivery: Promising New Directions", *American Journal of Public Health*, 2004.

Besley Timothy, and Robin Burgess, "The Political Economy of Government Responsiveness: Theory and Evidence from India," *Quarterly Journal of Economics*, 2002.

Darja, Jesse, Daniel Suryadarma, Asep Suryahadi and Sudarno Sumarto, "The State of Village Level Infrastructures and Public Services in Indonesia during the Economic Crisis", SMERU Working Paper, The SMERU Research Institute, 2004.

Dehejia, Wahba, "Causal effects in nonexperimental studies: reevaluating the evaluation of training programs", *Journal of the American Statistical Association*, vol. 94, 1999.

Dethier, Jean-Jacques, "Governance and Economic Performance: A Survey". ZEF Discussion Paper No. 5, Center for Development Research (ZEF), University of Bonn, 1999.

Duflo Esther, Raghabendra Chattopadhyay, "The Impact of Reservation in the Panchayati Raj, Evidence from a Nationwide Randomized Experiment", *Economic and Political Weekly*, 2004.

Ekaterina V. Zhuravskaya, "Incentives to provide local public goods: Fiscal federalism, Russian style", *Journal of Public Economics*, 2000.

Fan Shenggen, Zhang Linxiu, Zhang Xiaobao, "Reforms, Investment, and Poverty in Rural China", *Economic Development and Cultural Change*, 2004.

Fan S., Zhang X., "Infrastructure and Regional Economic Development in Rural China", *China Economic Review*, Vol. 15, 2004.

Foster A. D., Rosenzweig M. R., "Democratization, Decentralization and the Distribution of Local Public Goods in a Poor Rural Economy", *Ssrn Electronic Journal*, 2001.

Freedman M., *Lineage Organization in Southeastern China*, London: Athlone Press, 1965.

Gibson J., Olivia S., "The Effect of Infrastructure Access and Quality on Non-Farm Enterprises in Rural Indonesia", *World Development*, 2010.

Grabel I., "The Political Economy of Remittances: What do we know? What do we need to know?", PERI Working Papers, 2008.

Grossmann V., "Stadelmann D. International Mobility of the Highly Skilled, Endogenous R&D, and Public Infrastructure Investment", IZA Discussion Paper, 2008.

H. Demsetz, "The Private Production of Public Goods", *Jounal of Law and Economics*, 1970.

Heckman J., Ichimura H., Todd P., "Matching As An Econometric Evaluation", *Estimator Review of Economic Studies*, Vol. 65, 1998.

Jie Chen, Narisong Huhe, "Informal Accountability, Socially Embedded Officials, and Public Goods Provision in Rural China: The Role of Lineage Groups", *Journal of Chinese Political Science*, 2013.

Kate Baldwin, Elected MPs., *Traditional Chiefs, and Local Public Goods: Evidence on the Role of Leaders in Co-Production From Rural Zambia*, SAGE Publications, 2019.

Kenneth, D. Goldin, *Equal Access VS Selective Access: A Critique of Pubice Goods Theory*, Public Choice, 1979.

Luo R., Zhang L., Huang J., et al., "Elections, fiscal reform and public goods provision in rural China", *Journal of Comparative Economics*, 2007.

Masayoshing, Hayashi, Hiroshi, Ohta, *Increasing Marginal Costs and Satiation in the Private Provision of Public Goods: Group Siz and Optmality Revisited*, Int Tax Public Finance, 2007.

Shen M., Shen J., "State-led commodification of rural China and the sustainable provision of public goods in question: A case study of Tangjiajia, Nanjing", *Journal of Rural Studies*, 2019.

Orozco M., "Hometown Associations and their Present and Future Partnerships: New Development Opportunities?", Report commissioned by the U.S. Agency of International Development, 2003.

Raj M. Desai, Anders Olofsgård, *Can the poor organize? Public goods and self-help groups in rural India*, Elsevier Ltd, 2019.

Ramani Gunatilaka, "Rural Infrastructure Programes for Poverty Reduction: Policy Issues fromthe Sri Lankan Experi-ence," Institute of Policy Studies, Colombo, Sri Lanka, 1999.

Shigetomi S., "Organizational Capability of Local Societies in Rural Development: A Comparative Study of Microfinance Organizations in Thailand and the Philippines", Japan: Institute of Developing Economics (IDE), *JETRO*, 2006.

Siegel M., Waidler J., *Migration and multidimensional poverty in Moldovan communities*, UNU-MERIT, Maastricht University School of Business and Economics, 2012.

Steven C., Deller, "Pareto-Efficiency and the Provision of Public Goods Within a Rural Setting", *Growth & Change*, 2010.

Timothy B., Robin B., "The Political Economy of Government Responsiveness: Theory and Evidence from India", *Quarterly Journal of Economics*, 2002.

Todd Petra E., "Evaluating Social Programs with Endogenous Program Placement and Selection of the Treated", Working paper, 2006.

Tsai L. L., "Solidary Groups, Informal Accountability, and Local Public Goods Provision in Rural China", *American Political Science Review*, 2007.

Tsai L. L., "Cadres, temple and lineage institutions and governance in rural

China", *China Journal*, 2002.

Tyler Stitt, "Evaluation of a Rural Sanitation Programin Vanuatu with Management Recommendations", *Journal of Rural and Tropical Public Health*, 2005.

Xu Y., Yao Y., "Informal Institutions, Collective Action and Public Investment in Rural China", *American Political Science Review*, 2015.

《财政部、国家税务总局关于调整农村税费改革试点农业特产税若干政策的通知》(财税〔2001〕93 号)《人民公社财政与财务管理》,浙江人民出版社,1981。

《中国财政年鉴2001》,中国财政经济出版社,2001。

2004～2012年中央一号文件,https://wenku.baidu.com/view/d10240d576eeaeaad0f33000.html? pn = 50。

阿布都外力·依米提:《民族地区农村公共产品供给与农村劳动力转移研究——以新疆为例》,《西北人口》2009年第2期。

常敏:《农村公共产品集体自愿供给的特性和影响因素分析——基于浙江省农村调研数据的实证研究》,《国家行政学院学报》2010年第3期。

陈杰、刘伟平、余丽燕:《"一事一议"财政奖补制度绩效及评价研究——以福建省为例》,《福建论坛》(人文社会科学版)2013年第9期。

楚永生:《农村公共物品供给视角》,《求索》2004年第6期。

楚永生:《农村公共物品供给与农民收入增长相关性分析》,《太原理工大学学报》(社会科学版)2004年第3期。

楚永生、丁子信:《农村公共物品供给与消费水平相关性分析》,《农业经济问题》2004年第7期。

楚娜、王艳:《税费改革后农村公共产品供给与经济增长的实证分析——以陕西省为例》,《未来与发展》2014年第4期。

都阳、朴之水:《劳动力迁移收入转移与贫困变化》,《中国农村观察》2003年第5期。

丁从明、邵敏敏、梁甄桥:《宗族对农村人力资本投资的影响分析》,《中国农村经济》2018年第2期。

邓蒙芝:《农村公共物品供给模式与地区间供给差距研究——对税费改革前后相关调查数据的统计分析》,《沈阳农业大学学报》(社会科学版)2013

年第 6 期。

樊士德、江克：《中国农村家庭劳动力流动的减贫效应研究——基于 CFPS 数据的微观证据》，《中国人口科学》2016 年第 5 期。

方凯、王厚俊：《基于因子分析的农村公共品农民满意度评价研究——以湖北省农户调查数据为例》，《农业技术经济》2012 年第 6 期。

方齐云、陆新华、鄢军：《我国农村税费改革对农民收入影响的实证分析》，《中国农村经济》2005 年第 5 期。

冯海波：《财政紧约束条件下的农村公共物品供给策略选择》，《经济体制改革》2006 年第 1 期。

冯海波：《农民负担问题与农村公共物品供给》，经济科学出版社，2012。

冯海波、郑婷婷：《不同财政约束条件下的农村公共物品供给》，《当代经济研究》2005 年第 4 期。

高洪洋：《四川省农村劳动力老龄化的现状与趋势》，《农村经济》2012 年第 12 期。

郭云南、姚洋、Jeremy Foltz：《正式与非正式权威、问责与平滑消费：来自中国村庄的经验数据》，《管理世界》2012 年第 1 期。

国务院农村综合改革工作小组办公室主编《农村综合改革研究报告（2006～2009 年）》，中国财政经济出版社，2011。

郝大明：《农业劳动力转移对中国经济增长的贡献率：1953～2015》，《中国农村经济》2016 年第 9 期。

何建春主编《中国农村公共产品供给制度变迁研究》，江西人民出版社，2011。

侯风云：《中国农村劳动力剩余规模估计及外流规模影响因素的实证分析》，《中国农村经济》2004 年第 3 期。

胡枫、李善同：《父母外出务工对农村留守儿童教育的影响：基于 5 城市农民工调查的实证分析》，《管理世界》2009 年第 2 期。

胡苏云、王振：《农村劳动力的外出就业及其对农户的影响——安徽省霍山县与山东省牟平县的比较分析》，《中国农村经济》2004 年第 1 期。

黄维健主编《农村综合改革利益主体和政策主体问题的研究》，中国财政经济出版社，2011。

季鸣、王林：《中国农村公共品供给效率的现状及影响因素研究》，《现代管理科学》2010年第5期。

贾华芳：《农村税费改革的成效、问题与相关政策选择》，《襄樊学院学报》2006年第4期。

贾康、赵全厚：《减负之后：农村税费改革有待解决的问题及对策探讨》，《财政研究》2002年第1期。

贾小虎、朱玉春：《农田水利设施供给水平综合评价》，《西北农林科技大学学报》（社会科学版）2016年第5期。

蒋月亮、常菁菁、栾江、李强：《农村公共物品的供给现状、需求偏好及支付意愿——基于陕西省366份农户调查》，《农村经济》2013年第7期。

孔卫拿、肖唐镖：《财政转移支付、地方治理结构与中国农村基本公共品供给质量——基于2011年全国23省149村抽样调查的实证分析》，《人文杂志》2013年第12期。

乐为、钟意：《农民负担率与农村公共物品供给效率失衡》，《农业经济问题》2014年第10期。

雷晓康：《农村公共物品提供机制的内在矛盾及其解决思路》，《西北农林科技大学学报》（社会科学版）2003年第2期。

李超、孟庆国、郗希：《农村公共物品供给评价与基层治理满意度——基于贫困、一般、小康、富裕四类农户的比较分析》，《农业经济管理学报》2016年第3期。

李海洋、俞建雄、林振东、潘伟彬、黄汝群：《农村劳动力转移培训与农村公共产品供给关系探讨》，《闽西职业技术学院学报》2008年第3期。

李晶：《农村公共物品供给短缺的形成机理探析》，《农村经济》2009年第9期。

李培林、李炜：《近年来农民工的经济状况和社会态度》，《中国社会科学》2010年第1期。

李琴、宋月萍：《劳动力流动对农村老年人农业劳动时间的影响以及地区差异》，《中国农村经济》2009年第5期。

李秀义、刘伟平：《新一事一议时期村庄特征与村级公共物品供给——基于福建的实证分析》，《农业经济问题》2016年第8期。

李燕凌、曾福生：《农村公共品供给农民满意度及其影响因素分析》，《数量经济技术经济研究》2008年第8期。

李芝兰、吴理财：《"倒逼"还是"反倒逼"——农村税费改革前后中央与地方之间的互动》，《社会学研究》2005年第4期。

廖薇、曹中红：《农村公共物品提供与农户收入的相关性研究》，《农村经济》2007年第1期。

林万龙：《中国农村公共服务供求的结构性失衡：表现及成因》，《管理世界》2007年第9期。

林振德、赵伟：《农村公共基础设施投资区域差异影响因素研究》，《农村经济》2016年第1期。

刘光岭：《农村税费改革的困境：基于政府的视角》，《经济评论》2007年第6期。

刘华珂、何春、崔万田：《农村劳动力转移减贫的机理分析与实证检验》，《农村经济》2017年第11期。

刘明兴、徐志刚、陶然、苏雪燕：《农村税费改革前后农民负担及其累退性变化与区域差异》，《中国农村经济》2007年第5期。

刘明兴、徐志刚、刘永东、陶然：《农村税费改革、农民负担与基层干群关系改善之道》，《管理世界》2008年第9期。

刘鸿渊：《农村税费改革与农村公共产品供给机制》，《求实》2004年第2期。

刘天军、唐娟莉、霍学喜、朱玉春：《农村公共物品供给效率测度及影响因素研究——基于陕西省的面板数据》，《农业技术经济》2012年第2期。

刘晓光、张勋、方文全：《基础设施的城乡收入分配效应：基于劳动力转移的视角》，《世界经济》2015年第3期。

刘玉连、韦利余：《农村留守儿童生存困境及发展对策——以贵州为典型样本》，《农村经济》2016年第3期。

卢晓莉：《农村"留守老人"养老服务的地方实践及启示——以成都市为例》，《农村经济》2017年第4期。

罗仁福、张林秀、黄季焜、罗斯高、刘承芳：《村民自治、农村税费改革与农村公共投资》，《经济学》2006年第3期。

孟德才：《基于DID模型的农村税费改革对农民增收影响的实证研究》，《金融与经济》2012年第8期。

彭华、欧阳萍、李光跃：《劳动力老龄化的困境与出路——来自四川省的实证》,《农村经济》2014年第10期。

彭连清、周文良:《改革开放以来我国农村劳动力转移状况与特征》,《农村经济》2008年第7期。

钱文荣、应一逍:《农户参与农村公共基础设施供给的意愿及其影响因素分析》,《中国农村经济》2014年第11期。

秦晖:《"黄宗羲定律"与税费改革的体制化基础:历史的经验与现实的选择》,《税务研究》2003年第7期。

曲延春:《农村公共产品的非政府组织供给:逻辑理论、现实困境与路径选择》,《农村经济》2015年第12期。

曲延春:《路径依赖与农村公共产品供给制度的对策选择》,《贵州社会科学》2007年第4期。

沈艳、姚洋:《村庄选举和收入分配——来自8省48村的证据》,《经济研究》2006年第4期。

盛来运:《中国农村劳动力外出的影响因素分析》,《中国农村观察》2007年第3期。

孙秀林:《村庄民主、村干部角色及其行为模式》,《社会》2009年第1期。

孙杰:《税费改革对农村公共体育服务建设的影响研究》,《当代体育科技》2015年第27期。

田秀娟:《从农村税费改革看乡镇财政的困境和出路》,《宏观经济研究》2003年9月。

王海员、陈东平:《村庄民主化治理与农村公共品供给》,《中国农村经济》2012年第6期。

王小龙、兰永生:《劳动力转移、留守老人健康与农村养老公共服务供给》,《南开经济研究》2011年第4期。

王子成、邓江年:《劳动力外出是否弱化了村级自筹公共投资》,《统计研究》2016年第10期。

卫宝龙、张菲:《农村基层治理满意程度及其影响因素分析——基于公共物品供给的微观视角》,《中国农村经济》2012年第6期。

温胜芳、王海侠、蔡秀云:《村庄基础设施与公共服务的转变及需求——基于"百村千户"调查》,《经济研究参考》2015年第28期。

温莹莹：《非正式制度与村庄公共物品供给——T 村个案研究》，《社会学研究》2013 年第 1 期。

伍山林：《农业劳动力流动对中国经济增长的贡献》，《经济研究》2016 年第 2 期。

武国定、方齐云、李思杰：《中国劳动力转移的效应分析》，《中国农村经济》2006 年第 4 期。

吴海涛、丁士军、李韵：《农村税费改革的效果及影响机制——基于农户面板数据的研究，《世界经济文汇》2013 年第 1 期。

肖亮：《农村公共品供给农民满意度分析及评价》，《农业技术经济》2012 年第 7 期。

肖唐镖、董磊明、邱新有、肖晓腾：《中国乡村社会中的选举——对江西省 40 个村委会选举的一项综合调查》，《战略与管理》2001 年第 5 期。

徐寒晶：《统筹城乡发展与农村劳动力的转移》，《农村经济》2004 年第 12 期。

徐小青主编《中国农村公共服务》，中国发展出版社，2003。

徐琰超、杨龙见、尹恒：《农村税费改革与村庄公共物品供给》，《中国农村经济》2015 年第 1 期。

徐琰超、尹恒：《村民自愿与财政补助：中国村庄公共物品配置的新模式》，《经济学动态》2017 年第 11 期。

许庞、曹海林：《农户对"一事一议"财政奖补政策实施的满意度研究——基于安徽省 462 家农户的问卷调查数据》，《湖南农业大学学报》（社会科学版）2015 年第 2 期。

许远旺、周娴：《农村公共物品供给模式：政府组织与社会协作——湖北乡镇事业单位改革的调查与思考》，《农村经济》2006 年第 2 期。

熊冬洋：《对税费改革后的农村公共品供给对策的思考》，《教书育人》2006 年第 1 期。

杨剑、程勇：《农村公共物品多元协作供给的机制构建》，《农村经济》2014 年第 12 期。

杨卫军、王永莲：《农村公共产品提供的"一事一议"制度》，《财经科学》2005 年第 1 期。

杨志武、黄凤：《农村公共产品供给机制研究——非正式集体决策视角》，

329

《中国农学通报》2012年第5期。

姚洪心、王喜意：《劳动力流动、教育水平、扶贫政策与农村收入差距——一个基于multrnoimallogit模型的微观实证研究》，《管理世界》2009年第9期。

姚升、张士云、蒋和平、江激宇、栾敬东：《粮食主产区农村公共产品供给影响因素分析——基于安徽省的调查数据》，《农业技术经济》2011年第2期。

尤琳、陈世伟：《后税费时期乡镇政府治理能力研究》，《社会主义研究》2013年第6期。

余丽燕：《"一事一议"农村公共产品供给分析——基于福建省的调查》，《农业经济问题》2015年第3期。

袁连生：《我国义务教育财政不公平探讨》，《教育与经济》2001年第4期。

袁梦、郑筱婷：《父母外出对农村儿童教育获得的影响》，《中国农村观察》2016年第3期。

岳希明、罗楚亮：《农村劳动力外出务工与缓解贫困》，《世界经济》2010年第11期。

张林秀、罗仁福、刘承芳、Scott Rozelle：《中国农村社区公共物品投资的决定因素分析》，《经济研究》2005年第11期。

张林秀、李强、罗仁福、刘承芳、罗斯高：《中国农村公共物品投资情况及区域分布》，《中国农村经济》2005年第11期。

张巍：《由劳动力转移扶贫析农村公共产品与服务》，《中国行政管理》2006年第2期。

张晓辉、李剑、王佳：《村级治理及村庄公益事业发展研究——基于121个行政村的调查报告》，《农业经济问题》2006年第5期。

张应良、丁惠忠、官永彬：《政府诱导型农村公共物品供给制度研究》，《农村经济》2007年第5期。

张永丽、王博：《农村劳动力流动减贫效应的实证研究——基于甘肃省农户的调查》，《人口学刊》2017年第4期。

张增国、贺瞰：《村级公共物品的供给机制研究——公私合作模式的运行机制分析》，《农村经济》2007年第8期。

张志原、刘贤春、王亚华：《富人治村、制度约束与公共物品供给——以农田水利灌溉为例》，《中国农村观察》2019年第1期。

章奇、刘明兴、单伟：《政府管制、法律软约束与村民基层民主》，《经济研究》2004年第6期。

郑冕：《税费改革背景下我国农村公共物品供给困境探析》，《辽宁工业大学学报》（社会科学版）2018年第1期。

周飞舟：《财政资金的专项化及其问题——兼论"项目治国"》，《社会》2012年第1期。

周峰：《农村公共产品供给的一个理论性解释——基于集体行动和交易成本的分析》，《长春大学学报》2007年第1期。

周黎安、陈烨：《中国农村税费改革的政策效果：基于双重差分模型的估计》，《经济研究》2005年第8期。

周黎安、陈祎：《县级财政负担与地方公共服务：农村税费改革的影响》，《经济学（季刊）》2015年第2期。

周密、赵晓琳、黄利：《村内公共产品筹补结合供给模式的收入及空间效应——基于一事一议财政奖补制度的分析》，《农村经济》2019年第12期。

周密、刘华、屈小博、黄利：《一事一议、财政奖补制度对村级公共投资项目的影响》，《西北农林科技大学学报》（社会科学版）2017年第5期。

周密、张广胜：《"一事一议"制度的运行机制与适用性研究》，《农业经济问题》2010年第2期。

周文龙：《浅析农村劳动力输出的组织和管理——基于农村公共产品供给的视角》，《学理论》2011年第23期。

朱玉春、乔文、王芳：《农民对农村公共品供给满意度实证分析——基于陕西省32个乡镇的调查数据》，《农业经济问题》2010年第1期。

朱玉春、唐娟莉、罗丹：《农村公共品供给效果评估：来自农户收入差距的响应》，《管理世界》2011年第9期。

后　　记

2015年，我申请到国家社科基金"中国村庄公共物品配置模式"（15XJY019），本书是此项目的最终成果。

在研究的过程中，很多老师和同学都给了我帮助，我一直心怀感恩。首先要感谢我的博士生导师尹恒教授，我第一次关注中国村庄公共物品的问题是在北京师范大学博士一年级尹恒老师的研讨班上，但当时我正集中精力研究中国地方政府的财政竞争问题，以完成我博士论文。2012年博士毕业以后，我回到家乡云南工作。云南是典型的边疆少数民族地区，经济发展落后，绝大多数农民以务农为生。在帮助云南地方政府做经济发展规划课题时，我走访了部分云南边远地区的村庄，发现这些村庄公共物品年久失修，这对村民的生产和生活造成了一定的负面影响。此时，中国村庄公共物品供给的问题再次引起了我的关注。我及时联系了尹恒老师，在和尹老师不断交流和讨论的过程中，我坚定了研究中国村庄公共物品配置模式的想法。2017年，本课题重要的阶段性成果《村民自愿与财政补助：中国村庄公共物品配置的新模式》发表于《经济学动态》第11期。这是我博士毕业后再次和尹老师合作的一项重要研究成果。

此外，我还要感谢我的领导——云南大学梁双陆老师，梁老师在我完成课题的过程中给予了悉心指导。我还要感谢我的学生们，杨雪娇、刘慧玲、万捷、齐猛、戚帅丽、何铀镭、罗楠、李欣等帮我完成调研访谈、数据采集等工作；罗雪娇、倪曦、周艺发、刘亦珩等同学帮我认真校对文字和数据中的错误。

虽然本课题已经完成并顺利结项，但是我对中国村庄公共物品的关注和研究远没有结束。在研究中，我深深地感觉到，在中国经济发展、财政制度不断变迁的过程中，中国村庄公共物品配置模式也在不断变化，其中充满了矛盾和复杂性，正是中国政府和勤劳的中国人民不断探索、改革的信心和勇气，推动着我国村庄公共物品配置模式的不断完善。

回顾本课题的研究过程，我们发现中国村庄公共物品配置的现实情况和西方发达国家有着本质的差别，也和标准的西方公共经济学理论相去甚远。未来，我们将进一步探讨中国特色社会主义制度下的村庄公共物品配置模式，这不仅能够补充和完善现有的经济学理论，而且能够为世界上大多数发展中国家提供关于村庄公共物品配置模式的"中国智慧"。

图书在版编目(CIP)数据

中国村庄公共物品配置模式研究/徐琰超著.--北京：社会科学文献出版社，2022.1
ISBN 978-7-5201-9550-8

Ⅰ.①中… Ⅱ.①徐… Ⅲ.①农村-公共物品-配置-研究-中国 Ⅳ.①F299.241

中国版本图书馆 CIP 数据核字（2021）第 269439 号

中国村庄公共物品配置模式研究

著　　者 / 徐琰超

出 版 人 / 王利民
责任编辑 / 周雪林
责任印制 / 王京美

出　　版 / 社会科学文献出版社
　　　　　　地址：北京市北三环中路甲29号院华龙大厦　邮编：100029
　　　　　　网址：www.ssap.com.cn
发　　行 / 市场营销中心（010）59367081　59367083
印　　装 / 三河市龙林印务有限公司

规　　格 / 开　本：787mm×1092mm　1/16
　　　　　　印　张：21.25　字　数：368千字
版　　次 / 2022年1月第1版　2022年1月第1次印刷
书　　号 / ISBN 978-7-5201-9550-8
定　　价 / 89.00元

本书如有印装质量问题，请与读者服务中心（010-59367028）联系

▲ 版权所有 翻印必究